The Master

Artisan with A Beginner's Mind

大匠初心

王力 ◎著

经济管理出版社

ECONOMY & MANAGEMENT PUBLISHING HOUSE

图书在版编目（CIP）数据

大匠初心/王力著．—北京：经济管理出版社，2019.12
ISBN 978－7－5096－6702－6

Ⅰ.①大…　Ⅱ.①王…　Ⅲ.①萧华—传记　Ⅳ.①K825.38

中国版本图书馆 CIP 数据核字（2019）第 124902 号

组稿编辑：王　洋
责任编辑：曹　靖　王　洋
责任印制：黄章平
责任校对：陈　颖

出版发行：经济管理出版社
　　　　　（北京市海淀区北蜂窝 8 号中雅大厦 A 座 11 层　100038）
网　　址：www. E－mp. com. cn
电　　话：（010）51915602
印　　刷：三河市延风印装有限公司
经　　销：新华书店
开　　本：720mm×1000mm/16
印　　张：25.25
字　　数：357 千字
版　　次：2019 年 12 月第 1 版　　2019 年 12 月第 1 次印刷
书　　号：ISBN 978－7－5096－6702－6
定　　价：68.00 元

谨以此书

献给萧华不平凡的人生和他挚爱的事业

担任澜石镇仁星五金厂供销员时在施工现场留影（1987年）

蒙娜丽莎集团前身——樵东高级墙地砖厂（2000年）

为武汉理工大学樵东陶瓷研究所揭牌（2001 年）

为广东蒙娜丽莎女子龙舟队授旗（2003 年）

蒙娜丽莎集团清远生产基地奠基仪式合影（2004 年）

清远新生产基地一期工程建成试产仪式（2005 年）

在新疆库尔勒终端调研时与工作人员一起进餐（2005 年）

在新疆终端市场调研途中合影（2005 年）

获得罗伯特·蒙代尔世界经理人成就奖（2006 年）

在人民大会堂与中国陶瓷工业协会、中国建筑卫生陶瓷协会领导交流（2007 年）

蒙娜丽莎集团在人民大会堂举行陶瓷薄板上市推介会（2007 年）

在陶瓷薄板示范生产基地启动仪式上讲话（2007 年）

陪同时任佛山市委书记林元和参观蒙娜丽莎生产车间（2008 年）

受邀参加中华人民共和国成立 60 周年成就展，在蒙娜丽莎展位前留影（2009 年）

2009 年 6 月 3 日，蒙娜丽莎文化艺术馆正式开馆（2009 年）

向钢琴家郎朗赠送瓷艺画（2009 年）

参加广州亚运会火炬传递仪式（**2010 年**）

与《建材周刊》总经理罗青在意大利博洛尼亚展合影（2010 年）

与夫人在意大利里米尼展合影（2011 年）

陪同国务院发展研究中心陈清泰教授、吴敬琏教授调研蒙娜丽莎集团（2011 年）

与公司四大股东、陈帆教授在公司年会上（2011 年）

接受时任佛山市市长刘悦伦颁发的品牌佛山奖（2011 年）

陪同中国建材联合会会长乔龙德参观陶瓷薄板生产线（2011 年）

与原国家建材局局长张人为、徐德龙院士、陈帆教授等参观生产线（2011 年）

蒙娜丽莎集团荣获全国五一劳动奖状（2012 年）

向安源路矿工人运动纪念馆赠送毛主席纪念版大型瓷像（2012 年）

参加七彩云南大商汇蒙娜丽莎旗舰店开业（2012 年）

接受媒体记者采访（2012 年）

陪同时任广东省质监局副局长张燕飞调研蒙娜丽莎（2012 年）

获得全国建材行业劳动模范（广东颁奖现场）（2013 年）

在蒙娜丽莎瓷砖营销峰会上讲话（2013 年）

为蒙娜丽莎博士后科研工作站揭牌（2013 年）

院士工作站升级揭牌仪式（2013 年）

与原中国轻工业联合会会长步正发、名誉会长杨志海在公司合影（2013 年）

接受徐德龙院士赠送的书法作品，右一为陈帆教授（2013 年）

蒙娜丽莎国家认定企业技术中心举行揭幕仪式（2014 年）

蒙娜丽莎集团董事会四大股东合影（2014 年）

带领管理人员到江门中烟摩迪参观学习（2014 年）

陪同时任佛山市市长鲁毅在蒙娜丽莎调研（2014 年）

获得广东省轻工行业 2014 年度人物（2014 年）

向国务院参事张纲一行介绍蒙娜丽莎情况（2014 年）

接受中国建材联合会会长乔龙德颁发的行业终身成就奖（2014 年）

接受时任国家质检总局局长支树平颁发的广东省政府质量奖（2015 年）

向工信部原材料工业司副司长吕桂新介绍企业技术中心情况（2015 年）

参加 1200mm×2400mm×5.5mm 大规格干压陶瓷板揭幕（2016 年）

在天津武清区蒙娜丽莎店参观考察（2016 年）

终端调研，与淄博蒙娜丽莎店面销售人员合影（2016 年）

接受佛山市委书记鲁毅颁发的佛山市政府质量奖（2016 年）

接受中国建筑卫生陶瓷协会名誉会长丁卫东颁发的"杰出贡献奖"（2016 年）

与夫人在上海迪斯尼合影（2016 年）

在山海关参加中华全国总工会组织的活动（2017 年）

陪同全国人大常委会副委员长张平在公司考察（2017 年）

陪同时任全国人大财经委副主任朱小丹在蒙娜丽莎考察（2017 年）

在深圳证券交易所敲响大钟，蒙娜丽莎集团正式上市（2017 年）

集团领导开启香槟，庆祝蒙娜丽莎成功上市（2017 年）

参加"佛陶情"联谊活动与许多佛陶集团的老朋友相遇（2018 年）

蒙娜丽莎集团获得第三届中国质量奖提名奖（2018 年）

向公司退休人员颁发荣誉证书（2018年）

在70岁寿宴与中国建筑卫生陶瓷协会领导合影（2018年）

与公司员工一起参加"美丽佛山"50公里徒步（2019年）

参加行业媒体《陶城报》30周年庆典（2019年）

参加蒙娜丽莎藤县生产基地奠基仪式（2019 年）

与相关人员启动 1600mm×3600mm 大板生产线（2019 年）

在北京市场考察期间参加终端设计师活动（**2019** 年）

与南京金盛店蒙娜丽莎销售人员合影（**2019** 年）

在上饶 QD 瓷砖店参观考察（2019 年）

与著名经济学家周其仁教授（中）在德国巴斯夫总部参观考察（2019 年）

在人民大会堂新产品发布会上讲话（2019 年）

在人民大会堂启动 1600mm×3600mm 陶瓷大（岩）板新品发布（2019 年）

中国建筑卫生陶瓷　　　　中国陶瓷工业　　　　　广东陶瓷协会

行业终身成就奖　　　　协会终身成就奖　　　　"粤陶之子"

全国建材行业　　　　　全国建材行业　　　　　佛山市工商业

劳动模范　　　　　　　优秀企业家　　　　　　联合会副主席

中国建筑卫生陶瓷　　　　佛山市委、市政府　　　　佛山市禅城区首届

协会杰出贡献奖　　　　　大城企业家　　　　　　　禅城大工匠奖

序一 | 缪斌

将企业家精神代代传承下去

戊戌之秋，王力先生转来他的书稿——《大匠初心》，该书是根据蒙娜丽莎集团董事长萧华先生的生平事迹撰写的一部陶瓷行业企业家传记，嘱我为序。作者从萧华先生的成长经历写起，到蒙娜丽莎集团一步步发展壮大为一家中国建筑陶瓷行业的领军企业，并成为广东省行业首家登陆国内 A 股的上市公司，书稿内容丰富多彩，脉络清晰。

通读全书，既对萧华先生和蒙娜丽莎集团取得今天的成绩感到高兴，也对新中国成立后特别是改革开放以来，我国建筑陶瓷行业因为有以萧华先生为代表的这些杰出企业家的努力而取得今日的成就表示欣慰和自豪。

我与萧华先生相识近二十载，深知在他领导下蒙娜丽莎集团是行业中创新意识和能力均非常强的民营陶瓷企业。萧华先生是中国建筑卫生陶瓷协会资深副会长，长期以来，凡有行业公益事业和协会工作需要帮助之时，总能得到萧华先生慷慨无私的大力支持，令我十分感激和由衷钦佩。在我的印象中，萧华先生是一位低调务实、大胆创新的企业家，身上有着佛山本土企业家鲜明的特质。在他的带领下，蒙娜丽莎集团无论是品牌建设、科技创新还是绿色环保都走在行业前列。萧华先生真正被行业所熟知、所尊敬，缘于现在风行市场的陶瓷薄板。十几年前开始研发的陶瓷薄板是中国建陶行业里程碑式的产品，也是当代建筑陶瓷行业最具革命性的产品。由此，我更感受到萧华先生勇于创新、善于创新的企业家精神，他所领导的蒙娜丽莎集团在创新领域成果丰硕，公司每年都召开科技大会，制定企业的科技发展项目和战略，还相继成立了院士工作站、国家技术中心、博士后科研工作站等，这一系列创新举措都为行业做了很好的示范。可以说，萧华先生独具一格的创新意识和创新精神成就了蒙娜丽莎集团今日在行业中的科技领先地位。

萧华先生的创业经历，虽然有改革开放带来的发展机遇，但更多的是其躬身践行、筚路蓝缕、踏石留印，一步步干出来的，一路伴随着常人难以想象的辛酸和汗水，其精益求精的做事风格和匠心精神尤为可贵。无论是做一个放牛娃、打铁匠，还是企业负责人，他都倾注全部的热情，用心去做，力争做到最好、做到完美，在实践中不断总结经验，持续改进完善，并将这种工匠精神全面融入蒙娜丽莎经营管理的各个环节，无论市场跌宕起伏或充满诱惑，蒙娜丽莎人都能够耐得住寂寞、保持定力、安心恬荡，按照自己的做事风格，将每一件产品都当作艺术精品，将其做到极致，做到最好。正是源于这种严谨细致、追求完美的做事风格，萧华先生赢得了"大城工匠""行业终身成就奖"等一系列荣誉，也使蒙娜丽莎集团成为目前建陶行业中唯一问鼎过中国质量奖的企业。

萧华先生身上有一种自强不息、坚韧不拔的创业精神。对于认准的目标，他会坚定信念，毫不动摇。在陶瓷薄板的研发和市场推广当中遇到的困难和阻力，外人很难想象，甚至连公司部分管理人员也一度动摇，但他仍旧矢志不渝咬牙坚持，坚持走自主创新的发展之路。他坚信，外国人能够干成的事情，中国人也一定能够干成，而且会干得更为出色。在公司遭遇股东分家、面临动荡的关键时刻，他力挽狂澜，勇挑重担，让管理团队树立信心，带领企业走出低谷，不断创造新的辉煌。

萧华先生是一个心地善良的人。无论在工作还是生活中，他的脸上永远都保持着"蒙娜丽莎般的微笑"。在公司内部，他能够以身作则，率先垂范，用自身的一言一行和感召力凝聚起一批志同道合的股东和管理团队，并形成独特的企业文化，推动公司健康发展；在公司外部，他能够与人为善，热情好客，以诚待人，赢得竞争对手、合作伙伴和社会各界的高度评价。而在日常的生活当中，萧华先生又是极度节俭、朴素，恪守着中华民族勤俭持家的传统美德，待人接物和蔼可亲，毫无老板的架势和派头。

通览全书，上下两篇，风格迥异，但主题鲜明，脉络清晰。通过王力先生的笔墨，我再次感受到了在珠三角这片改革开放的前沿阵地，有一批这样优秀的民营企业家，他们的成长经历和顽强拼搏的精神，值得我们大书特写和记忆传承。他们是幸运的，赶上了中国经济发展最快的时代列车，并能够抓住机遇，乘风而起，最终成就一番事业；他们是坚强的，无论在前行的道路上遇到怎样的困难和挫折，都能够百折不挠，勇往直前，抱定实业强国的梦想，将自己的命运与时代的机遇紧紧联系在一起，为国家繁荣和民族昌盛做出自己的贡献。

关于萧华先生，我觉得其最大的特质和经历，与曹德旺、宗庆后等改革开放后涌现出来的第一代民营企业家极其相似。都是白手起家，都是靠着一股艰苦创业的精神，既坚守实业，又匠心独具，在不同的领域各自成就一番事业。本书作者王力先生，之前曾多年在行业媒体工作，采访过许多陶瓷企业的创始人和主要负责人，使他具备了这部企业家传记的切入视野和驾驭能力，加盟蒙娜丽莎后又笔耕不辍，编报纸、写专栏、出专著，近距离观察、熟知、了解萧华先生的做事风格和内心世界。因此，呈现在读者面前的这部著作，其风格与萧华先生的性格贴切吻合，语言朴实又生动鲜活，通过大量平凡的事迹，从不同层面剖析了萧华先生的人生经历。

衷心希望该书的出版，能够将萧华先生这一代创业者脚踏实地、艰苦奋斗的企业家精神传承下去，也希望本书能够给那些坚守实业、务实拼搏的创业者和企业家带来一些有益的启迪。

是为序。

作者系中国建筑卫生陶瓷协会会长

2019. 11

序二 | 龙建刚

从一个人读懂一座城

收到王力兄发来的《大匠初心》书稿，我连续读了两遍。这部凝聚大量心血的著作很好地满足了我的好奇：萧华是怎样炼成的？

认识萧华多年，但我并不了解他的人生经历，也不知道他是怎样将蒙娜丽莎带成一家声名卓著的建陶企业。王力的这部力作精彩地讲述了一个精彩的故事，阅读这些故事，我洞悉了萧华和蒙娜丽莎走过的路。而更大的惊喜在于：要读懂佛山这座城市，这本书也许是一条最近的路。

在中国 338 个地级以上城市中，佛山是一个令人瞩目的存在，其人均收入超过上海，早已迈入全球高收入城市行列。从学界到政界、从中国到外国，人们关注这样一个"佛山现象"：不是特区、不是省会城市、不是计划单列市、不是滨海城市的佛山，为何可以这么牛气？

想起曾经看过的一则报道：2008 年的金融危机让欧洲大陆哀鸿遍野、惨不忍睹，唯有制造业强大的德国屹立不倒、风景独好。英国前首相布莱尔向德国总理默克尔询问经济成功的秘诀何在，默克尔回答说："我们至少还在做东西。"

这样的"德国经验"也可以用来解释"佛山现象"：这是一座一直在"做东西"的城市。扎根实业、扎根本土，这是佛山企业家代代传承的"钉子精神"。有这样的文化支撑，才有了佛山人对制造业、对实体经济穿越千百年的钟爱与坚守。佛山经济在任何时候都没有"脱实向虚"，这就在于佛山企业家群体在任何时候都没有动摇"实业为本"的信念，即便日子过得再苦，他们也咬紧牙关，坚守制造业，心甘情愿赚慢钱、辛苦钱……

这样的精神创造了佛山的传奇：面积不大的城市创造了众多的世界之最，比如陶瓷产量世界第一、电风扇产量世界第一、微波炉产量世界第一、冰箱产量世界第一、空调产量世界第一、铝型材产量世界第一、消毒碗柜产量世界第一、热水器产量世界第一、酱油产量世界第一……

民间流行的三句话道出了佛山制造的江湖地位：有家就有佛山家电、有建筑工地就有佛山建材、有厨房就有佛山酱油。

佛山最早的名字叫忠义乡，佛山企业家对乡土家园和实体经济的忠诚与信仰，很好地诠释了这个地名。

萧华就是一个杰出代表。

2017年6月19日，佛山市委、市政府授予蒙娜丽莎集团董事长萧华等一批企业家"佛山·大城企业家"荣誉称号，我向他表达祝贺时，他说了一句话：感谢政府给我们面子。我说：你们是佛山的里子，这是你们的荣誉，更是一座城市的敬意。

萧华是靠做窑炉起家的，曾经有"窑炉大王"的美誉。开始还以为他是一个受过良好教育的专业人士，后来才知道他15岁就辍学了。

1983年，佛山率先引进国外陶瓷生产设备，高昂的费用让很多厂家苦不堪言。时任一家五金厂厂长的萧华决定投身国产窑炉的自主研发与改造之中。很多人都以为这是异想天开的事情，等着看萧华的笑话。没想到萧华居然把不可能变成可能：经历了一年多的反复试验，萧华和他的团队终于让国内第一台新型辊道窑成功面世，中国陶瓷界引发巨大轰动，就连国外专家也觉得不可思议。

这是传奇，也是传承。

一百多年前，一个叫陈启沅的西樵人把先进的缫丝技术从南洋带回家乡，将缫丝机进行国产化改造，开办了我国第一家机械缫丝厂，从而开启了中国民族纺织工业的先河。

陈启沅的继昌隆在西樵山下，萧华的蒙娜丽莎也在西樵山下。这并不是历史的巧合，而是源于佛山奔腾不息的产业之河与精神之河。

1998 年，萧华从"窑炉大王"变成一家瓷砖厂的老板，他把企业从"南海市樵东陶瓷有限公司"更名为"广东蒙娜丽莎集团股份有限公司"。《大匠初心》写到一个细节——

2000 年，蒙娜丽莎营销峰会在佛山市高明区召开，时任战略顾问的杨望成博士在大会上说："公司有缘分注册到了'蒙娜丽莎'商标，如果我们不好好经营，什么时候让蒙娜丽莎不再微笑了，甚至哭泣了，我们将会是历史的罪人。"

杨望成的"激将法"果然起了很大的作用，萧华和他的伙伴们决定启动蒙娜丽莎品牌化战略。

那时我刚来佛山，在大学执教之余也开始研究我投奔的这座城市。既是同事又是好友的杨望成经常和我聊起萧华与蒙娜丽莎。

念念不忘，必有回响。2013 年 8 月，我和南海 19 位企业家飞往英国，到牛津大学进修学习，其中就有萧华。

那时的蒙娜丽莎已经是一家美誉度很高的陶瓷企业，老板萧华也成了一位响当当的企业家，但他非常低调，每次座谈讨论他都很少发言，总是面带微笑倾听。

一天傍晚，我和萧华在牛津校园散步，我问他的下一步打算是什么，他的回答简短而微弱：蒙娜丽莎上市。萧华一边说一边遥望远方，晚风吹拂着他的头发，夕阳映照在他的脸上。我心里在想：这或许是一条很长的路，陶瓷企业上市毕竟太难了。

2017年12月19日，萧华梦想成真：蒙娜丽莎成为广东首家在A股成功上市的建陶企业。规模盛大的庆祝酒会上，满面笑容的萧华披着一条鲜红的围巾。我想起三年前那个傍晚，想起彩霞满天的牛津校园……

蒙娜丽莎上市一周年的时候，我又一次在西樵见到萧华。他把我带到刚刚做好的产品展示厅里，指着一块陶瓷板说：这是可以防弹的陶瓷，它是我到牛津大学学习回来的产物。

哦，我想起来了：牛津大学一位教授在课堂上讲过，欧洲已经制造出可以防弹的陶瓷了，你们中国现在还做不到吧？

说者无心，听者有意。坐在台下的萧华颇受刺激，回国之后立即组织力量攻关，最终研发出中国版的防弹陶瓷，给牛津教授一个响亮的回答。

"创新是我们的性格。"牛津归来的萧华就是牛！

2019年11月5日，人民大会堂东大厅华灯璀璨、高朋满座，蒙娜丽莎新产品发布会在这里隆重举行。

这是蒙娜丽莎第二次在人民大会堂惊艳亮相。

10多年前，面对西方建陶强国在装备、工艺、技术、产品等领域对中国同行的严密封锁，蒙娜丽莎完全依靠自己的研发能力，攻克了一个个壁垒，研制成功并建成国内第一条陶瓷薄板生产线，制造出国内第一块陶瓷薄板。2007年4月，蒙娜丽莎在北京人民大会堂推介这款具有革命性的产品。

12年后的今天，蒙娜丽莎带着1600mm×3600mm规格的陶瓷大板，再次在人民大会堂举行新产品发布会。这是历史性的宣言：这一天标志着蒙娜丽莎成为国际陶瓷大板的领跑者。

威望很高的中国轻工业联合会名誉会长杨志海很是激动，他在发言中说：蒙娜丽莎推出的新产品，可以说是当今世界最具技术含量的一块大板，也是一块让全体中国人感到自豪的陶瓷大板，因为它让中国陶瓷产业站在了全球陶瓷产业技术创新的最前沿。

在当今中国数千万企业大军中，蒙娜丽莎的规模其实不算很大，但这家企业总能够别出心裁、另辟蹊径，不断创造出诸多的行业第一。秘诀何在？杨志海一语道破：最为重要的是蒙娜丽莎集团有一位敢于创新、善于创新的好老板——萧华董事长。

这话不假。回首走过的路，萧华如是感慨：是创新，让蒙娜丽莎驶入了发展的快车道；是创新，使蒙娜丽莎充满活力，并保持着强大的市场竞争力；也是创新，使蒙娜丽莎不断跃上全球建陶产业的高峰。

萧华在人民大会堂的演讲掷地有声：中国制造业的转型升级之路、高质量发展之路，离不开科技，离不开创新。未来的蒙娜丽莎，将更进一步坚持科技创新战略，不断瞄准全球产业顶尖水平，加大科技投入，在更多的领域，取得更大的突破，让中国制造在全球市场，成为高科技的代名词。

掌声如潮。这是佛山制造的底气和尊严、光荣与梦想。

佛山的雄心是成为中国制造业创新中心，所确立的路线图是"全球科技＋佛山智造＋全球市场"。萧华和他的蒙娜丽莎所做的全部努力就是最好的注脚。

从2016年开始，蒙娜丽莎相继在意大利建立生产基地和研发中心，吹响了"买全球、卖全球"的嘹亮号角。萧华很喜欢著名经济学家周其仁说的一句话：造出好产品，供应全人类。

周其仁教授也非常欣赏这样的萧华：产品质量上从不打折扣，宁愿少赚钱、不赚钱，也要坚守质量的红线。他把蒙娜丽莎的质量追求提炼为佛山制造一条很重要的"战法"：让价不让质。

2019年9月，我和萧华随周其仁教授到德国、荷兰、丹麦进行"品质革命·对标世界"调研，有一个现象让我们感到震撼：哪怕是一家规模很小的小企业，他们都敢拿着世界地图说话。

这是我和萧华第二次一起造访欧洲。我在想：第一次欧洲之行归来，萧华让蒙娜丽莎成功上市；第二次欧洲之行归来，萧华会不会也要习惯拿世界地图说话？

萧华被授予"大城工匠"那一天，佛山也正式宣告：要让企业家精神与工匠精神交相辉映、相得益彰、深度融合，共同成为照亮佛山现代工业文明之路的"双子灯塔"。如此旗帜鲜明的价值主张，不就是一座以制造业为根和魂的城市在呼唤更多的"萧华"吗？

历史将告诉未来：功夫佛山，东方不败。

作者系资深媒体人、著名时事评论员

2019.11

目　录

上篇　从水乡古村到炉火熊熊

下篇 从行业标杆到匠心传承

上 篇
从水乡古村到炉火熊熊

对于萧华这一代新中国的同龄人而言，个人的命运既有着新中国成立之初大干快上、满腔热血的豪情与壮志，也有着剧烈动荡的社会变革中一代人的觉醒、激情与拼搏。

迫于生活的压力，小学未毕业，萧华就成了生产队里的一个放牛娃，早早挑起了人生的重担。干塘、运肥、修堤、插秧……在农村广阔的天地里，萧华早早就学会了许多的劳动技能，也练就了坚韧不拔的毅力。

改革开放的春风，仿佛一夜之间使神州大地焕然一新。一切都焕发着勃勃生机。在那场时代的变革中，萧华率先觉醒，开始投身于家乡这块沸腾的热土，从一个学徒工开始，一步一步成长为一家村办企业的负责人，他抡铁锤、当学徒、跑业务、开工厂、建窑炉……幸运的是，在艰苦的拼搏中，他有幸率先接触到当时最先进的一系列陶瓷生产装备，并在陶瓷窑炉的国产化领域做出了一系列杰出的贡献。

最终，这样的经历，为萧华后半生入主蒙娜丽莎集团奠定了坚实的基础。

第一章　水乡古村

萧华出生在佛山市石湾镇黎涌村——岭南水乡一个非常普通的古村落，他是喝着村里"状元井"的水长大的。

村子虽然不大，但远近闻名。"一井两状元"使其传诵着各种人文历史典故，诗词歌赋、书舍学斋、商业传奇为这个古村落增添了浓郁的文化气息。简文会、伦文叙、简照南、简玉阶……一个个名字从小就耳熟能详。这片神奇的土地，自古以来就人杰地灵，英才辈出。

萧华的人生，从小就潜移默化地浸染了许多祖辈们的灵气。

岭南腹地，南国水乡。在中国四大历史名镇之一的佛山市石湾镇，有一个布满了河涌、古榕、祠堂的千年古村——黎涌（注：黎涌，又名黎滘、黎冲，早期及港澳同胞多称"黎涌"，汉字简化后，部分乡民写作"黎冲"），旧称藜水村、藜溪村。数百年来在黎涌演绎的一个个传奇故事，为这个神秘的水乡古村增添了浓郁的人文气息。让我们先从黎涌四大姓氏的渊源开始，一窥古村落神秘的面纱。

萧氏

在佛山澜石黎涌村这块沃土上，住着百家姓中排列第九十九姓的萧氏。萧姓，出自子姓，公元前 682 年宋国发生叛乱，子叔平乱有功，封于萧邑，今安徽省萧县西北，子孙以邑为姓，西汉相国萧何即为其后。

澜石黎涌萧氏也奉萧何为远太祖。萧何是秦朝时江苏沛县丰邑人，随沛公刘邦起兵灭秦，汉高祖时萧何为丞相。黎涌萧氏宗祠原最早的祖祠在今祠堂以北近潘地福德坊塘边，由于兵戈战乱及风雨侵蚀而毁，而今村中的大宗祠为清光绪年间重建，位于黎涌上村西面，在福德坊与人和里之间，已有几百年的历史。明清年间，顺德龙江萧谓川考中进士，官至太师，后辞官归隐，萧氏一族开枝散叶。黎涌大姓有"萧、潘、简、陈、伦"，其中萧姓是来黎涌开村最早的姓氏。入主黎涌以萧姓为早，立"诚裕堂"，现繁衍传承已近三十代。萧氏家族的历史，有着他们辉煌的篇章，一代一代地传承着。

陈氏

黎涌村分上村、下村，早期，村中各姓氏族人不少，上村有简氏、潘氏、萧氏、黄氏、何氏，下村有伦氏、陈氏、颜氏、薛氏、孙氏、曾氏。如今在黎涌村居住的，陈氏、萧氏、简氏、潘氏可算是大族，其中陈氏居首，分布于上村、下村，今仍在的陈姓祠堂有"澄心陈公祠""木岑陈公祠""念台陈公祠""振纲陈公祠""持正陈公祠"等。

据黎涌乡《陈氏族谱》记载："始祖世居南雄沙水井村大井头，宋宁宗嘉定年间，徙南海澜石之南，深村堡凤翅冈居焉"，"时由南雄珠玑卜居南海深村之凤翅，随迁魁岗之黎涌，隧为陈氏开家之祖。"南雄珠玑巷是连通南北的交通枢纽，是广东的北大门，今已成许多姓氏寻踪探源之地（据说已有一百多个姓氏在这里建祠纪念）。事实上，南雄珠玑巷只不过是诸姓族人（北方内地人）为逃避战乱向南迁徙过程中在半路停留歇脚的一个集散地。在漫长的历史长河中，这个粤北山城古镇无形之中成了南徙驿站。

简氏

珠江三角洲的历史上永远铭刻着1915年即农历乙卯年一场大洪水泛滥的凄惨景况。当年7月上旬，珠江三角洲大面积突发暴雨，东、西、北三江水势同涨，呈现历史上最高洪水水位，堤围多被冲决，淹没屋舍无数，饿、病死者数万人，世称"乙卯大水"。大水灾发生后，聚园围、东平围等围内的居民饱受洪水之灾，工厂不能开，田地不能种，方圆几百里发生饥荒。南洋兄弟烟草公司的简照南（名耀登，字肇章）、简玉阶兄弟听到家乡遭遇百年一遇的大水灾，专程从南洋赶回家乡，目睹眼前凄惨状况，于是由弟弟留守家乡，哥哥即刻赶回南洋，组织物资用火船（轮船）从香港运回澜石，派发物资，救济乡人，共渡难关。

说起简氏一族，不得不提佛山历史上第一位状元简文会。简文会是南汉咸宁县黎水村人（今属佛山市禅城区石湾街道黎涌村），幼年丧父，母亲靠替人缝绣衣服、结盘纽扣维持生计。因无钱供他读书，就凭自己略识几个粗浅文字为儿子启蒙。简文会生性聪明，勤奋好学，常向有才学的乡人请教，借书苦读，他平时节衣缩食，用省下的钱购买学习必需的纸张笔墨。虽然家境贫寒，但这并没有使他消沉，反而激励他努力学习，下定决心改变穷困处境。

南汉乾亨二年（918年），简文会参加科举考试，高中状元，先任翰林编修，从事为皇帝起草、批签文书及撰拟文词等工作。高祖刘龑认为简文会由寡母抚养成才，十分难得，御赐牌坊一座，表彰他的母亲。后来，简文会升任尚书右丞，成为南汉重臣。

简文会品格刚直，以先帝功臣之身，不怕得罪残暴成性的刘晟，挺身而出，恳切陈情，披肝沥胆犯颜劝谏，希望刘晟改弦易辙。但刘晟执迷不悟，恼羞成怒，竟将简文会逐出宫廷，贬往偏僻的粤北山区浈州（今英德县东部、河源、博罗一带）任刺史（州官）。简文会痛恨刘晟残暴骄横，眼看朝政日非，回天无术，含泪离开广州，奔赴浈州就任。

此时，简文会的处境十分困难，但他毫不气馁，在贫穷的山区努力勤政，公正严明，爱民如子，举凡兴利除弊之事，无不尽心规划，全力施行，取得了很好的政绩。由于他洁身自好，清廉务实，因此得到山区人民的爱戴。后来积劳成疾死于任上。其墓位于广州市白云区金钗岭（金鸡岭），1993年被列为广州市重点保护文物。

简文会家乡黎涌村，留有他挖的龙头井，500多年后的明代弘治年间，又出了一位状元伦文叙，相传简、伦两家仅隔一条小巷，同饮一井水，人们把该井称为"状元井"，至今仍保存完好，远近流传"一井两状元"的佳话。

伦氏

明朝弘治年间，黎涌村有状元伦文叙父子共中三元，被誉为"中原第一家"。

　　相传伦文叙出生当晚，黎涌村红光冲天。邻居疑惑不解，去问寺庙法师。法师说："黎涌村红光冲天，想必是天上文曲星降临。"众人说黎涌村伦显之家昨晚添一男孩。法师惊喜地说："此子将来必大贵人也。"于是，法师亲自到伦显之家道贺，给伦显之的孩子起名"文叙"，取文曲星降临之意。

　　伦文叙天性好学，常到村内的一间私塾门外偷听，被何塾师发现责问，伦文叙直言无隐。何塾师被他专心求学的精神感动，免费收为学生。伦文叙24岁中举人，34岁那年，同其他20多位举子租了一只船向东江进发，赴京会试。

　　北京是六朝古都，文物名胜丰富多彩，不少举子乘兴游览。伦文叙见考期已近，不敢分心，养精蓄锐，准备应试。在经过与湖广举人柳开先的一番斗诗后，伦文叙被当朝皇帝钦点为新科状元并授翰林院修撰。正德元年（1506年）被任命为安南正使。正德五年（1510年）恢复翰林院原职，充任经筵讲学官，给皇帝讲学。对皇帝朱厚照讲授《舜有臣五人而天下治》篇，说舜帝善于用人才而天下太平，语多规劝，皇上和颜倾听。正德八年（1513年），伦文叙参与修玉牒（皇家族谱）。同年秋奉命主持应天试。不久病故于京师任上，年仅47岁。

　　伦文叙善于教子，对孩子的教育既严格又善于诱导。常常以自己出身寒微、刻苦自学为例，对孩子进行现身说法，启发孩子奋发向上。伦文叙的长子伦以琼乡试第一为解元，正德十五年（1520年）中进士，选为翰林庶吉士，曾任浙江省道监察御史，吏部文选司主事。二子伦以训，正德八年（1513年）15岁乡试中举人。正德十二年（1517年）参加会试第一为会元，殿试第二为榜眼，授翰林院编修，曾拜南京国子监祭酒。三子伦以诜，正德十四年（1519年）17岁乡试中举，嘉靖十七年（1538年）中进士，授礼部仪制主事，后任南京兵部武选司郎中。伦文叙一家父子相继登三元（状元、会元、解元），实属罕见。故天下称之为"一门四进士，父子魁三元"。

皇帝御赐玉旨誉为"中原第一家"。此牌坊位于黎涌村前，其牌匾曾被人盗走，经几次辗转，今收藏于佛山市城市建设规划展览馆内。其伦家祠门柱，据黎涌老人说还埋于旧村委会前观音路塘边路之中，柱上雕有："文章四海无双士，翰苑中原第一家"。2018年12月，佛山著名作家林三伟以伦文叙为原型创作了《奇才状元伦文叙》，以小说的形式生动演绎了伦文叙传奇的一生。

黎涌在数千年的历史长河中跌宕起伏，渔农混耕，繁衍生息，黎涌人民修筑堤围，叠土为基，养鱼栽桑，创业建祠，使黎涌成为岭南大地一处曲水环绕、民风淳厚、地灵人杰、人才辈出的南国水乡。在漫长的岁月中，黄、孔、曾、颜等姓氏已不复存在。中华人民共和国成立后，古老的村落再次被唤醒，萧、潘、简、陈成为黎涌村的四大姓氏，伴随着改革开放的春风，一批时代的弄潮儿乘风破浪，书写着这片古老土地上新的传奇。

为了弘扬祖辈美德，遵循祖辈遗训，发扬前人艰苦奋斗的精神，以达承前启后的目的，2001年，黎涌村委会编印了《状元村文化》一书，分别从黎涌名人文化、黎涌风景文化、黎涌姓氏文化、黎涌传奇人物故事、黎涌民俗风情、黎涌礼俗称谓等方面进行了详细挖掘、整理，并试印了1000本派发给佛山文史界知名专家和学者，2008年，在广泛吸取各方意见的基础上，通过增补、修改，《状元村文化》一书正式由南方文化艺术出版社出版发行，对黎涌村历史文化的传播发挥了应有的作用，也让社会各界的目光投向这个历史上曾经熠熠生辉的"状元村"。

第二章　艰辛童年

童年最多的时光，是在菜垄、鱼塘间度过的，那里有萧华的艰辛，也有萧华的快乐。

农村的孩子，从小就会帮着大人干农活，种菜、捉虫、卖瓜、摸鱼……稚嫩的肩膀早早扛起生活的重担。几十年过去了，儿时亲历的一幕幕情景，至今还清晰地印刻在萧华的脑海中，成为他对童年刻骨铭心的记忆。

与共和国同龄的萧华，在广阔的农村，像一粒撒在田野里的种子，无拘无束地成长着。懵懵懂懂中，他的人生的底版已涂上了第一抹色彩。

1952 年，萧华三岁。萧华的父亲租了几分地来种瓜菜，每到出工的时候，萧华姐弟几人就跟着父亲到菜地里去玩耍，有时也帮父亲在菜地里拔草。小孩子贪玩，常常在菜地里乱跑，把菜都踩烂了，有时还把蔬菜连同草一起拔掉。遇到这种情况，父亲常常笑着说他们几个不是来帮忙的，而是来捣乱的。

夏天的时候，天气炎热，萧华和哥哥经常跳到菜地旁边的水沟里玩水。那时候，菜地两边的水沟积水很深，萧华和哥哥在菜地沟里游水，还打水仗，两人玩到全身都是泥水，没一处是干净的。也正是在这样的环境中，萧华从小就学会了游泳。

后来，父亲把两个儿子从菜地赶走，叫大女儿带他们到旁边的绿瓦茶亭里去玩。这个绿瓦茶亭布局呈品字形，有三座建筑，正面一座大一点，面积有四五百平方米，左右两座各有两百多平方米，三座建筑的中央还有个很大的牌坊，是用水泥建造的。牌坊横额上有民国时期黎元洪题写的"义行可风"四个大字，左右两座绿瓦茶亭都写满了诗句，内容都是希望后人多做善事、尽孝施善一类的名言警句。第一次到村里的人走到茶亭旁，大多要停下脚步，看完题词并琢磨一番才肯离去。

萧华至今还记得绿瓦茶亭上的一句诗："劝君莫打枝头鸟，儿在巢中望母归。"就是告诫人们不要打树枝上的鸟，如果你打了小鸟的母亲，巢中的小鸟也无法生存，会被活活饿死。这些似懂非懂的教诲，从小就在萧华的心里播下了与人为善、关爱生命的种子。

三座茶亭都是红砖绿瓦，非常壮观。直到现在，这三座建筑还保存得很完整。听说建造绿瓦茶亭的材料大多是从国外进口的，到现在有一二百年的历史了，一直都没有大的变化，还是那么的壮观、雄伟。茶亭里面沿墙边还有用水泥沙石建造的一排排水泥凳，成为村口一道美丽的风景线，让过往的客人坐下来休息、喝茶。

这个绿瓦茶亭是简照南先生兄弟建造的。以前，顺德、小布、乐从周边去佛山都要经过这里，沿着澜石黎涌、小麦村、大麦村、里水村、教子村这条路线，才能到达佛山通济桥，通过通济桥就到了佛山市中心。那时候的黎涌绿瓦茶亭，每天来来往往的人很多。年幼的萧华和姐姐、弟弟们经常跑到绿瓦茶亭那里爬到水泥凳上玩耍，有时爬几次才能够爬上去，有时还要大人们帮忙抱上去，在上面跳来跳去地玩，绿瓦茶亭成了萧华童年时最快乐的园地。

那时候没有反季节蔬菜，萧华的父亲严格按季节和时令来种菜，春天、夏天种瓜类，秋天、冬天种菜类，所以过去人们都是跟着季节吃蔬菜，农民也是按季节来种植的。如果夏天种蔬菜的话，成本会很高，因为夏天虫子很多，而且繁殖得很快，几天就要喷一次杀虫药，药喷得太多对人的身体不好，这样种出来的菜也不好吃。现在，萧华还记得儿时父亲常常挂在嘴边的一句农谚："正月种姜，二月种芋。"

夏天最好吃的时蔬是瓜类，如果在春天种植瓜类，大伙一般在春节前就开始把瓜仁种子拿出来泡水，让瓜仁发芽，过一段时间再用大盆放上谷糠，把发芽的瓜仁放到大盆里，小心翼翼地调控好水分、温度，让瓜仁长出瓜苗，等到瓜苗长到一定高度的时候再移植到田里去。

瓜苗长高了一些，就需要用引竹和大笋竹来搭棚架，让瓜秧顺着瓜架往上爬。看着一个个翠绿的小瓜一天天长大，萧华姐弟几个别提有多开心了。一般在清明前后十多天就可以摘下来卖了。

萧华父亲种的大多是青瓜（也称黄瓜）、节瓜和凉瓜。当地人把凉瓜叫苦瓜，因为这种瓜味道很苦，性质寒凉，也可以煲水当凉茶来喝，特别是耕牛发热气的时候，就用苦瓜干煲水给牛喝，牛很快就解了热气。

萧华记得父亲种的凉瓜长得很快，两三天就可摘一次，每次都有一百多斤。父亲把摘下的凉瓜挑去卖的时候都先用竹筐装回家，再两个一对将凉瓜顶部的秧扭成一串，用秸秆草捆好，好像一个大灯笼似的。挑去菜市场卖瓜时，担上每头两个"大灯笼"，晃晃悠悠地就出发了。

萧华的父母每天早出晚归，早晨三四点钟就担着瓜菜去澜石、乐从、水藤等地的菜市场。从家里到水藤步行要两个多小时，卖完菜回来已经是中午12点多，这时才可以吃午饭，下午两点多又要去地里劳作，真正是起早贪黑，奔波劳碌。萧华姐弟几个则是每天都到菜地里去帮忙除草，间或也到旁边的绿瓦茶亭里玩耍。

有段时间，绿瓦茶亭里进驻了一支解放军骑兵连，骑兵连养了很多战马，村里的小孩子每天都去围观，既新奇，又刺激。以前喂马的饲料大都是草料，萧华他们年纪小，看见解放军叔叔用大豆喂马，他们也想吃。后来因为他们经常去玩，跟那里的解放军叔叔混熟了，解放军叔叔就会拿些煮熟的大豆给他们吃，现在想起这些来，萧华觉得还是挺有趣的，这也让他从小就对解放军留下了美好的印象。

有一天，萧华姐弟几个一起到绿瓦茶亭和菜地玩，他走在前边，哥哥跟在他的后面，姐姐则背着弟弟走在最后面。他们一出村，就看到几匹大白马正从不远处向他们奔来，来不及躲避，萧华马上趴在地上，吓得一动也不敢动，后来，这几匹马从他的身上跳了过去，真是危险到了极点。紧跟着有几位解放军叔叔跑过来查看，看到没有人受伤，就把几匹马牵回了茶亭。回家后，萧华的姐姐将这件事讲给父母听，把他们吓出了一身汗，萧华的父亲要求年龄稍大的姐姐照顾好几个弟弟，以后每到转弯的时候都要看清楚前边的路才能过去。

五岁左右的时候，有一天，萧华突然得了咽喉病。父母带着他在佛山周边到处求医问药，但去了几家医院效果都差不多，病情一个多月都未见好转，这可把他的父母急坏了。后来经过打听，知道澜石有个叫流叔的卖鱼佬，有治疗咽喉炎的祖传秘方，效果很好。这天一早，萧华的父母背着他跑到澜石去找流叔。流叔看完病说没事，他拿出一根竹筒，将一些药粉放进竹筒里向萧华的喉咙吹了几下，吹过两次后，喉咙里的水泡就一个个慢慢地消退了。经过几天治疗，病情很快好转了。萧华这才明白，原来这些祖传秘方竟然有如此好的效果，能够治好连医生都治不好的病。从那以后，萧华对那些"身怀绝技"的老中医、老师傅总是充满了感恩与敬畏之心。

萧华六七岁的时候，有一天，刚吃完午饭，天气很热，他们姐弟几个去旁边的大院里玩。那里有很多树木，有甜笋竹和其他一些果树。当时正是龙眼成熟的时节，看见有几串龙眼已经完全成熟了，好动的萧华就想爬到树上把它们摘下来。

这棵龙眼树有五六米高，萧华费了好大的力气才爬到树上。摘到两串龙眼后，他看到枝头有一串离得比较远，把手伸远一点才能够勉强摘到。受不了硕大的果实的诱惑，他屏住呼吸，一只手抓住树枝，另一只手小心翼翼地伸过去，没想到刚一用力就失去了平衡，抓着树枝的那只手不由自主地就飞脱了。萧华从几米高的树上跌了下来，好在地面堆满了树枝杂草，才没有受重伤。从此以后，萧华就很少爬树了。

1958 年，全国掀起了轰轰烈烈的"人民公社"运动，全村社员一日三餐都到本村人民公社饭堂吃饭。萧华那时年纪小，总感觉那个年代非常好，一天可以吃三餐饭，热闹不说，还不用自己出钱，他们几个小伙伴常常是吃完饭就相约去捉鱼。当时正值春天，田里放满了水，鱼非常多，鲮鱼、鲫鱼、鲤鱼仔、田螺等到处都是，他们在田里很容易就能捉到鱼、摸到田螺，然后拿它们回家做菜吃。

有一次，萧华和几个小伙伴看见水田边有个大水井，以前田里的大水井是用来防旱的，因为那段时间下了几场大雨，田里放满了水，他们看见井边有塘鲺（又叫鲶鱼）跳来跳去，萧华就对小伙伴们说："这井里一定有很多鱼。"他和小伙伴们分工,让一个人回家拿桶,另外两个人用泥土把水井围好,等待拿水桶的小伙伴回来。

一拿到水桶,他们就到水井里拼命打水。经过一个多小时的奋战,终于看到水井里的鱼游来游去,有塘鲺、鲢鱼、鲫鱼和生鱼。他们非常高兴,但是这口水井有三米多深,怎么捉鱼?大家都有点手足无措。后来,还是萧华想出了办法,用打水桶的绳子捆着一个身材小一点的小伙伴,将他慢慢放到井里,然后把绳松开,再用绳拴着水桶放到井里,等到井里的水桶装满鱼再拉上地面。又经过一个多小时的"战斗",收获不少。他们把捉上来的鱼分成三份后各自带回了家。那天晚上,萧华感觉自己捞上来的那些鱼,吃起来格外的香。

"大跃进"开始后的一年,黎涌村遭遇了巨大的自然灾害,田里的稻谷快要收成的时候,稻穗却一夜之间爬满了虫子。这种虫子叫"落丫虫",它会把成熟的稻穗一株一株地咬到田里。这些虫子,一到晚上就出来吃稻谷,将农民辛辛苦苦的收成化为乌有。这时,佛山地委、县委、人民公社全民动员,打响了一场抵抗自然灾害的战斗——动用所有可以动用的人员晚上都要到田里去捉虫,连小学生都要参加。

萧华和小伙伴们每人都带一个小桶,跟着大人到田里去捉虫。小桶捉满后,就将虫倒入大桶,大桶里放了农药,但那时的农药药效不够好,大多是"六六粉"杀虫药,他们天天晚上开夜班捉虫,这些"落丫虫"多得好像满天的星斗,每个稻穗上都有几条,每个人都是用手捉,捉完一块田,过了两天又会重新有很多的虫,虫子总是灭不尽。几年后推出了一种"1605"杀虫药,药效强了很多,不需要像以前那样每晚跑去捉虫子,一旦发现田里有虫,公社马上安排社员施药灭虫即可,一般从插秧到收割前通常要灭三次左右的虫。

平静了几年之后,庄稼地里又出现了"钻心虫"。这种虫会把每棵稻谷的芯都吸干,造成全部农田大幅减产。后来,有了一种新型农药可以对付钻心虫,但是,使用农药的成本也很高。经过这场虫害,有些领导提倡深耕改土，以减少虫害。那一年，公社收完稻谷就开始了深耕改土，动员干部、社员日夜奋战。

萧华清晰地记得生产队耕田时的一次事故。萧华的父亲会犁田，父亲拉着牛在前面犁田，把泥土翻起来，后面的社员就把犁起的土一块块堆起来再犁，通过这种深耕，先把下面的黄土、石钉土起上来，再把上面最好、最肥沃的泥土放到下面，最后把黄土、石钉土盖上，用秸秆摊好，用火烧一遍表面的泥土。

经过三个多月的奋战，到了第二年春耕，广大社员个个争在早春插秧。所有人都希望风调雨顺，农田禾苗长得更好。可是到了禾苗生长的时候人们才发现不对劲，深翻过土的稻田，禾苗发育不正常，大多营养不良。原来，深耕换土时把营养丰富、肥润的熟土放在了下面，幼苗的根伸不到下面去，造成营养不良；此外，因为用秸秆烧过泥土，把泥土里的养分都烧干了。这些农田，当时连续几年都收成不好，后来用了大量的积肥才逐步改善。

那些年，为了农业增产，每个村都特别重视农家肥的收集。正是在这样的情况下，村里扩大了养猪场。将猪的粪便用来下田做肥料，这在当时可以说是最好的肥料。养大的猪可以供给国家，卖的钱一部分自己留下来，一部分留在饭堂吃饭用。

这个时期，萧华的母亲被调到黎涌大队的养猪场养猪，猪场在新市河边的岗湄村（岗湄村后来划给了石头大队）。那时的岗湄村离萧华他们的仁星小队有几公里的路程，走路要一个多小时才能到猪场。从黎涌村到岗湄村有座小山冈，道路十分难走，特别是遇到晚上下雨的时候更是难上加难了。

萧华记得母亲每天早上6点多就去上班，晚上8点多才回家，天天这样跑来跑去。母亲上班时在猪场的饭堂吃饭，猪场饭堂是分饭吃，每人每餐都是几两饭，但是他母亲每天晚上都只吃一点点，把剩下的饭带回家给萧华姐弟几人吃。

有几次猪场里的小猪病死了，他母亲舍不得扔，就把小猪收拾干净，用煲煮好，猪场里的人每人分几块肉，自己却不舍得吃，全部带回家给几个小孩吃。他母亲的同事问她："娥姐，你每天晚餐都吃这么少，能坚持得住吗？你每天都这么辛苦，也要多吃一点呀！"这几年，萧华母亲以前的同事见到萧华，还时常会谈到在猪场工作时的情景。

有一件事萧华至今难以忘却，一天晚上，天刚黑就下起了大雨，雨越下越大，萧华姐弟几个在家里等到8点多，母亲还没有回家。又一直等到10点多，雨还在下，而且很大，一家人都非常着急，不知道为什么母亲还没有回家。萧华父亲拿上雨具，说："你们在家里等着，我去找。"

那一晚，雨越下越大，丝毫没有停下来的样子。因雨势太大，萧华家的屋顶开始漏水了。他的弟弟饿得哭了，姐姐叫弟弟不要哭，说："妈妈快回来了。"萧华和哥哥拿着几个小桶去接水。过了一个多小时，他们的父亲和母亲终于回来了，两人全身都湿透了。看到父母平安回来，萧华姐弟们都非常高兴。后来才知道因为猪场里的母猪生猪崽，他母亲等到生完猪崽才回来。萧华的母亲是养猪能手，干什么事都认真负责，因此多次受到公社的表扬。多年以后，萧华一想到父母为了儿女过上好日子而辛苦劳作的场景，就会禁不住两眼湿润。

那时候，萧华一家人住的房子是他爷爷分的祖屋，因为太破旧了，不能继续住人，他们一家六口人只好搬到同乡的旧屋去住，这是他的爸妈向邻居家借的房子。旧屋有两个小房间、一个小客厅，一家人住在一起，虽然破旧、拥挤，却很温馨。

借住在邻居家的旧屋，每到刮台风或者下大雨的时候都非常危险，当时台风非常频繁，总是担心屋顶被台风掀翻了。如果台风在六级以上，他们就要去生产队的祠堂避风，萧华记得，这样的日子每年都会有好几次。

小时候，萧华和同村的小伙伴，每天上午11点听到放学钟响，就马上把书本放到书包里，然后跑回家煮饭。晚上吃完饭，则聚在村口一起玩耍。因为当时天气热，家里又没有电风扇，更谈不上冷气，所以他们每晚都玩到10点多才回家睡觉。特别是下午一放学，男孩子们马上就按黎涌上村和下村两队分开，各占一边，距离一百米左右，开始用砖头、缸瓦和泥块"开战"，大战两个小时左右才回家煮饭吃。这种游戏在今天看来非常危险，但却给萧华的童年带来了很多的快乐。

以前煮饭用的是铁锅，烧的是秸秆草，把秸秆草一撮一撮地放进炉膛里。如果秸秆草放进炉膛里，但火没有烧起来，这锅饭就不好吃了。萧华在夏季煮饭时，经常会热到满头大汗，全身上下的衣服都湿透了，贴在身上非常难受。燃烧的秸秆草弄得他全身都是草灰，每次烧火煮饭后都是脏兮兮的。

通常情况下都是萧华先煮好饭，然后等父母回来炒菜。家里人做的菜式以冬瓜和大头菜最多，萧华常常把大头菜当成"鲍鱼"来吃，其实当时他都不知道鲍鱼长什么样子。他只记得村里的长辈们常常说，如果长大了你想找份好工作就要吃多点大头菜（咸菜），你想去香港玩就吃多点大头菜吧（意思是多做梦吧）！

当时，炒大头菜都是不放油的，只能清炒，如果加点黄豆一起炒便是最好的了。萧华等父母把菜做好，吃完饭，他又跑到村前的鱼塘里去游泳，这里每天都有十几个小孩一起游泳，有时还会在水里捉迷藏，就是在水里玩两个人捉四个人或两个人捉八个人的游戏。萧华记得，最热的时候每天差不多要游三次泳，中午放学回家一次、吃完午饭一次、晚上睡觉前一次，所以在南国水乡长大的孩子，个个都是游泳能手。

萧华读书的时候很顽皮，一放学就跑到田里捉鱼、捡田螺，还在鱼塘里摸些石螺回家煲粥。萧华很喜欢喝螺肉芋头粥，这种粥很香甜。那时，他们经常把这种粥当成晚饭吃。以前一到春天下大雨时，田里就有很多鱼游来游去，萧华看见了总是很高兴，每次都要回家拿渔具来捉鱼，一次可以捉到好几条鱼，有时甚至十多条，这也成了他课余后的一大乐事。

那时候萧华家里很穷，一家人每天吃的都是咸菜冬瓜，懂事的萧华就经常和小伙伴们一起去捉几条鱼来改善家里的伙食。有一次，萧华趁老师在讲课，偷偷从后边的窗户爬到外面，和早已约好的另一位同学一起到村边的稻田里去捉鱼。那一次，他们两个人一会儿工夫就捉了好几斤鱼，当时感觉捉鱼比上课的收获大多了。

黎涌村周围都是河涌，有丰富的鱼资源。黎涌村地理位置比较独特，周围河涌密布，而进出黎涌村却只有一个出入口，如果从这里进去就一定要从同一个地方出来，所以从水道划船进入黎涌村后就很难划出去。传说有一个渔夫沿着河涌水道去捕鱼，不小心把渔船划进了黎涌村的水道，捕完鱼后，不知道怎么样才能划出去。他明明记得进来时经过了一座古塔，所以他划到黎涌村的一座古塔前又一直围绕着古塔划了好几圈，还是没找到出口，直到深夜两点多，还在河涌里绕来绕去。

这座古塔叫文昌塔，是古代科举考试村里为上京赶考的秀才们设立的风水塔。当时渔夫以为见鬼了，就大叫"救命"。一个村里打更的老伯听到呼救声后，提着灯笼去河涌边查看，只见那个渔夫在船上喊"救命"，老伯就问他有什么事，三更半夜喊救命。渔夫说他在这里打完鱼，想回家，但是转了十几圈都出不去，所以才呼救的。老伯这才知道原来是这个渔夫迷路了。后来，老伯就给渔夫带路，把他带到了村外。

这个故事听上去有点神奇，但却给萧华留下了深刻的记忆。外村人没办法知道其中的奥妙，但是黎涌本地村民都知道进入黎涌村水道一定要经过一座三四米高的石板桥，进去之后旁边有一座近 20 米高的文昌塔，塔旁边有一座庙，叫作水口神庙，所以一定要穿过石板桥的桥墩才能够划出村去。出村的方法其实很简单，如果你进来的时候记住是从这座古塔下的石板桥下进入的，那你很快就可以划出去，但是很多外面来的渔夫或船家都不知道这个秘密。经过这次教训，那个渔夫就经常在黎涌村水道捕鱼了，以后再也没有迷路，还成了村里的"路路通"。

农村的孩子，自有农村孩子的生存方式。萧华和一帮小伙伴们，常常在放学后或周末跑到玉米地里找吃的，看到农民伯伯在玉米地里收玉米，收完后还有玉米秆立在地里，他们都很高兴，纷纷说有"糖蔗"吃了。他们拿出随身携带的削铅笔的小刀，把玉米秆切成一段一段，每个同学分两三段，剥去外面的皮，大口大口地咀嚼着玉米秆芯，大家吃得津津有味。那时候，农村的孩子没什么水果吃，知道这些玉米秆有一点甜味，一看到有这么好的"甘蔗"吃，个个都很喜欢，大家吃得差不多饱了才回家去。

有时候，他们放学后肚子饿了，也会去番薯地里摘些番薯叶用水煲来吃，或者顺便在菜地里拔些野菜或老菜叶一起煮。以前没有油，只能找些盐放进煲里一起煮，有点味道就不错了，有些饥不择食的感觉。

每年的春耕季节，菜田地和瓜田地都要轮换种植，今年这里几十亩的菜地种瓜菜，明年又到别的地方换几十亩菜地种瓜菜，所以每年的旧瓜地都要耕牛深耕翻土，然后播种稻谷和秧苗。这时候，萧华和同学们就会到瓜菜地去捡芋头苗，然后卖给农民伯伯做芋头种，每斤芋头苗要一角钱左右，他们卖一次可以收到几角钱，感觉非常开心和满足。

有一次，萧华在捡芋头种时发现有很多富狗仔（注：又名土狗仔，学名蝼蛄，昆虫的一种）爬来爬去，有位老伯正在捉富狗仔，萧华就去问老伯："捉这个有什么用？"老伯说："这些富狗仔可以配药材用，有些药材店还会收购的。"萧华说："我也捉富狗仔卖行吗？"老伯说："我交给药材店每只一分钱。"萧华说："一分钱我给你两只，你就按一分钱两只收吧。"

这位老伯想了想说："好吧，我收你们的，一分钱两只。"跟老伯谈好价格后，萧华马上组织大家一起去捉富狗仔，他把大家分成两队，一队跟着耕田的叔叔去田里捉，另一队去菜地里捉，一直捉到耕田的叔叔收工后才回来。他们把捉到的富狗仔交给那个老伯，点完数后才知道一共捉了两百多只，他们每人分了两三角钱，收到钱后，萧华和小伙伴们一个个像发了大财似的高高兴兴地回家了。

第三章 放牛岁月

读书的时光虽然快乐，却很短暂。

小学还未毕业，萧华就牵起缰绳做了一名放牛娃，只为填饱肚子，为贫困的家庭分担些许的压力。

牵着心爱的耕牛，萧华走遍了黎涌、澜石的每一条田基，越过了每一个山冈，蹚过了每一条小溪。艰苦的岁月，在磨炼他心志的同时，也增强了他的生存能力。萧华不怕苦、不怕累，除了放牛，他还学会了插秧、网鱼、打禾、积肥等农活，小小年纪就成了一名务农好手。

　　1963 年的夏天，萧华读完了小学五年级。那时候，黎涌小学最高的年级是五年级，读完五年级就要到澜石小学或石头小学继续完成小学剩余的课程。因为要转到其他学校去，再加上家里穷，父母劳作太辛苦，萧华决定不读书了。他想早点帮父母做农活，以减轻他们的负担。

　　萧华的班主任姚老师知道他决定辍学后，和其他几位老师一起到萧华家进行家访，问他为什么不去读书。萧华说："我一读书就头痛。"老师说："头痛也要去读书，就去澜石小学继续读吧。"姚老师跟萧华和他的父母谈了很长时间，但萧华最后还是决定不再继续读书了。

　　从这天起，萧华就正式成为了一名农民。第二天早上，他早早来到生产队找队长，看队长能安排什么农活让他做。队长说："你年纪小，才十四五岁，没什么农活让你干，还是先放牛吧！"从此，萧华就成了一名放牛娃。

　　放牛的日子里，萧华经历了许多风风雨雨。每天早上 6 点，萧华就要起床喂牛，早上 8 点多喂完，把牛送到耕田叔叔的手里，然后他就可以四处玩耍或者回家准备午饭。上午 10 点半左右吃完饭，11 点回到田里把牛接回，牵着牛到草地里让其吃饱，等到下午两点多再将牛送回田里让大人犁田。如果遇到耕牛第二天要开工犁田，晚上还要放牛去吃夜草。

　　放牛的工作通常是将牛赶到山冈上去吃草料。萧华记得以前的山冈上长满了青草，上边很少有高大的树木，一到夏秋季节，太阳就非常的猛烈，有时候只能在远一点的地方找到有树木的山冈去放牛，这样会稍微凉爽一些。有时天气太热，口干肚子饿，萧华他们几个放牛娃就在有茅草的地方拔些茅草根来吃，这些茅草根有点甜味，嚼一嚼也可以解口渴，因为那时候根本没有茶水喝。山冈里的水要等下雨才会有，但人是不能直接喝积水的，口干时只能找些野果和茅草根来解渴。

如果在禾田里放牛，几个放牛娃就会在水田里挖野生的马蹄吃。那些野生马蹄个头很小，但很甜，因为肚子饿，挖到马蹄稍稍洗洗干净就连皮一起吃了，也不管卫生不卫生。萧华说，那个时候，似乎从来没有吃饱过，看到能吃的东西就全部吞下肚了。

每年的七八月，田里都有很多青蛙（俗称田鸡）。放牛的时候，萧华会顺便捉几只青蛙，然后带回家用丝瓜炒来吃。后来，想到青蛙吃不完拿去卖还可以赚几块钱补贴家用，他们就每天在放牛空闲或把牛交给耕田叔叔的时候，带上布袋去捉青蛙。有时候捉到晚上六七点，每天都能捉到两三斤，回去把青蛙放到瓦缸里。放青蛙的瓦缸要足够大，因为要养几天等捉到有十多斤才拿去卖。

知道青蛙可以捉来吃又可以卖钱后，萧华在水田里只要一看见有青蛙就会马上跑过去把它捉到布袋里，再跑着去寻找另一只，每天要跑上几个小时，跑过的路程有二三十公里，澜石镇周边几个乡的水田，他基本上都跑过。有时还要掌握青蛙出没的规律，和它们斗智斗勇。

萧华和几个小伙伴们每天只穿着短裤，在烈日下跑来跑去，有河涌就游到对岸，有农田就绕过农田，几个小时在水田里不停地跑。夏天的太阳很毒辣，草丛里的青蛙发觉有人要捉它就立刻跑到水田里，但因为被太阳晒得太狠了，看到人就马上趴在泥草里不动了，任人来捉。在这样的环境下，他们才知道农民顶着烈日劳作是多么的辛苦。

那些年，每年5～9月，萧华背上的皮肤都不知道要脱几层，每次脱皮时都起水泡，最痛苦的时候是在烈日暴晒后的第一天晚上，再过几天后背上的皮肤就会一层层地脱下来，稚嫩的皮肤被晒得黝黑，俨然一只烤鸭，一年不知要换多少次。

萧华和小伙伴们把捉到的青蛙放在瓦缸里，等三四天攒到一定数量时就拿到普君市场、南堤市场去卖。如果这天要卖青蛙的话，他们凌晨三四点就要起床，用稻草把青蛙一只一只地捆成串，每串一斤左右，捆好后已经是5点多了，他和小伙伴们担着青蛙，迎着晨曦向市场出发。去南堤市场要经过大麦村、小麦村、里水村、教子村再到通济桥。经过佛山军区门口和市第三中学门口，一路往筷子路才能到达南堤市场。那时，从澜石黎涌村到南堤市场要步行两个多小时，由于是清晨，身上又挑着担子，所以走得慢，他们到南堤市场差不多已经是早上7点多了。

青蛙几角钱一斤，每次卖完之后都可以收到六七元钱，萧华他们每人可以分到两三元，这对于他们来说，已经非常满足了。因为这是他们的额外收入，既不影响放牛的工作，又可以为家里增加一点收益，同时还启蒙了他赚钱的方法。卖完青蛙后有时候他们也会去买点早餐，然后马上回家，等耕田的叔叔下班再把牛带到有好草料的地方去放牧，有时也拿些甘蔗苗喂牛，把牛喂饱后就等着耕田的叔叔上班。放牛娃的工作每天都是这样。

那时农村的生活非常艰苦，一家几口人在生产队工作，一年到头分到手的也只有刚够糊口的粮、油、糖、鱼等杂项，如果哪一年生产队的收成好，就可以分到一百几十块钱，但有的时候一家人一年都没什么收入。萧华家劳力多，如果他家都没有钱收，小孩多的家庭就更不用说分钱了，还会欠钱，所以以前做农民很辛苦。

萧华每天都去田里和河涌里捉鱼、捉青蛙，捉到的青蛙拿来做菜，省下来的拿去市场卖几角钱，买些酱油来捞白饭吃。有时煮饭时放点盐在白饭里，就叫油盐捞白饭。吃完饭，又去放牛。现在想想，那个时候有鱼有青蛙吃已经很好了。

后来，萧华慢慢才知道，青蛙对农民的帮助很大。青蛙是除害能手，每只青蛙每天可以消灭很多害虫，人们就可以少用农药杀虫，对人类的健康和自然环境大有好处。以前他们捉青蛙来吃，一是因为生活所迫，二是不知道青蛙的功劳。后来生活水平提高了，萧华至少有二十多年没吃过青蛙了。现在跟朋友、同事去酒店、饭店吃饭，他是不会点用青蛙做食材的菜的，如果别人点了，他也不会吃，还会叫身边的亲人、朋友也不要吃青蛙，因为青蛙对农作物是有益的，加上青蛙体内的寄生虫很多，为了大家的健康，还是少吃为好。

有一年的七八月，一场特大强台风登陆珠三角，黎涌也会受到影响，公社一早就通知大家不用开工，全部在家休息，牛也不用下地耕田。萧华和小伙伴拉着两头牛到黎涌小学周边去放，他们去的时候风雨还不算大，但是到了9点多的时候，风雨越来越大，他们一帮放牛娃马上跑到学校里面去避雨。萧华在学校里见到了冯恩涛老师，冯老师一个人正在练习写字。萧华叫了声："冯老师早上好！"冯老师说："学校都放假了，下这么大的雨，你们还来学校干吗？"萧华说："我们放牛来这里避雨。"冯老师就把他们一帮小伙伴叫到门口有桌椅的地方待着，然后自己又继续去练字。

看到雨越下越大，萧华就对其中一位小伙伴说："我们两个先把牛拉回生产队，然后再拿雨具过来接他们吧！"说完，他和这位小伙伴就冒着大雨把牛牵回了生产队，然后从家里拿上雨具跑回小学门口。一到门口，看到其他小伙伴和冯老师都跑了出来，满身都是水。萧华进入校门才发现，学校的大堂倒塌了。小伙伴们说："冯老师写字的时候看见屋顶上有水流下来，他就把桌椅推到另一边没有流水的地方，刚弄好，屋顶上的瓦就跌落下来了。"大家心里都非常害怕。

这时候，风刮得更猛了，雨下得也更大了，留在学校是很危险的，大家都说现在我们个个满身都是雨水，没有一点儿是干的，还是一起跑回家去算了。看到大家意见一致，萧华第一个跑出了黎涌小学，其他小伙伴跟在他的身后，一个个都冒着大风大雨相继跑出了学校。跑到朝东生产队的时候，风和雨更大了，那里没有避雨的地方，他们中有几个年龄小的伙伴被风吹倒在地上，弄得满身都是泥水，像泥人一样，大家互相搀扶，才顶着风雨跑回了自己的生产队。

有一年春节，大年初三早上萧华就去放牛。看到河涌里有很多小鱼游来游去，萧华想，这里的河涌有这么多鱼，那桥下的石洞里也一定有鱼，可是桥下的水有一米多深，而且正值正月，天气非常寒冷，气温只有四五摄氏度，要捞鱼可不是那么容易的。

犹豫了片刻，萧华还是脱下衣服跳进水里，在水里找了一会儿，发现水下的石洞里有条大鱼。萧华心想，怎么样才能捉住这条鱼呢？后来，他用两只脚夹着洞口，把头伸出水面深吸一口气后，马上又钻进水里，当他两只手摸到洞口的时候，鱼也刚好伸出头来，他马上用手紧紧地抓住鱼，最终将鱼捉上了岸。到岸上后，才发现这是条鲢鱼，有好几斤重，萧华高兴极了，现在回想起来，觉得自己儿时还是一个捉鱼能手呢。

那时候的河涌里有捉不尽的鱼，萧华和小伙伴们经常到河涌里去捉鱼。每年一到春天的时候，农民们称为开春，春雷一响，鱼儿就开始产卵。如果这个时候到河边，就可以听到很多的鱼在打水响。

有一次，萧华兄弟几个带着渔网去捉鱼，发现有很多大鲤鱼跳来跳去，他们马上下水去捉，没想到捉了一个多小时才捉到一条几斤重的鲤鱼。后来，他们一直捉到深夜都没有再捉到鱼。奇怪的是，他们在前边网鱼，后边十多米还能听到有鱼打水响的声音。因为以前听老人说起过这条河涌里曾有人溺水而亡，萧华有点胆怯了，马上收拾好渔具回家了。

一次放牛的时候，萧华发现水田里有很多鱼游来游去。晚上吃饭时，他对父亲说："我中午放牛时看见水田里有很多鱼。"父亲问水田里有没有排水，萧华说："水很满，还要继续放水到河涌里。"父亲说："吃完饭等天黑了一起去照鱼。"饭后，父亲找来一只煤油灯，加满了煤油，拿上捉鱼工具，萧华也拿了一个空米袋跟在父亲身后向着水田出发了。

那时候，他们没有手电筒，连这只煤油灯都是萧华父亲用木板自制的。他们到了目的地，父亲点亮了煤油灯，走到田边一照，发现有几条鲢鱼、鲫鱼在游。灯光照在水面，田里的鱼就会游到亮处来。父子俩照了不到半个小时就捉了十几条鱼，后来他们发现种小麦的田里也有很多鱼，这一晚他们捉了有二三十斤鱼，沉到萧华都不够力气拿了。父亲对他说，捉完这两条鱼我们就回家吧。第二天，萧华到田边放牛，发现有很多人在他们昨晚捉鱼的地方网鱼，没想到他们昨晚抢了先。

说起种小麦，南方跟北方不同，南方土地肥沃，雨水多、水分大，小麦生长不需要太多水分，不然会泡烂根。因此在南方种小麦要开条水沟让多余的水及时排走。萧华他们村种植的小麦比北方的小麦要高许多，最高的有1.5米左右，萧华记得自己跑到麦田里都看不到外面的人。南方通常在秋季11月左右种小麦，第二年春节后收割。这里小麦拔节的时候，有些香港的亲戚回家乡看到麦田，就说这些韭菜长得非常好啊。萧华告诉他们："这些不是韭菜，是小麦。"大部分香港人没有见过小麦，因为他们没去过北方，也没有见过生长中的小麦是什么样子。

有一次，黎涌村安排萧华他们生产队到新市海边沙田去插秧，主要是种番薯和黄豆，农田靠着河，全部都是半泥沙田。这个叫新市的小小的市头，靠着东平河边，据说是澜石最早开放的市场，因方便上游的竹木器和农产品在此交易而成圩市。

这里只住了十多户人家，有几家杂货店、一家小茶楼和一条几十米长的小街市，街市的尽头就是东平河。河边有两艘小船可以摆渡到对面的顺德，顺德北滘、罗村、陈村、潭村的人去佛山，大多要经过这条水路摆渡，经石头、黎涌、深村、里水、华远等地去佛山买东西或逛街。每天都有很多客人来坐渡船，有些人还在小市集上买些日常用品回家。靠着码头的小茶楼人气很旺，石头村、江尾村的老人家常来这里喝茶。在萧华的记忆中，这间茶楼的蒸饼很好吃，但是那时候肚子饿，看到能吃的东西都想吃，因此对食物的记忆，大多鲜美而又深刻。

为了配合新牛的耕种，放牛的小社员一早把牛喂好，送到犁田的大人手里，10点半左右，他们吃完饭再跑去新市把牛接回，赶到有好草的地方去放，等到下午两点犁田的师傅把牛接回去耕田。如果耕完田不出去放牧，他们就在家准备好饲料，等牛耕完田直接拉回家喂养。

做放牛娃的时候，澜石到黎涌村全部都是山冈，其中一个山冈顶有个小山村，叫作辛岗村，萧华放牛的时候经常到那里去玩。萧华听父亲说，那个村以前有很多人居住，非常热闹，黎涌去澜石做买卖都要经过辛岗村，每当下大雨、发洪水的时候，这个位于山冈顶的小村庄都不会受影响，但一有洪水来的时候，澜石这个市集水位低的地方都会被水浸，所以很多人家搬到这个小村庄居住。

后来，因为日本侵略者打到佛山，把这个村庄给炸平了，只留下一个倒了一半的烂炮楼。现在这个村的周围全部都是山冈，山冈里都是坟墓。原本这个村庄是一个非常好的地方，村里有一个一百多米长的鱼塘，但是让日本侵略者炸成了平地。山冈上到处都是碎砖烂瓦和丛生的野草，还有被炸成了一半的炮楼，孤零零地矗立在那里。

以前这座炮楼可以用来保卫村里的安全，防范敌人的袭击和宗族之间的争斗。随着年岁渐长，萧华慢慢了解到，这个村庄以陈氏村民为主，在日本侵略者轰炸的时候死了很多人，剩下的村民都跑到外地去生活了，有一部分村民跑去了黎涌村。

萧华读书时，生产队里还有两三户来自辛岗村陈姓的人家，就是这个村里的人。在烂炮楼不到五十米远的地方，有一座又高又大的坟墓，这座坟墓足有几十平方米，有三米多高，全部是用石头垒成的，非常宏伟。有些路过的人看到都要在这里休息一下，看一看远方。周围几个村的放牛娃们都喜欢去那里玩，把牛牵到那儿去吃草。如果有谁的牛跑远了，站到坟墓的最高处望一眼就知道了。

对于放牛娃来说，最刺激、最难忘的就是公牛打架了。如果不同村的公牛碰在一起，通常都是会打架的，萧华和小伙伴们围在一起，看谁家的公牛赢了，胜者就感觉很有面子。如果输了的话，第二天就找其他村的公牛来帮忙，以赢回一局。其实公牛打架是很容易受伤的，因为牛打架是用头和角互相来顶的。两头牛离十多米就往对方面前冲，用自己的角顶着对方的角，看谁的力气大，把对方顶着走，或者用牛角挑对方，场面十分惨烈。

有时候，看似不同村的两头牛在打架，实际上是两个村的放牛娃在争个高低。通常情况下，两头牛拼命地争斗，打到双方都流血了，没力气再打了才各自跑开，如果遇到强敌，还会伤得更厉害，所以萧华一般不让自己的牛参与打架。

有一次，萧华骑着一头大公牛去放牛，走到半路的时候远远看见前面来了两头牛，是邻村生产队的。这两头牛一见面就马上冲向对方，然后就开始头对头顶在一起。危急时刻，萧华在牛背上不敢下来，他想，自己一下来，他的牛就会跟着跑，而他在牛背上，可以给自己的牛"有主人在"的信心，如果他下去了反而会很危险。十多分钟后，一方的牛输了，转头就跑，萧华的牛也跟着它跑，不断地追它，一直跑了两三百米远，萧华没能经得住颠簸，最终还是从牛背上摔落了下来，幸好没怎么受伤。

然而，牛是很有灵性，也很有感情的动物，尤其是对放养它的小主人很有感情。见到小主人掉了下去，它马上停止了追赶，等萧华重新爬上了牛背它才肯走，它知道不能伤了主人，更不能丢下主人不管。萧华有点生气，用拳头打它，但它只是默默地接受着小主人的惩罚。

20 世纪 60 年代以前，黎涌、澜石、江湄村、塘头、沙岗、石湾、河宕等地都有很多的小山冈，山冈不高，冈上很少有树木，都是草地，后来有部分开荒种上了玉米、番薯等。黎涌周边也不例外，在农忙过后，放牛娃把耕牛拉到山冈上放养，让耕牛吃饱草再拉回生产队关好。

很多时候，萧华都把牛拉到辛岗边的大重岗去放，大重岗山边有个很大的山塘，名叫葫芦塘，塘里的水有一米多深，很多耕牛在山冈吃饱后就到塘边饮水，有一些耕牛还在塘里泡水，一群放牛娃在山冈上边放牛边玩，一直玩到下午 5 点左右才把耕牛拉回生产队。

有一次，萧华他们将牛缰绳串成一串骑着各自的耕牛前行，这样可以让耕牛走得快一点，在经大重岗直往大罗喧山冈的途中，还没到山脚下就看见一大片草地，看起来比较茂盛，他们把牛赶到山边，看到绿绿的一大片草地，非常开心。耕牛看到这么好的绿草，也加快了步伐跑过去争吃草料，几个放牛娃则跳下牛背一起跑到山顶上去玩。

爬到山顶，发现有很多野果，从小在农村长大的孩子，知道哪些野果是可以吃的，哪些是不可以吃的；哪些好吃，哪些不好吃。看到这么多野果，萧华就找了一些果子来填肚子，就这样竟然吃饱了，然后在山坡的草地上坐下来看着耕牛吃草，等耕牛也吃饱了，他才骑着牛把牛赶回生产队。

从那天起，很多放牛娃都到那个山冈放牛，山冈的位置就是现在的澜石机械厂。有一次，萧华他们几个人一起赶着耕牛途经大重岗前往猫儿岗，他们每人骑着一头耕牛，不断地吆喝着以便把牛赶得快一点。快到猫儿岗的时候，看见满山杂草丛生，在大风的吹动下，远远望去好像海洋里的浪花一样。他们把耕牛拉到山冈边，看见那里的茅草长得很高，萧华跳下牛背，把一株茅草连根拔起，洗干净茅根上的泥土，然后就嚼了起来。这些茅根很甜，是配药材和煲凉茶用的，因此他们吃了很多。吃完茅根，又玩了一会儿，发现耕牛好像不太喜欢吃茅草了，就把它们拉到有好草的地方去吃。

突然，天空变得黑魆魆的，乌云密布，要下大暴雨了。萧华和小伙伴们马上将耕牛往回赶。刚赶到大重岗边，豆子一样大的雨点就落了下来，把他们个个都淋成了落汤鸡。这时候，刚好路过一片玉米地和西瓜地，耕牛当时还没吃饱，看见有玉米苗和西瓜苗就争着吃，几个放牛娃费了好大劲才把牛拉回来，但牛嘴里还是嚼着玉米秆不放，把玉米秆一起带到了路边。他们不敢停留，怕被农田主人看见了，赶紧把耕牛赶开，直到离开了农田他们才上了牛背把牛赶回了生产队。

早些年，大重岗的山冈有一半被澜石公社海燕大队办成了海燕农场，农场里养了很多生猪，种了很多水果和豆类，还有玉米、西瓜等。这时的山冈野岭比较多，萧华经常在这里放牛，后来这里建了几家红砖厂，先是办了一个广东省红砖厂，后来又办起了澜石公社红砖厂，紧接着是海燕红砖厂和塘头大队红砖厂。这几间红砖厂一开，十年左右就把这几个大山冈都铲平了，冈上的泥土一点点变成红砖，卖给周边的人家建房子用。

黎涌村在这片山冈边也有大片沙地，其中仁星生产队有二十多亩沙地，队里每年都种上番薯。这里的番薯个儿很大，番薯收成的时候正好是天气转凉的季节，萧华几个放牛娃最快乐的事就是找来几个番薯，先在沙地上挖个大洞，在洞底用干柴烧成一堆炭，把番薯放进炭里，再用干沙把番薯盖好。等到下午上班的时候再把沙子扒开，他们就可以从带着余温的炭灰中捡出烤熟了的番薯，很香、很甜，放牛娃都争着吃。

每年番薯收下来，生产队里都会分一部分给社员，剩余的就用来喂耕牛或煲熟了喂养生猪。后来，生产队把沙地分给社员，由社员承包种番薯。那时候，每家每户都要上交生猪、鸡和鲜鸡蛋，这是任务，交完后剩下的自己才可以吃，所以生产队建了很多养猪栏分给社员用来养生猪。上交生猪是一项非常重要的任务，因此，队里分给每户人家的沙地只能种植养猪用的饲料，种植蔬菜和其他作物是不行的。

如果谁家不听指挥种了蔬菜，生产队就会派人把菜地铲平，所以村民几乎家家种的都是番薯。番薯收成时，萧华家可以收到一千多斤，那时候没有放番薯的地方，只能堆放到人住的屋子里，由于房间太小，只好放到床底下，用禾草盖着。在萧华的记忆中，每天早餐大都是吃番薯，有时来不及吃早餐，便拿上几个番薯就去放牛。

做放牛娃的时候，最难熬的是每年的春天。那时天气很冷，又经常下小雨，阴雨绵绵，要把牛拉去有好草料的地方喂养，常常又阴又冷。当时能够换穿的衣服很少，遇上刮大风，只能在背风的地方躲躲，有太阳的地方晒晒，就这样，萧华做了两年多的放牛娃，在这期间，他摘野果、捉青蛙、吃草根、煨番薯，从小就尝遍了生活的酸甜苦辣。

1964年的冬天，澜石人民公社开始搞水利建设，东平河北岸从石湾到澜石奇槎的防洪堤围全部都要加高加宽，工程非常浩大。施工高峰期，整条堤围有两万多人一起作业，萧华也参加了这次的堤围建设工程。

萧华所在的仁星生产队负责的堤围基段在澜石奇槎村，总共有一百多米的工程量，生产队安排四五十人参加了修堤工程。每个生产队的劳动力基本上都要参加这次重大的水利建设工程。经过日夜奋战，仁星生产队用了两个多月才完成任务。

工地离仁星生产队有十几公里，走路要一个多小时，那时候还没有公路，也没有自行车，大家都是靠走路，而且走的全是田基路，又窄又不平，非常难走。为了节约时间，大家吃住都在奇槎村。施工期间，仁星生产队在奇槎村借了个晒谷场，搭起了简易棚屋，吃住都在棚屋里。

萧华和建设者们每天都到工地上去挑泥，大工一次能挑一百多斤，萧华他们这些小工也要挑几十斤，每趟要走一二百米，每天要挑几十次，因为萧华年纪小，身体有点吃不消，因此觉得很辛苦。施工持续了两个多月，在这期间他们没有休息过，工程终于在春节前完工了，大家刚好可以回家过年，所有人都非常高兴。对于萧华来说，这是一个全新的开始，从放牛娃转做正式的劳动力，使他第一次感受到了生活担子的沉重。

春节后正是开耕的季节，大伙播种前先把所有禾田都灌满水，用耕牛把田里的泥土打烂，再把整块田耙平，然后把田里的水放出去，将田地分成一行一行，最后才把准备好的稻谷放在分好行的田地里，再用篱笆、尼龙薄膜布盖好，这才算做完了播种。播种后要三十天左右才能把秧苗拔起插到田里去，拔苗时，这些苗已经有20多厘米高了，大伙捆好秧苗，一捆捆挑到田里去插。

人民公社时期，集体主义观念特别强，尤其是插秧这样的农活，整个生产队男女青年一起来做，个个干劲十足，有时晚上还要加班，加班都是自愿的。萧华记得每次都要二十多天才能把整个生产队的禾田插完。插秧是很辛苦的，刚开始两天，人们不大习惯，腰酸得直不起来，一天下来累得要死，即使是像他们这么大的年轻人，晚上收工后都趴在床上不想动，后来习惯了就会慢慢好些。有时候受天气影响，插秧要赶进度，晚上加班拔秧苗，白天下田插秧，遇上这种情况，就更加辛苦了。

插完秧苗一个月左右，差不多就到"五一"了，这个时候开始除草、松土、施肥。"五一"后的十多天，禾苗就长得很茂盛了。再过一个半月又要灌水施肥。从插完秧苗到收割大概一百天，稻谷就成熟可以收割了。这时正值七八月，天气最热的时候，也是农民最忙的时候，因为稻谷要在很短的时间内收割完毕。

收完稻谷马上就要插秧，收割和插秧都是在这一个多月内一起完成的。不管哪里，农作物的种植都是有节令的，不能太早，也不能太迟，如果不按季节种植就很有可能减产。仁星生产队有几次因为早晚季节搞乱了，种了几十亩的稻谷，半年下来没有收成，损失惨重，所以农民都要根据季节变换来播种。

过了夏收，开始转做种瓜菜的工作，有时还要安排到鱼塘、河涌积肥料，也要为禾苗除草、松土、施肥。那时候化肥供应不足，因为禾田每年都是种稻谷，所以要用基肥来调整土壤，还要用鱼塘和河涌里的淤泥来改变禾田的土质。除了这些施肥方法，大家还用绿化肥料来改善土壤，用得最多的是紫云英和田青，它们是最好的绿化肥料，可以增加土壤的有机质。

在准备绿色肥料前，生产队会提前到供销社买回几十斤紫云英和田青的种子，在稻谷快要收割前的一个月左右，安排社员把紫云英和田青的种子撒到禾田里。等稻谷收割时，这些紫云英绿化草已经生长出来了，大家把稻谷收割后，再为紫云英施肥、灌水、排水，等待明年的春耕。紫云英生长得很茂盛，绿油油的一片，花开的时候，像一片花海，非常漂亮，紫云英的枝蔓在光合作用下为来年禾苗的生长提供了有机养分，为稻谷丰收立下了很大的功劳。

以前收割稻谷时没有打禾机，只能用人力来打，那是一种很古老的方式。首先用镰刀把稻谷一棵棵割下来堆成小堆，数量足够多的时候把稻谷头放进禾桶里，禾桶里有一个用柑木做成的小木梯，小木梯用竹围围住。大家将割好的稻谷放在禾桶里，用小木梯甩打，这样稻谷就一粒粒全部落在了禾桶里，等到秸秆上连一粒稻谷都没有了才算打完。每个禾桶要两个人轮着打，每人要打满一担稻谷，每担稻谷有 150 斤以上，所以大家每半天要割 300 多斤的稻谷才能完成任务。

割完禾打完稻谷，萧华担着一二百斤的稻谷回到生产队的晒谷场，等生产队里年龄较大的老社员过磅后倒进晒谷场。那时候，大家割完禾打完谷已经很饿了，汗水也早已流干，还要担着一二百斤的稻谷，沿着崎岖的小路和窄小的田基路，走上几公里赶到生产队的晒谷场交谷，真的是又累又饿。吃完饭休息一会儿，等到下午两点多又要去田里收割，等到打满两担谷，已经是下午5点多了，通常情况下早已累得筋疲力尽，还要再把两担谷挑回生产队才能收工。

第二天一早，大伙把昨晚打回来的一担担稻谷挑进晒谷场。经过几天的日晒，稻谷的水分快速蒸发，晒干后，就可以交公粮了。交公粮的数目，要看生产队有多少亩水田，是按照社员数量和田亩数多少来交的。交了公粮后，政府会按照每担公粮多少钱的价格付给生产队购粮款。每个生产队等卖出稻谷收到资金后，再按每人多少工分来分给社员。剩余的粮食则按照整个生产人员数量和出工多少工分给社员做口粮，分一次差不多就是半年的口粮。事实上，生产队每年收获的稻谷，大部分先上交公粮，剩下一部分再分给社员。

那时候，每家每户都会存放好这来之不易的半年口粮。各家要吃米时，就把自家的稻谷拿到澜石加工厂去加工，把谷打磨成米再煮饭来吃。由于分到的口粮非常有限，常常不够吃。因此，那个年代，每个人对每一粒粮食都非常珍惜，从不浪费。

萧华读书时，一到收割稻谷的时节，学校老师就会把学生带去田里帮忙，让他们把田角地头剩下的一串半串稻谷捡回到生产队里去。老师还教育大家要爱惜粮食，跟他们讲农民伯伯种植稻谷是很辛苦的，所以每一粒粮食都是来之不易的，要颗粒归仓，让他们从小就知道只有付出辛勤的汗水才能有好的收成。

这样的日子过了几年，黎涌村有了很大的变化，收割稻谷时，生产队买了两台打禾机，效率一下子提高了很多。打禾机工作时，大家分成两组，每组有十五个人左右，其中十个人负责割禾，把禾苗一堆堆放好；四个人负责打禾，把割好的稻谷打到打禾机的桶里；剩下的一个人铲谷，铲满两箩筐就挑到路边，放到准备好的手推车上，等一车装满，再装第二车。萧华记得打禾机作业时，每组每天要打到十多车谷才能收工。

有了打禾机，农民收割稻谷就不用那么辛苦了，每年收割的进度加快了很多。这也是最早半机械化的劳作，与现在的收割、插秧全自动化完全是两回事。

有一年，黎涌大队准备成立一支绿化队，每个生产队都要安排一至两人参加，仁星生产队安排了萧华参加。那时市场上化肥比较紧缺，所以黎涌村决定利用所有的河涌养殖绿色植物来增加禾田的有机肥料。萧华他们这支绿化队的任务之一是把河涌都围起来养殖浮萍、水仙花、莲藕，在两边的堤围上种上果树。

三个月后，浮萍就可以放到鱼塘里喂鱼，也可以放到禾田里做肥料，水仙花则在田里堆成一个小山冈，上边用泥土摊好，几个月后就可以变成肥料投放到田里了。养大的鱼被送到各个生产队的饭堂做菜，河涌两边的番石榴长成一条条绿油油的景观带，很多社员喜欢在树下休息乘凉。经过绿化，整个河涌变成了一条条弯弯曲曲的绿化带，尤其是水仙花开的时候，人们可以置身绿油油的水仙花丛中近距离欣赏美丽的鲜花，感受生活的美好。

20世纪60年代，萧华在仁星生产队工作时，条件很落后，生产队有几台水车，一到禾田干旱时，就要到生产队的仓库里把水车抬出来去车水。水车是用上好的木料制造的，一个个用木板制成的水槽装在水车架上。车水时，水车一头放进水里，一头在岸上固定好，并用三条竹竿搭成一个竹架，两个人爬上水车头，用双脚踩着水车的脚踏，双手扶着竹架，一步步踩着水车的脚踏板，就这样，随着水槽的滚动，把河涌里的水带到禾田里灌溉。

通常情况下，一台木水车要四个人分两批来操作，两人一组，每组在水车上踩水最多半个小时就要轮一次。车水时大家会带上时钟，方便计时和轮岗。看似简单的车水，其实也是有技巧的，如果你是刚学车水的，一定会把双脚打肿，有时还会打到流血，萧华自己的脚就曾被水车打肿过好多次，但学会后熟练了，就像走路一样轻松。

学会了车水，年轻人热情好动的习性就表现出来了，萧华几个年轻人经常比赛谁在水车上踩得快，如果有同伴的脚步跟不上就会被挂在竹架上。那时候，车水工是不能穿鞋的，所以车水时脚板会有些痛。

遇上禾田干旱，大家就要连续十几天车水。不过，年轻人都喜欢车水，因为车水要四个人一起作业，热闹一些。如果车水时发现河涌里有鱼，萧华他们就会等下班后，把水车安置好，然后下河涌捉鱼，有时可以捉上好几斤鱼，这是车水带给他们的额外收获。

如果是清干鱼塘就用三个人同时作业的大水车，大水车有三四米长，排水量很大，要三个人一起用力踩才行。每天开工，车水要六个人分两班，每班三个人。清干一个几十亩的大鱼塘，通常要用十天左右才能见底，有时候还要加班。到快要捉鱼的时节，萧华和同事们还要在鱼塘边睡觉守护，每清干一个鱼塘都有两三个晚上要在鱼塘边睡觉看守。这几天晚上，他们会从禾田里拿些秸秆铺在塘基边上，盖上被子就可以睡觉了。有时他们也在鱼塘里捉条鱼来煲粥，吃完粥才睡觉，好比现在的宵夜，令人记忆深刻。

以前的鱼塘，一般在每年12月底就会清干了捉鱼去卖，卖了塘里的鱼生产队才有钱分配工资。12月底的天气已是很冷，如果在鱼塘基边种上甘蔗或粉葛的话，就能抵挡一下寒冷的北风。

20世纪50年代那些农村抗旱排水用的木水车，在60年代中期已经有了很大的改进，为生产队作业提供了有效的帮助，节省了很多的劳动力。农民也在实践中发挥着聪明才智，不断地对这些工具进行改进。

有一次，仁星生产队队长陈生叫萧华第二天和他一起去一趟中山石岐镇。第二天一早，等萧华赶到生产队时，陈生已经把要拿去出售的烂铜准备好了，他让萧华跟他一起把这几十斤烂铜抬去中山电缆厂换些电缆回来，那时候买电缆都要用旧烂铜换才能买回来。

萧华用一只大麻袋装好烂铜后，和陈生一起抬着麻袋赶往佛山汽车总站，买了开往中山石岐的车票，然后把装烂铜的麻袋也抬上了车。那天，从佛山开往中山的汽车上人很多，他们没有座位坐，只能一路站着。汽车开了

20 分钟左右，来到了澜石东平河边的码头，萧华和陈生下了车，步行上渡车船，随后，汽车也开上了渡轮。渡轮开到顺德小布码头时靠了岸，他们和汽车一起上了岸，然后上车继续走。

那辆车开得很慢，走了一个多小时才到三洪奇码头，他们又要下车上渡轮过河，过了河经过大良镇，公路两边还晒了稻谷。过了大良镇后穿越顺峰山，一路开到容桂码头，再一次下车登上渡轮过河，过了河就是容桂镇了，再往前就是中山的小榄镇。那时的小榄镇已经是一个很出名的小镇了，最后他们坐着公共汽车一路往石岐镇的方向前进。

以前中山市政府设在石岐镇，所以很多人去中山市就是为了去石岐镇。那时中山市的工业比较先进，所以有很多人到中山买电器、电机、马达等机电产品。萧华他们搭乘的汽车一路经过很多小镇，将近下午 4 点时才到达石岐镇。算算行程，两人早上 7 点多从澜石黎涌仁星生产队抬着烂铜去佛山汽车总站，到现在连坐公共汽车、过河已跑了七八个小时。两人在车上都是站着的，只有在过河时才下车走走，所以一下车两人都感觉头有点晕，但还是抬着麻袋去找中山电缆厂。

人生地不熟，他们向路边的人打听才知道电缆厂在前面两公里左右的地方，两人抬着麻袋快步向电缆厂跑去，才跑了三四百米，前面一条河挡住了他们的去路，很多车辆在排队过河。原来这条河是穿过镇中央的，河上有一座吊桥，要去镇对面都要经过这座吊桥。这时，刚好有几条船经过这条水道，所以就要升起吊桥让船先过河。他们在桥边等了一会儿，等吊桥放下来了才抬着麻袋过了河找到电缆厂。

在电缆厂里，萧华和陈生找到办公的领导，这个领导说："快下班了，你们明天再来吧。"萧华心想，如果今天换不好，明早还得过来，就会影响明天的返程。于是他对那位领导说："我们一早就从佛山搭车过来，现在都不知道去哪里住。"那位领导听了萧华的话，马上安排工作人员处理换电缆的业务，并且很快就办好了。萧华和陈生付了加工费，谢过那位领导后，抬着换来的五卷三相电缆离开了电缆厂。

出了电缆厂，两人才去找旅店住。这时已经下午 6 点多了，他们找了好久才找到一家很简陋的旅店住下，然后出去吃饭。这是萧华第一次到石岐镇办事，但因为第二天一早就要赶回佛山，他们不敢在镇上多逗留，早早就返回旅店休息。

第二天早上，萧华和陈生吃完早餐，一起抬着电缆赶到公共汽车站，买了回佛山的车票，等了三十分钟左右才上车。回去的车上人少一些，他们一上车就找了个位子坐下来。公共汽车还是沿着从昨天来的路线回佛山，这个司机比昨天的开得快，四个小时就已经过了顺德三洪奇，过了河又开了几十分钟，快到顺德大罗村的时候，汽车突然坏了，不能继续行驶了。司机叫大家下车休息，因为天气很热，在车上更热，于是大伙都下车休息，司机叫他的副手一起修理汽车，修了一个多小时还是修不好，两人都弄得满身是汗，中间停下来抽支烟歇一会儿又继续修理，又修了一个多小时，"轰隆"一声，车子终于修好了。司机叫他的副手启动试试，一试还行，司机就叫大家全都上车。

汽车又开了几十分钟，终于到了澜石东平河水道，两人下了车走到渡车船上，萧华跟陈生说："我们不要跟着汽车回总站了，那样反而耗时。"于是他就和陈生把车上的电缆拿到渡轮上，等渡轮一到码头，两人抬着电缆上了岸，由澜石码头步行回到了仁星生产队。

从石岐镇换回电缆的那一天开始，仁星生产队打稻谷和泵水排灌就再也不用麻皮电线了。从麻皮电线到电缆，可以说是一个非常大的进步。正是在这样的工作中，萧华一步步见证了从古老的木板水车到小型抽水机、从水泵到排水量很大的抗旱排灌站、从古老的打禾桶到半机械化的打稻谷机，再到全自动的播种机和收割机的改变，这正是我国工农业从最早的半机械化到机械化再到全自动化的一个巨大的演变时代，在此过程中，萧华开始逐步认识到生产装备和工具的升级换代对生产效率提升的巨大作用。

第四章　干塘运肥

　　虽然每天出工都累到筋疲力尽，但似乎永远都有干不完的工作。

　　农村的活儿，又繁又杂。好在萧华年轻力壮，做什么都容易上手，学起来并不费劲。尤其是一些稍具"技术"含量的农活儿，萧华都积极参与，他在心里有一个坚定的想法，就是通过各种机会多学习一些专业技能，这样就可以挣到更多的工分。

　　一次干塘接电线的作业，一次运肥过窦闸的经历，至今记忆犹新。萧华做事情，无论大事小事，无论难事易事，他都会多想办法，多动脑筋，力争将工作做得更好。

黎涌村除四家大姓外，1949年前还有伦氏家族。全村九个生产队，分上村、下村，上村四个生产队，下村五个生产队，大部分村民都属陈氏家族。其中上村有四个姓氏家族，分别是陈、潘、萧、简，萧氏在仁星生产队。20世纪五六十年代，仁星生产队约有130人，萧氏人口数量排第三。仁星生产队有120亩左右的水田，用来种水稻，鱼塘有100多亩，瓜地也有10多亩，队里的农作物则以种植稻谷为主。

当时，生产队的工分分配很低，一级大工出工一天记12分，每10分可以分到4角钱。萧华刚出来做工的时候，每天只有4分的工分，也就是每天只有1角6分钱的收入。他们一家六口人，除萧华弟弟读书外，他爸爸、妈妈、姐姐、哥哥和萧华共有五个人做工，工分每半年结算一次，扣除买粮食、生产队分鱼、花生、油、糖等开支外，基本没什么收入。好一点的年头，会有几十元的收入，这对于萧华一家来说已经很满足了。

那个时候，萧华思想单纯，整天什么都不想，只想着出工干活。每天上午8点至11点开工，下午2点至5点开工，非常有规律。农闲之际萧华也慢慢地形成了一个爱好，就是看小说。每天上班萧华都带着小说，休息时赶快拿出来看上几页，晚上吃完饭又点上煤油灯继续看，有时经常看到深夜一两点。

那时候书籍很少，萧华是能找到什么书就看什么书，他特别喜欢看武侠小说，常常被书中跌宕起伏的情节所吸引，一看就放不下来。萧华看书有一个习惯，看得很慢，很认真，一字一句地看，遇上不认识的字，就去查字典。这样看完后，记忆特别深刻，第二天他就可以绘声绘色地讲给工友们听。多年以后，萧华仍然觉得看小说对他文化水平的提高有很大的帮助。

生产队开工是要看季节的，大忙的时候多是插禾苗、收割稻谷。尤其是收割稻谷，社员用禾桶打谷，两人一个禾桶，半天时间要打满两担谷，每担谷各有 160 斤左右。通常情况下打满两担谷已经是中午 11 点了，肚子饿得瘪瘪的，还要挑着稻谷赶回几公里远的生产队，走的又不是平路，都是田基小路，高一脚低一脚，左摇右晃，非常难走。萧华有时饿得实在挑不动了，就在田沟里喝口水，休息几分钟再继续将稻谷挑回生产队。

割完早稻，很快又到插秧的季节。由于时间紧迫，很多人只能在晚上插秧，一直工作到深夜 11 点左右才收工，第二天一早又去插秧。有过种田经历的人都知道，这样的作业非常辛苦，萧华常常累得连腰都直不起来，这时候他就在田基边躺一躺，伸一下腰，舒缓一下筋骨，然后再起来接着插秧。

那个时候真的非常辛苦，每天到中午 11 点就下班回家做饭吃，吃的自然是白饭加冬瓜咸菜头。吃饱了，萧华又跑到田边的水沟里去捉鱼、抓青蛙。每天中午都要跑十多公里的路，这些路不是水田就是河涌，汗水湿透的衣服刚刚晒干，又跳进水里，一天不知道干湿多少次。有时捉到的鱼和青蛙多，萧华就拿到佛山普君市场去卖，可以收入几块钱来帮补一下家里的开支。

每年正月初八，春耕就开始了。有一年开工，生产队长安排萧华和萧元两人去泵水，他们的任务就是把生产队所有的水田都泵满水，然后用拖拉机和耕牛来耕田。接到任务后，两人从生产队的泵房把水泵抬到田边，把河涌里的水抽到一块块田里。因为仁星生产队有一百多亩水田，分布在不同的地方，一共有十几处，所以灌满了一块水田又要换另一个地方。两人抬着两百多斤重的水泵和电线跑来跑去，感到非常累。每到一个地方安装好水泵，萧华都要拿着工具检查一下水泵工作是否正常，水田的田埂有没有缺口，如果田基很好没有缺口，在泵水时两人就可以到旁边坐下歇息一会儿。

有一天下午，两人到麦村围泵水，他们把水泵抬去田里安装，等安装好水泵已经到了下班时间。为什么会耽搁一个下午呢？因为从生产队到麦村围的水田有好几公里，把水泵抬过去就用了一个多小时，加上那时还没有电缆，生产队泵水用的电线都是麻皮线，仅搭接电线就费了不少工夫。

这种麻皮电线，中间导电的是铝芯，外面包裹着一层橡胶，最外边是一层麻皮，所以萧华把它叫作麻皮线。用麻皮线泵水，每组线要用三根，还要用搭瓜棚的引竹来做线架，每隔五六米要有一个线架，把三条线绑在不同的竹架上架起来。从黎涌乡拉电线的总电闸距离他们泵水的水田有800多米，所以工作量非常大，两人忙活了一个下午，直到下班后才架好线架。

第二天上午，萧华一上班就去接通电源，结果发现还未接上线，电线已经带电。两人猜想，是不是有人趁他们不在的时候把电线接到总闸上去了？萧华赶到总闸那儿查看，发现线头并没有接上。对这种反常的现象，萧华和萧元都觉得非常奇怪，没接电源，电线怎么会带电呢？那时，生产队没有电工，泵水工也不是电工，对电的知识都是"半桶水"。

于是，两人开始从头到尾一个接口、一个接口地检查过去，结果还是查不到电的来源。后来他们干脆坐在路边琢磨，都说没有道理啊，想来想去也想不出个结果。就在毫无办法的时刻，萧华躺在路边的草地上，抬头一看，只见头顶一百米左右的空中有一组22万伏的高压电线从上边穿过。

望着粗大的高压线，萧华突然想，是不是高压线上的电感应到了他们的电线上来了？为了验证这个想法，萧华对萧元说："你看我们的电线上边有条22万伏的高压线，我们先把电线拆下拿去再试试。"萧元听后，也觉得可以试试。于是他们把电线拆下来一试，原来真的是这条电线的高压感应。这条电线的高压感应很厉害，用电笔测试发现它是带电的，接上小电灯泡还可以发亮。于是，晚上下班回到生产队时，萧华对社员们说了这件奇怪的事，告诉他们在下大雨的时候千万不要站在高压线下面，不然很容易触电。经过这次教训，萧华对电的认识更多了一些。

有一次，队长安排萧华用水泵去干塘（把鱼塘里的水抽干以便捉鱼）。这个福生鱼塘是仁星生产队最大的鱼塘，以前人们用水车干塘要十多天才能干完，这次他们用泵抽水，也需要四五天才抽完。为了赶进度，萧华和同事白天晚上都要加班，夜里就直接在塘基边的竹林里睡觉。

每年干塘的时候都是农历十二月，天气非常冷。那个时候渔网很罕见，村民大都是用竹箔编织的网去网鱼。所以，他们提早一天用竹箔将鱼塘围上一小半，第二天再去网鱼。记得那天天气非常冷，鱼塘里有许多鲮鱼被冻得翻了白肚。经验告诉大家，如果池塘里的鱼翻了肚皮，就说明气温只有两三度了。因为天气越寒冷，鱼塘里的鱼越容易被冻死。

就是在这样的条件下，他们还是要下塘，特别是当水深达到心口的位置时，在水里待的时间稍长就会冷得发抖，但是没有办法，萧华和伙伴们只能咬着牙把活干完。福生鱼塘有两三千斤鱼，他们在寒冷的泥水中整整忙活了一天才把鱼网完，这段经历让萧华终生难忘。

20 世纪 50 年代，澜石人民公社的大部分乡村耕田地势都比较低，每年都有一两次水浸。有一年的六七月，下了几天大雨，东平河水上涨，把澜石公社下边的黎涌乡、石头乡、深村乡、里水乡、鄱阳乡、奇槎乡等地即将收割的稻谷全都淹没了。站在黎涌绿瓦亭向东看过去，白茫茫的一片汪洋。很多渔民和村民划着小船，拿着渔网、渔具在田里捉鱼。因为随着很多鱼塘里的水涨过了塘基，塘里的鱼全游了出来，而又正值稻谷成熟的季节，鱼都跑到稻田里吃谷子，所以稻田里有很多过塘鱼。

萧华的父亲也借了渔具、渔网，划着小船去捞鱼，萧华跳到小船里，跟着父亲一起去。他们划着划着，突然看见有条大鱼在游弋，萧华马上把渔网放到水里，这个渔网有几十米长，他们落好渔网后就在船上等，大概过了半个小时，父亲说可以收网了。两人马上划船过去，把网慢慢拉到船里，发现渔网里有很多鱼，最大的有三四斤重，一网都有十斤左右。这一天，父子两人网了有几十斤鱼。

这次水灾对澜石人民公社的每个乡村都造成了很大的损失。经过这次水灾后，澜石人民公社决定改造河涌，增加排水站，从深村乡至华远乡，挖一条几公里长的新河涌，然后在离通济桥不远的华远乡建设一个排灌站。这个排灌站建得非常宏伟，安装了4台大水泵，每台水泵的泵身直径有1.5米左右，整个工程耗费了两年左右才完成。从那以后，再也没有发生过刮台风下大雨时水浸稻田的现象。

后来，澜石公社做出了一个更大的决策，利用现有的华远排灌站来灌溉稻田。这个工程非常庞大，要三年时间才能完成，仅新修的水沟就有几公里长，水沟可以将每个乡的支流都连接在一起。从华远站开始，经过通济桥边，先后到达里水乡、河宕乡、潘村乡、塘头乡、黎涌乡、石头乡、深村乡，各个乡村都有分支水沟。每年一到禾田干旱的时候就利用水道灌溉，这个水利工程完工后，再也没有发生过干旱现象，实现了旱涝保收。

20世纪60年代，佛山禅城祖庙居委会有一所小学，叫第七小学，那时，学校经常组织学生下乡劳动。有一天，第七小学的几位老师到仁星生产队，说准备过几天带部分学生来帮忙夏收夏种，经生产队长商量研究后，当场就答应了。过了几天，这几位老师带着50多名学生来到生产队，然后分配到每家每户，与大家同吃、同住、同劳动，这在当时叫作"三同"政策。仁星生产队的每户社员都很开心，欢迎老师和同学们跟他们一起劳动，一起生活，晚上一起听农民伯伯讲故事。这些老师和同学对村民们都非常友善，他们和村民一起搬泥土、施肥，每天累得全身都被汗水湿透了，一身的泥巴，还把皮肤都晒黑了，非常辛苦，但他们还是坚持工作，正如当时广播里讲的"晒黑了皮肤，练红了心"。

萧华家安排了一名小学生，这名小学生名叫李强，年龄比萧华小一点，他们的关系很好，吃住都在一起。萧华家人多屋小，萧华很长时间都住在生产队的谷仓里，所以他也把这名叫李强的小学生带到谷仓里去住。师生们每天跟着他们到田里割禾、打谷、拉泥、搬土、施肥、插秧，什么都做。由于老师和学生每星期都会下乡劳动几天，所以萧华和一群同龄人跟学校的师生关系非常好。后来，老师还请他们到学校去参观，在学校里打了几场篮球赛。经过一年多的来往，双方之间的关系更好了。

1968年的一天，萧华的父亲买了一头小猪回来，在家旁边围了个小猪圈将它养在里面。萧华父母说这是为萧华哥哥结婚准备的，那时候能养一头猪来摆酒已经很好了。自从这头小猪崽来到萧华家，他又多了一份工作，每天找点浮萍菜叶煮熟了喂小猪吃。刚开始这头小猪的食量很小，萧华煮一次饲料可以喂好几天，但是过了半年时间，猪的食量开始大增，他每天都要挑一担菜叶回家，加点糠和番薯在煤炉上煮熟了来喂它。

当时找饲料养猪非常难，萧华吃完午饭，就担着箩和割草刀到河涌里去割茜草，茜草要在一米左右深的河涌里才有得取，有时候则只能等到晚上下班后才有空去河涌里割草。最惨的是冬天，即使天气寒冷也要去河涌里割茜草。因为每年冬天浮上水面的浮萍、水仙花都很少，只有茜草还长在河涌里。一到冬天，周边河涌里的茜草早早就让人割没了，要去很远的地方才有，如大麦村、小麦村，甚至要到华远里水村的河涌才会有。那时候，要到里水村需经过一段竹地围，没有大路，都是走小路、水田和基边，特别是到晚上下班割茜草，割完一担天已经完全黑了，很多时候萧华都是摸黑担着茜草回家。因为经常下水，一到冬天，他的手脚就会被冻裂，严重时还会流血，非常痛。

这头猪在萧华家养了三年多，那段时间，萧华真是非常辛苦，好不容易等猪长到300斤左右，这时萧华的哥哥要结婚了。这天，在佛山的表哥带了几个同事来帮忙杀猪，他们将猪肉一部分拿来做烧肉，另一部分做叉烧。表哥的同事还帮忙做酒菜，用这些猪肉做了很多菜式，大家都欢天喜地地庆祝。但最高兴的还是萧华，因为从此以后就不用再割草喂猪了！

那时候的农民种田，化肥常常不够用，所以澜石人民公社就决定深挖洞、广积肥。黎涌仁星生产队响应号召，买了十多只小船，每只船都可以装800公斤左右，生产队选调了十几个年轻力壮的小伙子，萧华也加入了这支船队。他们把船放进河涌里，每人划一只小船，把河涌里的淤泥搬上船，等船装满了，就把船划到岸边，然后用泥板抬着泥抛到田里去，每天来来回回要搬十多船。由于大家不熟悉方法，做起来很吃力。经过一段时间的摸索，他们逐渐掌握了许多技巧，再装运起来就顺畅多了，可以说这也是一门技术活。

当时，每个生产队都在河涌挖土施肥改善禾田的土壤，用绿化料泥土来调整耕地。经过几年的努力，瘦田终于变成了肥田，粮食产量逐年提高。每当河涌里的淤泥挖得差不多时，萧华他们就把小船划到鱼塘里去接着挖，然后把泥运到竹笋地和甘蔗地里。施了肥的竹笋长得非常大，每只竹笋都有八九斤重。竹笋很甜，村民们用来煲粥、炒菜，非常好吃。竹笋大部分卖到出口公司，萧华所在的生产队每天都有一两千斤竹笋运到澜石出口公司，有时还可以换些化肥回来。

此外，大家种的甘蔗同样又大又粗，每根都有十几斤重。到年底的时候，他们把甘蔗收了运到糖厂换成糖，然后分给社员们。萧华家每年都能分到几十斤红糖，有时他在外边做工又热又饿的时候，就会拿些砂糖加个鸡蛋一起生吃，随便填饱肚子又去开工了。这些在农村的艰苦岁月，在萧华的成长过程中他很少讲给别人听。即使想讲，又能够讲给谁听呢？

就在大搞施肥运动的同时，仁星生产队每天都要安排一至两条船去佛山环市镇运肥料。从黎涌仁星生产队到环市镇有十多里水路，划船要两个多小时，水道也非常难走，运回来的粪尿还要挑到瓜菜地里，每船差不多要挑十多担，所以一讲起运肥料，大家都有点害怕，但是没办法，这是工作，萧华他们每个人都曾多次搬运过这样的肥料。

有一天，刚好只有一船肥料，队长安排萧华一个人到环市镇去搬肥料。萧华吃完午饭开始动身，一点半左右才把船划到华远窦闸闸口，赶到时闸口门已经关闭了。因为河面水太少，不能把河涌里的水放走，萧华到窦闸顶看了一下，如果等河水涨起来，起码要晚上8点多。

那天，只有他一个人来运肥，别的生产队都没有人来。看看这只船有两三百斤重，没其他办法，萧华只好在岸边坐下来，等有船过来的时候帮忙一起拉过大基。这条大基有十多米高，而且有一段路还非常陡。但是，等了好久也没有船过来。看看没有别的办法，萧华只好一个人往坡上拉船。好不容易拉上一段，刚一松劲船又滑了下去。

后来，萧华找来几块石头，拉上去一头就用石头顶着，然后再拉另一头也用石头顶着，就这样左边拉一下、右边拉一下，慢慢地把船一步步地拉到了基顶，船到基顶的时候，萧华已经累到说不出话来了。坐在基顶上，他想，怎么样把船弄到水里去呢？如果把船松开，船会一下子沿着坡滑到水里，但是这样船很有可能会被摔烂。想不到更好的办法，最后，他还是按照把船拉上来的方法，用石头撑着船头，一步一步向下放，过了一个多小时，他才把船放到河里，然后去装肥料，经过几个小时的努力，一直忙到晚上8点多萧华才回到生产队。

每年年底到第二年的三月，菜地里的菜成熟了，队里都会把菜交给国家发运到北方，所以村民们把这批菜叫作北运菜。北运站设在现在南海区罗村的街边，从黎涌仁星生产队出发，经澜石、沙岗、石湾、河宕、弼塘、火车站，从澜石沿325国道到火车站有十多公里的路程，再加上从火车站去罗村街边的几公里路，总共有15公里左右的路程，全部都是沙路，道路很难走。萧华和同事两人负责一辆车，他们拉着七八百斤的菜跑到街边交完菜，再用手推车到旁边的氮肥厂买一车氨水拉回生产队，来回要跑30多公里的路。

生产队每天都要运10车左右氨水。通常，萧华他们中午在路边吃个大肉饭，这种大肉饭有块薄薄的猪肉片，吃起来很香。吃完饭再把装满氨水的手推车拉回生产队，一路上有说有笑，你追我赶，非常开心，回到家里天已经黑了。结束了一天的工作，萧华扒几口饭，点着煤油灯看看小说或玩玩象棋，日子过得充实而又快乐。

第五章 **河道遇险**

人生中第一次外出务工，是从用手拉车清理石湾美术工艺厂的一座"瓦渣山"开始的。虽然工作异常艰苦，但它为渴望走向外面世界的一群农村青年打开了一扇窗户。

搬运瓦渣，是工厂里最没技术含量的粗脏累活，对萧华而言却是一个"香饽饽"，收入远比在生产队挣工分要高。此趟外出打工使他明白，农村人要想增加收入，必须搞副业，要进城务工。正是这样的发现，让萧华开始从零起步，有了自己的第一只运沙船。

有一天，生产队长对萧华说有一个任务交给他，叫他跟队长去一趟石湾。到了石湾美术工艺厂，队长让萧华找到主管基建的领导问问有什么工作可以做。那位负责基建的领导说："别的工作没有，只有一个瓦渣冈，想把这个山冈搬到东平河边。河边出口公司有个很大的仓库正在建设，需要瓦渣的数量很多。"美术工艺厂的领导把萧华带到河边仓库，问他把山冈上的瓦渣拉到仓库要多少钱一个立方？萧华想了想说："我明天给你答复。"

回去的路上，萧华重新把美术工艺厂到河边仓库的道路计算了一下，路程大约是 1.5 公里，每天要拉多少趟手拉车？每车能装多少？他都做了详细的估算。回到生产队，萧华量了一下手拉车的车身，每车可以装 0.65 立方米，每天可以拉 10 车左右，按照当时的价格，萧华计算了一下，每立方米约 18 元。第二天，他到美术工艺厂，找到那位领导谈价格，萧华说："每立方米 18 元。"领导说给 14 元。萧华就把拉瓦渣的风险和困难分析给领导听，萧华一边讲，领导一边点头。最后，萧华说如果是拉泥沙的话可以便宜很多，领导认同了萧华的说法，说按每立方米 16 元计算，然后就和萧华他们签订了合同，问萧华什么时候可以开工，萧华说："三天内。"

回到生产队，萧华马上召集萧洪、萧恩、萧佳等 20 多名年轻男女社员开了个小会，商议拉瓦渣的事。最后大家一致决定再买 4 台手拉车和一些铁锹等工具，加上生产队原有的 6 台手拉车，一共有 10 台。他们计划第三天早上动工。

这天上午 8 点，萧华等人来到美术工艺厂找到领导，领导安排负责基建的科长和他们一起把山冈用皮尺量了一次，把整个山冈的宽度和高度都定准。在制定高度时双方有一些争议，但是经过协商后马上就解决了。随后，萧华他们开工装车，有的人用铲子、有的人用锄头，没用几分钟就装好了第一车。为了验证自己的数据，萧华亲自拉着第一车出发，后边的人陆续跟上来。一出厂门口，就是一段又陡又窄的下坡路，只能勉强走两辆手拉车，道路很窄。因为美术工艺厂的厂房是建在山冈顶的，山冈顶到河边有几十米高的落差，要经过几个陡坡才能拉到河边。

为了安全起见，一到陡坡处，萧华马上把手拉车掉过头，车尾在前，人在后，身体向后倾斜着掌控车。他们两人拉着手拉车慢慢地往下走，后面的车队看见了也跟着调整了车头，放慢了速度。第一批、第二批……整整拉了一天，傍晚下班时萧华统计了一下，一天下来完成的工作量并不大，进度比原来预算的要慢很多。

晚上回到家里，吃晚饭时，萧华手里捧着饭碗，脑子里却仍然想着工作上的事。母亲见萧华捧着饭碗不吃饭发呆，问他在想什么。萧华就把白天工作上的事说了，母亲说吃完饭再想。

吃完饭，萧华随手翻开了小说《林海雪原》，当他看到解放军在雪地里用雪橇滑行时，即便下陡坡，也很平稳。萧华突然灵光一闪，他想，如果在手拉车的后边也加上一条木棍，下陡坡时把车头抬高，后面的木棍就可以与地面形成摩擦，从而减缓速度，安全前行。

想到这个主意，萧华兴奋得一晚上都没睡好，第二天一早他就跑到工地和几个拍档说了自己的想法，然后叫萧恩、萧洪拿了条木棒装在两个车轮的中间，留出五六十厘米长的尾巴在车尾。到了美术工艺厂，他们立即将改造后的手推车装满瓦渣，然后拉到最陡的坡路上去试验。下坡时，萧华把车把一抬，这辆车的速度马上就慢了下来，可以轻松、安全地下到坡底。

看到效果这么好，萧华非常开心，然后就叫其他人都按照这个方法去做。这个方法让他们的运输效率提高了一半，之前每台车都要两个人来拉，改变方法后每台车只需要一个人就行了，剩余的人负责装车，所以整个工程的进度明显加快。

那个时候，大伙出工都是一帮人一起煮饭吃，每天中午吃完饭休息一下就开工。12月的天气很冷，有一天，萧华在下班路上看见鱼塘里有几条冻死的鲮鱼，就想着把它们捞上来加个菜。他吩咐萧恩、萧佳，上班经过鱼塘的时顺路看看有没有冻死的鱼，如果有就捡几条回来加菜。第二天早上，萧华回到工地不久，萧恩和萧佳也到了，每人手里拎了几条鱼，有两条还会跳。萧华就叫他们把鱼肉起好，做成鱼球、鱼饼，那天的午餐非常好吃。当时很少有这样的生活，那段时间，每天都有两人去找些加菜的材料，以便大家在艰苦的劳作中能够稍微改善一下伙食。

有一次，萧佳在拉车下坡的时候，由于车装得比较重，车子跑得快，一不小心撞倒了一个推着自行车上坡的人。那人不让萧佳走，嚷嚷着要赔偿。萧华知道后马上过去和那个人交涉，说这些都是小事情，还好人没事，只是自行车有一点小刮损。在当时，自行车是很贵重的物件，推自行车的人要他们赔几十元，萧华不同意。

后来就叫了派出所的民警过来调解，民警看了看车说是小问题，只有几颗螺丝钉坏了，就让萧华他们赔五元钱给那个人算了。那个人不同意，还想多要，一位民警大声说："人家每天拉车这么辛苦，你还想要多少？"后来那人看到民警有点火气，就说："算了。"最终收了五元钱走了。萧华他们谢过民警之后继续干活，从那以后，他们推车下坡时更加小心了。

就这样，经过一年多的"愚公移山"，他们最终慢慢地把这座由瓦渣堆积而成的小山冈彻底移平了。一年的劳作中，不知流了多少汗，使了多少力，最终将这座大山拉走，完成了他们人生中很大的一项工程。最后和厂家结算，工程总额有十几万元，为仁星生产队创造了很好的经济效益。

这次外出务工的经历，让萧华大大地增长了见识，眼界一下子开阔了。他深刻地意识到，农村人只有外出找副业才会有出路。

后来，萧华找到澜石水运公司，询问有无工程运河沙的活儿给他们做。对方说如果自己有船的话可以考虑合作。运输公司的领导告诉萧华，现在很多地方要用到河沙，需求量很大，因为运输公司的船全部都是大船，每艘船几十吨重，进不了内河涌，因此很多十吨以下的订单，希望跟他们能够合作。

萧华说："我们没有船。"领导就对旁边的一个人说："你有只旧船是8吨的，可以借给他们或者卖给他们。"那个船主见萧华他们诚心想买，想了一下就同意了。这艘船看上去其实还不错，船主要价150元，萧华说："120元吧，船有点旧又没有工具。"船主说："算了，卖给你们吧。"后来，还给了萧华他们几支桨。萧华说就用我们赚的运沙钱抵扣船钱吧。领导同意了。就这样，萧华他们没花钱，拥有了一艘自己的运沙船。

回到生产队，萧华挑选了萧元、陈国、萧志，加上他一共四个人。他们到佛山市场买了两个铁锚、两条钢链，一起抬回澜石码头把船锁好，又到水运公司找到那位领导，告诉对方船已经交接好，明天就可以开工了。领导给了萧华一张订单说："是50吨的，每天要两船沙，地点是澜石渡轮码头。澜石大桥那边你们要自己抬上岸堆好，找澜石建筑队签收。"

第二天一早，萧华和伙伴们拿上饭煲，在生产队找了些瓜菜、大米等就出发了。他们把船停在河里摇了一下，但不敢摇得太快，因为大家都是第一次在河里划船，这么大的船非常难划，划得也很慢，他们用了一个多小时才把船摇到目的地。萧华在后边当舵手，看看船快到沙场了他对萧元说："我先放铁锚，等船快拉停时，你马上抛铁锚，要抛得远一点。"在萧华和萧元的配合下，船一下就被锁定了。

锁定船后，大家把桥板横在船中间，每边站一人，把沙铲放到河里开始挖沙，一铲铲弄到船上，每铲都有一百几十斤。没过多久，四个人就累得爬不起来了，只好停下来休息一下，花了两个多小时，才把河沙装满船，总体上还算顺利，由于大家都在生产队的鱼塘里铲过泥巴，所以比较熟练。

等船装满后，萧华叫大家把铁锚拉起，开始划船驶向码头。到了码头，萧华安排一人先去煮饭，其余三人担沙上码头。萧华先跑到建筑队，把船沙单办好后再去担沙，第一天算是比较顺利。就这样干了两个多月，他们把手头上的订单都完成了。后来，水运公司的领导说石湾镇还有很多订单，萧华说："好的，我们明天就把沙运去石湾六号码头。"

第二天，萧华他们从澜石划船到张槎沙口，划了两个多小时才到达运沙的目的地。这里的河沙很多，质量也很好，很快就装满了一船，萧华在石湾六号码头找到签单人员，报了船号把单签好，然后，他们把船上的河沙挑上码头，找到一块比较平坦的地方把沙堆好，交给对方，就这样做成了第二单生意。

一个多月后的一天，萧华等四人把船划到现在的南庄堤田乡对面的东平河里，他们刚把船上的铁锚抛到河里，拴着铁锚的铁链一收紧突然就断了。因为在河里，不知道铁锚掉在了哪里，找了半个多小时也没有找到。他们四人商量了一下，决定一起钻入河底去找，就这样又找了一个多小时还是没有找到，河里的水涨得很快，找到铁锚的机会越来越小，最后他们只好放弃了寻找，如果再继续找的话，很有可能会发生意外。

萧华明白，在这样宽阔的河里面寻找掉落的铁锚，就如同大海捞针，水下完全是黑魆魆的一片，找到铁锚的可能性不大，最后很可能是白忙一场。他们只好爬到船上，划回码头，再去买一个新铁锚，准备第二天开工用。这次掉锚事件，算是他们运沙过程中的一个教训，以后他们对船只的使用和维护更加细心了。

不知不觉又过了几个月，这时，萧华和几个伙伴对船上作业已非常熟练了，划船技术也有了很大的提高。有一天，水运公司的领导对萧华说："现在有一个比较远的地方要运沙，你们能去吗？"萧华问："运到哪里？"他说："湾华乡湾梁村需要几船沙。"

第二天一早，萧华他们就把船划到南庄堤田边的河涌中去挖沙，船装满沙后开始向着湾梁村出发。从装沙的地方经过石湾、澜石、屈龙角、江尾村、新市，他们的船顺风顺水，很快就到了湾华明窦。当船准备进窦时，萧华发现窦门已经关了。他们把船停到岸边，找到管理水闸的人问了一下，对方说河水干涸了，内河涌的水不能排出外河。因为现在正是大忙季节，很多地方要用到水，所有的窦闸都要关闭，等河水上涨了才能开闸。萧华问对方什么时候才能涨水开闸？管理人员说要到下午两点半左右。

进不了窦闸，萧华他们只好回到船上，决定先吃饭再说。他们拿了饭煲到基边的木棉树下煮饭吃。这顿饭，他们煮了四斤多大米，一大煲瓜菜，四个人围着这煲饭菜开始吃饭，不一会儿工夫就吃个了精光。大家笑笑说，一人一斤米，这么多瓜菜都吃完了，好厉害哦！其实他们向来都是这样吃的，那时候肚子里油水少，又是天天出苦力，因此每个人的饭量都大得惊人。吃完饭，大家在大基上休息了一会儿，等到了下午两点钟，到窦闸边一看，河水上涨得很快。萧华说："涨潮了，快快下船准备进闸。"

这时，闸口真的开了，他们沿着水流，一路顺利地到达湾梁村找到了买沙的人。签收好单据后，买沙的人说把河沙挑到地塘里堆好就可以了。萧华他们把船停到晒谷场的地塘边，地塘跟船沿差不多是平齐的，运气非常好，挑着担子走十几步就到了，他们很快把这船沙挑完了，然后赶紧把船划回澜石码头，准备第二天的工作。

有一次，萧华他们要将河沙运到澜石奇槎乡圣堂村。这天一大早，他们就去河里挖沙，装满了沙然后赶紧出发，把船划进奇槎窦闸。进了内河涌，由于内河涌水浅，沙船非常难划，时不时需要四个人跳到水里推着船走，他们的衣服都湿透了，好不容易才把船划到目的地，这时已经是下午4点多钟了。等他们把河沙挑完已经是晚上6点多，想想返回的路，把船划到河里也是逆水行舟，划来划去走不了几里路，没办法，他们只好轮流安排三个人到岸边用绳拉着船走，这样反而会快些，到了晚上10点多，船还没有赶到码头。那一天，他们用的时间比平时多了好多。

还有一次，萧华他们一早就把沙装满船。那时正值六七月发洪水的汛期，江面水位上涨。他们四个人顺着水流行船，船行得比较快，快到澜石屈龙角的时候，萧华看见前面有个很大的旋涡，赶紧指挥伙伴把船划到河床中间，避开了那个旋涡。

萧华听父亲讲过，在澜石东平河屈龙角河段有一个大旋涡，以前有一艘大火船经过，那里的河边有棵大树，树丫钩着了大火船的烟筒，就这样大船被卷进了旋涡，沉入河底不见了。那时候，他们一到汛期就能看到很大的旋涡。为了安全起见，萧华他们尽可能让船远离那个旋涡，加快速度往新市岸边划去，刚到河中的前半段，只见一只火船拉着一艘大花尾渡迎面而来，顶起的波浪很大，向着萧华他们的船涌过来，萧华连忙叫另外三个人拿好水桶准备排水。

什么叫花尾渡？就是一艘没有动力机器、要用其他船拉才能行动的大船。这种船可以装载几百人，大船经过后涌起很大的浪，再加上大风，浪就更大了。水浪冲进了萧华他们的船头，他们马上组织排水，水进得很快，萧华拼命地把船头向着大浪顶过去，终于避过了这次危险。

可是船刚转过弯儿来，又迎来了一波更大的水浪，比刚才的还要厉害。船头在继续进水，萧华马上叫两个人排水，一人把船上的河沙铲进河里去。刚安排完，就看见前面几十米处有个大旋涡，他们的船正慢慢地驶向旋涡。萧华拼命地掌着舵，把船开偏，随着河沙卸去一些，船身轻了一点，小船在离旋涡几米远的地方惊险地通过了。

那一刻，每个人都吓出了一身冷汗。如果不是大家同舟共济，应对得当，将生死抛开，估计很难战胜这次危险，如果真被这个大旋涡卷进去的话，后果不堪设想！事后，萧华认真总结了这次教训，以后做每件事都更加小心了。

这时候，沙船继续顺流往前行驶，沿着河边一路往奇槎村进发。到了奇槎南窦口，因河水上涨所以关了窦门。没办法，他们只好把船停好，在堤岸等潮水下降，等了两个多小时，河水慢慢降了下来。还没等河水与涌水平齐，萧华他们和几个在河堤边一起等进窦门的人就亲自动手，用绳把窦门拉开，这样大家就进到了内河涌。如果等河水平齐的话，还要等一两个小时。进到内河涌，他们加快了划船的速度，又划了半个多小时，终于到了目的地，萧华上岸找到用户签收了单据，然后四个人加快速度，有的铲沙，有的挑沙，过了一个半小时才把这船沙运上了岸。

大伙把沙船划向南窦方向的归程，沙船快到窦闸不远的地方时，萧华看见水利所的管理人员走出来，正准备关窦闸，见到萧华他们的船就说："你们快点，要关闸了。"萧华说："稍等。"沙船刚一出窦闸门，闸门就自动关了，真是来得早不如来得巧。要是慢一步的话，他们就要再等上五六个小时才能出得来。

沙船出了东平河，要逆水行船，很难划，因此行进得很慢。后来，萧元和陈国两人跳到岸上，萧志把绳抛到岸边，他们两个拿着绳子拉起来，萧志拿着长竹竿在船头，扯着不让船只靠岸，萧华在船尾掌舵，就这样四个人配合，船的速度快了很多，行了一个多小时，天黑了下来，在岸上拉船的萧元他们不便前行，只能回到沙船上，一起用桨划着船往澜石码头方向赶。这时，天已经完全黑透了，大家又累又饿，连说话的力气都没有了，但却毫无办法，如果大家不用力，沙船就会向后退，所以大家只能忍着饥饿，互相鼓气、加油，一点一点把船划向目的地。

又过了一个多小时，终于看见前面星星点点的灯光了，大家都知道快到澜石码头了，萧华对大家说，加油，还有一两公里就到了。经过最后的冲刺，沙船终于稳稳地靠在了码头边。停好船，萧华看看时间，已经是晚上9点半了，他们在夜色中完成了一天艰辛的工作，拖着疲惫的身体挥一挥手，然后各自回家吃饭。

第二天早上一上班，萧华就到水运公司找负责人，负责人说南海石硝有家单位需要一船沙，你们今天就运过去吧，不过路途远一点，但单价会高一点。萧华说："好，我们今天就运过去。"办好了手续，他们马上把船划到有好沙的地方，经过一段时间的运沙，他们知道，距离石湾不远的地方，河沙很好，也容易装沙。到达目的地后，大伙马上开始挑沙，一担担很快就把十吨左右的沙挑到了沙船上，看看装够了数量，沙船开始起锚，然后向着石硝方向出发。

　　这船河沙是萧华运沙以来最远的一趟，从澜石出发，先到屈龙角，路经大将庙窦、湾华南窦、鄱阳南窦、奇槎南窦，经过南丫岛才能到石硝窦。这时，正是河水涨潮的时候，四个人用尽全力划着船，船才慢慢往下游移去，一个小时只能行几公里。看看船行走得太慢，萧华他们就两人一组，轮流跳到堤围上用绳索拉船，这样，船行走得稍微快一些。

　　就这样拉拉划划，过了正午，沙船才到达石硝窦。萧华到窦边一看，闸窦门已经关了。因为涨潮，农田不需要更多的河水，所以就把窦门关了。他们只好把沙船停到窦边，拿着饭煲上堤围煮饭吃，萧华拿着翻铲，在空地上挖了两个炉灶，一个用来煲饭，另一个用来煲瓜菜，大家一起动手，七手八脚地忙活起来。

　　就在大伙煮饭的时候，一位在堤围上放牛，在旁边木棉树下坐着休息的老伯走了过来，看见四个小伙子，个个晒得黑黝黝的，非常健壮，看到他们一次煮好几斤米，就说："你们一餐饭煮上这么多米，能吃得完吗？"萧华说："我们四个人，四斤多米是可以吃完的。"老伯说："还有这么一大锅瓜菜，能吃得完吗？"萧华说："可以的，你看这菜里面既没有肉，也没有什么油水，只吃菜很快就会饿的。"

　　看着跟老伯搭上了话，萧华就问老伯："我们这些河沙是运去石硝梁家村的，怎么走更方便啊？"老伯说，沿着梁家村一条水道直去，到村边时转右，跟着水道走一段再转左，河涌边有间梁氏宗祠，你们问问人家就知道了。

　　萧华又问老伯贵姓，他说姓伦。老伯问萧华他们从什么地方过来的。萧华说："我们是澜石黎涌村的"。老伯听到"黎涌村"三个字，就问萧华姓什么。萧华说："姓萧，以前我们黎涌村也有姓伦的"。老伯说他们的祖先都是黎涌村的，伦文叙就是他们的祖先，听说很早就搬到石硝了，也不知道是什么原因。

　　萧华告诉老伯，他小时候读书时见过伦氏宗祠，那里面有一个大牌坊，上面写着"中原第一家"。因为黎涌村是分上村和下村的，萧家住在上村，伦家住在下村，除了村里开大型的会议外，大家平常也很少到下村去。以前村里开会都要到下村陈氏宗祠，才能容得下这么多人。但是现在伦家祠堂的原址已经被别人占了，用来修建住宅。有段时间，一到清明节，周边伦氏家族就会组织人员到伦氏祠堂的旧址来祭祖，最多的一次有大约二十台大客车，近几百号人，规模很大。后来听说发生了一些不愉快的事情，来的人就慢慢减少了。

和老伯在一起说说笑笑，时间过得飞快，一晃就到了下午4点多，萧华跑到窦闸边一看，发现河里的水和内涌的水快要平齐了，他就叫大家过来把窦闸拉开。他们按照老伯说的方向，用力划着沙船，很快就到了石硝村，沿着右边的水道继续划，接着在水道路口转左，再划一百米左右就看到前边有个晒谷场，晒谷场旁边有间大祠堂。

他们把船停好，上岸找到买沙的人，对方叫他们把沙抬上晒谷场堆好，大伙用了几十分钟就把船里的沙全部抬到了岸边。刚抬完，萧华看到河涌里的水开始往河里流，就叫大家赶快把船划出水闸，如果慢了就有可能被水闸关在村里。大家赶紧划船，沙船顺着水流很快出了窦闸行驶到了河里。

船到河里不是顺水而是逆水，因此划得很慢。这时候，萧华看见后面有只运矿砂的大铁船正向他们的小木船驶来。萧华对几个伙伴说："你们准备好，我把船划到大铁船旁边，你们用铁钩钩在大铁船的船沿上，让大铁船把我们的小木船拉到澜石码头。"

大伙儿刚刚准备好，大铁船就到了运沙船的旁边。萧华马上把沙船向着大铁船靠过去，一到船边才发现大铁船开得很快，三个人一起拿起铁钩钩向大铁船，但却没有一个铁钩钩住，大铁船很快就从他们的小木船旁边超了过去。

萧华这才知道，平时看着大铁船开得很慢，原来是船很大，再加上有段距离，真要到了船边，速度还是很快的。没有钩上大铁船，大伙只好继续划着沙船向前行驶，大概行驶了一公里，天已经快黑了。

这时候，萧华看见后边有只大木船正向他们驶来，他对大伙说，再试试这只船吧，但是不能用铁钩钩，用铁钩会钩坏人家的木船的，人家就不高兴了。听萧华这样说，大家就把铁钩放在船上，准备用手去拉。萧华小心地把着船舵，让沙船和木船并行，他们三人侧着身子伸出手去，双手用力地拉着大木船，很快，他们就把沙船拉稳了。

借着大木船的动力，沙船破浪前行。这时，大木船上的船员刚刚吃完晚饭，正坐在后边的船边，看见几个人用手拉着他们的船，说这样很不安全。于是，其中一位船员拿起打水的绳子，一头捆在木船上，另一头抛到萧华他们的沙船里来，让他们在沙船上拉着绳子。看到有人帮他们，萧元三个人开心地抓住绳子，萧华则在船尾掌着舵，运沙船跟在大木船后面，快速前行。一路上，他们和大木船上的船员有说有笑，交谈中知道这艘大木船是广西梧州的，拉货物去广州交货。

由于被大木船拉着，很快，船就到了澜石。萧华叫其他三人准备一下，又对大木船上的船员说："我们到家了，谢谢你们的帮忙，如果不是你们，我们的小船还没走到一半的路呢。"他们把沙船的绳子松了，把船划到澜石码头停好，看看时间才晚上8点半。萧华说："如果不是有船帮我们拉一程，我们今晚11点都回不到澜石。"

这个时候，萧华已经饿得能听到肚子发出的咕咕声了。回到家里，不管饭菜冷热，他捞点茶水就吃，不到十分钟就吃完了，接着又跑到生产队和人家下象棋，有时也会在煤油灯下看看小说，继续第二天的运沙工作。经过几年的水上作业，萧华的划船技术更加娴熟了，水上作业完全是一个行家里手。

第六章 **拜师学艺**

　　从运输队到五金厂，副业越搞越多，道路越走越宽。

　　由于在生产队的突出表现，萧华有幸进入黎涌大队的五金厂工作，成为一名锻打工。每天的工作就是下料、烧铁、抡锤……这是萧华第一次真正接触工业产品的制造，在叮叮当当的锻打声中，他学会了看图纸，学会了五金件的加工生产方法，一颗匠心的种子悄然在心底萌发。与此同时，萧华制作安装了自己的第一辆自行车、第一台电风扇。

20 世纪 70 年代初，澜石人民公社黎涌生产大队要成立黎涌五金厂，厂址选在黎涌陈家祠堂。那个时候，五金厂有锻打、铆焊、铸造、木模工、车床工等工种，从每个生产队调来师傅和社员组成五个工种的五金厂。

这个五金厂因为刚建成，用人不多，因此解决不了多少社员的就业。接着，黎涌大队又成立了一个运输队，要 30 多人，每个生产队的社员只要自己愿意都可以报名参加。运输队的主要业务就是拉红砖，从澜石镇省直属砖厂把砖坯拉到石湾缸瓦厂。

那时，从澜石到石湾的公路，路面上全是沙子，胶轮车非常难走。队长问了几个社员，想安排大家去运输队，但是社员们都说太辛苦了，不愿意去做。队长没办法，找到萧华说了运输队的情况，萧华答应队长去运输队拉砖。第二天一早，萧华赶去运输队，队长见到他就问："想好了没有，是不是要上班？"萧华说："想好了。"队长就叫萧华和另一个人配对，推一台手拉车去澜石镇省直属砖厂装运红砖。

二十多台手拉车排成一条长龙向着红砖厂出发，到了砖厂，萧华算了一下，每块红砖 5 斤重，每车装 250 块左右，大约是 1250 斤，这么重的车，拉起来一点也不轻松。大伙装好车，开始陆续向石湾出发，一路上的艰辛自不必说，经过一个多小时才把砖车拉到石湾日用二厂。石湾的厂房都是建在山冈上的，位置比较高，萧华拉着砖车到了厂门口才发现，两个人拉一台车，根本拉不上去。没办法，只好停下一台车，四个人合力才把一台车拉上工地。

就这样，他们轮流交替，慢慢地一车一车拉上坡去，把砖一块一块码放好，又继续回砖厂拉第二车。回到澜石运输队已经临近中午了，大伙在饭堂吃饭，吃完饭后休息一个多小时，两点又起身去砖厂拉砖。下午的天气很热，温度在35℃以上，烈日当空，口干舌燥，萧华天天在烈日下拉砖，拉了好几个月，终于完成了这个艰苦的任务。

后来，运输队又在石湾承接了一项拆运工程，石湾电瓷厂旁边有十多间旧房屋，厂里要将其拆平，准备改建厂房大楼。这是一项完全不同于拉红砖的活，不仅要爬上屋顶去拆卸，还要将拆下来的东西拉走。萧华和同事爬上屋顶，把屋面的瓦片全部揭下来，然后用手拉车把瓦片拉到平整、安全的地面放置整齐。以前的屋顶有木杉和木行角，一条条行角拉起转到下面，站在屋顶的旧烂木杉上是很危险的，一不小心就会掉下来，因为都是高空作业，所以大家都小心翼翼地工作。

墙头拆下来的砖，由于从高处丢落，掉到地上都摔烂了，有的摔成两段，有的断成三块，不是缺角，就是少棱，下面捡砖的人选了半天都选不到一块好砖。就在这时，萧华想到了一个办法，把一块长木板搭到砖墙上，墙头拆砖的人将砖块放在木板上滑下来，试了试，效果还真不错，但砖还是会烂。另外，把拆下来的砖一块块放到木板上有点烦琐，进度很慢。后来，大伙又想出了一个办法，叫下边捡砖的同事捡些秸秆草堆在一起，萧华他们把砖扔到草堆里，这样摔烂的砖就少了很多。大家按照这样的方法工作，一下子顺利多了，拆墙的速度明显加快。

大家每天一早步行到石湾上班，下午5点下班，这样的工作感觉不错，也不会太辛苦。当时，跟萧华一起作业的同事个个都是年轻力壮的小伙子，做起事来干劲十足。

有一天，萧华几个人正在拆一间旧屋子，他们先把屋顶的瓦片和木栅拆完，萧华和另一位同事站在屋顶最后一根大梁上，此时，另一个人站在墙头的"金鸡头"上摇来摇去，整面墙开始左摇右摆，像是要垮下来似的，差点把萧华从大梁上摔下来。危急时刻，萧华赶紧坐在"金鸡头"的柱头上，双手抱着柱头不敢乱动，过了一会儿，脚下的墙面才慢慢停止了晃动。

萧华这时才发现，全靠脚下的这根大梁把持着两边的墙才没有倒下。把这条木杉大梁拉下来后，砖墙就开始晃动起来，加上他们都不是专业的建筑工人，不知道以前建的砖墙是很容易摆动的。萧华坐在墙头上，等摆动的墙面稳定下来后，才慢慢地把墙上的砖一块块往地下扔，等到墙身落到一米多，一颗悬着的心才放了下来，最终，他们顺利地拆完了这面晃动着的高墙。

经过一个多月的工作，大家终于把数十间旧房屋全都拆平了，有一部分还把贴砖边的灰头都削平了。他们将拆下来的旧砖一块块清理好，铲掉砖头上的灰渣，然后装上车拉到新建厂房的工地上，码放得整整齐齐。整个工程差不多做了两个多月，总算安全完成了这项任务。这时，村里把萧华他们这支运输队调回黎涌五金厂，重新安排工作。

调回五金厂时，萧华第一个想法是到铆焊组报到。铆焊组的主要工作是做保险箱，那时的保险箱是用废油桶的铁皮做的，很少有新铁板，总共有五层。他们把油桶拆开、压直，摊好后用火烧，把留在铁板上的残油烧去后再慢慢用铁锤打平，直到把油桶皮打成一块新铁皮，才可以用铁剪剪成材料用。看似简单，却需要很多道工艺和技术才能做到。

当天，运输队还有其他同事也报了铆焊组，萧华刚报到完走到门口，锻打组的陈永炽看到了他，就问他报了哪个组。萧华说报了铆焊组。陈永炽说："那个组都是石梁村的人，你跟他们不熟，干起活来不热闹。"于是，陈永炽叫萧华到由他负责的锻打组去，锻打组全都是黎涌村的人，大家一起做事，一起玩都合得来。

就这样，萧华转到了锻打组上班。到锻打组没多长时间，大家就承接到石湾耐酸厂的一项工程制造项目——加工一套水泥搅拌机。五金厂的领导安排萧华和陈林、陈金、陈华到石湾耐酸陶瓷厂，找到了基建科。基建科科长把搅拌机的全套图纸交给萧华他们，又叫科员把他们带到已经准备好的工场。萧华四人把工具放下，一起去五金仓看材料，看完材料后，陈林和陈金两人看图开料，萧华和陈华则把开好的材料搬到工场里，经过两天的准备，搅拌机的两个圆封头的圆板材料已经开好了，接下来就要把钢板烧红开始锻打了。

萧华和工友们在工地上挖造炉灶，做样板，经过一天的努力，炉灶样板做好了，厂方也帮他们把木锤做好了，大伙拉来煤块，检查了一遍，所有准备工作都备齐了，就开始点火烧灶，等到圆钢板完全烧红、烧透后马上拉出来用大木锤锻打，一直打到工件变黑了再放进火炉里烧，这样来来回回每个封头要做十多天，两个钢板做的封头差不多用了一个月的时间才做好。

钢封头做好后，他们开始做成型机件。那时，萧华还没有自行车，每天到耐酸陶瓷厂上班都是步行，从黎涌村到石湾耐酸陶瓷厂工作的地方有六七公里路，路上要经过塘头乡、沙岗乡才能到达，每天都要跑一个来回。早上上班走路还不怎么觉得，晚上下班回家就觉得非常辛苦，因为白天在工厂里做事已经非常劳累了，下班还要走一个多小时才能到家。萧华说，全凭当时年轻气盛，才顶得住那样的苦活。经过两个多月的辛劳，他们顺利完成了这项工程，得到厂方的好评。

有一天，萧华在佛山工作的表哥来黎涌看他，见他每天上下班没有单车（自行车）很辛苦，就说现在单车很难买，下个星期天我们去买些单车的配件，自己安装一辆。

等到星期天，萧华的表哥带着一个朋友一早就来到萧华家，萧华向邻居借了一台红棉单车，和他们一起骑着赶往顺德。萧华表哥的朋友说顺德龙江、勒流一带有单车三角架卖，他们三人就各自骑上单车向顺德方向出发。他们在澜石码头改乘渡轮，渡轮把他们送到对面，上了岸再骑上单车，一路经过乐从、沙滘、水腾，然后来到龙江码头，再一次改乘渡轮。

到了龙江码头的对岸后，他们向路人询问去勒流镇的方向，路人用手指着告诉他们，往龙江镇方向直行，镇里有条岔路，跟着这条岔路直走几公里过了河对面就是勒流镇了。萧华三人按照路人指的方向骑上单车走了半个多小时才到达河边，他们搭渡轮上了岸，去找市场，发现一上岸走一百多米就是顺德勒流镇。

勒流镇的河堤边，有条一百多米长的马路，左右两边都建了商店，他们找到一家卖五金件的供销社，到里边转了一圈，发现有很多单车配件。萧华问店里的员工，有没有组装好的单车卖？店员说现在的单车都要配单车票才能购买。萧华表哥说，我们佛山也是，就连单车的三角架都没得买。商店的员工指着挂在墙上的单车三角架说，前天购进了五个三角架，已经卖了三个了，还有两个也会很快卖掉。

三人商量了一下，叫店员拿一个三角架看看，问这个单车三角架有没有品牌标记。店员说，如果是凤凰牌、红棉牌的，很快就卖完了，现在只剩这个没品牌的，是江苏无锡生产的三角架。表哥对萧华说，先把这个车架买下来再说吧。于是他们就买了三角架。店员问还要不要买车轮等配件，萧华表哥说，不用了，这些配件在佛山也可以买到。

买好了单车三角架，算是完成了一项最主要的任务。于是，三人就在市场里找了个饭店吃饭，大家边喝茶边说笑，表哥对萧华说，有了三角架，剩下的就容易多了，有些配件也可以自己造。摸着崭新的三角架，萧华心里有说不出的高兴，感觉自己的新车梦马上就要实现了。

吃完饭，三人准备回佛山，走到河边，见到有个渔夫端着一个水盆，里面有几条鱼。萧华看见盆里有两条边鱼，就问渔夫："这鱼卖吗?"渔夫放下鱼盆说："卖。"萧华就叫他捉了条大一些的称了，有两斤多，他付钱给渔夫，渔夫用袋子装好鱼递给他。三人坐上渡轮，很快就到了对岸，上了岸后，沿着来时的路回到了佛山。

在澜石，萧华和表哥分手，表哥带着单车三角架赶回佛山，临别告诉萧华，回家很快就能安装好这台单车。过了两个月左右，表哥和两个朋友带着新安装好的单车到萧华家里来。这是萧华家里的第一辆自行车，全家人都很开心。

　　那时，黎涌锻打组进行了重组，师傅有陈永炽、潘灼、陈炎、陈才、陈灶；师兄有陈爽、陈池、简辉、简灰、杨林、潘波、潘灶，加上萧华，一共13人。刚开始，陈永炽师傅叫萧华跟着师兄弟们做。那时打铁匠都是用手抢大锤，师傅用手锤打哪里，学徒的大锤就打哪里，就这样一锤一锤，伴随着一阵叮叮当当的打击声，一块工件慢慢地成型了。

　　萧华记得自己刚开始时是打螺母的。他们把煤粒铲到炉膛里，把铁烧红后，用夹子夹出来然后马上用铁锤打。那时还没有鼓风机，用风箱代替风机，他们一边拉风箱，一边看着炉膛里的铁件，烧红了就夹出来赶快打一阵。由于设备落后，每个炉要三个人配合才能操作，一天只能打几十公斤螺母。后来逐步发展到用电动鼓风机、动力皮带锤，这样，他们的锻打效率就大幅度提高了，人也轻松了不少。

　　有一次，锻打组接到佛山市运输公司机动车后半轴的锻打任务。那是个大件活，每条汽车半轴有几十公斤重，要用煤粒烧红，四个人抢着大铁锤轮流打，如果哪个铁锤慢了一点，别人的铁锤就会打在自己的锤子上面，从而乱了节奏。所以，每个人都用尽力气挥动铁锤，小心翼翼地按着节奏一锤接着一锤，工场上发出铿锵有力的"铛铛"声。

　　在一边开工路过的其他生产队的社员，看见几个人这样打铁，觉得都很新奇，纷纷停下脚步，围在旁边观看。看到有人围观，萧华他们手中的铁锤抢得更快、更默契了，绝不敢有丝毫的差错，以此博得了大伙儿的喝彩。

　　还有一次，锻打组接到大沥供销社一个数量很大的订单，制作长螺丝和木金字用的铁闸板。那时候，钢材非常缺乏，锻打组找了很多地方都找不到料，后来有朋友说南庄吉利市场有一批旧材料，他们就派了供销员去吉利市场查看，并谈好了单价。第二天，整个锻打组的人员全部出动，每人都骑上自行车，带上一个麻包袋，向南庄吉利市场出发。以前去南庄吉利要经石湾水道，那时还没有大桥，是用小船摆渡到河对岸的。石湾到南庄的公路全是沙石，很难走，到了南庄，还要过一条河才能到达吉利市场，吉利市场这条街很繁华，有十多家商店和茶楼。

锻打组的成员到了供销社后，每人装好烂铁，跟店家算好账，付过钱，把装好烂铁的麻袋放上自行车已经是中午12点了，他们在旁边的茶楼吃过午饭，商量了一下回程的路，然后经过顺德乐从，从澜石大桥赶回了五金厂。

回来的路并不好走，因为有两条河，都要用小船摆渡，渡船时需要把装满铁的麻袋一袋袋卸下来分开放好，很麻烦。如果从顺德小布过澜石河就有渡轮，可以不用放下单车上的麻袋，这样过河就方便很多，但路程远了很多。大伙还是决定从顺德方向回五金厂，不用那么麻烦。即使这样，他们还是用了一整天的时间，很晚才把材料运回五金厂。

锻打组每天都要用到很多煤粒，那时候还没有用重油、柴油，而且各种油类都很缺乏，就连煤粒也很短缺。萧华他们烧的煤都是佛山市供销社供应的，要找人批条购买。如果煤粒缺乏，或者不能及时买到，就要停工，这是没有办法的事，有一次，锻打组就因无煤粒可烧停了十多天的工。

没有煤粒，大伙只好分头去找。得知广东英德县城里有煤粒卖，厂里负责人就叫供销员先去看看。过了两天，供销员回来说在英德火车站附近，每天都有许多大人和小孩在那里从火车烧完的煤渣里捡没有烧透的煤粒。如果一定要用煤粒，只有安排人员去现场收购。经过一番商量后，决定还是要尽快购买到煤粒，否则天天停工没法干活。

一天，五金厂安排萧华和陈灶师傅一起去英德火车站收购煤粒。两人约定第二天一早在佛山火车站见。第二天早上，萧华和陈灶拿着行李跑到澜石公路头汽车站，到了汽车站刚好有台开往佛山火车站的公共汽车到站，他们上了汽车，行驶了15分钟左右就到了塘头乡的陈坑口站，汽车一路向前，先后经过沙岗口、三棵竹、石湾水步、石湾公路头、河宕村口、弼塘村口、城门头等站，最后到了佛山火车站。

两人买了去广州的火车票，并顺利坐上了从佛山开往广州的火车。他们在石围塘火车总站下车，然后跑步上渡船，一上岸就是广州市南方大厦。那时的广州南方大厦是很有名气的，是岭南一带最豪华的购物天堂。两人在南方大厦门口的路边坐上公共汽车，然后赶往广州火车站，在广州火车站买了去英德的火车票。一个多小时后，开往英德的火车终于出发了，火车一路上走走停停，经过八九个站才开到英德。

下了火车，师徒二人先找了一家距离车站比较近的酒店住下。那时，火车站旁边的酒店设施都很简单，两个人一间房，房间内没有冲凉设施，都是集体冲凉房，而且这个酒店很多客人都是各自煮饭吃的。放置好行李后，两人马上赶往火车站的煤渣场去查看，见到很多男男女女和小孩在捡火车未烧尽的煤粒，有的用袋装，有的用箩筐装，还有用木桶装的。那时候，火车都是烧煤的，一到站就要把车厢上的煤渣拉下来运到外边的煤渣场上去，因为煤渣中的许多煤没有烧透，因此聚集了很多人在这里捡煤粒，然后拿回家用来烧饭。

英德火车站是个大站，地方也大，很多火车会在这里放下车上的煤渣，所以每天都有很多人在这里捡煤粒。在车站旁，萧华看见一个年轻男人担着两袋煤粒过来，他连忙走过去拦住他，问这些煤粒卖不卖，一百斤多少钱。对方说一百斤三元钱。萧华师徒二人就说，想把他们捡到的所有煤粒都买下来。

那个年轻男人见他们买得多，就招呼身边一起捡煤粒的人，把所有煤粒都抬到了萧华指定的地方。为了方便收购，他们在车站旁边租了一间简易的房屋，把煤粒一袋袋放到里面，不一会儿工夫就收购了一吨多的煤粒。

萧华和师傅计算了一下，来一趟英德，至少要买几十吨煤粒才可以回去，每天一吨多的收购量，需要二十多天才能收购完这批煤粒，感觉时间太长。商量了好久，也没有想出更好的办法，只好决定第二天到煤场再碰碰运气。第二天一早，他们赶到煤场，昨天捡煤的人看见他们就问："你们今天还收不收煤？"萧华说："你们有煤粒我们就收。"捡煤粒的人说10点左右会挑过来。萧华师徒等到10点多钟，对方真的挑着煤粒过来了，这样他们又收了一吨多。

收完工，师徒二人去吃中午饭，走到菜市场，萧华发现这里的猪肉很便宜，就想自己煮饭吃。买了猪肉后，卖肉的还送了一块猪肝给他们，回到酒店后，师徒二人便开始自己煮饭炒菜，很快就有饭吃了。那时，在这个酒店住的人，大多是自己煮饭吃的，因此很多炉灶是可以借用的。吃完饭，萧华算了一下，发现自己动手煮饭比到饭店吃要划算得多，因此，决定以后餐餐都自己煮饭吃。

休息了一下，等到下午4点多，师徒二人又赶去收煤粒，这一天，他们总共收了两吨多。之后，每天都按时去收，收完煤粒然后去菜市场买菜做饭，只是改变了一点，每天都多买一点猪肝。原来这里的猪肝和猪肉是同样的价钱，因为萧华和陈灶师傅都喜欢吃猪肝，因此就只买猪肝炒来吃。

在英德火车站来来回回十多天，两人收购了几十吨煤粒。这天，他们看着数量差不多了，找到英德火车站的管理人员，说要把这几十吨煤粒发运到佛山火车站去，问对方什么时候有车皮，对方说明天就有，让他们先把煤粒装好，计划明天装车。

第二天下午，两人找到调度员，调度员安排搬运工将煤粒一袋袋装上车皮。装完车皮后，调度员对萧华他们说，你们可以回去了，货到佛山站后会有人通知你们的。等他们回到佛山，第二天货就到了，大伙很快组织人把煤粒从火车站拉回到厂里。

这次出差收煤粒，为黎涌五金厂准备了很多燃料，减少了停工带来的损失，这几十吨的煤粒，足够锻打组用半年了。去英德火车站收购煤粒，历时十多天，是萧华第一次出远差，既顺利完成了工作任务，又见识了外面的世界，算是他人生锻炼的开始！

有了煤粒，锻打组第二天就开始制作螺丝和铁夹板，经过十多天的工作，有一部分已经完工，因为对方要货很急，他们只能分批交货，生产多少就交多少，交货地点在南海市大沥镇。

那时候很少有货车，大伙要用自行车驮着去送货。萧华几个年轻人轮流用自行车送货到大沥，每人每天送一次货可以收入三角钱。那个时候，三角钱的收入已经很高了，在茶楼吃饭用二角五分，还可以剩五分钱，所以大伙每天都轮流送货。过了一个多月，这批产品终于赶制完了。

有一年，为了加快五金厂的发展，增加广大村民的收益，经黎涌村大队研究决定，对五金厂进行改革，并制订了一个叫作"442"的方案，具体来讲，就是五金厂的收益，管理层和员工占四成，五金厂留下的发展基金占四成，剩下的两成留给黎涌大队用。

这个方案对调动五金厂员工的积极性作用非常大，大家都知道机会难得，超额完成了生产任务就有超产奖拿。萧华所在的锻打组召开了全组人员会议，大家一致认为供销员这个岗位很重要，因为供销员的能力和水平直接决定着接回的订单多不多，购买回来的材料质量、价格好不好。因为要超出厂里所制定的利润指标才有超产奖拿，所以大家纷纷询问供销员，供销员当场表示，一定要满足大家的业务需求，就算不睡觉也要让大家有活干。

供销员的一席话让大家心里有了底，那时，萧华他们个个劲头十足，像吃了兴奋剂一样，白天工作，晚上还要加班到 11 点才下班。大家日夜奋战，一心想着怎样多揽活，多创效益。

有一次，铆焊组的供销员带着广州自行车厂的供销员到锻打组，说有个很大的订单，要用直径 150mm 的大铬钢锻打成每个一百多公斤的大圆饼，加工为刀具，用来剪开单车钢轮和钢板。第一批有十多吨，价钱也非常合适。接到这么大的订单，大家都很开心。那时，锻打组刚好买了一台旧的动力锤，有 800 公斤重，正好适合用这个动力锤来煅打。

为了加快进度，锻打组分成两个班，从早上 6 点到中午 12 点为一班，从 12 点到下午 6 点为二班，每天日夜工作。经过此项任务萧华才知道，40 铬的钢材很难锻造，如果烧得不够红，拿出来打一会儿就会有裂纹，但如果烧得太红看见有金星飞起，又会打烂，烂了就不能用了，变成了烂铁，所以技术上非常讲究火候，但他很快就掌握了其中的诀窍。

经过一个月的紧张工作，大伙顺利完成了这个任务。后来，他们又连续接了几个很大的锻打工件，经过几个大任务后，锻打组慢慢有了名气，业务越来越多。有时因为白天供电不足，他们就晚上开工，白天休息。如果安排晚上开工，白天的时候，萧华就会到生产队开工，以便赚取 12 分工分，这在当时是比较平常的事情了。一有空闲，萧华就帮着做家务，自己用针线缝补衣服，洗衣服。早上一起床就拎起木桶去挑水，先装满水缸，另外挑满一担水备用。有时水井里的水干枯了不够供应，就跑到别的生产队里去挑水，或者跑到河涌里挑水用。

说起挑水食用的水井，黎涌村有一口很出名的水井，叫"龙头井"，又叫"一井两状元"或"状元井"。黎涌村的人都是喝龙头井的水长大的。一到天旱时，井里的水位就大幅下降，甚至淹不住水桶，这个时候就可以看到井底，但是井里的水还是很清的，大伙用绳拴着水桶，半桶半桶地打上来，担回家里去吃。

有一次，萧华在打水时不小心把桶掉到了井里，当时井水很满，他找到一根长竹竿、一个铁钩，在井里钩了很久都钩不到。没办法，只好跳进水井里去找，这个水井有几米深，萧华深吸了一口气，一头扎进水里，用手摸了一圈，却什么也没有摸到。在水面换了口气，萧华再次钻到井底，这次用脚在井底扫了一圈，才发现下面空间很大，用手是摸不到的。等脚碰到水桶后，他用脚把水桶慢慢地拉回身边，然后用手提着桶爬出井来。

很快就到了年底，经过大家共同的努力和拼搏，终于等来了好消息，五金厂的效益分成非常好。发奖金时，有些班组最高达五六百元，锻打组接近平均水平。后来，黎涌大队领导知道后，觉得五金厂的奖励太高了，需要调整一下。萧华记得自己当年的奖金是 280 元，后来经过调整只收了 250 元，但这对于萧华来说已经很满足、很开心了，因为他们一家几口人分配的工分收入都没有他的奖金多。

第二年，五金厂就不再搞分成奖励了，因为广大社员知道五金厂的员工奖金很高后，很多人都有意见。那时候，五金厂每个星期休息一天，一到休息日，萧华和锻打组的工友们就会骑着自行车到佛山市区玩，他们经常去中山公园，有时候一直玩到吃晚饭才回家。就这样，一年很快过去了，其间，有些生产队的队长让他们帮忙焊接农具，造犁耙，帮助生产队提高生产效率，每当这个时候，大家都会热情地帮忙。生产队长则在鱼塘里捉几条鱼给他们加餐，每个月都有一两次，有时候，萧华他们则拿着鱼到饭店里加工了吃。

一天，有个供销员在广州一德路烂铁店买了两块不锈钢边角料回来。大伙问他有什么用。他说看见了就买回来了，能用就用吧。萧华和工友们斟酌了一番，说剪开来试一下，打成装饭的饭铲吧。说干就干，他们用铁剪把不锈钢剪开，分成四份，每人一块材料，然后各自利用休息时间加工制造。

萧华把自己那份不锈钢放在炉膛里，烧红了打到黑，打黑了再烧红，经过一万多锤的锻打，终于锻造成了饭铲的样子，接下来的工作就是抛光，把饭铲抛光打滑，再在上面打上花。打花的难度很大，要用比较实的圆木抱着，用比较细的纱布锁在台钻上打磨，慢慢形成一行一行的花纹，加上这个工艺后，制作出来的饭铲就很好看。有些朋友看到萧华的饭铲做得很漂亮，纷纷要求萧华帮他们打造同样的饭铲，于是萧华又专程到广州一德路买了许多废旧不锈钢回来，做成不锈钢菜刀、水果刀等，很受大家的欢迎。

有一次，萧华和铸造车工的伙伴说："我看见过有人制造电风扇，我们也可以尝试一下，自己制造一台。"后来，他们分工合作，铸造工负责所有零件、风扇身、风扇头的外壳底盘，车工负责所有的车件、加工件；萧华负责转子、定子、硅钢片的加工，把硅钢片冲压成型，冲成风扇叶子、风扇盖等。

第二天是星期天，三个人坐火车去广州找了很多地方，找那些专卖烂铁的商店，在一德路找了大半天都没有这种零件。后来，他们找了间茶楼吃饭，吃完饭继续找，差不多找完整条一德路都没有看到满意的材料。正准备回佛山了，谁想到转了个弯发现一个烂铁场旁边有一间卖半成品铁件的商店，他们走过去问了一下，商店的人说只有 10 多块 1000mm × 400mm 的钢片，共 20 公斤左右，如果全都要的话，价钱可以便宜一点，萧华他们看过钢片还很新，也适合加工用，就决定全部买下。

他们把钢片卷起来，用绳子捆好，三人抬着钢片踏上了返回佛山的路程。三人先坐船过了河，然后坐上广州开往三水的火车，广州到佛山的车票是两角钱，等了不一会儿，火车进站了，他们抬着钢片，随着长长的队伍登上了广州至佛山的"牛卡"。什么叫"牛卡"？就是平日运载牛的火车。这类火车的车厢是没有座位的，乘客在车厢里只能坐在地板上。有些人很喜欢坐这种"牛卡"，有些人在车厢里围在一起打牌，一直玩到下车。到了佛山站，他们下了火车，把钢片捆在自行车上，一路骑行回到了厂里。

由于是私活，因此他们都是利用下班后和上班前的时间抽空加工自己的家庭用品。那时候很少有休息时间，总想着学多点手艺，让自己的技术能够更进一步，把自己锻炼成什么技术都能够拿得起、放得下的人才。在五金厂，有很多技术工艺萧华都学过，所以，后来无论是设备、电器还是工艺，萧华都懂一些。回到厂里的第二天，萧华一有时间就做冲压硅钢片的模具，一点一点地冲压硅钢片。经过一个多月业余时间的制作，他负责的转子和定子快完工了，又过了几天，他把做好的转子和定子交给车工去加工。

萧华的第二项工作是制造风扇盖，他找了些铝芯电线、旧铝片给铸造铝件的同事，经过各方面的努力，风扇盖的外壳基本成型。接下来，最重要的是定子里面的子铜线，当时，子铜线是很难买的，他们骑着单车在佛山市中心把所有卖电器的商店找了个遍都没有找到，只有电机里才有这种子铜线。等到下一个星期天，他们还是决定到广州去买，在广州，他们顺利找到了需要的子铜线，看了几家价钱都差不多就买了。

第二天，萧华在厂里找了个电工师傅，请他帮忙教自己绕线圈，经过几天的安装，第一台电风扇终于顺利问世了。当电风扇转起来的那一刻，他们别提有多高兴、多有成就感了。唯一的不足就是风扇运行时风叶有些振动。几个人研究了一番，发现是风叶平行度存在问题。他们把风叶拆下来，重新进行调平、校正，然后再装上去调试，振动明显减少了，就这样，他们亲手制造的第一台电风扇成功啦！

后来，有些同事也模仿萧华他们的方法自己制造电风扇。三十多年后，萧华和当时的同事杨林交谈时得知，他那台 70 年代自制的电风扇直到现在都很好，真想不到一台自制的电风扇能够保留几十年。回想起在五金厂锻打组的那段岁月，萧华觉得很开心，不但实现了从一个农民到工人的身份转变，而且学到了很多专业技能，使他成了大家眼中一名有技术的工匠，对机械加工和制造有了初步的认识，抡铁锤虽然辛苦，但锻炼了他的身体和意志，在锻打工件的同时，也将自己锤炼成了一个对社会有用的"胚件"。

第七章　亦工亦农

伴随着业务的发展，黎涌五金厂开始承接石湾建筑陶瓷厂的一些加工、安装工程。虽然这些工作都是出力流汗的"硬骨头"，收入也没法跟建陶厂正式的工人相比，但对萧华他们来说，已经非常不错了。

大型国营企业的工程，各方面要求都很高，对业务承包方不断提出新的挑战。萧华他们边学边做，不但学到了许多专业知识，掌握了专业技能，而且积累了丰富的实战经验，开始凭过硬的技术承接一些高难度的设备工程，并在市场上日渐做出了自己的名气。

20 世纪 70 年代开始，全国各地纷纷掀起"工业学大庆、农业学大寨"的运动，有部分思想超前的农村在农忙之余开始慢慢搞起了副业，为农村经济发展打响了头炮。不少农民纷纷洗脚上田，从渔耕农牧中抽出身来，热衷于进工厂做工人，成了那个年代农民进城工作、转变身份的一种时髦，又称"亦工亦农"。

黎涌五金厂锻打组因为石湾建筑陶瓷厂的邀请，需要安排几名人员到厂里工作，这些人员要求熟练掌握锻打、风焊、电焊、铆焊等技术工种。经过锻打组负责人商量，决定安排潘灼师傅和潘波、潘灶、简灰四人到石湾建筑陶瓷厂报到。

石湾建筑陶瓷厂把他们分成两组，其中潘灼师傅、简灰被分到了建陶厂的机械加工车间，车间主任姓仇。他们到了车间，看到的全是车床、铣床、冲床、万能钻床等各种各样的机械设备。

因为机械加工车间是全厂的总机械维修车间，仇主任把潘灼师傅和简灰两人带到机械车间的旁边找了一个地方，说："你们在这里工作吧，在外面建一个锻打炉，到时可能有些锻件给你们锻造，另外，这里还有电焊机、风割机、风焊、电焊等设备，你们要用钻床钻孔或车件就到机械车间找人帮你们，车间里有些工件会拿来给你们锻造的。"说完他就回机械车间了，潘灼师傅两人接着收拾工场档口。第二天，仇主任拿了一些焊接件过来，安排了他们的工作，还有两张锻打的工件图，叫他们慢慢做好。

潘波和潘灶两人被车间梁书记安排到了维修车间，维修车间看上去很简单，车间大厅里放着一张很大的木台，木台上装了几个虎头钳，墙边放了几排工具箱，还有一排衣柜，有几个钳工师傅在这里工作。

梁书记把潘波他们带到维修车间，说这里的工作很简单，你们就在这里工作，风焊、电焊都是齐全的，你们要用就开箱拿。他们两人有时候跟着梁书记一起去生产车间工作，有时在维修车间做焊接工件。

时间过得很快，不知不觉过了几年。一天，潘灼回到黎涌五金厂锻打组，对陈永炽班长说："简灰下星期一就不去石湾建筑陶瓷厂工作了，他要回来五金厂锻打车间工作，最好马上安排一个人帮我才行，因为有些工件一个人是完成不了的。"这时，陈永炽看见萧华在打大锤，就叫他停下来，过来对萧华说："你明天上午跟潘灼师傅去石湾建筑陶瓷厂上班吧。"萧华说："好的。"萧华问了潘师傅工厂上班的时间，说："明天早晨石湾陶瓷厂见"，然后继续去打大锤。

第二天早上6点半，萧华骑上单车去石湾建筑陶瓷厂上班。7点10分，他已经到了石湾建筑陶瓷厂的工场，坐下等了一会儿，潘灼师傅才到。潘灼说："这么早就到了。"萧华说："刚到的。"就这样，萧华跟着潘灼师傅边学边做，有时潘灼师傅拿着工件图纸给他看，说："你就按着图纸做，不懂就问我。"潘灼师傅放开手让萧华试着去做。

为了更快地掌握各类图纸，萧华买了一套画图工具在家练习，白天遇到不懂的，晚上就回家学习画图，加深看图、放样和计算等专业技能。有时如果自己钻研不出来，就去问潘灼师傅。就这样经过一年多的努力，萧华对铆焊工件、看图放样、开线技能都非常娴熟，工作起来得心应手，而且可以独当一面。

在石湾建筑陶瓷厂工作，有时也要开炉烧铁锻打工件。在这里锻打工件时，有三种铁锤，最小的是师傅用的，叫手铁锤，中号的叫16磅铁锤，最大号的是24磅大铁锤。萧华他们在黎涌五金厂用的最大的铁锤是18磅的，也是他打得最多的铁锤。

说到打大铁锤，如果是 18 磅以下的，萧华一只手都可以打几十下，如果是 14 磅以下，则可以打到一百下以上，但是如果是用 24 磅的大铁锤打工件，双手抡着铁锤打上三四十下就气喘吁吁浑身流汗了。

记得有一次，萧华几个人在五金厂锻打一件几十公斤重的工件模具，要用大约二十分钟才能把工件烧红，他们用铁钳把工件抬出来，用四个大铁锤轮番来打，好像小说里以前骑马打仗的车轮战一样，轮流上场，抡圆了铁锤开打。每当这个时候，村子里很多路过的男女老少就会停下来观看，看见他们很有节奏、配合紧密地打锤，一面四射着火星，一面发出"叮叮当当"的响声，都很开心，也觉得很好笑。

在石湾建筑陶瓷厂工作时，萧华他们四个人每月的工资都是 120 元，但这 120 元并非自己拿，而是拿回五金厂锻打组与其他成员一起分，所以一段时间后，五金厂提出了提高工资标准的要求。厂里把报告打给了石湾建筑陶瓷厂，对方经过研究，同意把他们的工资提高到每月 180 元。

过了两年多的时间，五金厂又向石湾建筑陶瓷厂提出要求，要求提高工资。几个人商量了一下，提出了一个计件承包的方案，他们把这个想法和建陶厂的领导谈了，厂方没有同意，但还是要他们留下来协助工作。又过了一年，黎涌五金厂经过一次大的调整，把潘灼师傅和潘灶都调回去了，只留下萧华和潘波两人在石湾建筑陶瓷厂工作。

这时，萧华被调到了梁书记所在的维修车间，车间主任劳主任是全国劳动模范，还有登哥、罗炎、金仔等七八维修工。萧华和他们一起，有时在维修车间加工热风管，有时到生产车间去做维修、焊接，天天都是这样，工作安排得满满的。

有一年，建筑陶瓷厂生产洁具车间搞了一次较大的技术改造。改造以前，每次注浆都要用人力将磨好的釉浆一桶一桶地抬到浇铸车间去，再用水壳一壳一壳地浇在准备好的石膏模具里，两个人一天连抬浆加放浆料做不了多少个，一个车间要用很多人才能完成这项任务。

后来，厂领导想出了一个办法，计划用一根水管将浆料通到每个模具里去，等石膏模具里装满了浆料，再通过管道把多余的浆料抽去。这是一个创新的想法，可以大幅度提高生产效率。但是，因为先要把浆料泵到模具里，再用管道把模具里的浆料吸出来，这就需要一套高压泵和一套压力罐才行。

当时的设计是要制造 4 个 30 吨的大浆罐，而且这个浆罐要能够承受一定的气压。为了增强其安全性，在造型上便设计成了更耐压的大圆罐。这个大圆罐的两头必须用整块圆板来封盖，要用平钢板先锻打成圆封头再焊接而成，只有这样才能达到耐压要求。

要做圆封头盖可不是一件简单的事，首先要把一整块钢板开料，随后将其在炉膛里烧红后再用大木锤锻打，一直打成需要的形状。

为了顺利完成任务，萧华和工友们先在车间办公室旁边的空地上找了一块平地，然后叫人在那里挖了一个一米多深的大地炉，在地炉上安装了一台风机，又叫厂里买了几吨煤粒备用，接着他跟其他同事一起按图纸割钢板开料。

首先，他们开了几块大圆钢板，又开了几块样板料，然后叫大家把一块大钢板拉到地炉边放下，他们把一块块的样板焊接在一起。经过两天的准备工作，已经全部齐备了。这时候，大家拿来大木锤，先把大地炉用木柴点着火，然后在上面轻轻放上煤块，把上面的煤块烧红，接着在烧红的煤块上面再放上准备好的大钢板，大钢板上面也放点煤块，最后开动风机。不到十分钟，大钢板就被烧红了。这时候，他们马上把钢板上面的煤块铲去，用大木锤在烧红的大钢板上面锤打，为了加快速度，四面都有人协同作战，一起锻打烧红的钢板，打累了就换别人来打。

因为工件太大，烧红一次不容易，必须争分夺秒，人停锤不能停，一直打到钢板降温变黑不能打了才停下，然后继续加上煤粒烧到红，再一次用木锤来锤打，这就是所谓的"百炼成钢"。由于是露天作业，炙热的太阳晒在他们的身上，再加上在大地炉的炉火前工作，因此真是挥汗如雨，非常辛苦。

因为要全力拼命地抢大木锤，参加锻打的人都晒到面红耳赤、汗流浃背。但是这个封头钢件只是完成了小小的一部分，最难做的还在后边。下班前，萧华看到书记、主任还有几位工人老大哥的双手都起了水泡，后背也晒得黝黑通红，萧华说今天晚上你们就知道背上会有多痛了。

第二天早上一上班，几个工友见到萧华都说："萧华，你昨天下班时说的对，昨天晚上睡觉时后背痛得都沾不了席，一晚上都没睡好觉。"萧华说："这些苦我已经习惯了，也不是第一次了，我做农民耕田的时候，每年都有几次这样起水泡和晒皱皮的时候。"大家说说笑笑，才知道做农民比打铁更辛苦。

看看大家都很辛苦，萧华说今天就不点火了，明天再开炉锻打钢板。说完，他和潘波又去开铁板材料做样板，准备明天打封头的工作。经过一天的忙碌，终于把模型焊接好了，焊接好后，萧华又认真查看了一番焊接质量，他知道，如果焊接得不牢固，明天打上几锤就会开裂，所以焊接质量非常重要。看看没什么问题，大伙才收拾好工具下班回家。

翌日早晨，萧华一上班就把炉火点着，叫其他人一起把工件摆好，放到煤炉上，萧华对大家说："今天跟上次有点不同，上次可以用尽全力来打钢板，但今天就要看准烧红的钢板边打，力度要有所把握，还要打得准一点。"实际上，前天用力打的目的是要让钢板张开一点，今天打钢板却是要让钢板缩小一点。不知道其中奥秘的人，通常情况下往往用铁锤来煅打，结果打的时间越长，钢板张开越大。但是用木锤慢慢地打，铁板就不会张开，并渐渐地成为一个圆形。所以这就是做铁封头一定要用木锤来打的道理。

就这样，大伙把钢板烧红了就开打，打到铁边开始变黑了就转到火里继续烧，等烧红了再转出来打，烧烧打打若干次，一天就这样过去了，但是这件工件还没有完成一半的工作量。又经过三天多辛苦的工作，才把第一个铁封头锻造好。由于有了前面的经验，后面的几个就快得多了，制造好封头后，大伙又用钢板卷铁筒。那时，萧华他们刚好自己做了一台卷板机，所以很快就把十多件钢板卷成了铁筒，一个个拼好焊接，经过一个多月的制造，一个庞大的大浆罐终于呈现在大伙面前。

接下来进入安装期，大伙把大浆罐运到车间去安装好，又把运送浆料的管道接驳好，经过一段时间的努力，终于完成了这项浩大的工程。试产时，大浆罐的效果非常好。这种创新的做法，大大提高了注浆效率，降低了工人的劳动强度，为工厂创造了良好的经济效益。

在石湾建筑陶瓷厂工作的时候，有一天是星期六，下午下班前，潘波走到萧华面前说："明天我们去三水西南走一下，看看有没有养猪喂猪的花生麸卖。"萧华问他："明天几点出发？"潘波说："早上6点吧。"

第二天早上6点，萧华骑上单车跟潘波去佛山火车站，到了火车站正好有班开往三水的火车，两人马上买了火车票上了车，刚刚在车厢内找到位置坐下来，火车就开动了。火车向着西北方向一路前行，先后经过街边、罗村、小塘、狮岭，很快到了三水火车站。

两人下了火车，骑着单车去找农贸市场，找到卖猪种和农产品的地方，转了一圈，看到各种各样的农产品非常多，人山人海非常红火。他们就问卖农产品的一位老伯，今天有没有看到卖花生麸的。老伯说今天好像少了很多。他们又问哪里有得卖。老伯说如果想买还是去三水青奇市场看看，那里一定有的。平时都有花生麸卖的，今天刚好是市集日。两人问了去青奇市场的方向，要往三水河口方向走，渡口有渡船。他们骑着单车按照老伯的指点，很快就到了三水河口码头，看见有两个船夫划着一只船在码头停下，有几个人跟着上了船，船夫看见他俩立即大声催促，让他们快点上船，因为船马上就要开了。

两人推着单车，加快脚步上了小木船，船夫紧接着把小船一推离了岸。两个船夫一个在船尾，一个在船头，在船头的船夫先过来收过渡费，收完了费又继续在船头划船。这条江水面很宽，划了二十多分钟才把船划到岸边，萧华问同船的人："去三水青奇市场的路怎么走？"有一个老伯说："直行几公里再转右行几分钟就看到农贸市场了。"萧华和潘波沿着老伯的指引的路骑上单车，加快了车速，骑了三十分钟左右才赶到市场。

这个农贸市场很大，有很多农产品销售，包括鸡、鸭、鹅。两人转了一圈，终于看见一个卖花生油的老伯身边放着一箩筐花生麸。萧华问他价钱，还算合理。萧华说："一共有多少斤？"对方说："三十多斤吧！"萧华就和潘波一起把这些花生麸都买了，每人买了十五六斤。买完花生麸，萧华又买了一只大生鸡。他把花生麸用袋子装好放进小竹筐里，再用另一只小竹筐盖着有花生麸的竹箩筐，然后把鸡放在上面，再把两个竹箩筐放在单车的车尾架上面，别人一眼看不清楚是什么东西，只看到有一只大生鸡。

办完事，已经是下午两点多了，两人骑上单车回家，沿原路经过三水河口渡船上了岸，向西南方向走。那时，三水西南到佛山的火车班次很少，要坐火车的话估计要很晚。萧华和潘波商量了一下，决定骑单车回佛山。

两人沿着国道，向着佛山方向快速行驶，刚出西南不远，萧华看见前面有一位骑着单车的小伙子，一边踩着单车一边看着他们笑，笑的样子有点怪怪的。萧华想，前面可能有什么事。他在前面骑，潘波在后边跟着，一转弯看见前面一百米左右有一帮人围着查车，萧华没有多想，就从这帮人旁边慢慢地骑了过去。有两个小伙子看了看萧华竹筐里的大生鸡说："走吧，走吧。"萧华没有下车，一路骑着车行了几百米才停下，回过头来，发现潘波没跟上来。远处，潘波正被一帮人围着。

萧华放好单车并上了锁，看看这里正是三水西南和南海狮岭的交界处，他就走过去找到潘波问他："有什么事？"潘波说："这帮人说三水的花生麸是不能够运出去的，如果发现了是要没收的。"两人跟他们理论了一番，但是没有用，他们一定要没收。

最终，这些人强行把潘波的十几斤花生麸拿走了。这时萧华才知道，三水的花生麸是不能够流通到别的地方去的，这也是一种地方保护主义。而且每人不可以买两只以上的家禽，幸好他只买了一只，把鸡放在竹箩筐上，没让人发现下边的花生麸，如果被他们发现了也是要没收的，萧华庆幸自己没被发现。

摆脱了那帮人的纠缠，他们继续骑车回佛山，一路上潘波都没有好心情。这也难怪，自己辛苦买回来的花生麸让人没收了，任谁都不会高兴。从三水西南回佛山要走三十多公里，经过狮岭、狮山，然后转到大沥才能到佛山，路途很远，直到下午6点多他们才回到家。跑了一天，踩了七十多公里的单车，萧华感觉全身都累到散架了，吃完晚饭冲过凉就睡觉了，一觉睡到第二天早上6点，又起身去厂里上班。

在石湾建筑陶瓷厂上班，对锻打、铆工、钳工等工种的技术要求都非常高，因此要不断地学习，才能解决生产中出现的问题。为了提高专业技能，萧华去新华书店购买了一些关于机械制造的书籍，白天画好草图，晚上放样、画实图，每天晚上都是如此，所以慢慢地自学成才，练就了一身过硬的本领，梦想着自己将来能够成为一名技术出色的工人。

每天5点半从石湾建筑陶瓷厂下班后，萧华都要骑六公里左右的单车才能回家吃饭。他把在石湾建筑陶瓷厂学到的东西尽可能为自己所用，其中最重要的是钣金这一技术，难度非常大，需要人工用铁凿、铁锤进行锻打，一不小心就会被铁皮划伤身体，萧华的手臂上至今还留有一个很大的伤疤，它是那段艰苦岁月最好的见证。

1976年的春节过后，石湾建陶厂购买了一台锅炉，特地聘请武汉锅炉安装公司的工程师到石湾安装。那时候，正好萧华和潘波到这个车间工作，车间梁书记和劳主任与他们都已经很熟了，还有罗炎、登哥、金仔等都是建陶厂的车间维修人员，萧华和潘波是黎涌五金厂派来协助车间维修工作的。

一天，梁书记对萧华和潘波说："你们跟着我们和武汉锅炉安装公司的工程师一起工作吧。"就这样，他们每天都协助安装公司，由安装公司安排两人的工作，有什么能做的就帮忙做。在安装管道时，他们也跟着做。

当时，武汉安装公司派来一个姓张的焊接工，是8级技术工，他能够焊接360度任何一个角度，技术难度非常大的机件他都可以焊接，焊接出来的焊口好像鱼鳞一样整齐。有一次，有件机件很大、很重，萧华他们七八个人才能把它抬起，用红砖和烂铁顶着，人才可以爬进里面去。

为了焊接，张师傅拿着焊枪钻到工件里面，萧华他们在外面用电风扇帮他吹风，张师傅趴在地上，只见焊花闪闪，经过半个多小时，终于焊好了，爬出工件，张师傅全身都被汗浸湿了。萧华拿起除焊皮的小铁锤爬进去，一敲打，焊皮掉下来，看见里面的焊接口跟外面的平焊接口一样平整，这样的技术，让萧华感到非常震惊，给他留下了深刻的印象。

跟着张师傅工作了一段时间，彼此相处得比较熟了，张师傅就指点萧华他们操作过程中要注意些什么要领，还教他怎样调整焊接机，烧不同的焊路要有不同的模式，使用焊条也要注意，还让萧华试焊给他看。后来，容易焊接的地方，他都让萧华来做。这次跟张师傅的学习，让萧华的焊接技术大大提高。经过努力，他们很快完成了这次锅炉安装工程，投产时非常顺利。

因为黎涌五金厂锻打组要扩大，原先的锻打组被分成两组，萧华和潘波各一组，萧华从石湾建筑陶瓷厂被调回黎涌五金厂工作。

这时，锻打组接到了广州电影机械厂制作提升机货电梯的订单。所有的零件、焊接件先在五金厂加工完毕，然后再运去安装。经过一个月的工作，整套设备的加工件已全部制作完成，接下来准备去广州安装。派谁去最好呢？后来，班长陈成挑选了熟悉铆焊工的萧华、基建能上高空的陈接和陈添、简喧等人。

因为这次安装要去几个月，所以出发前大家做了充分准备。第二天，他们找来一辆大货车，把设备、工件、行李、自行车和生活用品都搬上货车，一路出发去广州。以前的公路，从佛山到广州只能走325国道，大货车开了一个多小时才到达广州电影机械厂。到了厂里，厂领导说这套设备是要装在十几层高的大楼里。萧华他们把设备、工件和行李卸下来放好后，厂领导帮他们解决了吃饭、住宿等问题。

第二天，安装工作正式开始。大楼很高，大伙非常小心地在每一层工作。工厂5点下班，他们下了班到饭堂吃饭，吃完饭太阳还没下山，大伙就到广州市区去逛街玩耍，舒缓一天工作的疲劳。一到星期五下班吃完中午饭，他们就骑上单车从广州回佛山。

那时候，广州到佛山的325国道全是沙路，很难走，如果骑车骑得太快很容易摔倒，从广州到澜石，骑车要三个多小时，萧华等人都是星期五下午回佛山，星期天下午从佛山回广州。不知不觉过了两个多月，有一天吃完晚饭，他们步行到广州文化公园，有个同事说今晚要尝试一下，坐摩天轮转转，看谁坚持得久，萧华和陈添、简暄三人坐上摩天轮转了几分钟，下来时两脚轻轻，头晕目眩，陈添和萧华还可以勉强找张椅子坐下，简暄就不行了，晕得厉害，要人扶着才能走。这是他们在广州工作期间一次非常有趣的记忆。

电影机械厂的安装工作也许是因为在外地国营企业作业的缘故，所以非常有节奏和规律，他们每天按时上下班。两个多月后，整项工程全部完工。经验收合格后，电影机械厂的领导请他们吃了餐饭，算是工程正式结束，这是黎涌五金厂的业务第一次打入省城广州。

在电影机械厂的活快要完工的时候，五金厂又承接了一项大工程——石湾化工陶瓷厂30吨的压机除尘设备。那时还没有国产全自动压砖机，陶瓷厂用的全是半自动手压机，能压的最大规格为300mm×300mm的彩釉砖和60mm×240mm的长条釉面砖。

石湾化工陶瓷厂当时的30吨手压机全部没有除尘系统，压机工作时，粉料四处飞扬，导致车间内的工作环境很差。因此，厂里决定新增除尘环保设备40多套。这是一个非常大的项目，也是萧华对陶瓷厂需要具备环保除尘认识的开始。这个项目由石湾化工陶瓷厂的设备科长主管李浩泉设计出总图和分册图，黎涌五金厂锻打组负责工艺技术、铆焊接成型、安装、调试等工作。因为是新技术，要修改的地方很多，他们和厂方共同对图纸进行了多次修改，双方达成一致后才开始实施。

经过共同努力，萧华他们很快把第一台水式除尘设备运到石湾化工陶瓷厂安装了起来，经调试后除尘效果很好。化工陶瓷厂的领导决定以安装好的这套除尘设备为标准，加快其他设备的进度。由于前期克服了技术障碍，对各工序的工艺技术掌握得比较透彻，接下来的设备加工与安装进度明显加快，做好一批马上安装一批。

萧华至今还记得当时有一个车间，几十台压砖机没有一台除尘设备，一上班几十台压砖机完全被粉尘笼罩着，在车间里工作的员工都要戴上口罩，整个车间内尘土飞扬，环境非常差，到处落满厚厚的尘土，一下班走出车间门，都是你看我，我看你，觉得很好笑。

经过几个月的施工安装，他们顺利完成了整个车间的除尘设备。厂领导到压砖车间检查验收除尘效果，一到车间门口就觉得里面的空气跟外面差不多，原先尘土飞扬的工作场面明显改善了很多，效果很好。厂领导当场表扬了负责除尘设备改造的李浩泉和黎涌五金厂。

这次化工陶瓷厂环保设备的制作安装工程，对于萧华来说是第二个很好的学习机会，也对今后环保设备的改造打下了坚实的基础。从那个工程起，萧华对陶瓷厂的环保设备改造有了全新的认识，环保意识明显增强。多年以后，蒙娜丽莎在行业内率先对生产车间的各扬尘点装上了各类除尘设备，不能不说与萧华的这段工作经历有关。

接下来，五金厂又承接到澜石镇省直属砖厂转型升级制作自来水水泥管的工程，水泥管的直径超过1米，长度达4米。生产如此大的水泥管，需要比这更大的钢模在离心机上成型，因此对离心机的加工精度要求非常高，底座、门套、离心轴要相互配合，平衡运行，否则，高速运转的钢模一旦出现抖动，水泥管就无法成型。

萧华和几位工友认真研究加工图纸，认为离心机的底座加工是关键，要确保其加工精度。底座要刨床加工，每套底座都有20多吨重，全部用钢板制成，用风电焊接而成，底座的平整度很高，如果不够平，一过刨床就报废了。此外，因为是钢板焊接，拉力变形非常大，对焊接技术要求很高。这项工程对他们是一次非常大的考验，经过认真的研究后，萧华答应承接这一任务。他知道要做好这个项目就一定要加倍小心，焊接时必须知道钢板的拉力和应力才可以进行，这对萧华的焊接技术是一次挑战。经过一番分析，他采用以前武汉锅炉安装公司张师傅教给他的技术和方法，在模型上试验，效果很好。萧华把这个技术用在工件加工上，开始了施工。一个月后，经过大家的努力，工程终于完成了。

第二天，厂方安排技术员和领导来验收，他们拿着水平尺和卷尺量了半个多小时，这才笑着对萧华说："想不到你们的工艺技术和焊接技术这么高，我们找了很多五金厂都说技术难度太大，做不了，不愿意接，很佩服你们的技术！"

萧华和他的工友们又一次圆满地完成了一项高难度的任务。

第八章 诚信做人

在村村办厂的热潮中，萧华和同伴从黎涌五金厂回到仁星生产队，办起了仁星五金厂。

小队里的企业比大队的企业规模小，起步晚，但萧华不怕。他们凭借过硬的技术、诚信经营，四面出击，很快就揽来了许多机械加工及安装工程。

在这个过程中，佛陶集团的一系列工程对他们帮助很大，不但增加了仁星五金厂的效益，更主要的是让萧华和他的工友们率先接触到了陶瓷生产中喷雾干燥塔、窑炉等生产线的安装、加工工程。

1979 年 8 月前后，改革开放的春风吹到了澜石人民公社。在生产大队五金厂的各村员工纷纷想回自己村去办厂、搞副业，为自己所在的生产小队创造效益。那时，黎涌乡每个生产小队的工分分配都不是很高，大部分生产队每 10 个工分才分几角钱，最高的生产队也才分一元左右，所以一听到这个消息，很多生产队都希望能够自己办厂。

仁星生产队也想办厂，但办厂需要人才，去哪里找呢？经过仁星生产队队委商量后，决定找萧华和萧生商量。萧华记得生产队长当时对他讲，生产队的工分分配很低，现在改革开放有一个办厂的机会，希望你们能回到生产队办厂搞企业，增加小队社员的劳动收入，也为萧家培养更多的人才。

考虑了几天，萧华答应了队长的要求。萧华又问萧生的看法，萧生说："现在我在黎涌五金厂做供销员，五金厂是不会放我回生产队的。"萧华说："你不回来也可以，但是一定要帮我们找些业务回来才行！"萧生想了一下说："没问题，我一定帮你们找业务！"

第二天，萧华找到萧恩、萧雄、萧荣、萧鹏等人，向他们说了队长跟他谈话的事，几个人都支持萧华回生产队办五金厂。然后，萧华就开始为此做准备。他想，回生产队新办工厂，最重要的是要有乙炔瓶，他开始自己制造乙炔瓶，其他的东西交给别人去做。就这样，经过一段时间的准备，乙炔瓶很快就完成了，经试验，效果很好。后来这个乙炔瓶发挥了很大的作用，连续用了六七年。

所有该筹备的设备都筹备齐全，人员也招得差不多了，大家就找了个好日子准备开工。开工前一天晚上，萧华跟大家商量起个厂名，最后，大家一致同意叫"仁星五金厂"，因为他们生产队就叫仁星生产队。大家都觉得这个名字很好，希望可以为工厂带来好的运气。

接着，萧华去黎涌五金厂找萧生商量，问他："现在有什么工程可以给我们做？"萧生说："广州东山建筑公司有一批钢窗铁门业务，可以接下来做。"萧华随后跟他商量厂里的人员配置，最初，萧华点了从黎涌五金厂调回来的萧恩、萧荣、萧雄和萧鹏，又在生产队里点了萧祥、萧桂、萧成、萧元、萧玲、萧志等人。

后来，萧华想，队里的五金厂要想兴旺，就要把萧生的老婆拉到厂里来上班，这样萧生才会多介绍业务给仁星五金厂。萧生说："如果我老婆去五金厂，那你老婆也要去。"当时，由于萧华的老婆刚分娩几个月，他对萧生说："我老婆就迟一点吧，孩子还小"。萧生劝萧华说一起去吧！萧华想想也就答应了。

第二天，仁星五金厂正式开工，有人去买材料，有人安装冲床设备，就这样，只有15个工作人员的黎涌仁星五金厂从此诞生了。但是，最重要的供销人员萧华还没有选定，他跟萧生商量，提出让他先带带萧康和萧鹏，萧生同意了。

1980年，澜石黎涌仁星五金厂正式成立。刚开始，他们以加工制造钢窗铁门、钢架为主。经过一年多的努力，工厂的业务增加了很多。后来萧生又介绍石湾水泥厂的工程给大家做。这个工程很大，要新建造十多个放水泥的仓库，钢材都要用到几十吨。

那段时间，大伙白天在石湾水泥厂建造仓库，晚上回到仁星五金厂加班做钢窗，每天晚上分开一班工作。当时，萧华因为妻子刚生完小孩才半年不能加夜班，所以他每天晚上都要上夜班顶班。白天在水泥厂工作，全部是大型的铆焊件，每件工件组装好，有几吨重，安装时还要用起重机吊起20米左右高再安装，对工艺技术要求都很严格。因为他们这班人大多数是耕田出身，对机械加工、安装一知半解，焊接技术也是刚学的，因此，施工中出现这样那样的问题便不可避免。

这时候，萧华只好把他在石湾建陶厂学到的看家本领全都拿出来，在整个工程中负责看图纸、开样板、教焊接、施工安装等，让大家认真操作，加快进度。有时做得太累了，他就在楼梯上等大伙拿东西上来，结果一坐下就睡着了。经过全体同事几个月的共同努力和辛苦拼搏，整个工程终于完工了，对方验收合格，质量很好。这个项目是仁星五金厂成立以来接到的第一个工程，厂方的认可给了萧华很大的信心，也为仁星五金厂以后的发展奠定了坚实的基础。

这时，萧生又在广州东山区建筑工程公司接了一批钢门、钢窗、建筑用脚手架的加工业务。时间紧任务重，所以萧华他们每晚要加班到11点才能回家。那时的五金厂还没有真正的办公室，都是在工厂的加工场里摆几张台椅，员工在旁边下料、剪铁、焊接，萧华则看图纸、计算材料、放图样、打预算等，累了就到旁边看他们焊接得怎么样，不达标的地方指导一下，有时也要和供销员去广州建筑公司谈工程技术和项目细节。广州的这项工程，仁星五金厂做了一个多月，最终按照对方的要求如期完工。

那时，社员每家都有一块自留地，每天吃的瓜菜都是自家种的。每口人两厘地，萧华家有四口人，总共八厘地。家里的菜地春天种瓜，萧华最喜欢种青瓜、苦瓜、节瓜、芋头等，到了秋冬季节，则大多种生菜，这时的生菜长得快，工人们每天一下班就马上挑上竹箩到菜地里摘菜，摘满了竹箩，然后给菜地浇完水，不知不觉天就已经黑了。萧华挑着生菜回家吃饭，吃完饭已经晚上8点多钟了，这时才有时间把生菜一棵棵、一扎扎地捆好，装在竹箩里，然后挑到鱼塘里泡泡水，再挑回家。直到这时，一天的工作才算完工。

第二天早上5点半左右，萧华的妻子就挑着生菜到澜石街市去卖菜。萧华6点钟左右起床做饭，等两个小孩吃过早饭去上学，他就用尿桶挑上柴灰到昨晚割生菜的菜地里去锄地。割完菜的地，要及时把土壤翻起来，好让太阳晒一天，晚上下班后又要忙着种生菜。如果萧华没空，他妻子就去割生菜。就这样每天利用下班的空闲割菜、种菜，在菜地、工厂之间来来回回地跑，天天起早贪黑，就是希望能吃饱肚子，把两个儿子养大，生活可以过得好一点。

后来，农村搞土地承包到户，萧华家分了几亩水田。每到插秧季节，他从五金厂下班后就直接赶到秧田里去拔秧苗，一直弄到晚上 8 点左右才回家吃饭，第二天早上早早到田里，把前一晚的秧苗挑到田里去种，忙碌到早上 8 点再赶去五金厂上班。在最忙碌的稻谷收割期间，他们同样也是利用上下班时间去做农活，很少利用工作时间收割和插种秧苗，一年从头忙到尾，很少有休息日。

那时，凭着年轻、精力旺盛，萧华还承包了一个养鱼苗的鱼塘，把鱼苗养到一定大时供给村里的养鱼户去养。这些小鱼苗非常喜欢吃浮萍、花生麸，有时，萧华也割些草来喂养。每天清晨，他都要到鱼塘里看看，看到天气不好，就要给鱼苗开泵增氧。

此外，萧华还在绿瓦茶亭边包了一块旱地，种上菜、粉葛等，每隔两天就要挑几担水去淋菜。那时候，也不知道从哪里来的劲，萧华感觉浑身都使不完，天天从早忙到晚，晚上只有几个小时的休息时间。这样的生活一过就是十多年，现在回想起那段岁月，萧华觉得既艰辛又充实。

就在做完广州东山建筑工程公司的工程不久，澜石河宕的一位朋友又给仁星五金厂介绍了广州第四建筑公司建筑用钢桥板的加工业务。钢桥板是用两块 2 毫米厚的钢板压成桥板，对方需要的量很大。五金厂承接了这单工程，顺利签订了加工合同，同时要求对方汇款买材料。

萧华记得每条桥板的长度是 4 米，所以一定要用 2 毫米厚的钢卷板材才能制作。那时很少有人买 2 毫米厚的钢卷板，第一批从广州四建买了几十吨运到五金厂，货到后他们一看几十吨钢卷板才 3 卷，找了个地方把钢卷板摊到地上。萧华看完图纸准备开料，拿着工具一看十多吨的钢卷板一动不动，怎么办？后来，他叫几个同事出来一起把钢卷板摊开，一口气摊了几十米，这样才能方便开料。

接着，他们又把冲床改为压床，在冲床上装上刀具，一刀刀把钢板压成槽型，最终变成槽型的钢桥板。就这样，第一个钢桥板算是顺利制造成功了。大家开始日夜加班，一个月后，一批批的钢桥板顺利交货，并通过四建公司的质量验收，对方认为五金厂的加工质量非常好，完全满足他们的要求。接着，第二批钢桥板的订单又来了，这次的订单比上一批更大，萧华拿回订单后，四建公司的领导说现在2毫米厚的钢卷板很难找，我们一起找吧，如果你们找到了，就通知我们公司汇款。

回到佛山后，萧华开始四处托人打听哪里有2毫米厚的钢卷板出售。大伙找了周边很多地方，最终在大沥、黄岐找到了几卷，萧华马上安排人员去购买，经过几番周折，才把钢卷板买回来，这批订单最终在两个月后完工交货了。

没过多久，仁星五金厂迎来了成立以来最具挑战性的一项工程，这个工程就是建造石湾佛陶集团的两座重油罐。有一天，一个朋友带着萧华找到佛陶集团主管设计的何湘工程师，何工拿出图纸给萧华看。萧华看完图纸觉得很难完成，因为这两个圆形的重油罐，规格为$\phi 3m \times 20m$。对于这个大家伙，长度倒不怕，萧华心里有底，但是圆形的两头封头是最难做的，因为之前他已在建筑陶瓷厂加工过这样的料浆罐封头。萧华当场跟何工讲了封头的加工难度，希望他能将油罐两端改为直封，如果采用钢板直封，单价可以便宜点。但何工不同意改动，一定要按图纸的设计要求来施工。没办法，萧华跟何工商量了一下，决定把图纸带回去研究一下再答复，何工同意了。

回来后，萧华把图纸打开，又认真研究了一番，他仔细盘算了一下，这个油罐的大小不是问题，最关键是用8毫米厚的钢板来做圆封头，仁星厂的这帮人还从来没做过这么大的封头，只有他以前在石湾建陶厂做过，但是也没这么大，更没这么重，单单一个圆封头就有700多公斤。因为圆封头要用煤粒烧红再用木锤来打，直径3米多的钢板烧红后，谁能够拿得动？用什么工具拿？因此难度非常大。

　　这是萧华参加工作以来遇到的一次最大的难题。经过几天的研究，明知在技术上没人能够帮到自己，萧华还是想试一试。他相信，只要多请教、多想办法，困难是可以克服的。但又一想，万一做坏了，就会影响到五金厂和自己今后的信誉。翻来覆去，最终，他还是下定了决心。他想，如果这个工程能够成功，这对仁星五金厂将是一次很大的提升，对这帮兄弟也是一次很好的学习机会，他把自己的想法跟大伙儿分析后，最终决定接下这项重大的工程。

　　第二天，萧华和供销员到石湾佛陶集团找到何工，和他谈了单价和技术流程后，就把这项工程敲定了。回到仁星厂，萧华先安排一部分员工制造大木锤，每个重10斤左右，3米长棒以下的要造15个，同时通知供销员让对方购进材料。过了几天，他们准备好了工具，召集十多人，租了辆大货车，装上风焊割机、8台电焊机和其他设备向着佛陶集团的油库工地出发。

　　到了油库门口，何工已在等他们，他帮萧华他们办理好了手续，然后带到制造油罐的地方，叮嘱萧华要注意施工安全。这里离装满重油的地方不到100米，因此特别需要注意防火，何工叫人拿了几个灭火器过来，说可以在这边的沙地上施工。萧华谢过何工，请他有时间多过来看看。之后，萧华开始安排人员，要先造一个直径两米半的大煤炉，萧华在现场亲自示范给大伙怎样做，然后开始放样制作模型，安排大伙割下样板后，马上把样板和模型焊接在大煤炉周边。

　　经过一天的忙碌，各方面的准备工作都做好了，萧华安排人员到煤仓拉煤粒。第二天一上班，大伙开炉点火，过了半个小时左右，炉火已经烧得很旺，萧华叫几个人把封头用的钢板抬到大煤炉上，再用煤粒盖在钢板上，让上面的煤粒也烧起来。半小时后，钢板被烧得通红，萧华叫人马上把钢板上面的煤粒清理下来，然后大家一起把钢板转到封头模型上来，接着用大木锤一起锻打烧红了的钢板。

　　萧华他们一共有8个大锤，大家小心地打了十多分钟，看看钢板慢慢地变黑了，萧华就让大伙停下来，然后开动鼓风机，再一次把钢板烧红，然后接着用木锤打。这样来来回回打了一整天，慢慢有点效果了。第二天，萧华安排大伙按照前一天的方法，慢慢地打，要把钢板打成半圆形，萧华自己继续开料制造打封头边的模型。

打封头边需要高超的工艺技术，整个油罐最难造的环节就是打封头。制造封头用的煤炉不同、工艺技术不同、模样也不同，因此难度很大。把几百公斤重的钢板架在煤炉里烧红，再用人把封头的模型转出来，然后用大木锤打边。一会儿转来这边，一会儿又转到那边，又要用大木锤来打，每天不知流了多少汗，费了多少力。那时，太阳又很毒辣，完全没有遮挡阳光的地方，再加上是在火炉边，而且在沙地上工作，萧华和他的一帮兄弟个个晒得又红又黑，像非洲人似的。

经过两个多月的艰苦拼搏，4个大封头基本完工。做完了封头，就差不多完成了一半的工作量。接下来，萧华开始开油罐罐身的材料，下料后让焊工按图纸焊接钢板，部分人员则用卷板机来卷油罐筒，同时将卷好的油罐筒拼在一起。因为一个大油罐有20米长，差不多要拼十多个大钢筒，由于地面不是太平整，所以在拼接过程中遇到很多困难。后来，大伙将两条大钢管放在下面，这样拼圆筒就容易多了。

又过了一个多月，两个 $\phi3m \times 20m$ 的庞然大物基本完工了。这天，何工看了萧华他们制作的大油罐，很是满意，他又叫萧华帮他安装大油罐，萧华答应了。油罐安装前，先要做防腐防渗处理。萧华派人到仓库拉来沥青，制作了一个大铁桶，将一块块沥青放到桶里，然后放到火炉上烧化。等沥青煮熔后就将滚烫的沥青趁热刷在油罐的外壁，刷一层，放一层布，要连续刷好几层，放好多层布。

有一天煮沥青时，装满沥青的大铁桶突然起泡，然后一下子冒出了大火，火焰烧到十多米高，浓烟滚滚，距离沥青桶100米左右的地方就是油库，形势非常危险。萧华他们先是用灭火器灭火，但是火势太大没有办法，后来，大伙把场地上的沙土铲来灭火，几分钟就把火扑灭了。

经过这次安全事故，大伙积累了很多经验，沥青着火原来是煮过了头。从此以后，他们把沥青煮到熔化了就熄火，然后把熔化的沥青放到准备好的小铁桶里，让两个人抬到油罐边，让大伙一边加快进度涂刷沥青，一边在涂刷好的沥青上包上布。油罐很大，每包一层都很不容易，一共要包 10 层，大伙总共用了七八天，才把两个大油罐涂刷包裹完毕。

涂装完了大油罐的外壁，接下来还要把两个大油罐吊到旁边准备好的地下池里。这两个大油罐，一个重达几十吨，要怎么样吊到地下池里呢？萧华找了很多吊装单位，对方都说油罐很难吊。后来，萧华想，还是自己做吧。他叫同事把建好的围墙拆下，把油罐下面的沙挖走，在油罐下面放上几排钢管，用绳子把大油罐拉住，然后十多人慢慢地用力推，就这样，大油罐开始一点点地移动，不到半个小时，油罐顺利地转到了地下池里。萧华高兴地说："成功啦!"经过几个月的辛苦努力，终于完成了这项重大的工程，萧华他们的制作水平、安装水平、工程进度等，均得到了佛陶集团领导的好评。20 世纪 80 年代初，随着市场的兴起，各地对钢窗、钢门和卷闸门的需求非常旺盛，黎涌仁星五金厂的供销员也承接了很多制作钢窗、钢门的工程项目。有一次，供销员在广东江门新会县承接了一百多平方米的钢门和卷闸门项目回来制造。

萧华看了一下门框尺寸，知道全部是商铺门。这是一排很长的商铺，每一个商铺的门口都有 5 米宽、2.8 米高。这么大的门口，很难用两扇门直接关闭，但是可以用接门。萧华计算了一下，每个门口要用十扇门来关，那就要将十扇 $5m \times 2.8m$ 的钢门连接在一起，门顶还要用钢横梁吊起铁门，用轴承做滑轮把钢门吊起来安装，难度很大。

萧华仔细研究过商铺门口的大小后，发现虽然每个门口的高度都是一样的，但宽度不一样，这样，每个商铺的钢门大小也不一样，制作起来比较麻烦，尤其要谨慎开料，一不小心就会开错尺寸，造成材料浪费。因此，每个门口的尺寸他都要画一张草图，开料和焊接都严格按照草图的尺寸来制造和加工。

当时，仁星五金厂还没有车床，萧华他们做不了横梁上的滑轮和钢轴，需要找有机床的同行帮忙加工。经过一段时间的作业，钢门按要求全部制造好了，接下来涂刷上防锈漆，按图纸编号并排放好，大伙按期把这批钢门和卷闸门全部制作完毕，就等最后的安装了。

过了几天，供销员回到五金厂，看见萧华说："新会的商铺施工已全部完工了，看我们什么时候可以去安装？"萧华说："已经全部做完了，你就安排货车运到工地吧！"一天下午，大伙找来一辆大货车，把制作好的钢门全部装到车上，决定第二天一早运去新会工地安装。

这天早上，萧华再次检查了一下安装用的工具，看到都装上车了，才上车跟着大货车一起去新会县。一路上经过澜石大桥、九江渡口、鹤山市沙坪镇，再一路往新会方向走，直到下午四五点他们才赶到新会。到达新会县城，转来转去又花了一个多小时才找到新会县中心的一条大街市，看到里面有一排长长的商铺门空着等待安装。

司机把大货车停在门口，萧华一边安排卸货，一边用卷尺逐一测量门口的尺寸，叫大伙按照尺寸把钢门堆放到相应的门口。等把车上的钢门、工具等全部卸下，看看表，已经是下午4点半了。大货车司机要马上赶回佛山，萧华安排大家在商铺附近找了个宽敞的地方放下行李，说这几天就住在这里，等安装工程做完再回佛山。

萧华叫同事先把住宿地的入口用钢门围好，再把剩下的钢门用钢丝绳锁好，然后派人到菜市场买菜回来煮饭吃。经过一个多小时的忙碌，大伙在工地上煮好了饭，吃完饭已经是晚上7点多了。

那时候，大家去外面干活，通常都是自己带米、带工具煮饭吃的，这样比在饭店吃要便宜很多，所以一直都是自己煮饭吃，除非临时赶路才在饭店里吃。这天晚上，工地上的蚊子特别多，有两个同事没有带蚊帐，睡到半夜就睡不着了，只好钻到有蚊帐的同事那里，将就一下。

第二天一早吃完早餐，大伙就开始安装钢门，经过一个上午才安装好一个商铺十多平方米的大门。慢慢地，大伙掌握了技巧，安装进度快了起来，到了下午，明显快多了，安装到下午 6 点大伙才下班煮饭吃。

傍晚闲下来的时候，萧华几个人就到附近的街市上去转转，看到街市里有很多人卖柑橘，他们走过去问多少钱一个。当时的柑橘很便宜，他们买了十多个，摊主把柑橘皮削去才过秤，称完付了钱，摊主又把柑橘皮放进自己的袋里。萧华问摊主这些水果皮有什么用。摊主说如果你们连皮一起买，是不会卖给你们的，在新会买柑橘，最贵重的就是果皮，它是广东三宝（陈皮、老姜、禾秆草）中的一宝。这时，萧华才知道，陈皮是很好的东西，是新会最出名的特产。

经过几天的工作，一百多平方米的商铺门很快安装完毕。这天，萧华找来对方验收工程，他们说制作和安装质量都非常好，超出他们的预期。对方签好了验收单，第二天早上，大伙带上工具、行李，怀着喜悦的心情回到了佛山。

有一天，萧华的师兄弟杨林来仁星五金厂找他，问他现在的业务怎么样，够不够做。萧华说："有什么工程介绍吗？"杨林说他现在做了供销员，手上有些小工程，如果这边有人愿意做这些工程的话，可以谈谈。萧华说现在还可以调出一部分人来做。后来杨林说石湾耐酸陶瓷厂有一批 $\phi500mm$ 的热风管要加工，如果萧华有时间的话就跟他去谈谈。

第二天，萧华和杨林一起去石湾耐酸陶瓷厂找到设备科长，科长叫一个科员把他们带到现场查看，说热风管从辊道窑到干燥室有一百多米的距离，旁边有很多弯曲的地面，还有不同大小、不同形状的吸斗，加工难度比较大，最重要的是什么图纸都没有，全部都要在现场量身定做。

看完后，那位科员把他们带到设备科，科长对萧华说："你自己计算一下，每米多少钱？时间很紧，你们明天再来，报个价给我。"多年的加工制作经验，使萧华对这类工程非常了解。他当下就对那位科长说："不用了，我们现在就落实。$\phi300\sim500mm$ 的管道每米 12 元，弯头、吸斗、方管出圆管，每个是直管的 3 倍。"科长说："这样吧，多少都要减一点的，$\phi500mm$ 管按你说的标准，$\phi300mm$ 管每米 10 元，弯管、吸斗、方管出圆管按直管的 2.5 倍算好了。"萧华看科长很干脆，就答应了。后来，科长多次提到萧华，说这个人真厉害，很在行，随口报出的价格很实在，以后还会找他们做的。

工程敲定后，萧华对杨林说："非常感谢你的介绍，这家厂里后续工程的业务费，我们都给你，如果你有别的工程也可以介绍一下。"杨林对萧华说，你这么讲诚信，以后有合适的业务，一定介绍给你。萧华让他以后有时间就过来看看工程做得怎么样，如果没时间，不用来都可以。

第二天萧华就带了几个兄弟用拖拉机装好工具向耐酸厂出发了。到了耐酸厂找到设备科长，他叫科员卢良、梁国带领萧华他们到仓库里领材料。萧华问厂方有没有卷板机用来卷圆管用。卢良说没有。萧华他们只好在烂铁仓里拿些旧管子，自己制造了一个卷板机。

就这样，一部分人开料，另一部分人造卷板机。萧华把风管大小尺寸算好后，安排萧祥、萧元等剪铁板。有的人卷管，有的人焊接。那时风管用的材料是 1.2 毫米厚的薄铁皮，不能直接用电焊焊接，要用风焊和铁线焊接，做了十多天，直管基本完工。

有一天，耐酸厂基建科长和负责设计的陈工看见萧华，就对他说："有一批基建用的金字架做不做？"萧华说："做啊。"陈工把图纸拿给萧华看。这个金字架的宽度 20 米，最大用 75mm×75mm 角钢两条拼在一起焊接而成，每个金字架用料 1 吨多。看完图纸后，陈工问萧华每吨制作费多少钱。萧华说每吨 600 元吧。陈工说焊接技术尤其是烧焊一定要过关，又说："这样吧，每吨 550 元加工费。"科长叫双方签了协议，合同写明全加工，除加工设备外所有材料由厂方购买，每吨加工费 550 元，共 15 个金字架，等等。随后，萧华做了份材料预算表交给对方，让其购买所需材料。

回到工地后，萧华叫加工热风管的工友们加快工程进度，一部分人制作，另一部分人安装，兵分两路。过了几天，热风管工程基本完工，只剩下一些收尾工作了，基建科的钢金字架材料也买回来可以开工了，萧华就带了几个同事转场去制作金字架。

他们先在比较平整的地方放好金字架的模型，萧华让萧祥和萧元按照金字架模型用角钢按样板焊接，先完成一边金字架后做样板，就这样一个接一个，很快就把近20吨的金字架材料加工完成了。

这时，基建的厂房也建好了，萧华接着做吊装金字架的安装工程。为了把金字架吊上去，自己动手制造了一个卷扬机，用钢丝绳把一吨多的金字架吊起来，稳稳地安装在屋顶上，经过二十多天的制造安装，又一项工程完工了。

有一天，萧华从仁星五金厂出发，正准备去石湾耐酸厂开工，刚出厂门就看见湾华的梁波前来找他，问有没有人手可以安排，有个工程想找些人帮忙。萧华说可以啊。梁波说那就去一趟石湾酒厂。萧华和梁波骑上自行车到了酒厂，找到冼厂长，冼厂长带他们去设备科，找到设备科长。科长说有一个钢平台工程，还有几个能装30吨米酒的铝罐工程，问单价多少。萧华把单价报给梁波，叫梁波讲给科长听，平台每吨600元，30吨酒罐每个650元。科长说价钱可以，就这样谈好了单价，包括安装费用等，双方签了合同。

科长说时间紧，要马上动工。萧华对他说明天就可以过来开工，又问材料买好了没。科长说已经买回来十多天了，就等你们了。萧华说没有问题，如果时间太紧，晚上也可以加班！

第二天，萧华把人员分成两组，一组在石湾耐酸陶瓷厂，另一组到石湾酒厂。他们到了酒厂，找到科长，科长把他们带到仓库去领材料，并把全部加工图纸都交给萧华，说如果看不懂就问他。萧华在现场看完了图纸，然后按照图纸要求开始放样、开料、加工。

在施工焊接时，萧华他们遇到了一个难题，焊接铝板跟焊接铁板不一样，跟焊接铜板有些相似。五金厂的员工都是第一次焊接铝板，所以萧华就把在石湾建陶厂焊接铝板的技术教给工友们，工友们很快就学会了。经过二十多天的制造，酒罐全部做好了。

在车间安装酒罐时，酒厂的一些员工看萧华他们干活很辛苦，就对他们说："你们想不想喝石湾米酒玉冰烧？"玉冰烧酒是用肥猪肉盖在米酒上面酿造的，把肥猪肉拨开，就可以看见清澈中微微泛黄的玉冰烧酒。这种酒是酿制几年后才可以拿出来卖。工人们说你们想喝多少就喝吧！萧华当时不会喝酒，但工友中有些人是会喝酒的，萧华就对他们说："上班时间不可以喝酒，要注意安全，因为我们做工程安装，每天爬上爬下，喝了酒做事不安全"。

值得高兴的是，他们在酒厂安装期间，下了班想喝多少酒都没问题。那段时间，萧华也学会了喝酒，而且他和伙伴们还没少喝酒香四溢的玉冰烧。

经过一个多月的制造安装，整个工程基本完工。在完工验收时，厂长和科长都到车间现场看了，对这个工程项目很满意，还说现在出口量很大，正在建一个大车间，计划全部采用铝罐来储存，因此需要制作三十多个大铝罐，但不能在酒厂车间里制造，需要回到你们仁星五金厂加工。

萧华把酒罐加工图纸带回家，做好材料预算后已经晚上12点多了。第二天上午，他找了一台四吨重的货车到石湾酒厂拉材料，他们几个兄弟连装车加运输，整整忙活了一天，等卸完货已经是晚上8点多了。

加工铝罐，需要一块很大的作业场地，刚好五金厂门口有一块比较平整的地方，萧华安排大家平整了一下场地，就在那里开工了。由于酒罐的规格为 $\phi 2.5m \times 6m$，铝板规格只有 $1m \times 2m$，因此需要把几件铝板焊接成型。又因为是要做成圆筒，所以卷板、焊接也是一项技术性很强的工作，需要操作人员静下心来，对着图纸认认真真地操作，要做到严丝合缝，来不得半点的马虎和急躁。

当时正值七八月，天气很热，又是露天焊接，特别是在罐筒里面焊接时，每个人进到里边不到半个小时就全身都湿透了，非常辛苦。大伙在五金厂门口制造铝罐时，很多人路过都问，这么大的铝罐是装什么用的。萧华说是装烧酒的，很多人刚开始都不相信，认为没理由用这么大的罐来装酒，后来才知道真的是用来装酒的。

经过两个多月的加工，制作工程终于完工了，接下来就是要把铝罐运到石湾酒厂去安装。这么大的铝罐，一台大货车一次只能运一个，从澜石到石湾，加上装卸时间，一天最多运 6 个，要跑 12 个来回，运输费用很高。

后来，萧华想出了一个办法，在生产队找来几台手拉车，每台手拉车装上两条大竹竿，把铝罐抬到竹竿上再用绳子捆好，试了一下，每台手拉车可以拉一个大铝罐，两个人就可以拉动。这样，他们找来 6 台手拉车，每天拉两趟，等于每天拉 12 个铝罐。经过 3 天的运输，全部运输完毕，随后经过一段时间的安装，整个工程按计划全部完工。

就在石湾耐酸陶瓷厂铆焊加工件的同时，1983 年，耐酸厂从意大利进口了两条国内最先进的全自动彩釉墙地砖生产线。这两条生产线安装在耐酸厂车间里面，并成立了一个陶瓷厂——利华陶瓷厂。这两条生产线都是由意大利公司派技术人员到现场安装的，包括窑炉、干燥窑、压机、施釉线、喷雾塔等。由于意方派过来的技术员很少，每个项目只有 2 ~ 3 人，所以需要利华厂的员工协助安装。

那时，萧华他们的澜石仁星五金厂在耐酸厂和利华厂也有工程业务在做，所以很多时候，他们都是跟着厂方的机修人员一起安装，做些铆焊配件的工作。经过几个月的安装调试，终于出成品了，两条窑炉都是生产 300mm × 300mm 的釉面砖，效率很高，质量很好，在那时还是全国第一条全自动化生产线。生产线虽然安装调试好并投入了生产，但技术人员奇缺，哪里都需要懂技术的人。当时，只有意大利公司安排过来的技术人员懂这套设备的技术，但一到周末，这些技术人员就休息了，有时设备坏了、窑炉不出砖了也没办法，只有等他们回来才能工作。

当时，彩釉砖的销售非常好，价格也不错。由于是从意大利引进的全自动生产线，因此燃料用的是瓶装的天然气，两条生产线加上喷雾塔用量很大，成本也很高，但产品供不应求。经过一段时间的运行，利华厂经上级领导同意要新增生产线。这次增加的生产线叫作"173"，即投资 1730 万元的设备，比从意大利进口设备少了很多，还要新增煤气站。这个煤气站是佛陶集团在石湾镇的多家陶瓷厂共用的，新增的生产线是按照意大利的生产线仿造的，生产线的设计由耐酸厂的技术人员负责，制造加工由耐酸厂的机械修理人员负责，萧华所在的仁星五金厂也从耐酸陶瓷厂揽到不少加工业务，协助制造生产线。

经过一年左右紧张的施工，佛陶集团的煤气站和墙地砖生产线建得差不多了。在这一年里，萧华和他的工友们学到了很多对窑炉的设计技术和制造技术，他们的加工制造能力有了很大的提升，特别是工艺质量方面，因为是用煤气燃烧系统，所以要求更加严格，每一个工序都控制得非常严谨，稍有差错就要返工。

有一天，设备科长找到萧华，说有一个喷雾干燥塔需要萧华帮他们制造，并让萧华到设备科找科员罗辉对接。萧华马上赶到设备科找到罗辉，罗辉拿出几公斤重的图纸让萧华带回去看看。后来，萧华才知道，这份150型喷雾干燥塔的设计者是华南理工大学的陈帆教授。陈帆教授参考意大利进口的150型喷雾干燥塔图纸，精心消化吸收一份份图纸，设计出了中国人自己的第一座喷雾干燥塔，使从意大利引进的喷雾干燥塔实现了国产化。

陈帆教授用了几年的心血来绘制这套图纸，既具有中国特色，又有许多的创新和突破，为中国陶瓷工业的发展立下了汗马功劳。萧华他们参与的这个150型喷雾干燥塔工程，是仁星五金厂第一次完成陈教授耗费大量心血的设计，也是国内第一座自主设计、加工、制作的喷雾干燥塔。喷雾干燥塔的设计成功，改变了中国建陶业落后的生产工艺，极大地促进了建陶产品质量的提升。萧华看到陈帆教授设计的喷雾干燥塔那么先进、科学，对他充满了崇拜与感恩之情，由此结下了深厚的友谊。

萧华回到家里，把这份150型喷雾干燥塔的总装图打开，他家的饭台上都放不下，只能摆在地上看，看完总装图再看分解图和制造图，然后开始做预算。这个工程的预算总共用了两天两夜才做完，而这还仅仅是现场加工的费用，因为所有的原材料都是耐酸陶瓷厂自己购买，仁星五金厂只是收加工费和安装费。

当时的加工费很低，一吨钢材大概几百元。喷雾干燥塔有十多米高，是很危险的高空工作。制造喷雾塔要用铁皮围成一个圆筒，每块铁皮有 3 米宽，6 米高，难度很大，因为它是全国第一个在引进的基础上消化吸收并改变为重油燃烧系统的喷雾干燥塔，是当时陶瓷行业原料制备的试验性工程，所以每一个环节都要求非常严格，不允许有丝毫的差错，特别是在工艺技术上要做到精准细致。

因为萧华他们制作安装的是国产第一座喷雾干燥塔，对于二十多米高的起重吊装作业，他们还从未做过，更没有经验可借鉴，所以萧华让耐酸厂领导请外面的起重队来吊装。厂方同意了他的意见，就派人到石湾和佛山各起重公司联系，但是几家吊装公司过来现场看过后，都对二十多米的吊装高度没有把握，不敢接下这项工程。

后来，萧华找朋友了解，看有没有别的工程队可以搞起重吊装。萧华听一位朋友说，顺德水藤有一个私人的起重高空吊装队，老板叫阿灿。萧华问朋友，水藤这么大，起码有个地名才能去找呀。朋友说他也不知道，但他说水藤市场卖菜卖杂货的地方再往前走几十米就可以找到。

听了朋友的指点，第二天一早萧华就骑上自行车穿过澜石大桥往水藤方向出发，水藤是在 325 国道边，到了水藤市场，萧华先找到卖菜卖杂货的地方，问了很多人都说不知道阿灿这个人，他又往前走了几十米，见到一位阿伯，阿伯说你是找一位 30 岁左右、身材比较高的阿灿吗？萧华说我没见过他，只是听说他住在这里。这位阿伯就带萧华到一条巷口，指指里边说，这个屋就是了。

萧华放下自行车，叫了几声"阿灿"。一位身材高大的中年男子打开门问他什么事。萧华就把朋友介绍说阿灿可以做起重吊装的事说了一遍，阿灿叫萧华进屋里坐下说，并问工地在什么地方、什么时候开工。他让萧华带他去看场地，两人马上骑自行车去石湾耐酸厂工地现场。看完现场，阿灿对萧华说能做。见阿灿答应了，萧华就带他到耐酸厂设备科找科长谈起重吊装单价，双方很快就谈好了价钱，因为时间很急，大家约定两天后马上开工。

过了两天，阿灿按时把起重工具运到了厂里，他们有四个人，等他们把全部机械都准备好了，萧华开始安排阿灿协助起吊喷雾塔的机件，仁星五金厂的人员跟着安装焊接，因为全部都是高空作业，操作起来很是费劲，但大家克服困难，一点一滴地啃下了这些"硬骨头"，经过十多天的工作，终于完成了这项焊接安装工程。

在喷雾干燥塔引进之前，陶瓷企业制备粉料基本上是用压力机先将泥浆压成泥饼，泥饼经干燥后再压成粉料，然后用来压制瓷砖。引进喷雾干燥塔后，原料先用球磨机磨成泥浆，再用喷雾干燥塔制成粉料，然后输送到压砖机压制成型，最后干燥、烧成，这项工程把中国陶瓷工业的生产水平向前推进了一大步，为中国现代陶瓷工业的发展奠定了良好的基础。

在耐酸陶瓷厂忙碌的那段时间，同村有几个供销员看到萧华都说现在手上有些杂件和钢窗的工程想找你们仁星五金厂做，但萧华都婉拒了，说现在手头上的工程比较多，有些忙不过来，等有空了会去找你们。

仁星五金厂的快速发展，使萧华清醒地认识到，诚信做人的重要性，特别是承诺了别人的事情一定要做到，该让出的利益一定要让出，别人介绍的业务费一分也不能少。如果太计较自己利益的得失，或者承诺了别人的事情不能按时做到，仁星五金厂就接不到这么多工程，也不会有今天的成就。

第九章 供销之路

从生产、技术、管理，转向供销工作，是萧华人生当中的一大挑战。

萧华的性格相对温和，口才也不怎么好，转做供销工作面临着许多困难。但为了企业的发展，他只能迎难而上，进入一个自己不熟悉的领域。

"世界再大，不过是人与人之间的距离。"凭借着自己的勤奋与努力，萧华真诚待人，以心换心，取得了令人意想不到的效果，身边许多的同事、朋友都愿意帮他，把业务给他做，仁星五金厂得到了快速发展。

　　1986 年盛夏的一天，仁星五金厂的两名供销员一起找到萧华，说不想做供销工作了，请求辞去供销员的职务，在五金厂转做其他工作。萧华问他们为什么不想做供销员了。他们说接业务很难，每天在外面到处跑也接不到工程，而支出的费用却很大，如果接不到工程或者工程量太小，工资收入将会入不敷出。

　　听了他们的抱怨，萧华接过话说，"你们的业务费已经是工程回款的20% 了，这样的提成你们还做不了？你们两人接的工程业务量连我朋友介绍过来的都不如，所以问题不在你们的收入低，而是你们接的业务量太少了。"

　　那时，仁星五金厂对工程业务是有任务承诺的，凡是外来的业务，费用要给外面的供销员，所以很多外来单位的朋友都把业务带到仁星五金厂做，外来业务订单比厂里两个供销员的还要多几倍。但一间工厂没有供销员是不可能的。后来，萧华对他俩说："如果你们真不想做的话，那就让我来尝试一下吧。"其中一个供销员说："萧华你口才不好，做供销员要有好口才，这份工作你不一定能做得来。"萧华想了想说："我明天答复你们。"

　　萧华明白自己的口才水平，怕有点做不下来，左右拿不定主意。吃晚饭的时候，萧华向母亲讲了自己想转岗做供销员的事，母亲没有明确回复他，只是告诉萧华，人不是天生就会做什么事的。不论做什么事，首先要不怕吃苦，要加倍努力，要付出比别人更多的汗水和心血；其次，做事要用心，做一行爱一行，只有用心去做，才能把事情做好。听了母亲的话，萧华心中渐渐有了主意。

第二天，萧华向萧荣、萧鹏讲了自己决定做供销员的事，并希望他们两人能够管理好仁星五金厂，从此，萧华就成了仁星五金厂的供销员。那天晚上，他一晚都没睡好，整夜都在为全年工作谋划布局，对市场方向重新进行调整，他心中想了无数遍：先巩固老客户，然后开拓新客户，借助改革开放的机遇逐步把业务拓展到整个珠江三角洲地区。

第二天，萧华买了一个手提包，包里装上笔记本和五金厂的信笺，骑上自行车先到石湾耐酸陶瓷厂的设备科和基建科，跟他们说明自己转做供销员了，希望以后两个科室的工程安装和维修业务多分给他们厂一些来做。

就在萧华和基建科长谈话的时候，有位车间主任跑到基建科说二车间窑顶有几排木金字架快塌下来了，要马上用钢架把木金字架顶上去，以免发生危险。基建科长叫萧华跟他一起去二车间看看。他们走到二车间的隧道窑旁边，看到厂房瓦顶的木金字架陷了下来。科长转身对萧华说，请你尽快找人帮忙，用槽钢焊接顶架，固定好现在木金字架。施工要注意安全，原材料我们马上做计划，明天早上安排人员买回来。

告别了基建科长，萧华立即找到当时在耐酸厂做加工维修的萧祥和萧荣，跟他们说了厂房维修的任务，问他们能否抽出人员来修理屋顶。因为当时他们也在加班加点赶做几项工程，如果把人员调整出来，会使两边都不能按期完成任务，看到他们为难的样子，萧华想了想说："你们先做好原有的工程，我再想办法看怎么样弄吧。"接着他跟萧祥、萧荣一并查看了现场施工质量和进度，看看没有别的事就离开了。

在回仁星五金厂的路上，路过黎涌绿瓦茶亭时，看到同村的陈其和陈汝坐在那里，萧华走过去跟他们打招呼："你们不用上班吗？在这里坐，不用做事吗？"陈其说："工程停了十多天了，这段时间没有活做，我们想组建一个组，你有没有工程给我们做？"萧华说："我刚出来做供销，有个比较小的工程，看你们做不做？如果做，你们买三台电焊机和一些工具就可以了。"陈汝说："这些我们都有。"萧华问他们有多少人，陈汝说有七八个人，是陈汝、陈其、陈根、梁炳洪和几个杂工。萧华约了他们第二天见面，并嘱咐他们明天找台拖拉机把工具运到石湾耐酸陶瓷厂门口等他。

第二天早上 8 点半，萧华准时赶到耐酸厂找到基建科长，科长叫来了科员潘明和伍登，叫他俩带着萧华的施工队去仓库领取材料。萧华和陈汝他们赶到二车间，现场安排工作，看怎么能够安全地稳固好已经开始下陷的木金字架，并让伍登帮他们领几套手套、电焊条等工具。

那几天，萧华一直跟着陈汝他们在车间施工，查看工程是否合格，如果不行就改进或重做。这项工程真的很辛苦，因为是在几百度高温的窑炉上面施工，头顶是厂房，下边是窑炉，在屋顶焊接的地方有六七十度的高温，每焊接十几分钟就要换人，一天也完成不了多少工程量。但是没办法，他们只好一点一点地啃下这块"硬骨头"。经过十多天的奋斗，才完成了这项任务。

那时，耐酸厂生产车间因增加设备需要改建星瓦厂房，这个厂房占地面积很大，有几千平方米，后来，陈其负责的项目组继续做厂房棚架和设备维修，就这样，仁星五金厂已有两个班组在石湾耐酸厂工作。

有一天，萧华在耐酸厂与设备科长闲聊时，罗辉看见了萧华就说，"和你去工艺厂走走吧。"他们两人在工艺厂找到霍锐强科长，霍科长说现在他们厂正在设计制作一条用来烧金属釉长条砖的试验窑炉，长 40 米左右，燃烧系统是用柴油的，但设计尚不成熟，让萧华他们一起研究一下。看完图纸，萧华就窑炉设计提出了几点想法，霍科长看萧华对窑炉很在行，就问他："你们有没有时间？如果有时间的话我们可以谈谈，把这个窑炉工程给你们做。"

萧华听了很开心，这是他做供销员以来接的第一项大工程，很快，他和霍科长就谈妥了合同，包括施工预算、进度等。这条烧柴油的试验窑炉，是国内比较早的柴油窑炉。它的出现，为佛陶集团乃至后来中国建陶工业柴油窑的普及奠定了坚实的基础。在霍科长等人的精心指导下，经过两个多月的共同研究和制造，仁星五金厂顺利完成了这项工程，工程质量令厂家非常满意。

做了供销员以后，萧华的业务量逐渐多了起来，短时间内接了不少工程。为了更好地开拓市场，萧华买了一台摩托车，好方便到周边的城市去谈业务。他每天都骑着摩托车到工地查看工程质量，一有时间就到厂方办公室里坐坐，跟他们谈谈工程上的事情，有时还骑着摩托车到三水西南、中山石岐、古镇、东莞、番禺等地方。这些地方一去就是一天，主要是找建筑商问问他们有没有钢窗、钢门和卷闸门的工程，每天跑一百多公里路都是常事。

有一天，萧华在耐酸厂看到在厂里做发电机的老朋友张师傅，张师傅对萧华说："老萧，我有个朋友在东莞做建筑，承包了一个工程，我和你去东莞走走，看看他有没有钢窗、铁门工程做。"萧华问他什么时候去。张师傅说："星期六吧。"两人就约定了星期六早上6点左右，萧华开着摩托车在张师傅家门口等他。

星期六早上，张师傅一听到有摩托车响就拿着行李出来了。萧华载着他一路向东莞方向出发。那时去东莞不像现在的公路那么发达，一路都是泥沙路，途中经过大沥、广州中山八路，再出黄埔港，路经新塘镇、麻涌镇，开了四个多小时才到达东莞，两人吃过中午饭，然后去找张师傅的朋友。

在一处工地的工棚里，萧华他们见到了张师傅的朋友。张师傅对他朋友说："我带了一个朋友过来，看看你的钢窗、铁门给别人做了没有？"那位建筑商老板说："刚好有两个人做了预算，我还没回复他们。你们回去时把图纸带上，过几天把预算报给我看看吧。"

说着，建筑商老板把图纸递给萧华。萧华打开图纸看了看，老板对他俩说："今晚你们在工地住一晚，明天再回佛山吧，记得把图纸带回家，十天后再来也可以。"萧华边看图纸边说："不用。"趁在工地上休息的空闲，萧华立即开始做预算，经过一个半小时的紧张计算，他把一千多平方米钢窗每平方米用料多少、重量多少、加工安装费多少和五百多平方米铁门每平方米用料多少、重量多少、加工安装费多少的预算单价已全部做好。

在工地上吃完晚饭，老板对萧华说："你什么时候再过来送预算？"萧华说："我已全部做好预算了。"说着便把做好的预算递给老板，老板脸上充满了疑问，笑笑说："这么快就做好了？"等他看完了预算，对萧华说："你真厉害，我的图纸给别人起码要十多天才能把预算报给我，你一两个小时就完成了，还非常准确，跟别人的预算差不了多少。"

老板说着把别人报给他的预算拿给萧华看，然后说："我从来没见过你这样做预算的人，大型的铆焊预算，小的钢窗、钢门预算单价都是自己做的，对于钢材的重量看来你是比较熟的了。"建筑商老板又说："虽然你的单价比人家高一点，不过还是按你的预算吧，看来你比较在行、熟练。"当晚，他们就在建筑商老板的办公室里签订了钢窗铁门加工合同。这是一单大工程，足够萧华他们做一段时间。之后，三个人在工棚里闲聊，一直到半夜1点多才睡觉。

第二天一早，萧华准备回佛山。他谢过建筑商老板，和张师傅两人骑着摩托车一路高高兴兴地回到了佛山。通过这次的业务，萧华觉得自己有能力做一个合格的供销员，如果自己对这个行业比较熟悉、专业技术扎实，做起事来就容易多了。

接了这次业务后，萧华和张师傅时常会去东莞看看有没有其他工程做。有一次，他和张师傅约定去东莞虎门太平镇，找找那里的建筑商，看有没有需要做卷闸门的工程。当天，两人在太平镇转了半天，已经是下午两点多了，还没有什么结果，因为张师傅约了东莞的另一个建筑商4点见面，所以他们要赶回东莞市。于是，两人准时赶到了东莞市，当天晚上，大家一起吃饭，边吃边谈，非常开心，一直到晚上8点多张师傅才想起第二天要上班。他起身跟那位老板告别，说："明天还要上班，我们要马上回佛山了。"萧华跟建筑商老板说以后再来拜访他，然后就起程回佛山了。

出了饭店，萧华跟张师傅说，现在回佛山的话起码要12点才能赶到。两人不敢耽搁，立即踏上了返程的路，没想到忙中出错，再加上天黑看不清路，两人在经过黄埔港的时候走错了路。萧华问跟在他们后边的一辆交警车上的警察怎么走。交警说他也是回广州的。萧华就跟着他的车走了半个多小时，发现前面是一个小山冈，很多泥头车在挖土，萧华发现方向不对，马上掉头往回走，他哪里知道那个交警也不认识路，两人走了一个多小时才找到原来的路。

快到黄埔港时，突然下起了大雨，路边没有可以避雨的地方，晚上天又黑，两人都被淋成了"落汤鸡"，整条公路都变成了水路，雨夜骑着摩托车非常危险，萧华放慢速度，小心翼翼地往前赶。

突然，前面一辆大货车迎面开来，刺眼的灯光照亮了整条公路，把萧华的眼睛照花了，他看不清楚路面有什么东西，只知道路面上到处都是水，摩托车的前轮突然陷进了公路上的一个泥坑里，坐在萧华身后的张师傅没有丝毫准备，整个身体一下子前倾压在萧华的身上。因为张师傅比较胖，萧华承受不住，两个人便一起跌倒在地上，张师傅还压在萧华身上。这时，那辆大货车呼啸着从两人身边急驰而过，车轮触手可及。

夜色中，两人爬起来，萧华把摩托车拉了出来，摩托车的引擎还开着，但车头灯坏了，车灯向上空方向照。这时，萧华感觉左脚痛得很厉害，并且流着血，衣服也破了，天又黑，还下着雨，那一刻，他感到很无助，但只能忍着痛骑上摩托车，继续慢慢地往佛山开。回到佛山，已经是凌晨3点半了，萧华把张师傅送回家，然后自己才回家。

到家后，他发现衣服已经撕烂了，两只脚还在流血，特别是左脚伤得很严重，划破了两处。萧华忍着痛，涂了些风油精，自己简单包扎了一下，睡了几个小时，等天亮了才去医院包扎。那次事故，经过十多天伤口才慢慢愈合。萧华说，现在想想，当时的精神和力量都不知道是从哪里来的，他的脚上到现在还留着两个大伤疤，那是一段永远都忘不了的经历。

有一天，天气很好，一大早太阳就照着大地了。萧华准备去三水西南那边看看有没有什么业务和工程做。他开着摩托车，很快就到了西南，四处寻找有没有在建的大楼，如果看到了就去那里找建筑商问问。陆陆续续找了十多家建筑工地，问了他们的老板有没有钢窗铁门和卷闸工程，有些说已经给人做了，有些说前两天才和人家签订了合同。

下午 1 点多，萧华在路边吃了碗面，看看大半天跑下来毫无收获，就决定回佛山。从西南到佛山，骑摩托车要两个多小时的车程，萧华在回程的路上又找了两个工地，都说已经签订了合同。车骑到南海狮岭公路时，天空乌云密布，马上要下大雨，萧华加快车速，把车骑到路边一个修理大货车的棚架下面去避雨，雨越下越大，暴雨中还伴随着狂风和阵阵巨雷。

刚开始，萧华骑着摩托车站在棚架边避雨，后来看雨太大了就放下摩托车跑到屋里。哪知雨越下越大，风也很大，突然，棚架一下子全被风吹倒了，幸好萧华和修车的人躲在屋里，没有被棚架压伤。但是，屋顶的瓦片也被风吹走了一部分，屋子里开始漏雨，大家在屋里躲来躲去，如果那时风力再加大一些的话，屋子也可能会坍塌。这场大雨下了一个多小时，雨势才慢慢减弱。看看雨小了，萧华骑上摩托车继续往黎涌赶，回到家天已经全黑了。而这，仅仅是他做供销员很普通的一天。

有一天，萧华在佛山见到表哥，表哥说有个朋友在番禺农机公司工作，他们公司想订购一批拖拉机耕田用的泥耙，叫萧华如果有时间的话就去谈谈。萧华问清楚对方的姓名和农机公司的地址后，第二天一早就准备去番禺。

以前去番禺只知道经过广州的路线，萧华想，如果绕广州的话路程太远，一天还不能来回。后来就想找个近路去试试，只是不知道有没有别的路可走。他从南海平洲沿着顺德陈村、石溪村的方向前行，一路上凭着感觉，朝番禺大体的方向判断路线。

经过石溪村，前面就没有路了。萧华找到路边耕田的一位老伯问路，老伯告诉他路是有，但是很难走。萧华想很多人应该都是这样走的，他向老伯问明了路口，沿着老伯指的方向开着摩托跑了五公里左右，前面一条堤围大基挡住了去路，他慢慢地把车骑上堤围顶，眼前是一条大河，再看基围边几百米远的地方，有只小船，有几位客人正在往船上走。萧华把摩托开到船边，船家说就是这条路，并热情地和他一起把摩托车拉到船头。萧华在船头扶着车，小船慢慢地离了岸。

小船开到河中央时风浪很大，萧华站在船头，再加上一辆摩托车的重量，所以把船头压得很低。一个大浪打过来，河水灌进了船里，萧华的衣服都湿了。这时，船家叫大家不要动，如果乱动，一有大的摆动是很危险的。萧华扶着摩托车一动也不敢动，心想，如果小船真的沉了，就马上跳水，放弃摩托车游上岸算了。经过船家小心的操作，逆水行了一段，小船慢慢地到了岸边，萧华推着摩托车上了岸，心想回佛山的时候再也不敢走这条路了，太危险了。

萧华向船工问了去番禺市桥的方向，得知还有几公里的路程。他顺着小路往市桥方向骑，经过一路寻问，很快就找到了那家农机公司。到达公司的时候已经是中午 12 点半了，公司的人已经下班，没有人跟他见面。他在农机厂旁边找了个饭店吃饭休息了一下，等到下午两点才有人上班。

下午一上班，萧华就赶到农机公司，问了门卫，门卫说老杨已经在办公室等他了。他马上跑到三楼找到杨先生，说是表哥介绍过来谈一些加工业务，老杨说："你表哥已经通过电话了，说你今天到，所以我就在公司等你"。两人谈了一段时间，萧华问老杨有没有工件的图纸让他看，老杨说图纸还没有，只有一个产品原件在仓库里，他马上叫科员把这个工件抬了出来，放到地上，问萧华能不能做。萧华看了这工件后说能做。老杨说就按人家做的单价给你做就是了，但要送货上门。萧华答应了，双方签了协议，一个半月后送货到农机公司。

签好协议书后，老杨叫人把这套机件抬到萧华的摩托车上捆好，让他带回去照样子做。老杨再三交代："要掌握好时间，这是拖拉机犁田用的泥耙，是春天插秧耙田用的，一刻也不敢耽误。"萧华说："一定按时送到。"说完谢过老杨，他就骑着摩托车走了。刚转过一个弯，萧华看见公路边写着往顺德方向，他停下车看清楚了去顺德方向的路，知道只要能去顺德就能到佛山，他开着摩托车沿着公路边的路牌一路经过顺德三洪奇、北教、乐从，很快回到了澜石黎涌。回到五金厂，他把泥耙从摩托车上卸下来，已经是下午

5 点多了。

有一天，萧华在耐酸厂看到以前在该厂设备科任职的老朋友霍达忠，霍达忠说他已经调到澜石成套设备厂当厂长了，叫萧华过去谈谈，现在有些工程可以承接来做。萧华问霍达忠这个设备厂是做什么的。霍厂长说成套设备厂是佛陶集团的一个分厂，是由佛陶集团下属的每个陶瓷厂抽调一两个熟悉设备的技术人员组建而成的一个设备制造加工厂，也承接了一些工程。霍厂长问萧华有没有人员帮他加工焊接工程，说萧华对窑炉设备很在行，所以想叫他去帮忙。萧华说："明天上午我去公司找你谈。"

第二天早上，萧华骑着摩托车，一上班就到设备厂并找到了霍厂长。霍厂长叫管设备的李相和卢炎等过来，介绍萧华给他们认识，然后把他们承接的中山古镇陶瓷厂的一套窑炉生产线工程转让给萧华，让仁星五金厂帮忙加工制作一条 83 米长烧重油的隔焰窑炉、一条 48 米长的辊道干燥窑和一座 150 型的喷雾干燥塔，三项工程都是纯加工，加工费很低。

那时的铆、焊加工都是几百元一吨，萧华接下这项工程后，就在设备厂里加工，他安排了两个班组，制造窑炉的班组由梁六、谭业等人负责，制造喷雾干燥塔的班组由陈汝、陈根、陈其、梁炳洪等人负责。加工时间差不多要两个半月。经过了两个月的加班加点，他们全部加工好了这些设备。这天，霍厂长找到萧华，说："过几天，厂里安排一条船过来发运设备加工件到中山。"那时的成套设备厂正好在澜石的东平河边，很方便。过了两天，这条大船开到了，厂方安排萧华他们的人员把设备工件运到河边，用吊机把机械件吊到船上，装船装了两天，装满一船后就开走了。

加工设备运走后的第二天，成套设备厂安排了农用车给萧华他们的安装人员和厂方的安装人员一起去中山古镇陶瓷厂。萧华到了陶瓷厂后，看到全部加工件都已经运到了工地上，他们在陶瓷厂的宿舍住下准备开工。这个陶瓷厂在河边，周边都是甘蔗地，环境很好。

在工地上，萧华对喷雾塔的施工安全和施工质量提出了要求，要求工人严格落实操作规程和工艺流程，告诉他们怎样做可以做到又快又好。等安排好喷雾塔这边的事，他又去查看安装窑炉的工地，发现谭业和梁六他们这个班的人员还没有开工。萧华就问梁六："怎么还不开始施工？都已经 10 点多了。"梁六说："不太懂，正在琢磨怎么弄呢。"萧华说："这样吧，你听我的，你马上找来钢线和焊机，先把窑头窑尾做一框架，定好尺寸，然后把钢线从窑头拉到窑尾，作为一条中心线，再拉一条边线就可以了。"

在萧华的指挥下，窑炉尺寸马上定型，并开始了施工。接着，萧华告诉他们第一步该怎样做，第二步该怎样做，经过四天的施工安装，一条 83 米长的辊道窑骨架基本完成。但是萧华还是有点担心，怕施工人员不熟悉，在接下来安装窑炉侧板时，需要注意的事项很多，如果安装不好，投入生产后会出现很多问题，所以他又多待了几天，前前后后在古镇陶瓷厂忙碌了十多天才回到家。

年迈的母亲看到萧华回来很高兴，问他为什么说过几天就回来，现在却去了十几天才回来，真让人担心！萧华的妻子告诉萧华，说母亲每天三四点钟就在家门口等他，还问家里人他为什么还不回家。萧华明白，这是父母、亲人对自己的一种牵挂，所以无论是作为父母还是儿女，都应该懂得报恩。萧华跟母亲讲，在安装施工的时候发现一个班组工作不熟悉，要自己指导才能安装，所以才用了这么长的时间。萧华总结了这次施工中出现的一些问题，如果当时自己也不熟悉或者不在场，就会留下很大的质量隐患。

后来，每个星期萧华都抽两天时间到中山查看施工质量和工程进度。去中山古镇要骑摩托车，从顺德乐从向南，经三乐路、容奇、大良，再经过中山小榄镇才能到中山古镇陶瓷厂，全程有 70 多公里，一天来回，要骑 140 多公里的路程。有时，他会在陶瓷厂住一晚，陶瓷厂的蔡厂长和设备科的潘旋看见萧华都很热情，经常会请他到办公室里坐坐，说当天来回太辛苦了，住一晚上再走。

有一天，潘旋科长看见萧华就请他到办公室，说："厂里有个装 80 吨油的重油罐工程，要不要做？加工费要多少钱一吨？"萧华说："每吨加工费650 元，总加工费几千元就可以做完一个重油罐了。"潘科长听了萧华的报价，答应了每吨 650 元的加工费，要他们准备制作重油罐。

第二天回到五金厂，萧华调了一些对加工油罐熟悉的人组成一个制作组。过了几天，他让这几个人一起带上工具和行李。到陶瓷厂找潘科长，潘科长把他们带到重油罐施工的地方，萧华看到制作油罐的水泥板已经到了，钢材也买回来了，各种材料都齐全，马上就可以施工。大伙儿有的拉钢材，有的开料，各就各位，他看大伙个个都很在行，就放心了。

不知不觉这个工程已经做了两个多月，整套窑炉设备可以投产了，厂方计划十天后全线投产，请各方面都要做好准备。投产这天，镇长也来了，他问蔡厂长这些设备是谁做的。萧华刚好路过，蔡厂长就把萧华介绍给了镇长。后来萧华才知道，林镇长是古镇分管工业工作的。林镇长说萧华他们造的设备很好，特别是重油罐质量很好。他们镇要建设一个玻璃马赛克厂，还要建一个油库，是为全镇工厂储油的，每个要存 500 吨左右的油，他叫萧华明天到古镇政府去找他。

第二天，萧华找到林镇长，镇长通知了管玻璃马赛克和油库的李厂长过来，介绍大家认识。李厂长把油罐图纸拿给萧华看，说要做几个能装 500 吨油的大油罐，是全加工的，要多少钱一吨的加工费。萧华说："本来我们加工油罐是 650 元一吨的加工费，但你们有几个，就收 600 元一吨吧！"李厂长想了想说："就 580 元一吨吧，我这里还要经过林镇长同意才行。"他对林镇说了后，就决定 580 元一吨加工费。

林镇长叮嘱萧华，一定要保证安装质量，保质保量完成。萧华签完合同后在古镇政府饭堂吃了午饭，谢过林镇长和李厂长后就回古镇陶瓷厂了，对正在加工重油罐的班组人员说："你们抓紧做好现在的油罐工程，过几天我再来中山，带你们去古镇玻璃马赛克厂，还有更大的工程等着你们。"说完他就回佛山了。

一个星期后，萧华再次来到古镇陶瓷厂，找到制作油罐的组长亚恩，叫他们准备工具设备，萧华让陶瓷厂厂长派了农用车去工地，把亚恩他们的工具、焊机和行李全部装车运往马赛克厂。大伙开着车，一路往马赛克厂赶去。经过古镇，到了河边，对面就是江门市，这里是西江边，地势开阔，交通方便，政府部门选择在这里建油库是很好的决策，以后运输油品进出都非常方便。

车子到了马赛克厂，萧华下车去找李厂长，李厂长把他带到做油库的工地，查看施工现场。李厂长叫萧华他们晚上住在厂里。亚恩说："不用了，我们在现场架个棚子睡觉就可以了，而且晚上还要看守工具和设备，我们都已经习惯了"。李厂长问还需要什么材料，钢材全部都在这里了。萧华跟李厂长说，"如果有需要我们会去找你的。"说完李厂长就回办公室了。

亚恩察看了一下工地，开始安排人手搭棚架。萧华对亚恩说，这地方很好，江对面就是江门新会，靠着古镇的岸边还是沙地，旁边就是河水，晚上下班后可以在河里游泳，但一定要注意安全。萧华把油罐图纸交给亚恩，再次叮嘱亚恩，一定要注意安全，把好质量关，宁愿慢一点，也要让厂家满意。亚恩说："最重要的是安全，你放心吧。"

萧华骑着摩托车回佛山，经过古镇河边时看见有渡轮过江门新会，他就想试着从江门回佛山。上了渡轮，很快就到了对面的江门市。因为经常跑业务，江门的路况萧华也很熟悉。那时的江门电机很出名，仁星五金厂用的摆线针电机大部分都是江门电机厂出品的，所以对江门这个地方很熟悉，也很亲切。过了江门市直往沙坪镇，很快就到了顺德，这是萧华第一次从佛山到大良、中山小榄再到古镇，再从古镇经过江门到鹤山沙坪镇、顺德、九江回到佛山。后来他经常这样往返，对周边大大小小的地方都很熟悉。

还是在做供销员的时候，有一天上午，萧华到澜石成套设备厂跟霍达忠厂长聊天。后来，李相和卢炎也来到了霍厂长的办公室，一见面，大家谈得更开心了。这时，李相说明天要去肇庆市高要白土陶瓷厂，对方有些窑炉工程叫他们去看看。霍厂长对萧华说："老萧，我们明天一起去吧！"萧华立刻答应了霍厂长的邀请。

几个人决定第二天早上各自骑摩托车在佛山火车站的路口集合。第二天一早，萧华骑上摩托车，从黎涌绿瓦茶亭出发，沿着澜石塘头村路，经沙岗车站、三棵竹、陶师庙、弼塘村、城门头，最后来到了佛山火车站，他在火车站等了几分钟，看看8点半左右，大家都先后到齐了，霍厂长下令出发。

四人骑着三辆摩托车，卢炎和李相两人一辆，萧华和霍厂长各骑一辆。一辆车跟着一辆车，大家你追我赶，一路上骑得很快，用了十多分钟就到了南海大沥镇。他们没有停步，加快了速度，继续向着肇庆方向前进，经过了三水西南大桥后，进入了四会市的地界。这条道路很平整，他们又继续骑行了几公里，就到了四会市跟鼎湖山交界的地方。

突然，平坦的马路前面出现了几十米的烂路，路面全都是用石头盖着的。萧华当时骑车走在最前面，看到这样的路况，已经来不及刹车了。因为前段路很平整，车速非常快，如果这时候急刹车，摩托车肯定会摔倒的。因此，面对前面的石头，他只好一边刹车，一边把控好摩托车的方向，向着马路中间的烂石路冲了过去。

最终，他还是连人带车摔倒在路边，后面的两台车马上刹车才没有出事。萧华跌倒后，赶快爬起并把摩托车扶起推到路边。这时，他才发现自己的手和脚都有碰伤，正在流血。

坐在路边的石头上，看着手脚都在流血，萧华想起小时候在生产队割草养鱼时，每天都要割一百多斤的草，而且经常会让割草刀割破手脚，这种情况下没有什么止血的药和油，只能找些能止血的草药来盖着流血的伤口。想到这里，他马上凭记忆在路边找了些能止血的草叶，放进嘴里嚼烂，然后吐出来敷在流血的伤口，慢慢地血开始止住了。

后来，看到路边有商店，霍厂长跑去买了一瓶万花油，给萧华包扎了伤口，看看可以行走了，他们又骑上摩托车继续向肇庆市中心行驶。

又开了三十分钟左右，他们终于到了肇庆市，但去高要白土镇还要到码头坐渡船，他们一起上了渡轮，到了岸就是白土镇了，岸边离陶瓷厂还有二十多分钟的路程，大伙骑着摩托车，不一会儿就到了白土陶瓷厂。萧华跟着霍厂长一起进了办公室，白土陶瓷厂的厂长热情地接待了大家。厂长对他们说了现有窑炉的生产情况，产量、质量都不太理想，想让霍厂长他们帮忙改造一下。

　　大家谈了一段时间，后来，霍厂长说还是到车间去看看再说吧！陶瓷厂厂长马上带大家到了车间。萧华看到窑炉里生产的都是 300mm × 300mm 的小地砖，质量很差。看了一段时间，大伙又回到办公室谈了一会儿，霍厂长就说："我们先回去吧，过几天做个方案给你。"说完，大伙就起身离开了。

　　出了厂门后，大家商量说不走回头路，选一条新路回佛山。几个人计划经回龙镇往高明方向走，走了二十多分钟的车程，差不多到了回龙镇，再往前开三十多分钟就是高明明城。到达明城后，大家停下车在路边休息了十几分钟，欣赏了一下周边的风景，这里周边全是大山头，林木茂盛，一片连着一片，绿油油的非常好看。

　　看了一会儿远处的山头，大家骑上摩托车向着佛山方向继续前行，不一会儿经过仁和镇来到了高明大桥边。当时，高明大桥还没有建成通车，大家下了渡轮，到了对岸，就往西樵方向骑。然后经西樵、南庄、乐从，最终看到了澜石大桥。到达澜石大桥的时候，天已经快黑了，四个在那里分手各自回家，萧华回到家时，天已经完全黑了。

　　这就是供销员一天的工作。

　　有一天，萧华刚出完差回到家里，看到母亲病了，就准备带她去澜石医院看病。母亲不愿意，说喝点凉茶就好了。第二天，母亲的病情加重了，萧华很着急，开着摩托车带母亲去医院看病，医生说有点感冒，吃点药就好了。可是回家后，母亲吃了两天的药还是不见好，萧华又带她去医院找医生，医生说再吃两天药就可以了。

　　因为第二天要出差，萧华对母亲说，要按时吃药病才会好得快。两天后，萧华回到家看见母亲的病情不但没有好转反而加重了，甚至不能起床。他心里非常难过，要带她去医院，她又不愿意。后来，萧华想起以前自己感冒发烧是用沙溪凉茶治好的，他马上开着摩托车跑到澜石，找到卖沙溪凉茶的地方买了两包凉茶回家。

　　回到家，萧华找了个铁煲洗干净，把铁煲放到炉子上，把两包凉茶放到烧红的煲里。原来沙溪凉茶全都是树仔头、树叶和树根。萧华又拿了一点生稻米放到铁煲里和树仔头一起炒，炒到树仔头和米变成金黄色的时候，把准备好的五大碗水冲到煲里，铁煲马上起了白烟。他把煲盖盖好，慢慢地用文火煲，煲了四个多小时，五大碗水煲成了一碗凉茶。等凉茶凉一点时，萧华送到母亲床前，喂她喝了凉茶。

这次煲凉茶的时间很长，茶水煲到有像胶质一样的东西，很有效果，母亲喝了凉茶后慢慢地睡着了。这时已经到了晚上7点多，一家人才开始吃晚饭。晚上睡觉前，萧华看到母亲已睡热，才放心一些。半夜2点多，他又来到母亲房间，一进房间就闻到整个房间都是草药味道，母亲还在睡觉。

第二天一早，萧华去看母亲，母亲说昨晚睡得很好，萧华叫她不要太早起床。吃完早餐他又去澜石买了几包凉茶回家煲给母亲喝，母亲喝了三次沙溪凉茶后感冒慢慢地就好了。从这次母亲生病治愈的过程中萧华才知道，中山的沙溪凉茶是医治感冒的妙药良方。

有一天，萧华在村里遇到陈生，陈生说广州有个朋友在谈一个工程，问萧华做不做。萧华说可以去谈谈。第二天，两人从佛山坐火车前往广州，到了广州已经是下午了，萧华和陈生找到那位朋友的家里，那位朋友上班未回，要晚上6点多才回家。萧华和陈生决定先去附近的广州南方大厦河堤边散步，等待那位朋友下班回家。

当时天气很热，萧华和陈生走到珠江边已经满头大汗了，但在河堤上一吹风，身上的汗都吹干了，很凉爽。河堤边的风很大，风景也很好，好多人边乘凉边看着河里的大船。两人慢慢走着，突然有个30岁左右的男人对萧华说，他从三水那边过来，没有路费回不了家，已经两天没有吃饭了，求两位好心人给他20元钱，让他坐车回家。

萧华看着这个人像农民，挺老实的样子，好像全身没力气，面色发青。就问他坐车要多少钱。他说坐车吃饭要20元。萧华就拿了20元钱给他，他流着泪水谢了几次后，马上跑到河堤边买票坐船去火车站了。

萧华和陈生走了一段时间后，看看表已经快6点了，他们找了个饭店吃饭。吃完饭再去陈生的朋友家，但是他的朋友还没回家，他们就在门口等，一直等到 9 点多，他朋友才回来，说因为和别人吃饭所以回家晚了，然后就请萧华他们到家里坐。双方一谈就谈到 10 点多，约好第二天上午 10 点到广州酒店和一个设计公司的人见面，他说有些工程要做。

　　出了朋友家，萧华和陈生去找旅店住，找了很长时间，旅店都说客满了，一直找到晚上 12 点都还没找到。萧华对陈生说："我们找辆出租车回家吧，明天一早再来"。后来，两人找到一辆出租车，回到澜石已经是凌晨 1 点多了。第二天早上 7 点，他们起床赶到佛山火车站坐火车去广州，上午 10 点左右到了广州酒店。萧华开了茶位等陈生的朋友和设计公司的人到来，人到齐后，大家边喝茶边谈话，这才知道原来那位朋友的朋友在设计一家酒店，现在图纸还没有出完，他说等图纸出完了再找萧华。萧华说不要紧，大家先认识一下做个朋友。吃完了东西，看看表 11 点多了，萧华买过单，大家互相打个招呼就各自离开了。

第十章 揭阳逸事

　　伴随着佛山陶瓷产业的快速发展，仁星五金厂的规模也在不断扩大。

　　萧华抓住这个大发展的机遇，从揭阳一家旧机床交易市场一次性买回来许多设备，扩大了厂房，更新了设备，增加了人手，提升了生产加工能力，企业效益大幅增加。

　　从佛山到揭阳，萧华与外甥沉浸在新旧生活巨大的变化当中，世事沧桑，更进一步增强了自己投身时代洪流，做一番事业的信心和决心。

20 世纪 80 年代末 90 年代初，中国陶瓷工业发展飞快，很多地方圈地筹建陶瓷厂。黎涌仁星五金厂也抓住机遇，加入了制造、加工、改造陶瓷生产线的行列。当时，由于五金厂的设备不足，部分机件加工不得不分包给镇安村的潘权师傅和南海县石村的杜泉师傅，由他们帮助加工。由于加工点与厂里路程较远，极不方便，加工后的机件如有一点质量问题也要拿回去返工，会延误整个项目的工程进度。

为了解决这个问题，萧华想还是要靠自己的实力办一个小一点的机械加工车间。他在五金厂对面建了一个一百多平方米的机械加工车间，从佛山农机公司买了一台剪床、一台压床、一台 C320 车床，还买了一台钻床。新机器投入生产后，大大增强了生产能力，提高了生产效率，机件加工过程中出现的一些小问题立刻可以解决，为五金厂提供了很方便的条件和保障。

有一天，一个浓眉大眼、看起来十分精明的小伙子来到机件加工车间，对着正在专心工作的萧华叫了一声："五舅父，什么时候买了这些新设备呀？你干起活来很爽快呀！"萧华停下手中的活，笑呵呵地对着小伙子说："咦，这不是梁荣外甥吗，什么风把你吹来了？"梁荣说："刚好路过，进来看看你。"说完就在车间里走来走去，一会儿摸摸崭新的车床，一会儿摸摸闪亮的万能钻床，对萧华说："机器虽好，可惜数量还是有点少，我介绍你到汕头去，揭阳有个旧机床交易市场，那里有各种各样的机床卖，我去看过，有些还是很新的设备，很适合你们用，特别是万能铣床、大头车床等，我都可以带你去看看，如有适用的就可以买回来厂里用。"

萧华说："好呀，要做就马上做，我们明天就去揭阳，你去帮我租上一台四吨的大货车，明天我和你一起去揭阳。"第二天，天还没亮，萧华、梁荣连同司机三人摸黑向揭阳出发，在车上，舅甥俩有说有笑，回忆起不少往事，讲起自己家里的生活，也想起1949年前的日子。

萧华听父亲说，抗日战争的时候，有一天爷爷和几个兄弟在萧家祠堂前坐着闲聊，突然有几个同村的乡亲从澜石菜市卖完瓜菜回来说，澜石东平河水道已经有日本兵登岸了，叫萧华爷爷跟他们快跑，日本兵很快就要到黎涌村了。爷爷对几位兄弟说，你们先跑吧，我收拾好东西就来。

萧华爷爷刚收拾好东西，就听见村子对面显岗的一个小村里响起了枪声。爷爷在祠堂门口的墙角里冒出头一看，日本兵的子弹马上就打了过来，好在爷爷的头低得快一点没被打中。

直到现在，萧家大宗祠门口的石角边还留有当时子弹打过的痕迹。这时，萧华爷爷马上把祠堂的大门关起来，接着从祠堂的侧门跑出来，顺着村子后边的小路一路狂奔。仁星村后面就是简家村，是东南亚很有名的南洋兄弟烟草公司老板简照南的出生地。

萧华爷爷到了村边一看，进村的路已经被日本兵封住了，过不去。爷爷马上掉头跑回萧家村，在萧家村和简家村中间有一片竹地和番薯地，萧华爷爷就藏在番薯地里，刚刚用番薯藤盖好全身就听到日本兵走过的脚步声。爷爷一动也不敢动，一直等到天黑了才爬起来，看到简家村村口没有日本兵，这才跑出村口，接着跑到鱼塘边的竹林里去。

这个时候，萧华父亲通常都会接着讲他自己的经历。也是在抗日战争时期，那时候萧华父亲还年轻，有一次，爷爷带着几个儿子在澜石里水村租了几亩甜笋竹地和瓜菜地，每天都要用小船运瓜菜到佛山的市场交货，有一天，萧华父亲挑着一担竹笋去交货，在路上看见两个日本兵走了过来，指着竹箩里的甜笋不知道在说些什么，萧华父亲也听不懂。日本兵看他不出声，就打了他两下，把竹箩里的甜笋都弄翻在地上才走了。

有一次，萧华父亲从里水村回黎涌村，天快黑了，不敢走大路，怕有日本兵看守。他通过水路到了黎涌潘家村口上岸，沿着一条石路往前走，石路两边的田里种满了冬瓜、节瓜和黄瓜等。萧华父亲一边走一边看着前边，刚转过前面一个弯，大约100米外，有日本兵在潘家村口守着。

日本兵看见萧华父亲就指着叫他快过来，萧华父亲见形势不对，略略停了一下，接着面朝日本兵迈动双腿，双脚却往后面走，走到有条田基的时候就顺势跳到瓜地里。日本兵看到人不见了就跑了过来，边跑边打枪，这时萧华父亲已经跑得无影无踪了，当时真是好危险！

1949年前家里很穷，萧华父亲和母亲租了些菜地以种菜为生。萧华的父亲从爷爷手上分了一座旧烂屋，这座旧烂屋是长条形的，一进去就是一个小厅，后面是一间神后房，再进去是一个天井，天井是用来养猪的地方。萧华懂事时，旧烂屋已经不能住人了，只记得那时的旧烂屋还要用大竹竿来顶住，生怕一不小心就倒了。遇上下雨天，屋子里一地都是水。

小时候，萧华记得旧烂屋大多时候堆满了秸秆和草，有时候，几个同龄的小朋友也会跑到这里来玩捉迷藏。里面还养着几只鸭子，有时还可捡到几只鸭蛋。那时，萧华一家人在旁边借了一间小屋住，这间小房屋有40多平方米，一家六口人就住在里面，不知不觉住了十多年，萧华从小就很感激那位当时借房子给他们家住的大叔。

20世纪60年代，萧华做农民的时候大部分时间住在生产队的谷仓里。记得有一天收割大忙时，生产队长看见萧华就说："华仔，你晚上有没有时间？如果有的话就到谷仓去住，看着谷仓防小偷偷谷。"萧华说可以，又问队长还有谁住。队长说："现在就你一人。"萧华到了谷仓一看，里面什么都没有，只有空空的一座100多平方米的屋子，下边地上摊满晒过的稻谷。晚上到底睡在哪里？心中盘算了一会儿，萧华有了主意。

他先找来几条七八米长的大笋竹，在房屋中间架起来，大笋竹上面盖上几块木板，然后放上被子，一个简易窝棚就这样搭好了。这天晚上，萧华找来一架木梯，爬到大笋竹搭成的木板上睡觉。那时天气太热，加上稻谷刚在地塘晒谷场晒完收到谷仓里，谷仓里的空气又湿又闷，因此他一到谷仓就把门窗全部打开，好让谷仓里的热气散到外面去。那时候，每天晚上都要等到12点多才能进谷仓睡觉。就这样，他在谷仓里不知不觉一睡就睡了十多年。

在谷仓住的那段时间，很多时候睡到凌晨两三点钟，迷迷糊糊中会突然感觉到有些莫名的东西压着自己的身体。这种时候，人是清醒的，但是全身却不能动，眼睛也睁不开，口里想大声叫，却叫不出声来，嘴巴也张不开。就这样过上十几分钟，慢慢地醒过来，然后恢复正常，什么感觉都没有了。有几次在睡觉的时候，突然觉得好像有只大老鼠跑到身上，他想用手马上把被子掀过去，却动不了，就这样让老鼠压在身上一动也不动，很辛苦，醒来后一身的汗水。

萧华对村里的老人说了这种感觉，他们说萧华住的地方以前是萧家的旧祠堂，曾经是安放先人灵牌的地方，问他怕不怕。萧华说怕是怕，但是没有办法，只能在这里住了。萧华说，这十多年间，每年差不多都有十多次"鬼压身"的现象，时间长了就像没事一样。那时，白天工作已很辛苦，晚上再睡不好觉，第二天就会觉得没精神。

20世纪60年代，全国实行"全民皆兵"的政策，黎涌村也成立了民兵营，萧华和一帮村里的年轻人个个都是民兵，每年的收割和插田大忙时都会组织民兵突击队抢收或插苗，特别是大的节假日期间，如春节、五一劳动节、中秋节、国庆节、元旦等，都要组织民兵来保卫村子，以防敌对分子破坏村里的幸福生活。民兵营看更值班分成两班，晚上6点到晚上12点为一班，晚上12点到第二天早上6点为一班，民兵值班时，每班3~4人，每半小时巡逻一次生产队所有的村户街巷。有时，公社领导也会来检查一下。萧华他们还在村口设岗检查，察看晚上有没有外来的陌生人。

那时，民兵对治安要求都很严格，警惕性很高。有几次，值夜班的民兵看到有个老伯挑着瓜菜到澜石菜市去卖，萧华他们就说："这么早，还不到晚上12点，你还是先回家睡觉吧。"老伯说："我睡醒了，就挑了担子去卖菜饮茶。"连老伯自己都不知道自己赶早了。当时，家家都很少有钟表看时间，有太阳时，太阳就是钟表，一到夜晚，完全凭感觉。那段时间，黎涌村的治安很好，每到大的节假日，民兵都组织在村口放哨，所以村里村外都非常安全。

1965年，村里掀起一轮大搞水利建设的热潮。正值村里重新改造河涌窦闸，澜石人民公社也组织社员在鄱阳北窦西华农场边改建新窦闸，工程比较大，所以整个澜石公社每个生产队都要安排一人参加建设工程，参加人员共有一百多人。

那一次，仁星生产队安排萧华参加公社组织的建设工程，他感到非常荣幸，一方面有那么多人一起劳动，场面很是壮观，另一方面也能认识好多乡邻朋友。当时工地上认识的一些人，后来很多年他们都经常交往，并成了朋友。

回想起在窦闸搞水利建设的那段时间，萧华觉得非常开心，身心很愉悦。虽然有一百多人参加工程，但大家都是同公社的农村社员，因此互相都协调得很好。他们在农场边上搞了个小饭堂，安排了专人煮饭，余下的人有的挑泥，有的铲泥，闲暇时候，他们也会找几个人在河涌里捉几条鱼加菜，那时大家都很开心，互相之间非常坦诚、热情。

有一天，管理这个工程的领导看见萧华挑着一担泥走过来，就指着他说："你这个大个子，来打大夯的队伍吧。"就这样，萧华被调到了打夯组。打夯，也叫打桩，就是把四条长三米左右的大笋竹按四个方向捆绑在一根几百斤重的石柱的一端，八个人把石柱高高地抬起，然后重重地落到地上，把新铺上去的泥土压实，来回夯实地基。

这个工作做起来很有意思，打夯的人只要有力量就可以了。打夯的过程中，为了大家用力统一，都会喊着有节奏的号子，这样大家才能把力使到一起。那时，大家每天都是打打、坐坐，就这样做了三个多月，工程基本上完工了。完工那天，萧华记得公社搞了一次大聚餐，大家吃得非常开心。领导特意批准大家每人休息两天，萧华很高兴，约了二十多人第二天一起去西樵山玩。

第二天早上，大家在石湾佛陶公司门口集合，每人踩一辆单车，总共有二十多人。他们过了石湾北江水道，向着南庄、西樵山方向出发。到了东平河边，大家分两批搭乘渡船，那时候，石湾码头摆渡用的都是小渡船，一次只能渡十多人，所以要分两船才能渡完。第一批到了对岸就在河边的大基上等第二批，等第二批人员上了岸，清点完人数，大家才向着西樵山出发。

通往南庄的公路都是沙路，有些路面沙子很厚，如果骑单车不熟练的话就很容易滑倒，有几个年轻人就因骑得太快而滑倒了。一路上，大家你追我赶，说说笑笑，很快就过了南庄镇的溶洲村，骑了三十分钟左右，又穿过南庄罗南村，再过十几分钟，大家全部来到了南庄镇的龙庆河边等待渡船。

那时的龙庆河，河面看上去很宽，只有两只小船摆渡。当天河水降了一点，等着摆渡的人都在河边的沙地里站着，等渡船一靠岸，大伙就上了船。萧华他们人多，有几个大个子领头，呼啦一下就坐满了一船，剩下的人上了另一只船，等两只船都靠了岸，大家一起向西樵山进发。

上了龙庆河的基围，西樵山已近在眼前，大家十分高兴，都说加快速度前行吧！他们骑着单车，双脚快速地踩车，如同放飞的鸟儿，心花怒放，一路驰骋。

从龙庆渡口到官山渡口还要经过一段基耕路，那天刚下过雨，路基上很难走，萧华他们走了二十多分钟才到达西樵官山渡口。这时，一个同事说真是望山跑死马，一上岸就看见在山脚下，原来还要跑这么远。大家到了官山渡口，同样是分两船渡过官山，等两船人都上了岸，大伙商量从哪里登山。有个同事以前来过西樵山，说他带着大家走。很快，他就把大伙带到上山的百步梯下，萧华和伙伴们把自行车锁好，找保管单车的管理员交了保管费，然后呼哨一声迈上了登山大道。

他们首先来到蟹眼泉，在蟹眼泉逗留了一会儿又继续往上爬，很快又来到了无叶井，到了无叶井一看，井水很清澈，井边上还有几棵大树，但是井里一片树叶都没有，是名副其实的无叶井！大家在这里停下，从无叶井里取些清水洗脸、洗手，休息了一下，再继续往四方竹方向走。沿着山上的小路，大伙加快了脚步，途经山顶的一个小山村才到了四方竹景点。

大家看见四方竹，都很兴奋，每个人都伸出手去摸一下，很奇怪有这样的竹子，有四个棱角，不像平时常见的竹子，竹身都是圆的。大家说笑了一阵儿，开始向蘑菇石方向前行，往前走了一段时间，全是下坡路，右转几个弯就看见一块很大的蘑菇石在山溪边立着。大家看见了就说在这里照张集体照吧。照完相后，一位同事说刚才看见两只猴子爬到了蘑菇石上面，大家一听都笑了起来，原来照相时有两个同事爬到了蘑菇石上面，就好像两只猴子似的。

大家继续前行，爬过一个山坡后开始往山顶上走，很快到了一座石祠堂，大家停下来观看了石祠堂里的景观后又继续往前走，接着来到了石燕岩。石燕岩很大，旁边还有一条地下河，有些同事在河里捧起山泉水洗脸洗手，泉水既清澈又凉爽。

大家休息了半个多小时后，继续向着山顶行走，走了十多分钟，来到了天窗格。这时，看看时间已经下午快5点半了，大伙决定快速下山，一定要在天黑前下到山脚才行。他们先是往无叶井方向走，爬过一座山顶，走的都是羊肠小道，一路上很难走，差不多走了半个多小时才看见无叶井，到了无叶井，大家的心安定了，他们沿着百步梯的方向下山，一路上大家都很开心。

这是萧华第一次到西樵山游玩，当天参观了很多风景点，从此他与西樵山就结下了缘分。这次游玩也让他想起梁荣在三四岁的时候，经常到外公外婆家里住，也经常跟着他和哥哥到他们上班的地方玩。有一次，他们到河涌里捞泥巴做肥料，几个同事每人扒着一条小船，在河涌里装满泥巴，再把小船扒去田边，把泥巴担到田里做肥料，每天来来回回十多船。有一天，小梁荣也跟着萧华去上班，他们在水上扒着木船工作，他在岸上玩，一不小心失足跌落在河涌里。

可能是吓坏了，小梁荣不会游泳，在水中拼命挣扎。紧急关头，萧华的哥哥萧祥不顾一切从小船上跳入河涌，把小梁荣抱上岸，梁荣一边哭，一边把肚子里的河水吐出来，真是有惊无险。

还有一次，梁荣五六岁的时候，萧华已经在黎涌五金厂工作了，当时的工种是铁匠，每逢周末，梁荣都跟着萧华到五金厂里去玩。有一次，萧华和师傅正专心致志地锻打着螺丝帽，突然，一颗烧得通红的螺丝帽从工作台上被弹到了地上，在几米远的地上滚动着。

那时，梁荣正在空地上玩着，跳来跳去，一不小心一脚踩到了火红的螺丝帽上，脚板被烧得吱吱响，并冒出白烟。梁荣疼得哇哇叫，萧华马上停下手上的活，跑过去把梁荣抱起来跑到办公室，找出万花油，轻轻地擦在他的伤口上。万花油对减轻烫伤带来的疼痛很有效，因此五金加工厂的办公室里常备有这些药。

过了一段时间，梁荣才慢慢停止了哭泣。等到下班时，萧华背着困倦得睡着了的小梁荣回到家里，家里人也没有再带他去医院看被烫伤的脚。过了几天，梁荣的脚伤慢慢地好起来了。说到这里，梁荣把脚板底的伤疤亮给萧华看，还调皮地说："就是您的一颗烧红的螺丝帽练就了我的铁脚板。"

就这样，两人有说有笑，一路上从早上6点出发，途经海丰、陆丰，用了十几个小时，终于在晚上9点多到达了揭阳，但距离目的地机械市场还差五公里。因前面的公路正在翻修，车辆无法进入，他们三人在货车上睡到天亮。天亮后，萧华留下司机看着大货车，他和梁荣徒步跑去机械市场看机器。

在机械市场，萧华看了很多店铺的设备，都不太理想，后来，梁荣让他到前边几百米的店里再看看。他又跑到前边去，发现这个地方很大，摆着一台大型万能立铣床，一台能车直径一米的大头车床，还有一台万能钻床。萧华看了以后觉得很满意，就和商店老板讲价钱，老板请他们到店里喝功夫茶，店老板提出的价钱还是高了一点。萧华说："我们不是要一台铣床，我们是要几台的。"后来他也只是降了几百元。萧华就说："这样吧老板，你跟我们一起看机器。"萧华当场点了一台万能大铣床、一台能车直径一米的大头车床、一台万能钻床和一台八尺大的旧车床，点完后双方又一起讨价还价。

卖机器的老板见他们一下子买了这么多台机器，最后还是给了萧华他们一个满意的价钱。萧华和他又讲了一会儿，对老板说："你能够接受的最低价是多少？你这个价格没有优惠我们多少！"老板最后又让了几百元给萧华。后来，萧华说："我们先到前边看看，等会回来再说吧。"他和梁荣边走边讲，这几台机器质量很好，特别是那台铣床，没有什么缺陷，而且性能很先进。如果在佛山，一台铣床的单价基本是这几台机器的总价钱了。

两人转了一圈，回到原来的商店就叫老板找人帮忙装车。店老板找来了两个人，萧华给了他们几十元钱当人工费，这两个人非常高兴，他们问萧华车在哪里，萧华说在公路边开不进来。这时，萧华又叫一个人去买铁线，另一个人跟他跑去把车带进来装车。那个人跟着萧华跑了几公里才跑到路边。到了货车旁，那个人让萧华上车跟司机一起开车跟着他。他在前面开路，大声指挥着把前面来的车都劝到路边，好让萧华他们的大货车顺利地往前开。

就这样，很快就到了装车的地方，刚好买铁线的人也回来了。店老板找来了吊机，萧华叫他们先把铣床吊到车厢前边用铁线捆好，然后把其他设备一台台吊到车上绑好，经过一个多小时，几台设备全部装到了车上，萧华跟商店老板结了账，购买全部设备用了十万元左右。很便宜的价钱就购得了这样的设备，萧华很开心。谢过老板后，他跳上车检查设备捆绑的情况，买铁线装车的两个工人过来要把买铁线剩下的三十多元钱还给萧华。萧华说："当装车费给你们了。"他们说店老板已经给过装车费了。萧华说："那就奖给你们吧，如果不是你们帮忙，有可能现在都没有装好车呢，谢谢你们。"这两人很是开心，站在原地一直目送着萧华他们的车开走后才离开。

看看表已经是晚上8点了，萧华叫司机先把大货车往前开几公里然后再去吃饭，怕市场里面修路，货车一时开不出来。由于市场里面车多，他们好不容易才在广汕公路边找到停车的地方。在路边一家饭店简单吃了点饭，然后萧华问司机："我们在这里找个旅店住一晚，明天再开车回佛山还是现在就回去?"司机说:"我今天在车里坐了一天,也睡了很长时间了,还是连夜赶路吧!我开我的车,你们在车上睡觉就好了。"

就这样,萧华和梁荣上了车,司机加大马力往佛山方向行驶,因为白天在市场里走得太累了,所以他俩很快就在车上睡着了。司机开着开着天亮了,等到看清外面的景色时,已经到惠阳县地界了。三个人在路边找了家饭店,洗了一下脸,吃了早饭后又上车赶路。经过几个小时的赶路,大货车才顺利地回到仁星五金厂。

到时已经是下午3点多了,刚停好大货车,萧华马上下车去找了一台吊车来,把设备一台台放进车间里,一直忙到下午6点多才卸完货。这次揭阳之行,逸事多多,好事多磨,用了整整三天的时间才买到想要的设备,并把这些"大家伙"拉了回来。这次购买的这些机械设备,可以说是非常实用、非常划算,它使仁星五金厂的加工能力迈上了一个全新的台阶。

第二天一上班,萧华和工人们一起开始安装设备,先做水泥基础,等水泥基础干了,再把机床一台台安装上去固定好。经过几天的忙碌,他们将全部机床都安装好了,还招了几个车工师傅。经过一段时间的调整,补齐了仁星五金厂最缺的机械件加工"短板"。慢慢地,那些加工件再也不用发包给外面的加工厂了。这样一方面能够应付急件,另一方面也能在满足自身加工需求的同时开拓机械加工业务,为工厂创造良好的经济效益。

1990年夏天,周边的石湾各乡镇都掀起了捐资助学的热潮,黎涌管理区乘黎涌与石梁分区管理的时机,为了重振村民的信心,也决定筹资建设黎涌学校。旧的黎涌学校已经有一百多年的历史,1962年的一场强台风把学校吹垮后,虽然经过几次修理,但仍然存在着很大的安全隐患,加上那几年读书的小学生增多,旧的小学已远远不能满足需求,所以黎涌管理区决定新建一座黎涌小学。

要新建一所小学并不是一件容易的事,在黎涌村村委陈希和陈吉等人的带领下,成立了黎涌学校筹建委员会,萧华也参加了筹建委员会,并捐出了一笔款。这个委员会都是利用晚上开会,每个星期都有一两个晚上在研究方案，最大的困难就是解决学校筹建前期的资金问题。经过多次研究决定，筹建委员会的人员率先带头捐款，并诚挚地邀请在香港的乡亲一起捐助善款。

当时正值春节，村里安排几头醒狮到外面帮助筹款，筹款活动搞得热火朝天，这样一下就收到了几十万元的捐助款，为筹建黎涌小学奠定了基础。那时，萧华他们筹建委员会的会议常常开到晚上十一二点，有时开完会就去吃宵夜，都是每个人轮流请客，从不敢动用筹建捐款的一分钱。经过一年多的辛苦努力，学校终于建成了，这座学校给黎涌乡里乡亲留下了美好的记忆，它就是现在的黎涌小学。

第十一章　鸿业集团

　　借助毗邻石湾的先天优势，通过佛陶集团一系列先进生产线的施工安装工程，萧华逐渐掌握了陶瓷生产装备整线工程的加工制备能力。

　　从仁星五金厂到黎涌陶瓷机械设备厂，萧华所在的工厂实现了陶瓷生产当中窑炉、喷雾塔、釉线等关键设备的国产化。同时自建了鸿业陶瓷厂，成立了鸿业集团，为国产装备树立了一个样板工程。

　　随着鸿业厂的投产，黎涌陶瓷机械设备厂的加工能力进一步得到市场的认可，各类订单似雪片般飞来。

　　1991年的一天，天气很好，一大早阳光就普照大地，萧华骑着摩托车到黎涌仁星五金厂上班。他先查看加工件的进度和质量，然后对加工车间的主任说明加工件的技术要求等问题，要求他们把质量放在第一位，随后和他们协调了一下当时的工作，哪些工件要加急赶工、哪些可以放缓一点儿。

　　他还去了铆焊件焊接车间，看了加工件的焊接工艺技术和质量后才走出大门，准备骑摩托车去工地。这时，陈生也骑着摩托车来到了厂门口，他一看见萧华就说："华哥，等一等。"萧华说有什么事，陈生说，有事，找你过来谈谈。

　　后来，陈生说："有没有机会我们一起合作？"萧华问："做什么呢？"陈生说他已经从澜石房建调到黎涌村做村委了，村里把他安排到黎涌村新办的设备厂当法人兼厂长。现在潘波、欧阳等人都在设备厂工作，但工程量很少，希望萧华能够回来为黎涌村做点事。他还说黎涌村的书记陈希、村长陈吉也是在外边办企业开厂，现在都回来为黎涌村做事了。

　　陈生说："你也知道，黎涌村是很穷的，希望你和我们一起搭档，为乡里做点工作。"萧华说："我现在在仁星五金厂，一切都很好，不久前才弄了个加工车间，一时半会儿走不开。"陈生提议说，这个加工车间先让你老婆管着。之后，两人又谈了很长时间，萧华答应考虑一下，过几天再回复他。

过了几天，有一天早上，陈生又到仁星五金厂来找萧华，见面就问他："华哥，上次给你说的事想好了没有？"萧华："说过去试试吧，明天我到黎涌设备厂去看看。"第二天一早，萧华赶到黎涌陶瓷机械设备厂，一进厂门口就看见陈生在等他，陈生把他带到二楼办公室。萧华坐下后对办公室里的潘波说："我们已经分分合合好几次了，从仁星生产队到荣星生产队，最早是一个生产队的，后来分成了两个生产队，再后来一起在黎涌五金厂锻打组几年，又在石湾建陶厂两人一个组，今天两人又一起在黎涌陶瓷机械设备厂工作，我看这就是缘分吧。"欧阳巨镰说："原来你们是师兄弟呀，那我们都不敢说话了。"大家一听都笑了。从这天起，萧华每天都去黎涌陶瓷机械设备厂上班。

那段时间，黎涌机械厂帮助外边制造陶瓷窑炉设备的工程量还是很大的，在市场上口碑和影响也很好。过了一段时间，陈希和陈吉来陶瓷机械厂找到萧华和潘波，说黎涌乡想自己建一家陶瓷厂。萧华和潘波认为，村里有地方就建，现在外边很多村镇都在兴办陶瓷厂，如果自己村建更方便，因为咱们陶瓷机械厂就是帮人家做工厂生产线和设备的。

后来，陈希、陈吉把萧华和潘波带到离陶瓷机械厂一公里左右的地方。那里有三十亩左右的土地，已经建了厂房，本来是准备建煤球厂的，计划生产那种多孔的蜂窝煤，供应全市人民使用。他们看了看土地和厂房，就说在这里建两条小地砖生产线是完全可以的，从设计到出产品，设备这一块由陶瓷机械厂负责。萧华向陈希建议，如果建厂，可以请石湾建陶厂搞配方的工艺技术员过来帮忙。

陈希听了萧华的意见，过了几天就召开了乡干部会议，会上，他把办陶瓷厂的建设方案通报给大家，大家都比较赞同，都认为不搞企业没出路，后来，大家还商定了厂名，叫作"黎涌鸿业陶瓷厂"，就这样，黎涌鸿业陶瓷厂诞生了。会上，大家明确了建厂方案，计划在半年内建成投产。

陶瓷机械厂接到这项任务后，日夜加班赶工。当时，外边还有很多工程，不是太着急完工的，大伙就放缓一点，日夜加班造自己公司的设备。萧华每天晚上都要到鸿业陶瓷厂跟踪工程质量和进度，看见整个鸿业陶瓷厂灯火通明，如同白昼，车间里一片热火朝天的景象，大伙的心中都升腾着一种强烈的愿望。很多个晚上，萧华和几位厂领导都是跟黎涌乡的领导、石湾建陶厂的技术员一起研究设备的配套、安装和整个鸿业陶瓷厂的生产工艺流程等问题。

经过大家对各项工作的调整和不分昼夜的赶工，鸿业陶瓷厂终于在一年内顺利建成并投产。虽然在投产时经过了很多波折，但在大家的共同努力下，鸿业陶瓷厂很快就迈入了正常生产的轨道。

那时，石湾建陶厂是黎涌乡的合作单位，有了他们的技术支持，鸿业陶瓷厂投产后的产品质量很稳定，各项指标都很好，生产的产品全部都是 60mm×240mm 的长条外墙砖，销量非常好，产品单价也很高。借着佛山陶瓷的招牌，再加上过硬的产品质量，鸿业陶瓷厂生产的 60mm×240mm 的长条砖销路很好。一个小小的地砖厂，一年左右的时间就得到了丰厚的回报，大大增强了乡里的经济实力，也增强了萧华他们继续创业的信心和决心。

过了一年，看到兴办陶瓷厂有这么好的收益，黎涌乡委和厂部研究决定增加窑炉生产线，再建一个鸿业陶瓷二厂，生产线除压机外，窑炉、喷雾塔等其他设备全部由黎涌陶瓷设备厂负责。萧华和潘波为了减轻工厂的负担，提出还是由鸿业陶瓷二厂购买各种原材料，他们设备厂进行加工，让员工多赚些加工费，这样也可以减少鸿业二厂很多的费用。

当时，能够生产 600mm×600mm 地砖的陶瓷厂，放眼全国也没有几家，大部分企业是生产小规格的墙地砖。设备厂接到这项任务后，萧华和潘波、陈生等经过多番讨论，详细落实了两条 600mm×600mm 窑炉生产线的各项加工任务。经过商量，他们把加工五金件的班组进行分解，将他们分配到窑炉加工的各个班组，这样一来，各项工作都有专职人员负责，釉线、干燥窑、喷雾干燥塔、粉料仓等都有作业班组，经过大家的协调安排，就等材料买回来开工了。

第二天一早，萧华他们制订的材料计划已报到鸿业二厂，厂方马上安排人员购进材料。材料一进厂，大家就集中人力日夜加班，黎涌陶瓷机械设备厂的领导和技术人员每天晚上都加班加点，经常还要去工地进行技术指导和质量监督。经过几个月的加工，整套五金件都已做好，等基建厂房和设备基础建好，就可以进行施工安装。

又过了一个多月，基建厂房已全部完工，鸿业陶瓷二厂正式进入了设备安装期。开始安装设备后，大家的工作更紧张了，每天晚上都要加班到11点多。后来，黎涌鸿业陶瓷厂成立了集团公司，萧华和潘波、陈生都是集团公司的成员，他们三人的会议开得更多了，很多时间都在鸿业集团研究黎涌陶瓷厂未来的发展。经过几个月的紧张施工，鸿业二厂基本完成了窑炉生产线的安装、人员招聘和技术人员引进等一系列的工作。

为了使鸿业二厂顺利投产，厂里安排部分生产人员到石湾建陶厂进行学习。这些人员学习回来后，在建陶厂技术人员的协助安排下，很快就适应了新的岗位。这样，鸿业二厂算是顺利投产了，经过大家共同的努力，产品是市场上最流行、技术难度最大的600mm×600mm红坯釉面砖，质量、规格和档次都上了一个台阶。

当时，很多陶瓷厂的地砖是用红泥制造的，球磨时间很短，原材料单价也低，因此原料成本不高，如果确保质量、产量，把成本控制好，很快就能够收回投资。鸿业二厂投产一年多就收回了成本。

又过了一段时间，鸿业集团经黎涌乡党委同意，准备投资生产40mm×80mm的外墙砖。那时的建陶市场上，外墙砖销售很火爆，销售单价也很高。40mm×80mm的外墙砖又叫外墙马赛克，整个工序很严格，要用全自动化工艺，需要进口自动化的生产线，投资比较大。

当时的进口设备不能由投资企业直接跟国外的生产商购买，要通过香港的港商进出口公司代购。鸿业集团的领导和港商经过多次交谈，对进口生产线价格进行了多方面的核算，最后基本达成了合作协议，但在签订合同前，还是要到香港查看对方的公司资质和合同起草方案。后来鸿业集团安排陈吉、潘佳带队，由萧华、潘辉和陈洋一起去香港考察港商的公司。

在香港和港商交谈时，大伙认真、细致地与对方讨论了很多合作的细节，如设备型号、报价、关税、运输等事项。这次谈判共进行了两天，最后港商主动让步减低了一部分报价。后来，谈到意大利考察的情况时，萧华问港商去意大利要多少费用。港商说要一百多万元人民币。萧华说："如果我们不去意大利考察是不是可以再减少这一百多万元？"

刚开始，港商表示费用是不能减的。后来大家又和他谈了很久，对方才答应减少一部分。但萧华他们坚持要按预算来减少。当时，他们向港商提出不去意大利考察，但还没有最后决定，只是口头上的承诺不去，最终要回公司汇报后才能决定。

回到鸿业集团后，萧华见到陈希书记，汇报了这件事。萧华说，黎涌乡现在还很贫穷，资金还不是很宽裕，如果能减少一百多万元支出分给村民的话，每个生产队就可以分十多万元。当时，黎涌乡共有九个生产队，每个生产队有十多万元分配的话已经很好了。后来，陈希书记想了想说："鸿业集团管理干部连续几年都很辛苦，大家都想让他们出国去考察一下，开开眼界。但今天听你说的也很有道理，不如取消考察合约，公司也可以节约一百多万元的考察费用。"

二十多年后，萧华提起那件事，觉得当时应该出去考察学习一番，可以亲眼看看意大利人最先进的陶瓷生产装备、技术和产品，对发展国内陶瓷产业会有很大的帮助。最主要是厂里没钱，一百多万元在当时可以做很多事。现在，蒙娜丽莎能够承担得起这笔费用了，萧华每年都会派数十名生产技术和管理人员去意大利参观学习。

在香港的那几天，大家在潘辉的带领下去了粉岭。他们发现原来香港的粉岭都是农村，和黎涌乡差不多。潘辉的叔伯在粉岭有几亩菜地，他把大伙带到他叔伯家，叔伯的家外面装修得很简单，用星瓦和石棉瓦盖的屋顶，面积也不大，但是屋内装修很是明亮、整洁。

潘叔叔带着萧华他们到他的菜地里参观，菜地就在自己的房屋旁边。萧华一看就知道这块菜地每年种的都是瓜菜，种到地都已经熟了，地垄旁的水沟比地垄还要宽。潘叔叔介绍说今年的雨水太多，打烂了菜叶，或者浸坏了菜根，收成不太好，农民都是看天吃饭的。潘叔叔还介绍说每天下午6点左右就到菜地割菜，把菜扎好，第二天天没亮就把瓜菜放进手拉车里，用车拉到集市交易，卖完瓜菜天才亮。收完菜白天去翻地，等隔一天再种上瓜菜，每天都这样工作。

萧华他们看了看拉车经过的道路，这种路在黎涌叫田基路，路基很小，两台手拉车都过不了，路上都是泥巴，很烂，如果一下雨更不能走了。萧华想，这里虽然是香港，但农民同样是很辛苦的。潘叔叔的子女已经到大城市居住了，留下他们两位老人在粉岭，他们守着这块地，等着政府的开发。潘叔叔指着周围比较远一点的大楼说，这里快要开发建大楼了。

后来，大伙又去海边游泳，萧华和几个同事一起跳进大海里玩，玩累了才回酒店。第二天一早，他们从香港坐车回到了佛山。这一次的香港之行，不但愉快，而且给萧华留下了深刻的记忆。

鸿业集团外墙砖马赛克全套生产线的引进已基本落实，接着就是抓紧落实厂房和基础设备的建设工作了，经过一年左右的准备，引进的整套生产线进入了安装阶段。这条全自动化的生产线全部由外来人员安装调试，萧华他们只负责加工配套设备及其安装。几个月后，这条全自动化的生产线正式投产，产品的产量、质量都很好，进一步扩大了鸿业集团的生产规模，并提升了知名度。

此后，鸿业集团又增建了西瓦厂，这条西瓦生产线是石湾美术陶瓷厂协助鸿业集团建成的，在技术方面，石湾美术陶瓷厂毫无保留地给了鸿业陶瓷集团很大的帮助。再后来，鸿业集团又增加了鸿业瓷片厂，这个瓷片厂对鸿业集团的产品结构调整具有非常重要的意义，对鸿业的发展起到了很大的推动作用。

20世纪90年代，正是佛山陶瓷产业发展的黄金时代。村办、队办的集体企业在这一时期大量涌现。毗邻石湾的黎涌，抓住发展的机遇，经过短短几年的时间，迅速崛起。鸿业集团取得的成就，离不开黎涌乡领导的大胆决策和全力支持，充分体现了这一届领导人的胆识和勇气，他们敢想敢干，刻苦耐劳，不计个人利益，为鸿业集团的发展奠定了坚实的基础。借着改革开放的春风，在鸿业集团全体干部的共同努力和艰苦奋斗下，鸿业集团自成立之日起，一年一个变化，为农村经济建设发挥了巨大的作用。

更为可喜的是，鸿业集团拥有上千亩的土地，由于兴办陶瓷厂而将这些宝贵的土地资源保留了下来。在这个发展的过程中，萧华非常庆幸自己能够赶上这样一个好的时代，从一个农民逐步成长为企业的技术骨干。

这是中国改革开放以来发展速度最快的一个时期。那时候，黎涌鸿业集团的墙地砖销售异常火爆，在市场上很出名，在全国各地都有销售点，整个集团的墙地砖生意都做得红红火火。这时，鸿业集团有意识地发展壮大实力，想进一步扩张，为企业发展打好基础，但是，在黎涌村本地已经没有地方再建工厂了，所以只好向外地寻求建厂的土地和厂房。

当时，江西省玉山县的几位干部刚好到鸿业集团购买墙地砖，在得知企业寻求土地向外扩张的消息后，他们马上回去汇报给玉山县的领导。县长立即召开工作会议，大家都认为地方经济要发展，就一定要引进大的企业，才能把贫困地区的经济搞上去。会后，县长亲自带队来到鸿业集团进行考察，希望鸿业集团能够到玉山县去投资办厂。

经过双方的友好协商，初步达成了投资合作协议。过了几天，鸿业集团的领导又带队开车到江西玉山县考察调研，考察回来后大家都认为这个地方可以搞陶瓷厂。后来，厂里又安排了技术人员和管理人员到玉山县考察原材料，看能不能在当地找到生产陶瓷产品用的原材料。

鸿业集团与玉山县政府就外出办厂事宜经过多次协商研究，玉山县政府给予了很多优惠政策。玉山县政府为发展当地经济，提高当地农民的生活水平，非常看好陶瓷产业的发展前景，很重视这次合作，所以多次派人到佛山黎涌鸿业集团进行商谈，要求加快陶瓷厂的建设进度。双方经过一段时间的商谈，最终顺利地签订了投资合同。

合同一签订，平整土地的工作就紧张有序地铺开。这时，鸿业集团安排陈吉等人负责玉山县陶瓷厂的建设。经过他们的艰苦奋斗，厂房终于建造好了。窑炉等设备都是由黎涌陶瓷机械设备厂生产的，集团安排萧华去玉山县负责项目施工，玉山陶瓷厂的窑炉开线和干燥线等设备都是在萧华的指导下加工安装的。

萧华从佛山出发赶往玉山陶瓷厂的时候，窑炉、干燥窑和喷雾干燥塔等安装设备已经基本运送到了玉山的工地上，厂房也基本上完工，正等着安装人员的到来，等着开线施工。萧华他们几个安装人员从广州出发，坐火车到江西省上饶市，陈吉安排周伦来接他们，把他们安排在玉山县的一家宾馆。

第二天早上，萧华上了一辆吉普车到玉山鸿业陶瓷厂和陈吉会合。陈吉和周伦是黎涌鸿业集团安排的玉山县鸿业陶瓷厂总负责人，萧华和他们商量后马上动工。首先把窑炉开线，定好位置，然后去定干燥线和施釉线的位置。经过大家两天的工作，总体工艺布局已经确定，第三天基本上完成了大大小小设备的放线、布局工作。

这时，刚好鸿业陶瓷机械厂有个项目在浙江省金华市，萧华想去看看。陈吉知道后马上打电话给玉山县县长，跟县长说明了情况。县长很爽快地答应了，说安排司机来接大家。陈吉说还是自己开车去吧，县长最后同意了。

第二天一早，吃过早饭后，萧华和陈吉等四人一起向金华市出发。经过几小时的车程，在中午时分赶到了金华，吃完午饭后他们到金华陶瓷厂察看了那项工程，工程质量各方面都很不错，萧华他们和厂方负责人见了面，谈了一会儿，然后就离开了金华陶瓷厂，继续向杭州市出发。

一路上几个人有说有笑地开着车，聊着天，心情非常愉悦。那时的道路状况不是很好，路很烂，加上开的是吉普车，因此走起来很慢。到了杭州已经是晚上10点多了，他们在杭州市区随便找了间酒店住了下来。第二天早上吃过早饭后，四个人开车到西湖边去游玩。大家都是第一次到西湖，都很开心，他们开着车绕西湖转了一圈，后来又租了一艘船泛舟西湖。他们一边划着船，一边欣赏着西湖美景。西湖又大又美，太阳照到湖面上泛起层层金光，如梦如幻，随处可以看见湖面上盛开着的莲花，莲叶绿油油的，莲花绽放出艳丽的娇姿。

由于他们四人都是第一次到杭州，因此大家都想多玩几天。他们尽情地游玩了三天后才依依不舍地开车返回江西玉山。在回去的路上，大伙开着县长的吉普车，一路上都没有人查车，很多岗哨看见他们的车经过都很注意，有些哨兵还向吉普车敬礼。

就这样，大家边走边玩从杭州回到了玉山县。在玉山鸿业陶瓷厂的工地上他们又住了一个晚上，第二天看看没什么事，才坐火车回佛山。玉山陶瓷厂经过几个月的安装调试，很快就正式投产了，产品质量不错，销量也不错，为当时玉山县的经济发展起到了一定的推动作用，也为培育当地的陶瓷产业播下了火种。

第十二章

炉火熊熊

20世纪90年代是陶瓷产业高速发展的时代,市场对窑炉、喷雾塔等各类陶瓷装备的需求异常火爆,萧华抓住机遇,四面出击,承接下许多陶瓷生产线设备制造与安装工程。

在众多的陶瓷装备生产企业当中,黎涌陶瓷设备厂不仅可以承揽整线工程,而且尤以制造陶瓷窑炉见长,得到市场的高度评价。黎涌陶瓷设备厂的业务,开始以石湾为中心,向佛山及周边市场快速挺进。

　　黎涌鸿业集团自成立以来，生产的陶瓷墙地砖销售一直都很好，在市场上慢慢地有了一定的知名度，很多地方的领导都来鸿业陶瓷厂参观学习。当这些领导得知生产墙地砖的窑炉等生产设备是由鸿业集团下属的陶瓷设备厂自己生产的时，对鸿业陶瓷厂更加有信心了。

　　有一次，湖南常德市的几位领导来到鸿业集团考察，谈到常德市有一个陶瓷厂，是集体企业，已经开了好几年了，生产总是搞不好，产品质量很差，经济效益也不好。看到鸿业集团的生产线很先进，设备运行良好，产品质量也良好，这几位市领导就找到集团领导，希望他们能派技术人员和管理人员去常德那边考察一下，协助当地陶瓷厂提升一下产品质量。后来，集团领导商量决定由萧华和潘波带队，一起去常德市考察。

　　过了几天，和常德市的领导联系好后，萧华和潘波、欧阳、陈生四人坐上了从广州开往长沙的火车。到达长沙的时间是上午10点多，一出车站，常德市的领导已经在火车站迎候萧华他们了，大家见过面，相互介绍认识后上了领导安排的车辆。当时，从长沙到常德大部分都是山路，有一百多公里的车程，车子开了几个小时。从小生活在岭南水乡的萧华他们一行都是第一次见到那么多连绵起伏的大山，大家一路上看着车窗外的风景，有说有笑，不知不觉到了常德市。

　　面包车把大家送到常德市迎宾馆，市长亲自来迎接，并准备好了午饭。

吃午饭的时候，萧华一行询问了陶瓷厂的一些情况，要求市领导安排人员在午饭后带他们去陶瓷厂看看。市领导说明天再去看吧。萧华说时间很紧，还是吃完午饭就去吧。吃过午饭，他们把行李放在酒店的房间安顿好，然后在市领导的带领下到了陶瓷厂。到达陶瓷厂门口时，发现有很多人在列队欢迎，让他们感到受宠若惊。萧华一行到办公室坐下，厂长把厂里生产瓷片、釉面砖的情况给介绍了一下，窑炉产量不高，质量也一般，差不多每年都是亏损的，希望萧华一行能帮助他们改进提高。

在办公室了解基本的情况后，萧华一行来到生产车间，察看了生产线，发现整个生产线存在不少的问题，最主要的还是出在窑炉上。萧华与同事向厂长和对方管理人员指出了窑炉方面存在的诸多问题，告诉他们，现在可以先帮你们整改几个地方，但有些重要的改造要等到年终窑炉停下来维修时才能彻底整改，并且把具体的整改要领一一告诉了他们。

在现场，萧华他们把窑炉需要调整的部位叫工人用耐火砖顶好，把窑炉的气流重新设置，经过几个小时的调试，很快就见到了效果。这时天快黑了，萧华几个人安排好对方年终维修时要做的一系列工作后才跟市领导坐车回酒店吃饭。那晚的接待很丰盛，饭桌上，市领导让萧华他们多住几天，萧华说事情都办完，准备明天就回佛山了。后来，市领导提出送大伙去张家界玩玩，由于几个人都没有去过张家界，机会难得，就接受了市长的盛情邀请。

第二天早餐后，市政府的车辆已准备好，市领导亲自来送行。大伙上了车，跟陪同人员一起出发。经过桃源镇时已经是中午，大家一路上有说有笑，听陪同人员介绍情况，不知不觉就到了天黑。

傍晚在一个小镇上吃饭住宿，吃完晚饭，大伙看见山里有条小溪，溪水很是清澈，萧华和同事们就下去玩水，工作人员一步不离地跟着他们。萧华对工作人员说，"你不用跟着我们了"，但是工作人员说这是领导的要求，不能离开，要保护好他们的人身安全。因为萧华和几位同事这次是以集团领导、技术员、工程师和专家的身份来考察指导工作的，所以市政府安排的接待档次很高，吃住都有专人负责。

在山边的小镇上住了一个晚上，第二天早上出发，见到路边风景好的地方大伙就下车看看、拍拍照。不经意间，车子来到了张家界。这里环境优美，树木高大，山川、峭壁映着晚霞，红彤彤的一片，十分美丽。

几个人沿着山间小路向着张家界的山峰攀登，一路上看见很多轿夫在揽客，问大伙要不要坐轿子上山。萧华的两个同事坐了，萧华说我不坐，这上山的路高低不平，坐着轿子很危险。有两个轿夫见他不坐，就一路跟着他，极力劝他坐，说爬山很辛苦，如果回程再坐就要加倍收费。萧华对他们说："不用跟了，我是不会坐的。"往前又走了几个弯，两个轿夫看他走得很快，这才不跟了。

张家界的风景非常优美，山峰险峻、峡谷秀美，与岭南和其他地方的山区风景有很大的不同，这里的游客也很多。大伙在山上玩了整整一天，张家界美丽的风景，给萧华留下了美好的记忆。第二天，大伙要回佛山了，工作人员帮他们买好了火车票，并把他们送到离张家界不远的火车站，等萧华他们上了火车，他们才挥手告别。

这次在常德的考察活动，是鸿业陶瓷机械设备厂对外的一次技术援助，给萧华留下了特别深刻的印象。他从此明白了一个道理，一个人只要有技术、有解决问题的能力，能为企业创造良好的经济效益，就能受到对方的尊重和认可。

这一时期，黎涌陶瓷设备厂在茂名市信宜县陶瓷厂承接了一个窑炉改造工程，这个工程做了有一段时间了。有一天，潘波约萧华和潘超一起开车去信宜看看。潘超是鸿业集团纸箱厂的厂长，这次去信宜陶瓷厂有两个目的，一是萧华和潘波去看看工程质量进度和完成情况；二是带潘超去看看信宜陶瓷厂的纸箱采购，考察一下有没有生意可做。

这次出行，萧华自己开车，一大早就从佛山出发，一路经过高要、云浮、罗定。经过罗定的时候已经是下午4点多了，从罗定到信宜还有一百多公里，公路都是沙泥路，如果前面有大货车在行驶就很难超车，大货车还会卷起沙尘，萧华只能跟在后面找机会超车。这段路开得比较辛苦，天黑下来的时候，对面开过来的车辆都开着大灯，照得他眼睛都睁不开，越发要小心驾驶。就这样一路慢慢行走，开了几个小时才到达信宜。

粤西山区的气温比较低，加上开车跑了一天的路，萧华有些累，一上床就睡着了。第二天早上，他们在外边随便找了间粉面档吃点早餐，然后赶去陶瓷厂。一到厂里，厂长、科长们都出来迎接他们。萧华一行先到厂长办公室了解情况，研究了工程进度，对方肯定了鸿业集团技术人员、施工人员的工作情况，说工程改造得很好，马上就可以完工投产了，厂里非常满意。萧华心里想，如果在佛山，这样的工程改造项目现在都已经投产了。

双方在办公室谈了一会儿，又一起去车间里面查看工程质量和进度。质量做得不错，但萧华估计工程完工还需要两个月左右的时间。他们一起研究了接下来的工作，眼看快12点了才走出车间。中午，厂方准备了丰盛的午餐，厂里以最高的规格来接待萧华他们一行，让他们有些盛情难却。

吃完午饭，大伙准备回佛山，几个人都不想走来时的路，计划从阳春方向返回，这样可以更多地了解周边的情况和风土人情。萧华开着车，看着路边的指引牌一路前行。

进入阳春县后，看到前面有个叫"玉溪三洞"的旅游区。这个地方很有名，以前他们就听说过，所以想顺路拐进去看看，于是，萧华一路沿着路牌指引开车进来，翻过几座山，终于来到了"玉溪三洞"。这里山清水秀，风景优美，参观完山洞，沿着风景区的小路乱走了一会儿，眼前的风景让他们流连忘返。

不知不觉已是下午4点多了，大伙准备马上返回。这时，天空中下起了小雨，山上路窄、坡陡、弯多，尤其是在下雨天，视野不好，开车爬山是很危险的，好在他们下山时天还没有完全黑下来，道路依稀可辨，如果再晚一点儿，走起来真是相当危险。萧华开着车，好不容易爬过了几座高山，下到山脚没过一会儿天就黑了。

经过阳春后，一路上都没有发现酒店，只能一路有山过山，遇镇过镇，沿着路牌往新兴方向前行。当车辆行驶在距离阳春到新兴一半路程左右的一个小镇公路上时，萧华突然发现前面的路面中间有座沙堆。当时车速很快，再加上天黑，等他发现马路中间有沙堆的时候，车子已经开到沙堆上面动弹不得了。

三个人下车察看，还好两个后车轮没陷入沙堆中，但前边的两个车轮已经完全陷在了里面。萧华上车重新启动车子，加大油门，想把汽车往后倒，但是没有成功，试了几次，仍然不行。三个人想把车子推出来，但还是纹丝不动。想找个铁铲来铲沙又没地方去找，只好用手来扒沙，这才把车底的沙慢慢地扒出来。

大伙扒得满头大汗，肚子又饿，天又黑，扒了一个多小时，好不容易才慢慢把车子从沙堆里推出来，当看到两个前车轮露出来的时候，萧华叫潘波和潘超两人走开，他上车重新开车试试。他打着火，加大油门，车子一下可以向后倒了，退出沙堆后他叫两人上车，继续往新兴县城出发。还好车子没有什么问题，经过这次事故后，萧华以后开车的时候更加小心了。

又行驶了一个多小时后，萧华看见前边有灯光亮起来，知道快到新兴县城了。到达新兴县城后，他们找了间酒店住下，然后才去吃晚饭，可是那时饭店都已经全部关门了，萧华看看表，已经是晚上 11 点多了，他们只好回到酒店买了几包方便面，找服务员拿些开水泡面吃。

那天晚上又饿又累，一觉睡到第二天上午 9 点多才起床，简单准备了一下继续赶路。新兴县一过就是高明县，也就是现在的佛山市高明区。那时从新兴到高明还是要坐码头的渡轮，高明大桥还没兴建好。由于是自己开车，萧华记得很清楚，从新兴到高明的那段路很难走，很多泥基路，地方公路都是沙路。经过两个小时的车程，才回到黎涌陶瓷设备厂。后来，萧华估算了一下这次出差行程，来回竟然开了 1000 多公里，创下了他开车最远的纪录，这对他来说无疑是一次难忘的经历。

那时候，黎涌陶瓷机械设备厂在鸿业陶瓷集团的带动下，开始慢慢走出佛山，在其他地方也慢慢地有了名气。以前很少有企业搞整条生产线，很多厂家看到鸿业陶瓷生产线出产的产品质量非常好，都想过来学习和定制生产线。

有一天，一位身材高大、满面红光，一说话脸色就更加红润的福建人找到萧华，问："你是不是萧华"，有朋友介绍过来找人帮忙建造窑炉设备。两人交换名片后得知对方叫吴国良，在晋江市磁灶镇有一家陶瓷厂，是福建陶瓷行业很有名气的大老板。吴国良现在是福建华泰集团的董事长，跟萧华一样，也是中国建筑卫生陶瓷协会的副会长，现在行业协会开会，萧华还能经常见到这位人品很好、很和善的仁兄。两人一见面就会交流一些关于窑炉和工艺技术等方面的话题，也会谈谈窑炉单价和当前的窑炉发展情况。

当时，萧华和吴国良谈了一个多小时，吴国良对萧华说，马上要坐飞机回福建了，今天先谈到这里，过几天再来看你。过了几天，吴国良办完事到佛山来找萧华，一看到萧华就说："今天是过来请你去福建的，你有没有时间?"萧华说："时间是有，但是什么都没谈好就去福建，好像不太方便吧?"吴国良问萧华有几个人一起去福建，他帮萧华他们买机票，如果今天就去福建的话，他会把窑炉生产线的订金让萧华他们带回来!

萧华说："既然吴董事长这么盛情，我们就去一趟福建吧!"然后，萧华安排罗明标和欧阳一起跟他去福建。三个人马上回家拿了些行李，叫司机把他们送到广州机场。到了机场，吴国良已经帮他们买好去厦门的机票，是晚上 8 点的麦道飞机。以前从广州去厦门的机型，大多是较小的飞机，这种麦道飞机虽然小，但是坐在上面很平稳。飞机飞了不到一小时就降落在了厦门机场。大伙下了飞机，吴国良的司机已经在门口等着了，大伙跟着吴国良上了面包车赶往磁灶。

出了厦门机场往磁灶方向，旁边的公路的路况很差，有些地方还没修好，所以这段路开了一个多小时才到。到了磁灶已经是晚上 10 点多，吴国良带着萧华三人到河边吃宵夜，然后把他们在酒店安排好才回家。第二天一早，萧华刚起床，吴国良的司机就在酒店门口等着了，接他们去和吴国良一起喝早茶。喝完早茶，萧华一行在吴国良董事长的办公室边喝茶边聊天，谈了三个多小时，把窑炉工程的技术、施工、质量、单价等问题都谈好之后才去酒店吃饭。

下午，吴国良带着他们参观已经建设好的厂房参观，厂房建设得很漂亮，布局也很合理，非常方便窑炉建设与安装。萧华一看厂房就知道吴国良是一个懂陶瓷生产的内行。后来，他们跟着吴国良到周边考察当地的风土人情，吴国良把萧华一行带到磁灶当地最好的一家酒店吃饭，拿出好酒来招待他们，但因萧华他们几个人的酒量都有限，所以喝得很少。吴国良把他们送回酒店时说，"明天早上一上班我就让财务开汇票，然后送你们去机场。"

第二天一早，司机已经在酒店门口等着了，萧华一行带上行李坐车到了吴国良的公司。吴国良早已准备好了一桌早餐等候他们。大家吃过早餐，带上订金汇票，吴国良把萧华一行送到公司门口，说："希望你们能按时进场工作。"萧华说："我们一定会比预定的时间还要早的，请吴董事长放心！"离开了吴国良的公司，汽车向着厦门机场出发，行驶了一个多小时后到了厦门机场，大家又坐上麦道飞机飞回了广州。

回到佛山后，萧华马上安排购买材料，接着着手加工机件的准备工作。不到两个月时间，窑炉的机架已经做好了。萧华打电话给吴国良，说过两天就把窑炉的机架发运去福建。第二天，萧华派了几台大货车装上设备和机架向厦门磁灶出发，接着又安排人员过去安装，安排工程负责人去现场指挥管理，让跟进安装质量的主管也过去现场指导。然后他和罗明标、欧阳一起坐飞机去福建。

到工厂后，萧华马上到工地和施工队一起安排开线，将窑炉进行定位，拉好线路，接着安排施工队焊接窑炉机架，又拿出设计图纸现场进行生产线安装的技术布局和作业分工，同管理员和施工队一起研究了现场施工情况后，萧华叫他们按照图纸设计的尺寸准确施工，然后又去查看发运过来的加工件，忙了几个小时才把工作做完。

第二天早上，吴国良董事长亲自开车带着萧华到周边的陶瓷厂参观。他把车开到一个比较高的小山冈上，大伙下车四处一看，竟然看见有一百多根高高耸立着的烟囱，每根烟囱都往外喷着黑烟。萧华说："这里有这么多陶瓷厂吗？"吴国良说："这里很多陶瓷厂都是家庭式的小作坊，窑炉很短，只有二三十米长，有些还是烧木柴的窑炉，也有部分烧煤粉，所以每条烟囱喷出来的都是黑烟。"

吴国良希望公司能加快技术升级的步伐，用现代化的大窑炉替代落后、简陋的小土窑。他希望萧华他们能把这条窑炉做成一个样板工程，无论是产量、质量还是环保都有一个大的提升，使工艺技术有一次大的飞跃。吴国良告诉萧华："如果改造、升级成功，接下来会有许多陶瓷厂的窑炉跟着改造的，你们的生意就会更好了。"后来他们又考察了几家陶瓷厂，下午又在工地上检查了施工质量和进度，然后才回到佛山。

那段时间，萧华每隔十天半个月就要去一次福建磁灶，经过两个多月的紧张施工和安装，全部工程终于按期调试完毕。出产品这天，萧华和几个同事一早就赶到生产车间，看到生产顺利，从窑炉出来的产品质量很好，大家都很开心。

有一年春节过后，天气很暖和，到处鲜花盛开。一天，石湾陶瓷厂的一个朋友带了两个身材高大的人来到鸿业陶瓷机械设备厂。那天，萧华刚好在办公室，大家一见面，朋友就说："老萧，我带了个朋友来给你认识。"大家交换名片后才知道对方是湛江冠中陶瓷厂的陈厂长和设备科长。萧华请他们坐下，陈厂长开门见山地说："你们公司有没有制造喷雾干燥塔的能力？"萧华说我们石湾黎涌鸿业陶瓷机械设备厂是专业生产制造全套陶瓷生产线的，喷雾干燥塔当然可以制造。陈厂长说，他们的窑炉和生产线已经委托石湾的另一家公司在帮他们制造，现在还有一套喷雾干燥塔工程没有落实，听朋友介绍说，石湾鸿业陶瓷设备厂制造的喷雾干燥塔质量很好，所以叫朋友带过来找你。

双方谈了一会工程项目的细节，萧华说："带你们去车间先看看我们的喷雾塔吧。"他把陈厂长一行带到加工车间，看看快要制造好的喷雾塔工件和诸多的钢架，车间里有几套已加工好的窑炉设备工件和准备运去安装的工件，后来又带他们去看了鸿业集团下面几家陶瓷厂的生产线。陈厂长问："这些生产线都是你们制造的吗？"萧华说："鸿业集团的生产设备，除压机外都是我们自己的机械设备厂制作的。"陈厂长说："如果早一点认识你，有可能全套设备都给你们做。"

看完生产线和设备工件制造现场后，萧华他们的加工制造能力给了陈厂长很大的信心。双方又回到办公室坐下，陈厂长就问全套喷雾干燥塔的单价。萧华把喷雾干燥塔每个项目都打了一个明细表，并指出总单价不包括运输费和项目远程管理。因为公司在100公里外是不包括运输费用的，材料运去湛江要400多公里，所以这部分费用需另外核算。

陈厂长看完萧华给他的价目表和设备厂与其他公司签订的许多工程合同后说："单价都可以，还能降低一些吗？"其实，陈厂长他们知道萧华报的单价比其他公司报的要低，所以陈厂长也没有多讲价，只对萧华说，过两天去湛江签合同，到时把全套喷雾干燥塔的合同准备好。

送走了陈厂长一行人后，萧华回到办公室，对欧阳和罗明标说："你们准备好合同及喷雾塔的全套图纸，过两天我们一起去湛江吧。"过了两天，萧华叫上罗明标、欧阳和萧礼河一起去湛江冠中陶瓷厂。萧华开着自己新买的日产牌轿车，早上8点从澜石出发。

以前去湛江还没有高速公路，只能走原来的325国道，路经乐从、水腾、龙江、九江、鹤山、开平、恩平、阳江、阳西、茂名市、电白县，一路向湛江市方向开去，一直到天快黑了才赶到湛江市。

萧华一行赶到冠中陶瓷厂的时候，陈厂长正在开会，知道萧华他们到了就马上停下会议出来接待他们。陈厂长把萧华一行接到办公室，又叫设备科长、他的助理和副厂长带萧华他们去察看安装喷雾干燥塔的地方，然后又带他们回到会议室。陈厂长问萧华是否准备好了合同。萧华就把前几天双方谈过的合同拿给陈厂长看，看完后，陈厂长认为总体没什么大问题，但是合同中没有提到质量条款，萧华就让陈厂长补写进去，说明设备如有质量问题需要返工，所有费用由加工方负责。写完后双方签了字，这份合同就算生效了。

因为开了一天的车，第二天还要开车回佛山，所以一到宾馆萧华就睡着了，这天晚上睡得很好，一觉醒来已经是早上 7 点多了。大家约了 8 点在楼下饮早茶，他们赶到用餐的房间时，陈厂长已经在等候着了，大家边吃边谈，萧华看了看表，已经快 9 点了，就对陈厂长说："时间不早了，我们要马上回佛山去。"陈厂长让他们明天再回佛山，萧华说明天还约了别人谈事，所以今天必须得回去。说完他们带上行李，陈厂长把他们送到酒店门口，看着他们的车子开走他才离开。

萧华开着车，沿着来时的路返回佛山，不过车速比来的时候要快许多。到下午 4 点多就回到了厂里。第二天，他叫财务去查查对方是否已付款，财务到银行查账发现款项刚刚到账。萧华随即安排供销员购买材料，接着就安排机件加工班组的人员在厂里分别开工，等各种机件都加工好了再运去湛江陶瓷厂安装。在陶瓷机械厂工作时，萧华既是厂长，也是供销员，还是技术员，自己接的工程更要多跟踪一些。

经过两个多月的时间，一套喷雾干燥塔的配件已经全部加工完毕，下一步就是运去安装。又过了几天，萧华安排了几台大货车，先装铁件、钢架，又找了两台工具车装上工具。第二天一早，由萧礼河带队，十多个安装人员和技术员一起坐上大小车向湛江方向出发，下午 3 点多，大伙到达了湛江冠中陶瓷厂的工地。

一到工地，萧华立即叫萧礼河组织人员把加工件卸车并搬运到工地，然后按照图纸规划设计进行开线，拉好线后接着把工件定位，等焊接好第一件工件后萧华才松了口气，接着又让他们按照设计图纸进行安装。安排好一切工作后，萧华才去湛江市吃饭和住宿。

在这个工程安装期间，萧华每隔十多天就开车去湛江工地上查看一次，随时检查落实安装质量和进度，帮助解决工程中的各种问题。经过三个月左右的紧张忙碌，所有的工程都全部完成了，在调试过程中运行良好，陈厂长和陶瓷厂的其他领导都很满意。

　　20 世纪 90 年代是佛山陶瓷行业发展最快的一段时间，尤其是伴随着集体经济的崛起，以石湾、南庄为中心，出现了村村建窑炉、户户做瓷砖的景象。

　　这一时期，虽然进口生产线质量好、自动化程度高、运行平稳，但也存在售价高、维护难度大等一系列问题。澜石黎涌陶瓷机械有限公司抓住这一历史性的机遇，四面出击，在佛山及其周边区域揽得了不少订单，尤其是该厂制作的窑炉生产线，由于借鉴了进口生产线的优点，同时实行了本土化改造，窑炉工程的报价不到进口窑炉的一半，而且运行平稳，生产效率高，因此受到业内同行的广泛好评。

　　在南庄、乐从、西樵、丹灶、罗村等地，几乎遍地都有萧华他们建造的窑炉。尤其是南海区西樵镇，随着南庄陶瓷业的大发展，西樵也兴起了一股陶瓷厂建设的高潮，澜石黎涌陶瓷机械有限公司是最早进入西樵承包建设窑炉工程和生产线的企业，1992～1993 年，西樵樵东高级墙地砖厂新建的 4 条窑炉，都是由萧华所在的黎涌陶瓷机械有限公司承建的。

　　凭着过硬的工程质量，萧华他们的窑炉工程如雨后春笋，在珠三角这片火热的土地上熊熊燃烧，越烧越旺！

下 篇
从行业标杆到匠心传承

1998 年 6 月入主蒙娜丽莎集团股份有限公司（以下简称"蒙娜丽莎"），是萧华人生当中一个重要的节点。

之前，他插过秧、打过铁、跑过销售，从一家小小的村办企业起步，逐步走向市场，并借着"佛山陶瓷"大发展的机会，赢得了"窑炉大王"的称号；之后，他掌舵一家从镇办企业改制而来的民营企业，通过品牌、文化、创新、营销等一系列战略实践，使蒙娜丽莎迅速脱颖而出，成为中国建陶业的杰出标杆。

萧华是一个内敛、低调而又不肯满足于现状的人，在经历了洪水危机、股权重组等一系列波折之后，他总能力挽狂澜，率领企业持续、平稳、快速的发展。在他的主导下，蒙娜丽莎率先进军陶瓷薄板领域，为中国建陶业开辟了一个全新的蓝海市场；萧华的骨子里流淌着创新的血液，品牌战略、质量战略、营销战略、文化战略……他总能独具慧眼，另辟蹊径，创造一个又一个行业神话。

2014 年 12 月，中国建筑卫生陶瓷协会授予萧华"终身成就奖"，四年后，中国陶瓷工业协会同样授予萧华"终身成就奖"，其间，他还获得"粤陶之子"和"佛山·大城企业家"称号，这些都是社会各界对萧华的最高奖赏。

2017 年 12 月，蒙娜丽莎成功登陆深圳 A 股市场；2019 年 3 月，蒙娜丽莎藤县新生产基地拉开建设的序幕……

第十三章　入主樵东

20世纪90年代，中国建陶产业对国产窑炉的市场需求十分旺盛。

年轻的萧华四面出击，他所在的澜石黎涌陶瓷机械设备厂短短几年便承接了国内许多窑炉、喷雾塔、釉线等建设工程，成为当时佛山地区最大的陶瓷装备生产制造企业。令萧华没有想到的是，接下西樵樵东高级墙地砖厂的窑炉承建工程，竟然将他的后半生与这家企业的发展紧密地联系在了一起。

冥冥之中，萧华已与樵东厂结下了不解之缘。

村村兴办陶瓷厂

1992 年，对于处在改革开放大潮中的十多亿中国人来说，是一个明媚的"春天"。

1992 年 1 月，一位 80 多岁的老人，迈着蹒跚的步伐，来到改革开放的前沿阵地——深圳，向全中国乃至全世界发出振聋发聩的声音："改革的胆子要更大一些，步子要迈得更快一些!"

此刻，毗邻深圳 100 多公里的西樵山下，一颗梦想的种子——蒙娜丽莎的前身——原南海市樵东高级墙地砖厂，正伴随着春天的脚步破土而出，在轰鸣的机器声中吹响了建厂的第一声号角。

让我们把历史的目光稍稍向前延伸——

20 世纪 90 年代初，位于珠三角腹地的佛山，凭借改革开放前沿的独特地缘优势，处处鼓荡着创业的激情。一大批专业镇、专业村如雨后春笋般拔地而起。石湾的陶瓷厂更是星罗棋布，生意红火，从国有经济的束缚中挣脱出来的形形色色的陶瓷企业，如同在春天的原野上疯长的幼苗，迅速赢得了"印钞机"的美誉，惹来周边的村落羡慕和眼红。仿佛一夜之间，创办陶瓷厂的热潮从石湾跨过东平河，弥漫在南庄大大小小的村落，并以燎原之势向着周边的小塘、乐从、罗村、西樵、丹灶、狮山、三水等地迅速蔓延。

实际上，早在 1991 年，西樵城区经济发展总公司就萌生了创办陶瓷厂的想法，经过几个月的市场调查，他们认为，处于改革开放大潮中的中国市场，未来对墙地砖产品的需求将十分旺盛，石湾、南庄大大小小的陶瓷厂生意一片红火就是最好的榜样。

1987 年 8 月 30 日，当时号称亚洲第一座拉索大桥的西樵大桥建成通车，这座双向四车道的跨江大桥，一下子将西樵与南庄、西樵与石湾之间的人流、物流、信息流融为一体。过去，西樵人去一次南庄或石湾，都要乘坐渡轮过江。虽然对面就是密密麻麻的陶瓷厂，但一条宽宽的江面阻断了两地之间的正常来往与交流。随着石南大桥、西樵大桥的相继通车，西樵与南庄、石湾之间的交流便捷了很多，无论是石湾的技术人员还是南庄的技术人员，外出交流和"炒更"都方便了很多。

经过多方考察、商谈，西樵城区经济发展总公司与一江之隔的南庄镇东村陶瓷工业总公司最终达成了一项合作协议，决定共同出资在西樵新建一家陶瓷厂。在确定厂名时，双方从自己的名称中各取一字，西樵取"樵"，东村取"东"，因此将厂名确定为"樵东"，并作为品牌名称，将"樵东"商标进行注册。为了突出自己比石湾、南庄等地众多陶瓷厂还要高端的市场定位，双方特意在厂名中加上了"高级"两字，最终完成了"南海市樵东高级墙地砖厂"这个最初的构想。

当时，石湾、南庄的陶瓷厂，都以引进意大利压机、窑炉等全自动化生产线为豪，产品包装箱上非常显眼地印着"引进意大利自动化生产线"一行字，仅佛山产区每年引进的生产线就达上百条，大量外币哗哗哗流向海外。由于资金短缺，樵东厂的筹建者拿不出购买国外全自动生产线的资金，只好选择国产窑炉，经过几番考察，最终决定由当时在行业内已声名大噪的澜石镇黎涌陶瓷机械设备厂来承建窑炉。

非常幸运，萧华所在的黎涌陶瓷机械设备厂拿到了来自樵东厂的第一单窑炉生意。冥冥之中，为樵东厂未来的命运埋下了重重伏笔。

争做转制"排头兵"

中国现代建陶业的发展，经历了从国营企业到乡镇集体企业再到民营企业三个发展阶段。

以佛陶集团为代表的国营陶瓷企业创造过无数的辉煌，但只属于计划经济时代。在改革开放的春风下诞生的乡镇、集体企业，短短几年便瓜分了国营企业原有的市场"蛋糕"，以东鹏、鹰牌为代表的一批石湾集体企业趁势崛起，成为20世纪90年代中期中国建陶业的杰出代表；然而，世事难料，伴随着市场化进程的不断推进，一批民营企业开始以更灵活的经营模式和手段迅速发展壮大，乡镇、村办集体企业在经过短暂的辉煌之后，便因种种原因陷入了发展的低谷。从1996年开始，集体企业的发展势头一落千丈，不断传来企业因管理不善而破产倒闭的消息，到1998年，集体企业的市场优势进一步丧失，与此同时，民营企业开始逐步成为市场上最具活力的一支生力军。

曾经风光无限的樵东陶瓷厂，此刻也陷入了发展的低谷。在残酷的市场竞争中，企业面临着破产倒闭的危机。面对这种危机，不仅仅是樵东厂的员工担心，萧华也很担心，因为樵东厂还欠着黎涌陶瓷机械设备厂大量的工程款没有结清，一旦企业破产倒闭，欠款将血本无归。

1997年，党的十五大报告第一次提出"非公有制经济是社会主义市场经济的重要组成部分"。处于改革开放前沿阵地的佛山闻风而动。1998年，佛山陶瓷行业率先刮起了一股强劲的转制风，各类原镇办、村办的集体企业纷纷转制为民营企业，樵东陶瓷厂也在转制之列。

两位民营企业家的适时入驻，改变了樵东陶瓷厂的命运，为步入低谷的樵东陶瓷厂注入了全新的活力。

1998年6月，隶属于南海西樵镇政府的集体所有制企业"南海市樵东高级墙地砖厂"成功竞拍，正式转制为民营股份制企业，随后更名为"南海市樵东陶瓷有限公司"（此后曾相继变更为"南海市蒙娜丽莎陶瓷有限公司""广东蒙娜丽莎陶瓷有限公司""广东蒙娜丽莎新型材料集团有限公司"，现为"蒙娜丽莎集团股份有限公司"）。

拍得樵东陶瓷厂的是佛山陶瓷行业的两位民营企业家，一位是樵东厂窑炉的承建者萧华，另一位是樵东厂当时的泡沫包装供应商霍荣铨。

作为专业的窑炉工程建设者，当时，萧华和他的合作伙伴所创建的澜石黎涌陶瓷机械设备厂，短短几年已在佛山及周边地区的陶瓷窑炉市场形成了强大的竞争优势，成为当时佛山产区最大的窑炉专业制造企业。由于多年的技术积累，萧华建造的窑炉性能好、效率高、运行平稳、成本低，在与进口窑炉的竞争中渐占上风，陶瓷行业新建窑炉的很大一部分订单陆续交给了萧华，萧华也因此获得了"窑炉大王"的美誉。

当时，樵东陶瓷厂的几条窑炉都是由萧华的公司一手承建的，甚至西樵镇大部分陶瓷厂的窑炉也是由他们承建的；贺丰包装材料厂的老板霍荣铨，也有人叫他"泡沫包装大王"，其家族抓住珠三角民营经济大发展的机遇，在陶瓷厂林立的南庄创建了南庄贺丰包装材料有限公司，专门为陶瓷厂提供泡沫包装，更是樵东厂多年的供应商，从最初的彩釉砖到后来的水晶砖、瓷质印花砖，再到抛光砖，樵东厂的泡沫包装，几乎都由"泡沫包装大王"供给。由于在与樵东陶瓷厂的业务合作中，均有大额应收款项压在厂里，因此，樵东厂转制时，镇政府相关领导便希望他俩也能够参与到樵东厂的拍卖当中来。

经过一系列的竞标等程序，萧华和霍荣铨共同拍得樵东陶瓷厂。为了实现樵东陶瓷厂的平稳过渡，转制时，政府部门向萧华和霍荣铨提出了一个附加条件：希望转制后的樵东陶瓷厂能够接受原来的管理团队，尤其是西樵本地的管理人员和员工，使他们在现有的岗位上能够继续发挥作用，以免他们下岗失业。刚好，这两位老板虽然与樵东陶瓷厂有着多年的业务合作，但一方面他们都拥有各自的事业，而且生意火爆；另一方面对陶瓷厂具体的生产和销售缺乏管理经验，因此便爽快地答应了。

为了留住人才，充分调动留任管理人员的积极性，萧华和霍荣铨经过一番磋商，在原高层管理人员中物色了刘总、邓启棠、张旗康作为新的合作伙伴，将他们一起拉入股东队伍，组成了新的董事会班子。同时，动员党支部副书记谭其芳、总工程师潘利敏、财务总监陈峰等一批高层管理人员也留在樵东。

董事会班子确定了，股权比例该怎么样确定呢？看似复杂的问题，却用了不到半天时间就圆满解决了。

全新的合作模式，大家都没有经验。怎么样分配几个高层人员的股权问题？萧华遇到了转制以后的第一个挑战。当他听说霍荣铨认识一位股权方面的专业律师，立刻就让霍荣铨将在深圳的律师朋友请过来做转制顾问，从法律的角度给予指导。在这位律师的建议下，萧华很快就确定了自己和霍荣铨等几位董事的股权比例，其中萧华占28%，霍荣铨占22%，刘总占20%，邓启棠和张旗康各占15%。

让人没有想到的是，新转制的樵东厂，股权比例的确定完全抛开了各自的出资比例，这在中国民营企业的转制当中似乎并不多见，也让众多的业内人士难以理解。事实上，这也正是萧华和其搭档霍荣铨的高明之处，他们用自己的胸怀和眼光，恰到好处地体现了对原樵东厂高层管理人员的尊重与重视。

于是，一个新的董事会诞生了。几位不同年龄、不同地域、不同背景、不同文化的股东组成了一个新的企业管理团队，股东当中，刘总作为转制时的总经理，继续全面负责企业的生产经营，邓启棠和张旗康分别为副总经理，继续主管销售和生产，而大股东萧华和霍荣铨分别担任公司的董事长和副董事长，暂时不参与具体的生产经营管理。转制当中，董事张旗康一时拿不出自己的注册资本金，于是萧华就借钱给他，让他没有太大的压力。

有惊无险

一场突如其来的危机，正悄悄逼近转制刚满10天的樵东陶瓷厂，让萧华和他全新的合作伙伴面临着一场巨大的危机。

1998年夏季，中国从南到北遭遇了一次巨大的洪涝灾害，让沿江流域的民众一片慌乱。6月下旬，"厄尔尼诺"现象再次肆虐，华南大部分地区连降暴雨，江河陡涨、山洪暴发，洪水冲毁了公路、桥梁、村舍，所到之处，农田被毁，交通、电力中断，工厂车间受淹，部分民房倒塌，人民群众的生命财产受到严重威胁，经济建设遭受极大破坏。

6月29日晚，萧华和新组建的公司领导班子正在为刚刚转制后千头万绪的工作而加班开会，会议一直开到了晚上10点多。由于连降暴雨，恶劣天气对安全生产的影响自然成了会上大家关注的话题之一。晚上10点半左右，参加会议的一名股东突然接到西樵一个朋友打来的电话，说丹灶镇的河堤决堤了，洪水正向西樵镇冲来。接到电话，萧华和参加会议的人员一方面马上打开会议室的电视机，收看关于丹灶镇河堤的实时新闻，另一方面打电话向西樵镇政府相关部门求证。然而，无论是从电视新闻还是政府部门，得到的消息都是河堤有决堤的危险，但还没有决堤的确切消息，只是提醒西樵镇的群众和各单位、企业做好准备，随时应对决堤的危险。

由于各种传言漫天飞，萧华和其他同事也不知道该相信谁。看看时间已近深夜，一位股东对家住佛山的萧华说："你们先回家休息吧，我留在厂里值班，有什么消息通知你们。如果真的决堤洪水把工厂淹没了，你们也可以在外面找船来营救我们。"听了他的话，萧华和几位参会人员认为等下去也不是办法，在安排人员做好值班工作的同时，决定先回家休息。

凌晨时分，在厂里值班的那位股东突然接到西樵镇政府部门打来的电话，通知离此十多公里外的丹灶镇樵桑联围荷村水闸发生严重决堤，洪水正向位于西樵旅游度假区的樵东厂汹涌而来，政府部门要求企业立即组织安全转移，保障人民群众的生命财产安全，并号召各单位出人、出力，赶赴现场参加抗洪抢险工作。

当时，刚刚回到家冲完凉准备睡觉的萧华，突然听到一阵急促的电话铃响，值班股东在电话里说："决堤了，洪水可能会淹工厂。"宛若一声霹雳，让萧华有点手足无措。对方在电话里问萧华："怎么办？这个厂子恐怕保不住了！"按照洪峰流经的路线和速度推算，只需几个小时就会到达西樵，工厂随时处于被洪水淹没的危机当中。

那个时候，企业根本没有什么危机预案，但萧华还是表现出了临危不乱的魄力。他明白，越是在这个时候，越需要冷静，尤其是自己不能乱，自己的任何一个决策，都会影响到大家的情绪。考虑了几秒钟后，萧华在电话里做了几点工作安排：第一，所有窑炉立即停窑，但继续开启窑炉抽风设备，尽快给窑炉降温，同时把辊棒抽出来移往别处；第二，把所有电机、电子仪器等重要设备拆下来，尤其是进口压机的操作屏、电脑等贵重设备，移往高处的平台存放，并做好防护措施；第三，仓库里不能见水的材料和设备马上搬走，搬到不能被水淹到的地方；第四，食堂里吃的大米全部搬到二楼，并储存足够的饮用水。

一夜辗转反侧。由于担心洪水的情况，第二天早上5点，萧华就起床开车赶往工厂。车子一过西樵大桥，晨曦中的桥头已聚集了好多人，看到有人在组织大家构筑堤坝，萧华立即赶往工厂。一到工厂，他就跟值班人员下车间检查处置情况，看到重要的设备已经搬离，窑炉也大幅降温，萧华这才松了口气。由于不知道洪水暴发的具体情况，萧华约上几位股东，说："干脆开车去看看决堤口，到底是个什么情况，好做到心中有数。"于是，几位股东开着车，向着丹灶镇方向进发，刚刚走到桂丹路口，就看到汹涌的洪水挟裹着泥沙漫了过来，桂丹路已经被水淹了，他们只好掉头赶回厂里。

回到厂里后，萧华一方面检查落实厂里的应急方案，另一方面积极响应上级党组织的号召，从各车间、管理部门抽调部分共产党员和管理骨干，成立了以分厂厂长张庭英为队长的100多人的抗洪抢险队，拉上篷布、沙包、钩机等抗洪抢险物资和设备，在上级部门的统一安排下迅速前往丹灶镇进行抗洪抢险。

这场发生于1998年6月29日晚上11时35分的南海市丹灶镇樵桑联围荷村水闸决堤事件，后来被确认为是佛山地区自中华人民共和国成立以来遭受的最严重的洪涝灾害。决堤当晚，时任省领导李长春、卢瑞华、欧广源、温玉柱以及佛山市主要领导就连夜赶赴现场指挥抢险。两日之后，决堤宽度已超过100米，决口水位最深处达到15米。

苍天庇佑。洪水淹没了西樵旅游度假区，却最终止步于西樵山下民乐桥旁的堤坝，由于地方政府和军队在大坝决堤后处置妥当，争分夺秒地在民乐桥旁紧急筑起了一道堤坝，最终将洪水拦在了西樵镇太平村外，这才使刚刚获得新生十天的樵东陶瓷厂侥幸逃过了一次灭顶之灾。直到洪水完全退后，萧华和公司全体员工悬着的一颗心才缓缓放下。

这场洪涝灾害虽然没有对公司造成直接的财产损失，但仍旧给刚刚转制的企业带来了极大的困难——影响了设备的正常运转和原材料供应，洪水过后，萧华立即安排董事会成员组织全厂干部员工恢复生产，经过十多天的努力，车间才恢复了正常的生产。

第十四章 品牌之路

虽然萧华和几位股东接手的樵东陶瓷厂开创了佛山陶瓷企业转制的先河，但接手后的樵东陶瓷厂仍然与石湾、南庄等周边众多的村办企业一样，并没有什么明显的区别。

如何打造企业的核心竞争优势，使企业能够迅速脱颖而出？经过一番思考，萧华选择了品牌战略。他清醒地认识到，如果不走品牌化发展之路，企业在未来的市场竞争中仍将面临着被淘汰的危机。

华丽转身

珠江腹地，南国陶都。

20 世纪 90 年代末正是佛山陶瓷大发展的阶段，像樵东这样的陶瓷厂，在石湾、南庄、西樵等周边区域可以说是遍地皆是。虽然那个时候市场需求旺盛，但仍有企业因经营不善而关门停产。樵东厂有什么核心优势？未来的樵东厂该有怎样的战略规划？作为樵东厂新上任的董事长，萧华常常陷入这样的思考当中。他知道，企业虽然改制了，但如果不加快改革的步伐，不改变过去的经营方式，不探索出一条全新的道路来，将会与诸多普普通通的村办企业一样，迟早面临着被淘汰的危机。

经过一段时间的考虑，萧华为樵东厂的发展制定了两条全新的战略，在经过董事会同意后，萧华做出了一个重要的决定，成立两个全新的部门：一是营销策划部，开始品牌化运作；二是国际业务部，加大产品的出口力度。

说起公司的品牌战略，还有这样一个故事：当时，樵东厂的产品非常热销，全国各地的客户不时打电话过来："喂，你们这里是焦（jiāo）东陶瓷厂吗？"接电话的业务员一听就说："对不起，你打错了。"等放下电话，才回过神来，客户就是找我们的啊！外地人把"樵（qiáo）"误念成了"焦（jiāo）"。

虽然市场一日千里，但在呈燎原之势的陶瓷腹地要打造一个高端品牌，又谈何容易？

1999 年上半年，樵东厂的一位阿联酋客户前来西樵工厂采购瓷砖，在招待午宴上，这位阿联酋的客户向在座的几位公司领导建议：樵东瓷砖的质量、花色都非常的好，在阿联酋很受欢迎，只是瓷砖背面的商标"qiao dong"不够响亮，没办法识别和阅读，而且让人不知道是什么意思，公司能否换一个国际化一些、响亮一些的名字，让人一见就过目不忘。

说实话，"樵东"确实像个地方品牌，带着一股浓浓的乡土气息，无论怎么样美化，都很难将其与国际化联系起来。名不正，则言不顺。樵东改名或推出一个新品牌，正式纳入萧华和几位领导的议程。那么，起个什么样的品牌名称好呢？大家七嘴八舌，在饭桌上开始讨论起来。

就在大家苦思冥想之际，毕业于四川美术学院的张旗康，在此之前去巴黎卢浮宫近距离欣赏过达·芬奇创作的油画《蒙娜丽莎》，这幅油画给他留下了十分美好的印象，于是他脱口而出："就叫蒙娜丽莎好了！"萧华一听，立即赞成，阿联酋的客户也竖起了大拇指，说："这个太好了！"有人担心这样一个商标能否注册下来？萧华鼓励张旗康："抓紧申报，先试一下再说。"

当天下午，张旗康就在自己办公室里画出了"蒙娜丽莎"简单的 Logo：一块方形的图案，代表方形的瓷砖，借鉴麦当劳的 Logo，里面加上一个草体的字母"M"，靠右下角再处理成一个超出方框的圆点，预示着"蒙娜丽莎"将打破常规，走创新之路；并且一开始就将品牌主色调定为绿色，意味着"蒙娜丽莎"今后将走绿色、环保发展之路。第二天上午，张旗康就让财务部当时负责与工商部门联系的一位副经理去了一趟广东省工商局，将这个商标进行了申报。

为了进一步完善商标注册，董事会经过研究，又提出了另外两个具有"国际化"的洋名称："维多利"和"维纳斯"，由于"维纳斯"是断臂，因此怕消费者认为樵东瓷砖是不是也像维纳斯一样不完整而产生不好的联想，最后还是决定将"维多利"跟"蒙娜丽莎"一起申报。

当那位财务部副经理再次来到广东省工商局时，没想到"维多利"早已被人申请注册。机缘巧合，公司只能申请注册"蒙娜丽莎"了。

从商标注册开始，樵东厂开始了自己的品牌蜕变之路。

根据萧华和董事会的安排，董事张旗康负责组建国际业务部。一段时间后，张旗康告诉萧华，他找遍全厂也没有一个会英文的人，人力资源部费了好大劲，也没招来一个合适的人。

正在无计可施之际，张旗康偶然得到一个消息，有一位西南外国语学院的"幺妹"英语水平很高，萧华立即让张旗康飞往重庆，找到了当时在重庆某酒店商务中心任职的这位"幺妹"，在张旗康的诚挚邀请下，这位"幺妹"终于征得父母的同意并南下广东。没想到，这位"幺妹"加盟后，刚刚组建起来的国际业务部，虽然只有 3 个人，却在短短几个月就做了 400 多万元的出口业务，公司确定的出口战略也初见成效。

成功注册

普通商标的注册，在当时从受理到注册通常需要六个月的时间，但"蒙娜丽莎"的注册却花了一年零六个月。

当广东省工商局把"蒙娜丽莎"的商标申请报送到国家工商行政管理总局商标局的时候，国家工商总局负责商标注册的工作人员很为难，这样一个与举世闻名的世界名画同名的名称，能否作为一家陶瓷企业的商标？他们也有些拿不准。慎重起见，国家工商总局通知企业，要求举行一场答辩会来决定"蒙娜丽莎"这个商标的注册申请能否通过。

1999 年，中国加入 WTO 的谈判正处于关键时期，国内对知识产权的保护日渐重视。接到国家工商总局要求举行答辩的通知，萧华非常重视，他让张旗康抽出身来，全力以赴争取"蒙娜丽莎"商标的注册。

在当时网络还不十分普及的情况下，张旗康整整两天泡在图书馆里，查阅关于"蒙娜丽莎"知识产权的相关资料。经过查询，张旗康发现，《蒙娜丽莎》油画是由意大利人列奥纳多·达·芬奇在 15 世纪创作于佛罗伦萨，距今已有 500 多年的历史，早已超过了世界知识产权保护公约关于著作权、版权 50 年的保护期。而达·芬奇是一个私生子，自幼与父母的关系并不融洽，被叔叔带大。在叔叔的培养下，达·芬奇成为意大利文艺复兴时期著名的美术家、科学家和工程师。1482 年应聘到米兰后，在贵族宫廷中进行创作和研究活动，1513 年起漂泊于罗马和佛罗伦萨等地，1516 年侨居法国，1519 年 5 月 2 日病逝。

由于受童年时的影响，达·芬奇一生未婚，没有子女继承其知识产权。与此同时，早在 100 多年前，法国、意大利、西班牙、英国等发达国家就已经开始使用"蒙娜丽莎"及其相关的"乔康达""乔孔多"等于产品商标和企业名称上。既然这些国家的企业能够使用，即将作为 WTO 成员国的中国企业自然也可以使用。

此外，《蒙娜丽莎》这幅旷世巨作虽然是由意大利人列奥纳多·达·芬奇创作，但这幅油画现在却保存在法国卢浮宫博物馆，由此推断，这件人类文化艺术的瑰宝不仅属于意大利、法国，而且属于全世界。另外，创作这幅传世名作所用的胡杨木板，就来自遥远的中国新疆，这也使它从诞生之日起就与中国结下了不解之缘。

更令人可喜的是，迄今为止，在 19 类陶瓷砖商标中国内外没有一家企业申请注册"蒙娜丽莎"商标。

带着这些翔实的资料，张旗康再一次来到北京。在由原国家体制改革委员会、国家工商总局、商标局、知识产权局、《新华日报》相关领导及专家等共同组成的答辩会上，张旗康详细阐述了"蒙娜丽莎"商标申请的理由，他说，中国即将加入 WTO，可以享受这一国际艺术瑰宝所带来的市场利好，而且企业的申请条件完全符合国内、国际知识产权保护条约。现场专家组经过讨论，找不出拒绝申请的理由，最后一致通过对"蒙娜丽莎"商标的审查，同意企业注册。

一位答辩组专家在会议结束后握着张旗康的手盛赞"蒙娜丽莎"这个品牌："你们怎么能想到一个这么好的名字呢？以后连广告费都可以省下一

半!"祝福的心情溢于言表。

2000 年 11 月,"蒙娜丽莎"正式获准注册。自此,樵东陶瓷除"樵东"品牌外,又多了一个洋品牌。在拿到国家工商总局的商标注册证书后,萧华立即安排公司相关人员根据马德里协定进行马德里国际商标注册,同时对未加入马德里协定的其他五十多个国家逐一进行了国际商标注册。

与此同时,萧华和董事会成员经过商量,决定对公司名称也进行变更,将原南海市樵东陶瓷有限公司于 2000 年 12 月更名为南海市蒙娜丽莎陶瓷有限公司,将品牌名写进了公司名。几乎在一夜之间,从西樵通往陶瓷重镇南庄的樵乐路两旁,特别是西樵大桥两边,大规模、高密度地出现了"蒙娜丽莎"的路牌广告,搞得南庄的不少陶瓷企业连声惊呼:"西樵的陶瓷品牌广告,竟然打到南庄来了。"与此同时,又在广州珠江边打出巨幅户外广告。自此,蒙娜丽莎实现了品牌升级的华丽转身。

推出"蒙娜丽莎"品牌

蒙娜丽莎的品牌战略,从定位高端、国际化的新品牌注册开始。伴随着蒙娜丽莎品牌的推出,蒙娜丽莎公司正式迈入了品牌化运营的转型之路。但是,怎样打造一个真正的品牌呢?

萧华和董事会成员及公司高层管理人员对于打造一个高端品牌有着清醒的认知,他们一致认为,品牌不仅仅是一个集中了品牌名称、术语、标记、VI 和设计的符号,同时也包括了品牌的调性、内涵、文化、历史、声誉、风格、气质等,它是生产企业与市场、商家、消费者之间的一种契约关系、一种情感纽带,是企业不可泯灭的一种最为宝贵的无形资产。

蒙娜丽莎新品牌的推出,正赶上行业多品牌战略的高峰期,当时,行业内规模型企业的品牌数量多达十几个,少则也有两三个,但是,蒙娜丽莎集团一开始就没有把"蒙娜丽莎"当作一个多品牌——仅仅为获取更多的经销商资源而推出的一个牌子,而是公司经营战略的一次根本性转型升级与调整。

伴随着蒙娜丽莎新品牌推出的是公司科技力量的加强、质量管理的完善、产品品质的提升、新产品研发的投入、营销模式的创新、市场渠道的变革与品牌文化的建设等一系列品牌策略。在公司相关部门的严格把关下，细心的员工、商家以及合作伙伴不难发现，小到蒙娜丽莎企业内部一份文件的格式、字体、字号和企业宣传图册，大到公司品牌广告、宣传、总部展厅与终端店面建设和产品包装，蒙娜丽莎都执行着严格、统一的品牌形象和品牌策略。那一抹代表绿色、环保、健康产业的深绿和《蒙娜丽莎》神秘的微笑，已成为蒙娜丽莎品牌的一种身份印记，无论哪种场合与情景，一次邂逅便令你怦然心动，难以忘怀。

一个真正的品牌，不仅仅是 VI 设计得很漂亮，广告做得很高端，最核心的是这个品牌的产品品质要经得起时间的检验，要得到消费者的认可，要拥有良好的用户口碑和体验。尤其是企业的"领头人"，要抛弃"赚快钱"的念头，无论市场怎样变化，都能够坚持对产品品质始终如一的严格要求。董事长萧华常常在公司大大小小的会议上说："质量是企业的生命，也是品牌的生命，它不是所谓的'中国名牌'，而是消费者评选出来的'名牌'，是需要市场的检验和时间的积累的。"

除此之外，一个品牌还应该有其独特的品牌价值和文化内涵，即品牌要有灵魂，使品牌的诉求与消费者的需求达到心灵的相通与情感的共鸣。而这份心灵与情感恰恰是品牌的核心价值所在，如耐克的进取精神、阿迪达斯的团队精神、苹果的创新精神、奔驰的身份象征，等等。蒙娜丽莎人正是基于此，将自己的品牌核心价值定位为"感受艺术，品味生活"。

通过严格而又专业的品牌策略，蒙娜丽莎品牌在短时间内确定了清晰的品牌属性和市场定位，形成了独特的品牌文化和品牌个性，并迅速建立了高端品牌的核心竞争力。通过"高举高打"的品牌定位和市场策略，蒙娜丽莎品牌在短时间声名鹊起，企业的市场定位拉高了，创新能力增强了，品牌知名度提高了，市场认知度增强了。

2000 年，公司营销峰会在佛山市高明区召开。会上，战略顾问杨望成教授结合蒙娜丽莎品牌的推出，首次提出了品牌化营销战略。他说："公司有缘分注册到了'蒙娜丽莎'商标，如果你们不好好经营，什么时候让蒙娜丽莎不再微笑了，甚至哭泣了，你们将会是历史的罪人。"

杨望成顾问的一番话，触动了萧华和几个股东的内心，使他们更进一步认识到"蒙娜丽莎"这个品牌的重要性。大家一致认为，无论如何都要把蒙娜丽莎经营好，才能对得起这样一个家喻户晓的品牌名称。在萧华董事长的安排下，从2001年开始，销售部门先以北京市场为试点，全面进行品牌化营销运作。北京经销商李洪伟严格按照公司的统一部署和要求，短时间内就在北京市场建成数十家蒙娜丽莎品牌专卖店，这些品牌化的专卖店，一亮相就成为终端市场的标杆店，引起强烈的市场反响，由此奠定了蒙娜丽莎品牌在北京市场的领先地位。

从1999年上半年推出蒙娜丽莎品牌到2000年11月蒙娜丽莎正式获得国家工商总局审批注册，再到2003年9月蒙娜丽莎获得行业首批"中国名牌产品"称号，短短4年多的时间，蒙娜丽莎成功跻身国内建陶行业一线品牌。而这种转变，无疑与蒙娜丽莎董事会的远见卓识密切相关。

看到蒙娜丽莎品牌声名鹊起，意大利人坐不住了。现代建筑陶瓷发源于意大利，而《蒙娜丽莎》油画的作者达·芬奇也是意大利人，他们理所当然地觉得这样一个知名品牌原本就应该属于意大利。2001年的一天，一家意大利知名陶瓷企业的7名高级管理人员一起来到佛山，向蒙娜丽莎董事会提出了收购蒙娜丽莎品牌的意愿。

他们一开口就出价一亿元人民币。要知道，在当时，一亿元人民币就是公司好多年的利润。这样的诱惑，甚至让公司部分高层管理人员动了心，他们认为："不如卖掉算了，趁此狠赚一笔。"但是，萧华和董事会成员却对此有着清醒的认识，蒙娜丽莎品牌来之不易，是企业最宝贵的无形资产，一个企业要想得到长远的发展，就一定要打造一个好的品牌。

时至今日，蒙娜丽莎早已闻名遐迩，成为享誉国内外的知名品牌。

创新产品构建品牌价值

一个品牌之所以成功，总是有着别人难以复制的核心价值。

纵观中国现代建陶业 30 多年的快速发展，大大小小的陶瓷品牌繁若星辰。而梳理蒙娜丽莎品牌崛起的发展脉络，不难发现，正是一款款革命性的创新产品，成为广大消费者选择并喜欢蒙娜丽莎品牌的根本原因，这些创新产品最终构成了蒙娜丽莎品牌的核心价值。

对于品牌与产品之间的关系，萧华有过一段精彩的论述："消费者对品牌的认知是从对产品的感受开始的，消费者对品牌的认可更是从产品的依赖开始的。因此，好的产品永远是品牌形象的第一代言人，也是品牌成长的第一要素"。

作为一个低关注度的行业，产品的重要性不言而喻。在产品高度同质化的时代，一个年轻的品牌，无论有着怎样的市场定位、怎样的品牌主张，要想快速进入行业前列，不外乎产品创新、传播创新、渠道创新这三条道路。在这当中，产品创新又是构成品牌的基础和关键，也是构成蒙娜丽莎品牌价值的根本所在。

1999 年，蒙娜丽莎品牌正式推向市场，2000 年 11 月，"蒙娜丽莎"获得注册。此时的蒙娜丽莎，如同其他企业推出的新品牌一样，虽然名字起得好，但这个"盛名"之下支撑的东西却显得有点单薄，因此在市场上虽有一定的知名度，但还未能够跻身行业一线品牌。真正让"蒙娜丽莎"声名鹊起的，是公司伴随着蒙娜丽莎品牌推出的"雪花白"这一创新性的新品。"雪花白"刚一上市，就受到市场的青睐，甚至出现了一砖难求、排队抢货的现象，最终引发建陶市场一片"白"。蒙娜丽莎品牌也伴随着"雪花白"产品的热销走进千家万户，从此奠定了其在市场上的龙头地位。从那以后，"雪花白"就成为蒙娜丽莎的一个代名词，大家一提起"雪花白"，自然会想到蒙娜丽莎品牌。

在"雪花白"一炮打响后，蒙娜丽莎再接再厉，先后推出更高规格的

"环保美感白""云影石""翡翠石"等一系列领先行业的新产品。2005年，公司推出高端仿古砖"卢浮印象石"，2006年，又成功研制出陶瓷行业30多年来最具革命性的创新产品——大规格陶瓷薄板和轻质板，使蒙娜丽莎再一次走在行业产品创新的前列。2010年之后，公司相继推出"罗马春天""罗马天韵石""罗马玉晶石""罗马御石""罗马森林""罗马宝石""罗马超石""罗马新石代""七星珍石""罗马超石代"等一系列新产品，由此形成了创新性的产品体系，构筑起蒙娜丽莎品牌强大的核心价值。

萧华常说，"创新是我们的性格"。而性格则决定命运。正是蒙娜丽莎公司董事会成员及高层管理人员对蒙娜丽莎品牌核心价值的高度统一和深刻认识，才使蒙娜丽莎品牌在短短几年就揽得了无数至高荣誉，成功跻身行业一线品牌的行列。

十多年来，蒙娜丽莎在产品的"三度"（高度、深度、广度）创新上无疑起到了榜样的作用，通过蒙娜丽莎文艺复兴馆、蒙娜丽莎文化艺术馆的建立和与知名艺术大师的合作，发扬工匠精神，把每一片瓷砖当作艺术精品来打造，不断提升产品的高度，使蒙娜丽莎生产的每一款瓷砖，不再是冷冰冰的瓷砖，而是具有丰富的艺术品位和文化内涵，能够满足消费者的精神需求；通过装备、工艺技术的突破升级，推出一系列具有科技含量的创新产品，在产品配套和应用功能领域不断深化产品价值，在细节之处彰显产品的品质；借助领先世界的陶瓷薄板，进行瓷艺画深加工，提升产品的附加值，使每平方米售价数百元的陶瓷薄板，增值到数千元甚至上万元。与此同时，推出轻质板、瓷艺礼品、超大规格岩板等创新产品，不断拓宽产品线，丰富蒙娜丽莎品牌的产品体系，最终形成了瓷砖、陶瓷板、瓷艺画三大系列，形成了建陶产品品类的全覆盖，这在数以千计的陶瓷品牌中是鲜见的。

正是一款又一款独一无二的创新产品、高质量的匠心产品，形成了蒙娜丽莎品牌的核心价值。

艺术血统铸就品牌气质

与其他品牌相比，蒙娜丽莎品牌有一种与生俱来的艺术气息，如同流淌在蒙娜丽莎血液中的 DNA，让人处处感受到艺术的魅力。

　　在所有的工业类产品中，陶瓷产品几乎是最具文化内涵和艺术气息的一类产品，上万年的发展历史，沉淀了其深厚的历史文化气息；作为建筑、空间表面的一种装饰材料，陶瓷产品需要具有天然的艺术禀性。正是基于这样的机缘，公司董事张旗康在 20 世纪 90 年代的一次卢浮宫之旅中，对《蒙娜丽莎》这幅传世之作一见钟情。《蒙娜丽莎》不仅仅是艺术，更是艺术中的经典，是美的化身，是美的永恒。这样的气质与蒙娜丽莎的产品功能、市场定位不谋而合。因此，选择"蒙娜丽莎"作为品牌名称，不仅有利于树立高端品牌形象，还会为企业注入艺术气质，以及精益求精、匠心卓越的强大势能，同时，契合了国际化品牌的长远定位。

　　在对那些国际化的大品牌研究后，萧华发现了一个品牌建设的秘密，那就是每一个国际知名品牌都有一个稳定的品牌原型。因为，没有原型的品牌，其品牌形象就缺少了根基和灵魂。那么蒙娜丽莎的品牌原型和灵魂就是人类精神的最高境界——艺术；就是艺术表现中的最高境界——经典；就是经典遗存中的最高境界——蒙娜丽莎。

　　正如柏拉图的观点：艺术是生活的影子。艺术源于生活，但也要回归于生活。蒙娜丽莎集团所不懈追求的正是艺术与生活的完美结合。用自身具有艺术品格的产品来阐述生活的艺术，并以此来帮助消费者拥有艺术的生活品质。"感受艺术，品味生活"，用生活的艺术演绎艺术的生活，这就是蒙娜丽莎品牌的内核所在。

　　在萧华和每一位蒙娜丽莎人的眼里，艺术对于品牌，不仅仅是一个空泛的概念，而是贯穿于甚至根植于发展战略、市场策略的各级层面和产品、服务、传播、营销等各个环节的思想导向。

　　蒙娜丽莎对艺术的热爱和追求，有一个非常具有说服力的注解，那就是由蒙娜丽莎集团耗巨资建成的蒙娜丽莎文化艺术馆。艺术馆中呈现了来自 100 多个国家和地区，历史跨度近 500 年的数百件珍贵藏品，让人们大开眼界。馆内最早的文物是 1519 年文艺复兴时期的书籍，而一些藏品堪称稀世珍品，如第一枚《蒙娜丽莎》邮票、第一枚达·芬奇邮票、第一张《蒙娜丽莎》题材的明信片等，每当有客人莅临蒙娜丽莎集团参观考察时，萧华都会非常自豪地陪同他们徜徉在蒙娜丽莎文化艺术馆里，听解说员一遍遍地解说《蒙娜丽莎》的故事……

高端定位树立高端形象

蒙娜丽莎品牌刚一问世，就坚持走"高端定位，高举高打"的差异化品牌之路，使其在短时间内树立起了高端品牌的形象。

2003年1月，蒙娜丽莎成为行业首批"国家免检产品"；2003年9月，蒙娜丽莎摘得行业首批"中国名牌产品"桂冠；2006年11月，蒙娜丽莎被认定为"中国驰名商标"；2010年蒙娜丽莎集团获授上海世博会特许生产商；2015年12月，蒙娜丽莎集团成为行业唯一同时获得省市两级政府质量奖的企业；2017年12月，蒙娜丽莎集团率先登陆深圳A股市场；2018年蒙娜丽莎获得第三届中国质量奖提名奖……在赢得一项又一项极具含金量荣誉的同时，蒙娜丽莎也成为行业内最具影响力的知名品牌之一。

蒙娜丽莎品牌的成功崛起，除"高举高打"的市场定位外，行之有效的品牌策略功不可没，如网络营销、文化营销、艺术营销、体育营销、技术营销等策略。尤其是伴随着蒙娜丽莎文化艺术馆的落成，其文化营销和艺术营销使品牌的张力再一次得到丰富与延伸。独一无二的蒙娜丽莎文艺复兴馆内，不但珍藏了文艺复兴时期以来各个时代的珍贵藏品，而且将企业的创新产品全面且有机地应用其中，实现了产品的无缝融合和完美植入，成为凸显企业品牌高度、行业地位，甚至社会地位的最佳方式，这对改变中国建陶行业传统的发展格局和营销模式，以及发挥企业的行业贡献与社会责任，都具有重大意义。

此外，各种营销手段的综合运用也是事半功倍，打造艺术生活、统一终端形象、完善营销体系、发展低碳经济、制定行业标准、开启绿色低碳生产模式……所有这些经营策略的成功实施，都恰到好处地将蒙娜丽莎品牌的品质、文化与个性魅力演绎到极致。

2012 年 4 月，华南理工大学品牌研究所推出了一份《中国陶瓷品牌消费者调研报告（2011）》，这是一份专业品牌研究机构历时半年多，由国内七大城市的高校学生在北京、上海、武汉、重庆、佛山、广州、深圳的红星美凯龙、吉盛伟邦、百安居等家居卖场中发放、回收一万多份调查问卷分析后得出的报告，样本圈定全国 100 家建陶卫浴品牌、100 位设计师、100 位经销商和 9000 多名消费者，数据完全由第三方收集、整理，非常真实、可靠。

这是一次由第三方权威机构首次针对陶瓷行业进行的品牌测评活动，活动的组织者结合中国陶瓷行业的特点，分别从品牌的"知名度""差异度""美誉度""信任度""预期购买"和"理想购买"6 个维度对品牌进行了调查。蒙娜丽莎品牌在七大城市的 6 个品牌维度调查中，绝大部分指标位列行业前三甲，尤其是品牌差异化方面，在大多数城市位列第一。

这是一份蒙娜丽莎企业事先并不知晓的调研活动。调研的结果得到了行业一线品牌如东鹏、马可波罗等众多企业的一致认可，是一次客观、公正、公平的调查，其结果是值得信赖的。

品牌文化决定品牌高度

品牌的背后是文化，有什么样文化，就有什么样的品牌。

萧华认为，品牌价值的核心在于其文化内涵，包括其价值内涵和情感内涵。在消费者心目中，品牌作为一种标志，除代表商品的质量、性能及市场定位外，更代表他们自己的价值观、个性、品位和生活方式；所购买的产品也不仅仅是一种物理属性的载体，而是一种与众不同的体验和表现自我、实现自我价值的道具。这，才是品牌文化的魅力所在。

品牌时代，几乎所有企业都在寻找自己品牌文化的基因，但浮躁的环境使大部分企业的品牌文化流于世俗，或牵强附会，或生搬硬套，或朝秦暮楚，或浅尝辄止……一个个经不起推敲、缺乏常识的品牌故事，并没能将品牌地位拉升到相应的高度。相反，一味追求品牌传播的"奇、异、快"，反而使品牌陷入低俗化、娱乐化的传播怪圈，知名度是有了，但品牌的美誉度却没有同步提升，品牌文化内涵更显得单薄和肤浅。

对于蒙娜丽莎品牌文化的建设，萧华有着自己的理解和把握，始终坚持不急不躁，稳步推行的策略，这与他的性格颇为相似。正是由于对市场节奏的准确把控，蒙娜丽莎品牌始终保持着一个典雅的、具有文化艺术魅力的人性化形象，在嘈杂的广告传播和激烈的市场竞争当中实属不易。其背后的驱动力，是蒙娜丽莎品牌的掌控者——蒙娜丽莎董事会不求眼前利益的最大化，誓将蒙娜丽莎打造成一个国际化品牌、百年知名品牌的伟大梦想。

一位经销商客户来佛山选择陶瓷品牌合作伙伴，走了多家陶瓷营销中心，大同小异的品牌和产品展示让其头晕目眩，不知如何选择。当他来到蒙娜丽莎文化艺术馆后，不仅为蒙娜丽莎博大而深厚的品牌文化所吸引，甚至连观看产品的环节都省略掉了，直接就与蒙娜丽莎签订了合作协议。他相信，有着这样品牌文化的企业，其产品一定是独一无二的。每每听到这样的赞誉和故事，萧华总是会心地一笑。

这，就是品牌文化的魅力所在！

在市场竞争同质化的大趋势中，品牌之间的竞争，更多的是品牌文化的竞争。蒙娜丽莎品牌依靠优质、创新的产品彰显品牌价值，以丰富的品牌文化吸引消费者，并辅之以紧贴时代脉搏的整合传播策略，最终成就了蒙娜丽莎今日令人仰视的品牌高度。

1497年，一幅名为《蒙娜丽莎》的不朽之作横空出世，2000年，一家以"蒙娜丽莎"为注册商标的陶瓷企业开始走入人们的视野。自创立以来，蒙娜丽莎集团在生活的艺术和艺术的生活舞台上，演绎出一个艺术与生活相互交融的品牌。蒙娜丽莎一直坚持追求顾客第一的经营理念，在市场战略上追求创新与个性相结合，为美化人类空间提供解决方案。

第十五章

力挽狂澜

　　2003 年，正值佛山陶瓷产业第一次大扩张的高潮，然而，年轻的蒙娜丽莎却遭遇了一次剧烈的震荡，一名股东的离开，将蒙娜丽莎推到了管理团队面临解散、企业几乎夭折的危机边缘。

　　这几乎相当于一场"地震"，行业内闹得沸沸扬扬，大家都在关注着蒙娜丽莎未来的走势。关键时刻，萧华挺身而出，力挽狂澜，他义不容辞地接过总裁的担子，用自己的行动和真诚化解了这场危机，使蒙娜丽莎经受住了改制以来最大的一场考验。

股权重组

改制后的蒙娜丽莎，释放出强大的活力，获得了快速成长的机会。为了配合蒙娜丽莎品牌的推出，企业精心策划了一系列品牌宣传和市场活动。2000 年，蒙娜丽莎在业界率先推出"雪花白"抛光砖，并先后在天津、北京、上海等城市参加展会，在建陶市场掀起白色瓷砖的强劲浪潮；2001 年，蒙娜丽莎在北京建立仓储式营销总店，以强大的货源保证进一步扩大在北京、天津等周边市场的份额和占有率；2003 年，蒙娜丽莎荣获行业首批"产品质量国家免检"荣誉称号，同时蒙娜丽莎品牌获得"广东省著名商标"，以主导产品"雪花白"为主的市场攻势，在建陶市场一路高歌猛进。

然而，企业的发展不会总是一帆风顺的，必定要经历各种矛盾的激烈碰撞，恰如凤凰必须经历浴火才能获得新生一样。2003 年，由于一名股东和部分管理人员的变动，蒙娜丽莎突然遭遇了一次巨大的"震荡"，经历了她成长当中最为严重的一次危机，也让作为董事长的萧华处在这场危机的风口浪尖，面临着人生当中最为严峻的一次挑战。

2003 年秋季的一天，萧华正在日本出差，突然接到公司某位高管的电话，说公司的一名股东想带领一部分高层管理人员出去另行创业。那位高管在电话里问萧华："这是一场很大的危机，我们该怎么办？"

得知消息后，萧华有些震惊，因为这么大的动作，在此之前他和公司其他几位董事一点儿都不知情。他立即结束行程回国。果不其然，那位股东决定离开另谋发展已成事实。由于这一事件的影响，企业内部人心惶惶，不少高层管理人员面临着何去何从的选择：一边是工作多年的企业，熟悉而又亲切，决定离开又有些不舍；另一边是新公司给出的丰厚物质条件。

　　股权重组，在这一时期的佛山陶瓷行业非常常见，许多企业发展到一定阶段后，一些高层管理人员自主创业的愿望开始变得强烈，一些股东分家，甚至兄弟、父子分家，另谋发展的案例比比皆是。但是，蒙娜丽莎的这位股东选择自主创业，在行业内还是引起了极大的轰动，毕竟蒙娜丽莎多年的经营管理由其负责，其中大部分中高层管理人员是其一手培养和提拔的，相互之间既知根知底，又配合默契，而现在要将一部分管理人员带走，对于蒙娜丽莎而言，肯定是一场强烈的震荡。一时间，行业内流言四起，甚至有人预言，蒙娜丽莎有可能从此一蹶不振，破产倒闭。

　　从日本回来的萧华，第一时间听取了各位股东及管理人员的意见。第二天，他跟时任公司管理顾问麦炽南首先找到负责研发的刘一军、潘利敏等人征求意见。萧华敞开心扉，向刘一军、潘利敏表明了自己的态度，希望他们两人能够留在蒙娜丽莎工作，与公司一起成就一番事业。通过一番推心置腹的沟通和交流，刘一军、潘利敏被萧华的真诚所感动，最终决定留在蒙娜丽莎发展。事实证明，他们的选择是正确的，多年以后，蒙娜丽莎已成为一家创新型企业，建立了行业一流的国家级创新平台，刘一军、潘利敏等一大批技术骨干也在这里找到了自己的舞台，实现了自己的人生价值。

　　在与部分中高层管理人员谈心后，萧华召开了公司管理人员沟通大会。会上，他向广大管理人员真诚地讲解了蒙娜丽莎企业继续经营的愿望以及企业发展过程中管理人才的重要性，他希望现有的管理人员在此危难之际能够留下来，与蒙娜丽莎携手前行，共渡难关。

　　经过这次动员会，大部分管理人员吃了"定心丸"，决定留下来，也有部分管理人员决定要离开，萧华就一个一个跟他们谈心，希望他们在此关键时刻能够留下来，与蒙娜丽莎一道发展。如果对方坚持要走，萧华也不勉强。

由于公司出现波动，供应商出于担心，开始集中催收货款。萧华指示相关部门，把供货给蒙娜丽莎企业的供应商全部请到公司召开会议，向他们开诚布公地说明公司股东的变动情况。会上，有部分供应商担心蒙娜丽莎能否继续经营下去，货款会不会成为烂账。萧华当场向他们做出承诺：第一，有货款在蒙娜丽莎公司的供应商，公司将严格按照采购合同、按照原有的承诺条件执行；第二，希望现在给蒙娜丽莎供货的供应商能够继续供货，与蒙娜丽莎一起渡过眼前的难关；第三，如果有供应商不相信自己和蒙娜丽莎做出的承诺，想提前收回货款，可以与公司签订货款回收计划，但是，一旦签订了货款回收计划，以后就不用与蒙娜丽莎做生意了。

听了萧华既态度鲜明又言辞恳切的承诺，大部分供应商的疑虑被打消了，他们相信萧华的为人和承诺，知道他承诺人家的事就一定能办得到，因此在会上大部分供应商明确表态要跟着蒙娜丽莎公司一起发展，也有部分供应商观望了一个多月才继续供货。直到现在，大部分供应商还与蒙娜丽莎保持着良好的合作关系。

在高层管理人员思想统一后，蒙娜丽莎召开全体员工大会，就此危机向广大员工进行说明。会上，萧华向广大管理干部和员工郑重表态："无论何种情况，无论怎样的危机，蒙娜丽莎的事业都将继续进行下去，而且要比以往任何时候都做得更加出色。这是我们的使命，也是我们的追求，没有人能够阻拦。"萧华的讲话，好像一颗"定心丸"，让弥漫在员工当中的各种疑虑、猜测等不安情绪渐渐平息了下来，他们用实际行动表现出与企业携手同行、荣辱与共、同渡难关的信心和决心。

与此同时，萧华做出了一个重要的决定，鉴于过去几名董事各管一块容易产生摩擦和矛盾的教训，除萧华本人兼任总裁外，其他股东一律卸任行政职务，不再负责具体的经营管理工作。同时，任命刘一军为公司副总裁，分管公司的生产研发管理工作；任命黄辉为蒙娜丽莎瓷砖营销总经理，负责公司的营销工作；任命潘利敏为公司总工程师，负责公司生产技术与新产品开发工作；任命陈峰为财务总监，负责公司的财务管理；任命叶晓东为佛蒙公司总经理，负责公司的出口业务。由此开创了职业经理人全盘介入、勇挑重担的新局面，为刚刚经历过一场波折的蒙娜丽莎集团注入了全新的生机与活力。

在稳定员工队伍、稳定供应商的同时，萧华和董事会成员经过讨论决定，只要过去以蒙娜丽莎公司的名义向经销商做出的承诺，公司全部兑现。有些经销商的要求即使不尽合理或缺乏凭据，公司也都一一给予落实；经销商由于自身经营不善导致产品积压，公司做出部分让利，帮助经销商清理库存；个别经销商缺乏资金周转，公司就主动借款支持他们……公司以实际行动消除了经销商的疑虑，重新树立起了他们对蒙娜丽莎的信心，赢得了他们的信任。

一场巨大的危机，就这样被萧华悄然化解。与此同时，各种传言日渐归于平息。

2004年春节过后，过年的气息还未退去，萧华已经与时任公司顾问、广州天圆企业咨询有限公司总经理麦炽南赶往北京、天津等地考察市场。他知道，这场震荡最大的危机还在于终端渠道的稳定与否，只要市场稳定、经销商稳定，就没有过不去的坎。当时，北京、天津是蒙娜丽莎在华北区域重要的销售市场，通过与北京经销商李洪伟、天津经销商王军一番推心置腹的沟通，他们很快达成了共识，消除了顾虑，并且在麦炽南顾问的帮助下与李洪伟、王军一起制订了2004年以及未来若干年的长远发展规划，在厂家的大力支持下，北京销售区域对原有的人员、架构、管理模式及销售策略进行了一番大刀阔斧的调整，抓住北京奥运工程建设这个难得的机会，将蒙娜丽莎在这个重点市场迅速做强做大。

经过这次震荡，萧华更进一步认识到销售环节对企业经营的重要性。自己以往对生产系统的关注相对较多，而对终端市场的了解却远远不够，有必要抽出时间到终端市场走一走，亲身体验一下市场一线的销售情况，看看经销商在想什么问题，他们有没有什么困难需要企业帮助解决。同时，也想听听经销商在产品销售方面和对新产品开发方向的意见和建议。

那个时候，许多企业的生产和销售是脱节的，企业生产什么，经销商就销售什么。但萧华不这么认为，他觉得，企业生产出来的产品到底好不好，首先要得到经销商的认可，因为他们整天在市场一线跟客户打交道，更了解客户真实的需求。其次要得到消费者的认可，听听他们对蒙娜丽莎产品的评价，或者需要企业解决什么问题，经销商更能够帮助企业拉近与市场的距离。因此，不仅公司领导要走市场，负责生产技术的副总裁和负责产品研发的总工程师也要走市场，从经销商那里掌握第一手的市场资料，用以指导企业的生产和研发工作。

从此，走市场就成了萧华了解市场一线真实情况的一个惯例。从那以后，每年他都会抽出一段时间，与生产、研发、销售的负责人一起，或开车，或坐车，一路向北，东征西战，深入市场一线，从经销商、店面销售人员那里了解最新的市场动态。

不出差的时候，萧华就在办公室里和刘一军、潘利敏等一起研究怎样提升产品质量和生产效率，把所有的生产设备，包括过去闲置的设备都利用起来，让同样的生产线、同样的设备、同样的人员配备，能够得到最大的产出。只有这样，才能提高公司的经济效益。

刚接手总裁的那两年，萧华感觉工作压力非常大。一方面，股权重组的余波还在影响着企业生产经营的方方面面；另一方面，管理人员、员工和社会各界也对他报以极大的期望。那个时候，几乎每天都有处理不完的事情，公司大大小小的事都在等着他来决策、拍板和制订解决方案，甚至有基层员工做得不开心也来找他，向他倾诉工作中的烦恼并要求离职。

每当这个时候，萧华总是耐心地和他们谈话，希望他们能正确面对眼前的困难，继续留下来做好工作。无论是管理人员还是普通员工，只要他们来找萧华，萧华都一一和风细雨地与他们分析利弊，动之以情，晓之以理，设身处地为他们想办法，希望他们能够在蒙娜丽莎开心地工作。

公司经过这次震荡后，为了建立起全新的管理组织与架构，其他几位股东顾全大局，都从管理岗位上退了下来。萧华作为董事长兼总裁，身上背负着几位股东的期望，如果做不好，或者没有达到股东的预期目标，就会辜负这些股东和拍档们对他的信任。

正是由于这样的信任，在他接任总裁后的前两年，他像个拼命三郎似的，整天泡在公司里忘我地工作。也正是那两年，耗费了他大量的心血。由于长期繁忙的工作，身体状况大不如前，人也一下子衰老了很多。有时候下班回家，一边开车，一边仍然想着公司里一大堆令人头痛的问题，想到头昏脑涨，却仍然想不出个结果。这时候，他就打开车上的收音机听歌，一边听，一边跟着音乐大声地唱，把自己内心的压力释放出来。这样的解压方式显然是有效的，许多令人头痛的问题，坐在办公室里想半天也想不出个头绪来，反而高声唱几首歌后，放松一下自己，换个方式，竟然一下子就想通了，棘手的问题迎刃而解。

经过一段时间艰苦的努力和拼搏，公司开始一天天好转起来。后来，无论是供应商、经销商、员工还是股东，都对企业发展充满了信心。2004年，经历了股权重组危机之后的蒙娜丽莎，取得了销售业绩的大幅增长，消息传来，全厂振奋。历经波折之后的蒙娜丽莎，顺利驶过了这个前行中的弯道，向着更加美好的明天一路前行。

从内心深处，萧华很感谢公司股东、管理人员和广大员工那段时间对他的信任，正是大家的辛勤努力，才使企业一步一步从低谷中走了出来，企业经营业绩一年比一年好，为蒙娜丽莎的持续、稳步发展奠定了坚实的基础。而那位自主创业的股东，在清远买地建厂，十几年来同样做得很好，受到行业同仁的认可与好评。

多年以后，回忆起那场巨大的危机，萧华坦言，其实，那场震荡对蒙娜丽莎而言，也是一次极好的机遇。因为企业当时虽然改制了，但仍旧是原班人马，延续着以往的管理制度和管理模式，从1998年到2003年的5年间，前两年快速发展，后三年基本上停步不前，到2003年的时候，企业发展的后劲已明显不足，各类问题日渐爆发，这是导致股东之间产生矛盾并最终

"分家"的根本原因。如果企业经营得好，不会有人选择离开。但正是这场危机，将企业存在的深层次问题和矛盾暴露了出来，从而给了蒙娜丽莎一次"刮骨疗伤"、重获新生的机会。

后来的事实证明，如果没有那场震荡，就没有今天的蒙娜丽莎。

清远扩张

就在股权重组引发企业震荡之际，蒙娜丽莎并没有停下扩张的步伐。清远新生产基地的建设在新董事会班子的领导下如期推进，拉开了蒙娜丽莎发展史上第一次走出去的产能扩张。

21 世纪之初的中国建陶业，被誉为中国建陶业自改革开放后发展的"黄金十年"，10 年当中最大的变化就是行业规模急剧扩张，产量从 2000 年的 17.5 亿平方米增长到 2010 年的 75.8 亿平方米，年均增长率始终保持在两位数以上。与此同时，行业内涌现出一大批规模型、实力型、品牌型的大中型企业。

伴随着房地产的快速发展和城镇化建设步伐的加快，市场对建筑陶瓷产品的需求大幅增长，越来越多的企业出现了供不应求的经营局面。而原有的生产线，则大都受到土地、厂房、原料供应、工艺布局、环保容量等多方面的制约难以有更大的发展空间。于是，行业内时时酝酿着一波接一波的扩张高潮。

那个时候，不像今天广东陶瓷企业的资本遍及全国，大家基本上是在佛山以及周边地区进行投资扩张。2003 年前后的这一波投资热，是佛山陶瓷企业继 1999 年新中源在四川夹江投资之后的一次较大规模的向外扩张潮，同在广东省内，具有资源优势和交通优势的清远、河源成了行业新一轮扩张的首选之地。

2003 年，蒙娜丽莎的产能同样面临着极大的短缺。相比蒙娜丽莎的品牌优势和渠道优势，企业产能不足的"短板"越来越明显，严重制约着企业的发展。为了扩大生产规模，加快企业发展，萧华和几位股东决定顺应市场变化的需求，在西樵之外建立新的生产基地。在经过董事会讨论同意后，2003 年 3 月，公司正式对扩建项目进行立项。

到哪里建厂呢？当时，周边地区及外省政府的招商引资热很火，作为行业内的一线品牌，许多地方政府希望蒙娜丽莎这样的优秀企业能够到当地去投资建厂，以形成品牌示范效应，促进当地建陶业的发展。但萧华没有被政府部门招商引资的热情所诱惑，而是抽调专业人员组成了项目调查小组，从市场、资源、交通、投资环境、劳动力供给等多个维度进行详细的前期调研。

经过近 3 个月的调研与实地考察，萧华发现，清远源潭镇以其铁路、公路、水路区位优势及毗邻广州新白云国际机场、形成纵横交错的立体交通网络优势，被众多陶瓷厂家看好，并且拥有储量丰富的优质陶瓷原料资源，如黑泥、瓷砂、长石等，再加上当地政府大力扶持陶瓷产业，给予落户清远的陶瓷企业足够的政策支持，使清远源潭镇"建材陶瓷工业城"初具规模，成为佛山之外又一个重要的陶瓷生产基地。除清远外，三水芦苞也是当时陶瓷行业异地建厂的热门之选，公司董事会有人建议到三水投资，相比清远，三水的土地更容易平整，可以节约大量土地平整费。最后，萧华建议董事会用股权投票权来决定，这是董事会首次动用股权投票权来决定公司的重大事项。

2003 年 7 月，公司最终选择在清远源潭镇建立蒙娜丽莎第二个生产基地，并将筹建中的新基地注册为"清远市皇马陶瓷有限公司"（后改名为"广东清远蒙娜丽莎建陶有限公司"）。

这是蒙娜丽莎发展史上第一次向外扩张，新生产基地的建立，为公司做大规模打下了坚实的基础。

清远蒙娜丽莎总占地面积约 1100 亩，规划总投资 9800 万元人民币，首期建设 5 条建陶生产线，采用当时陶瓷行业先进的工艺技术、装备和科学的管理方法。

值得一提的是，清远蒙娜丽莎建陶有限公司于 2003 年 11 月 6 日向清远市发展计划局上报项目立项请求，11 月 7 日，清远市发展计划局就对该项目立项予以批复，由此可见，当时清远市政府对蒙娜丽莎入驻清远的支持力度。2004 年 2 月，经董事会同意，任命董事邓啟棠为清远蒙娜丽莎建陶有限公司董事长，吴龙华为总经理，在陈帆教授的协助下，正式开展工厂设计、施工建设、环保审批等一系列工作，使清远蒙娜丽莎建设进入实质性实施阶段。

清远基地建厂之初，萧华和董事会成员就本着超前规划、规范设计、环保达标、科学管理的思路，先后两次邀请广东省建筑规划设计院的领导、专家到现场考察、评审；同时，聘请以华南理工大学陈帆教授为首的专家团队担任技术顾问，高起点、高标准、严要求，充分考虑环境保护和清洁生产，力争建成建陶行业一流的花园式工厂。建厂伊始，公司就对生产过程当中的废水、废渣、废气、噪声的处理和绿化工程等进行了非常周全的考虑与设计，并在该园区内率先采用轻质塑钢材料建设厂房，充分考虑到通风、通气、降温等因素，保障生产员工的工作环境。

正是科学的规划、合理的布局、超前的意识，使建成后的清远生产基地变成了一座花园式的工厂，完全改变了人们对传统陶瓷制造业污染大、脏乱差的认识。在优美的环境中，每一位员工都能在这里愉快地工作与生活。

清远生产基地的建设可以用"深圳速度"来形容，从原始的山丘、农田、沟渠到变成现代化的建陶生产基地，仅用了十个月的时间。2005 年 1 月，清远蒙娜丽莎生产基地正式投产，萧华和董事会其他成员一道，共同揭开了清远蒙娜丽莎的牌匾，这标志着蒙娜丽莎公司产能、规模由此迈上了一个全新的台阶。在清远蒙娜丽莎董事长邓啟棠和生产总经理吴龙华的带领下，清远蒙娜丽莎连续多年超额完成董事会下达的各项经济指标，为集团公司的发展立下了汗马功劳。此后，清远蒙娜丽莎以专业生产高端抛光砖为主，2019 年起，开始生产高档瓷质抛釉砖，成为蒙娜丽莎集团总部之外一个重要的生产基地。

第十六章　**管 理 变 革**

　　从初任董事长到兼任总裁，萧华在蒙娜丽莎的发展历程中留下了一系列生动鲜活的管理故事。

　　他的管理风格，如同他的性格，总是和风细雨，柔中带刚。看似平淡无奇的招式，却招招实用，并直抵问题的要害，于错综复杂的局面中化繁为简，出奇制胜。

　　萧华奉行低调、务实、高效的管理风格。这种风格的形成，缘于他多年一线工作的实战经验，从而使他的行事风格和管理理念充满着大智若愚的智慧。

管理制度化

与 20 世纪 90 年代佛山陶瓷行业集中上马陶瓷生产线浪潮中诞生的诸多民营及集体企业相比，蒙娜丽莎从创办之日起，就坚持高起点、高规格、规范化经营，因此，企业管理制度相对完善，员工的整体素质与管理水平也比同时期创办的诸多集体或民营企业要高。

建厂之初，蒙娜丽莎就得到了南庄东村陶瓷总厂的大力支持，从工艺技术、花色设计到薪酬制度、考核标准等，东村陶瓷厂都给予了大力支持与帮助。1992 年 8 月建成投产后，公司在短时间内就完善了相关职能机构，成立了原料车间、彩釉砖车间、球釉组、试制组、技术科、质检科、设备科、财务科、供销科、后勤组、厂办等部门，同时，建立起了相对科学、规范的管理机制，企业内部制度的制定、重大问题的决策、人事任命、薪酬调整等敏感的管理工作，公司领导都会依照完整的制度、流程来执行，而非像诸多企业大小事务都由老板一人说了算。正是这样的管理方式和管理机制，为蒙娜丽莎的规范管理和民主决策奠定了良好的基础。

1998 年 6 月，以萧华为首的新董事会接管樵东陶瓷厂。经过一段时间的磨合，萧华对樵东厂的企业管理提出了新的要求：一是要不断完善并优化经营管理制度，规范管理流程和标准，提升企业管理水平，确保公司的一切经营行为在制度范围内健康高效运行；二是加大对公司制度、政策和计划执行的监管力度，做到有令则行，有禁则止，不断提升公司的执行力。

同时，萧华还依靠公司党支部、工会、妇青团等组织，加强对干部员工的思想品德、职业道德和行为规范的培训与教育，不断提高管理人员和员工队伍的整体素质，完善管理人员和员工的岗位责任体系和综合绩效评价办法，充分发挥各级管理人员和员工的积极性和创造性，并不断优化机构、精简冗员，提高工作效能。

在这场新旧管理理念、管理手段和管理风格的碰撞中，改制前的樵东陶瓷多年积累下来的诸多优秀管理经验被完整地予以延续，同时，新的董事会又为企业带来新的管理理念。改制后的樵东陶瓷厂，由几位股东共同做出最高决策，但董事长萧华却谦逊、低调，为人随和，在董事会内部充分发扬民主，绝不搞"一言堂"，有什么重大问题，他总是第一时间召开董事会，由大家讨论决定。而一旦决议形成，就要求管理人员不折不扣地予以执行。

多年来，决定蒙娜丽莎集团命运的几位股东，虽然在决策当中有时会存在不同的意见，也会在董事会会议上争执不下，但却从来都团结一致，以公司利益、员工利益为重，从而使蒙娜丽莎在多年的发展历程中没有出现大的震荡与变故，使企业始终保持着持续、平稳、快速发展的良好态势，这当中，董事长萧华以其大度、谦和、包容、无私的性格和独具慧眼的远见卓识发挥了重要的作用，赢得了董事会成员的一致肯定与尊重。

蒙娜丽莎的前身是一家集体企业，除健全的管理架构外，建厂伊始就相继成立了党支部、团支部、工会委员会、妇委会、劳动保护委员会、安全生产领导小组等组织机构，其管理人员大多是公司各级领导、生产技术骨干和优秀管理人员。这些组织的建立，为加强企业管理、稳定干部队伍、调动员工积极性、建设企业文化、丰富员工业余文化生活等方面发挥着重要的作用，让蒙娜丽莎的每一位员工都有一种责任感、归属感和荣誉感。

经过20多年的发展历程，企业由最初的樵东陶瓷厂发展为现在的蒙娜丽莎集团，但这些企业基层组织，不但一直保持了健全的结构，而且在企业生产经营管理中发挥着重要的作用。在萧华担任蒙娜丽莎董事长和总裁之后，这些组织不但没有被削弱，反而得到了进一步的加强，各个组织在不同的层面发挥着不同的作用，为蒙娜丽莎的持续、稳定、健康发展奠定了坚实的基础。

以蒙娜丽莎党支部为例，虽然萧华个人的党组织关系在禅城区澜石黎涌，但他仍然大力支持集团公司的党建工作，公司党支部书记一直由从部队转业回来的董事邓启棠担任。从1993年起，在蒙娜丽莎集团20多年的发展历程当中，每年一份的党支部工作总结报告都被保存得完完整整，通过那些发黄的纸张、那些充满热血豪情的滚烫话语，我们可以清晰地看见一个强大的支部组织从集体企业到民营企业发展历程中所担当的光荣使命与神圣职责。

股东定铁律

转制后的樵东陶瓷厂，成了一家真正意义上的民营企业。然而，令人奇怪的是，数千人的员工队伍当中，竟然没有一名股东的亲属或亲戚。

更令人赞叹的是，每年采购额数亿元的供应商队伍中，同样没有一个与公司股东沾亲带故的。

这一切，均源于樵东厂转制之际几位股东在达成共识的基础上形成的两条铁律。就是这两条铁一样的纪律，奠定了几位股东良好的合作基础，使之后变更为蒙娜丽莎的企业迈入了健康、持续、快速发展的轨道，最终成为中国建陶业的一线知名品牌。

谈到两条铁律的诞生，董事张旗康感触颇深，由于之前他曾在海南三亚创办过一家家族饮料企业，采购、财务、管理等权力部门和"油水"岗位，全部被其家族内的"七大姑八大姨"所把控，结果这些人利用特权把企业当成了捞钱的肥肉，没过多久，就将企业搞得乌烟瘴气，最终破产倒闭。

正是基于这样惨痛的教训，转制后股东签订合作协议时，张旗康特意找到萧华，向萧华提了两条建议：一是公司股东及高层管理人员不能有亲属在樵东厂工作，原有的立即辞退；二是股东和高层管理人员不得参与、经营与企业相同的业务，尤其不能向企业供应任何原、辅材料，已经形成合作关系的，要逐步取消业务关系。

这样的规矩，对于一家民营企业而言，简直是天方夜谭。尤其对于刚刚入主樵东的萧华来讲，几乎有点苛刻。因为在此之前，他所在的黎涌陶瓷设备厂是樵东厂唯一的窑炉承建商，从樵东瓷砖厂的第一条窑炉开始，樵东厂当时所有窑炉都是由他修建的，他所创建的澜石黎涌陶瓷设备厂已与樵东厂形成了多年的合作关系。如果订立这样的"规矩"，将会使自己原有的业务遭受巨大的经济损失。

痛定思痛，为了刚刚转制后的樵东厂有一个良好的开始，为以后的发展奠定一个坚实的基础，萧华采纳了张旗康的建议，并在大家的帮助下，制定了严格的规章制度。从制度出台的那天起，澜石黎涌陶瓷设备厂除当时正在承建的四条窑炉外，蒙娜丽莎以后新增的窑炉全部另选行业内优秀的窑炉公司承建，自己原有企业完全退出与蒙娜丽莎的业务合作；副董事长霍荣铨也逐步减少、最终终止了蒙娜丽莎包装材料的供应。在萧华和霍荣铨的带领下，董事会另一位高管其弟弟供应多年蒙娜丽莎的化工原料也被其他供应商取代。

当时，公司窑炉还是烧重油，曾经长期被一位有关系的供应商所垄断，包括许多原材料、化工料的供应，也与个别股东沾亲带故。为了打破这种关系，军人出身的董事邓启棠，兼任了一段时间的采购部经理，将有裙带关系的供应商通过一年左右的时间统统停掉，然后全部重新招标，建立了透明、高效的采购体系。

两条铁律，如同企业的"宪法"，给刚刚转制获得新生的樵东厂注入了一支防病毒"疫苗"。在以后的发展中，正是这两条触碰不得的铁律，保证了蒙娜丽莎"肌体"的健康运营，使企业获得了快速发展。

辞退近亲属

萧华带头砍掉了与樵东厂的业务关系，没想到对"皇亲国戚"的辞退却犹如一场强烈的"地震"，在新生的樵东陶瓷厂引发了一场轩然大波。

铁律公布的第二天，一位股东就辞退了在公司财务部工作的一位远房亲戚，并给予了适当的补助。而董事张旗康却忧心忡忡，制度出台一个星期了，他都不敢向爱人提起这件事。他的太太祝东辉当时是樵东厂的一位产品设计师，毕业于重庆大学工业造型专业，已从事陶瓷设计近5年，是一位专业对口的业务骨干。现在要被辞退，而提出这个辞退建议的，又恰恰是她的先生，这样的提议让她怎能接受？

张旗康至今还记得他太太听到这一消息时火冒三丈的样子，整整半个月没跟他讲一句话。后来，在萧华等人的劝说下，才逐渐接受了离职的决定，从一名企业的技术骨干最终变成了一名下岗人员。

董事会成员清除了身边的"皇亲国戚"，下面的工作就相对好做多了。第一次的辞退范围，仅限于董事会及高层管理人员，对中层管理人员有亲属和远亲在公司的，只是规定不得在自己管辖的部门工作，并将其调离到其他岗位。

虽然岗位的变动给某些人带来了工作环境、工作量和收入等方面的变化，但一些好的岗位仍被沾亲带故、有关系的员工占据着，新来的员工多有抱怨；一些中层管理人员利用手中的权力，互相照顾对方亲属的现象时有发生；夫妻、儿女、表亲、姑舅、老乡……这些错综复杂的关系网并没有被完全打破，甚至出现了"西樵帮""广西帮""湖南帮""四川帮"等山头组织，为企业新政的推行带来了一系列困难与阻力。为了彻底改变企业在政府集体所有制期间遗留下来的这些陈规陋习，2002年底，萧华决定将"皇亲国戚"的辞退范围进一步扩大，凡主任级别以上的管理人员，除夫妻双方都是在任的主任级管理人员外，均不得有任何亲属和亲戚在蒙娜丽莎工作。

这一次的辞退，共计169人面临着离开蒙娜丽莎的命运。

这一几乎不近人情的决定，一方面面临着极大的辞退困难，另一方面也面临着人才的大量流失。有人不理解，牢骚满腹；有人托关系，想继续留在蒙娜丽莎；也有人被逼无奈，只好含泪离开工作多年的岗位。一位老员工深有感触地对萧华说："某某主任还是我介绍他来蒙娜丽莎工作的，只是因为他年轻有为、能力强当上了主任，现在反而却因为这层关系要辞退我，真有些想不通。"

当时，著名经济学家温元凯教授正好在佛山讲学，听说蒙娜丽莎辞退亲属、"挥泪斩马谡"的这一做法后，专程到蒙娜丽莎公司调研，他在调研时对萧华董事长直言不讳地说："作为一家民营企业，如此大面积地辞退沾亲带故的员工，有点不合情理。放眼国内，哪一家民营企业不是由其近亲掌控的？"

但是，后来的事实证明，萧华的这一决定是完全正确的，不但超前，而且英明，它为蒙娜丽莎管理新架构的建立、新制度的执行打开了一条顺畅的通道，将企业选人、用人方面托关系、走后门、靠资历的陈规陋习彻底地清除干净，激活了选才、用才机制。没过多久，这一鲜活的案例就频频出现在温元凯教授的演讲当中，成为中国民营企业去家族化经营的成功典范。

赛马选英才

关系网被打破了，但管理队伍的老化仍旧困扰着年轻的蒙娜丽莎。为了选拔一批年轻有为、德才兼备的优秀人才，经萧华提议，公司董事会讨论，决定面向全体员工公开选拔人才，由此拉开了英才机制改革的序幕。

这对于辛辛苦苦工作多年，刚刚担任一官半职的部分管理人员而言，无疑难以接受，尤其是那些文化程度偏低、年龄偏大的管理人员，面临着巨大的压力。这些管理人员，凭借着进入企业早，以敢闯敢干的拼搏精神和务实的工作作风为蒙娜丽莎的发展立下了汗马功劳，同时积累了丰富的管理经验。然而，面对新的改革、新的机制、新的市场变化，一部分管理人员的能力与水平已明显不能适应企业的发展，处处显得力不从心。

是继续留在原来的岗位凭借自己积累的经验来管理，还是让更富激情、更具专业素养的职业经理人来操盘？一批中高层管理人员再一次面临着痛苦的抉择。

一位股东深有感触地对萧华说："要把自己拼搏多年一手打造出来的企业拱手让给外人来管理，当时确实有些想不通。革命"革"到自己的头上，那才叫切肤之痛呀！"

为此，萧华专门召开董事会下达动员令，深刻阐述了公开选拔人才的重要性，并得到了董事会成员的大力支持。最终，包括个别股东在内的一批年龄较大的高层管理干部都被调整了岗位。在动员令后的餐桌上，萧华举起酒杯，满怀深情地对各位管理人员说："过去，大家为蒙娜丽莎的发展事无巨细、拼搏进取，立下了汗马功劳；今天，当公司面临着一场事关未来前途和命运的深刻变革时，更需要大家以大局为重，积极配合。来，大家干一杯，为蒙娜丽莎美好的明天干一杯！"

就这样，包括六大公司、一大中心共 11 个正副总经理的集团股东的职位都顺利地让了出来。为集团旗下的各路英才营造了一个施展才华的大舞台。在公司英才机制改革领导小组的推动下，通过公开、公正、公平的有序竞争，11 名来自外地的年轻优秀管理干部通过层层选拔脱颖而出，成为集团六大事业部的正副总经理，萧华亲自向他们颁发了聘书。

2000 年，为了充实营销、研发管理团队，公司一次性招聘了 100 名大学生加盟蒙娜丽莎，为公司的发展输入了新鲜血液，在提升管理人员综合素质的同时，呈现出年轻化、高学历的趋势。当时，一位管理人员说："给你们 3 个月时间，必须学会说粤语，否则下岗。"但这批大学生来自五湖四海，没有几个能够在规定的时间内学会说粤语，开会的时候，反而是董事会成员改讲普通话了，尽管普通话中带有明显的粤式口音，但从这个角度可以看出企业对人才的渴求。

2012 年，集团通过公开竞聘选拔出了新的安全环保部经理；2013 年，集团先后调整人力资源部、创意公司、QD 瓷砖事业部，同样都是通过员工报名、层层选拔、公开竞聘产生。每一次选聘会，无论工作多忙，萧华都亲自参加，坐镇把关，让广大应聘者感受到集团董事会对竞聘过程的重视。而作为企业最重要的财务部门，从转制至今没有任何一位萧华和其他股东的亲属，全部由职业经理人管理，这与周边同类民营企业形成了鲜明的对比。

除公开选拔管理人员外，萧华还通过各种途径大力引进企业发展所需要的特殊人才。他知道，企业之间的竞争，归根结底还是人才的竞争。自己读书不多不要紧，最主要是能不能找到真正有水平、有能力的专业人才并能够为我所用、为企业所用。因此，他时刻关注着企业的人才培养和引进，只要是企业所需要的人才，无论是同事推荐的还是毛遂自荐的，他都亲自与他们交谈，用自己的真诚和胸怀感动他们，不断引进企业发展所需的高端人才，包括销售中心现任总经理黄辉、集团原艺术顾问陈捷等。

曾任集团艺术总监的陈捷，提起与萧华的相识，满怀感激之情，他说："我跟萧老板很有缘分，他很尊重并重视我们这些艺术工作者，至今我还记得当时加盟蒙娜丽莎时，萧老板握着我的手，亲切地对我说'你来帮我忙吧'。我从萧老板的语气里听出了真诚，听出了渴盼，因此，义无反顾地加盟蒙娜丽莎，并利用蒙娜丽莎这个平台，创作了一系列大型瓷艺画工程作品，为蒙娜丽莎的文化、艺术事业贡献了自己的绵薄之力。"

股东要团结

2003 年秋，因之前担任公司总裁的另一位股东离开蒙娜丽莎自主创业，萧华挑起了蒙娜丽莎集团总裁的担子。

那个时候，企业不仅面临着失控的危机，而且遭受着来自外部的巨大压力。许多人担心蒙娜丽莎不能渡过这次难关，甚至有人放言蒙娜丽莎将会破产倒闭。在此人心惶惶、企业面临重大危机的艰难时刻，作为蒙娜丽莎的大股东，萧华知道自己没有退路，只能义无反顾地挑起这副重担，带领大家团结一心，走出困境。

"从现在开始，我不是董事长，我是职业经理人，我是为大家服务的！请大家共同来监督我。你们监督我，就是在帮助我。""开董事会的时候，我才是董事长，开办公会议的时候，我是总裁，是和大家一起来完成董事会的任务的！"萧华不厌其烦地纠正着股东们的观念，要求他们对自己的行为进行监督。他的这种管理风格和谦卑的处事态度，被蒙娜丽莎的每一位股东和管理人员看在眼里，大家自觉凝聚在以萧华为核心的"班长"周围，齐心协力，为一个共同的目标而努力奋斗。

1998年改制后，佛山的陶瓷企业基本上都成了民营企业，而且股权结构相对简单，大多只有一个老板，而蒙娜丽莎却有点特殊，改制时有5个股东，2003年底走了一个，剩下4个股东。这是与其他企业最大的不同。股东多，因为要倾听每个人的意见，有时会显得决策有些慢，效率有些低，但却能够最大限度地聚集集体的智慧，使公司的决策管理少出失误，少走弯路。这么多年来，蒙娜丽莎长期能够保持持续、平稳、健康发展的态势，这与萧华在重大问题上始终坚持集体决策有很大的关系。

萧华知道，一个班子团结与否，"班长"的带头示范作用很重要。一方面，必须以身作则，时时处处以公司利益为最高原则；另一方面，要听得进不同的意见，容得下各类人才，才能将大家团结在一起。无论是董事会决策还是日常经营管理，他都以共产党员的标准严格要求自己，注重听取大家的意见和建议。

唐太宗李世民以魏征为明镜，创造了贞观盛世。在现代企业管理中，监督也好似一面镜子。萧华常常对身边的人说："管理人员很容易做错事，这个时候，先不要急着追究和处理那个做错事的人，说不定就是你的管理方法害了他，因为越到管理的上层，越容易造成管理上的真空。"

"蒙娜丽莎成功的关键在于几个股东非常团结。产品、品质、品牌、口碑等体现的只是企业外在的一种规模和实力，而决定这种外在规模与实力的，却是内在的组织架构和企业文化，是经营企业的愿景、使命和价值观。蒙娜丽莎不像其他民营企业，由老板一个人说了算，而是几个股东共同说了算，这么多年来，股东之间能够这么团结，并利用集体的智慧进行决策，这是蒙娜丽莎快速发展的重要因素之一。"一位与蒙娜丽莎长期合作的客户这样评价公司的管理机制。

蒙娜丽莎成功的主要因素有哪些呢？

"团结且有竞争力的团队、严格的品质管理和过程控制、对事不对人的管理方式！"这是萧华曾经在媒体采访时给出的一个答案。

领导班子是否团结、是否有竞争力、是否有统一的方向，这是一个团队能否做事，或者做多少事的依据。而如果仅仅拥有团结的团队，而缺乏监督，这个企业也同样不知道会朝哪个方向发展，因为制度的功能就是体现在执行、跟踪和管理上。"我们的企业不缺乏制度，但是为什么很多事没有做好，就是因为我们没有跟踪好。安排的事情是否执行下去了、做得怎么样了，都应该有一个监督。在监督中，你会发现一些人犯了错误，但是要记住，在任何情况下，都不要就事论人，因为这样容易产生偏见。偏见一旦产生，你就像失去了一只眼睛，管理中最重要的平衡就失去了"。

无论是带头人萧华，还是蒙娜丽莎企业，其发展经历都充满了传奇色彩。作为行业内一家知名陶瓷企业的当家人，作为身价过亿的企业家，萧华有太多的地方值得自豪，然而，他却总是保持着谦逊、纯朴、真诚的本色，脸上始终洋溢着蒙娜丽莎般神秘的微笑。他不喜欢高谈阔论，不好奢华享受，始终内敛深沉，过着最简朴的生活，这与蒙娜丽莎强大的品牌知名度和锋芒毕露的气势相比，不能不说是一种相当令人惊异的对比。

变"不行"为"行"

对于企业管理，萧华很少有长篇大论的空谈，而是更侧重于生产经营当中点点滴滴的改进与完善。

"我们是不是还有什么漏洞，我们是不是无懈可击了？"萧华常常这样反躬自问，时刻保持着危机意识，并不断寻找优化工作的方案。有一段时间，工人们发现萧华整天在车间内的压机前徘徊，反反复复，比比画画个不停，谁也不知道他又在想什么。过了几天，萧华给技术人员布置了一项任务，由现在的一条窑炉与一台压机配合，改为每条窑炉配置两台压机。

那个时候，传统的陶瓷生产工艺布局，都是一条窑炉配一台压机，但由于压机故障率高，窑炉经常出现空窑现象，不仅浪费了成本，而且导致产品质量波动，影响了窑炉的正常运转。

萧华所思考的，正是如何使两台压机同步为一条窑炉工作，从而将每个流程的工作效率都达到最优匹配。对于萧华布置的这个任务，技术人员纷纷表示，这不大可能成功，再说同行也没有这样的先例。但萧华坚决地说："你们不要对我说不行，我懂技术的！过段时间我来检查结果。"一段时间后，技术员激动地打电话给萧华："萧总，您说得没错，真的行啊！"萧华笑了，事实上他早就充分考虑和计算过这种组合的可能性和症结所在，并找出了解决方案，他这样做，就是为了激发员工的创新精神。时至今日，两机一线、三机一线，甚至多机一线早已在陶瓷企业大量应用，可对于当时的陶瓷企业来讲，这样的尝试，无疑充满着巨大的风险与挑战。

2007 年 7 月的一天，广蒙生产事业部 C 窑根据销售计划转产 600mm × 600mm 规格的瓷质仿古砖。但是，意外突然发生了，原来稳定的生产线接连出现了走砖不正、产品变形等质量事故，优等品率降到了 70% 左右。

生产车间针对此问题进行了很多尝试，并在停窑期间对传动系统进行了改造和修正，但收效甚微。无奈之下，广蒙生产事业部只得向萧华报告，要求停窑检修。

面对这样的要求，萧华没有同意，而是召开了专题会议，他要求大家转变思路，群策群力，寻找新的解决办法，并指示设备管理部的一名技术人员参与窑炉的调试工作。

经过一番"会诊"，这名设备部的技术人员认为不停窑是可以解决问题的，在车间技术人员的配合下，经过一个晚上的跟踪调试，对窑炉走砖偏位、前后左右砖距、烧成温度曲线等进行了精准的调试，终于使生产质量趋于稳定，最大质量缺陷变形从高峰时的 20% 多下降到 0.74%，取得了显著的效果。而如果停窑检修，前后至少要 10 天的时间，其中的损失不言而喻。

还有一次，萧华刚上班来到办公室，广蒙生产事业部总经理就带着设备部经理、车间主任、窑炉主管等人向他请示：一车间一条刚维修完的窑炉，运行不到一个月后又发现了重大险情，需要马上停窑进行故障排除。

"窑炉出了什么问题？"萧华仔细询问相关人员。原来，窑炉高温区新砌的几排耐火砖因质量不好被烧烂了，而且掉在了窑里面，现在用耐火棉盖着。如果不及时处理，将影响产品质量，并进一步增加窑炉损失。听完了汇报，萧华问相关维修人员："需要多少天才能维修好窑炉并恢复生产？"大家一致说需要 15 天左右才可以修好。因为要等窑炉冷却后才可以让人进去处理，维修好后还要重新温窑，前后差不多要 15 天。

萧华并没有急着同意维修人员提出的方案，而是和管理人员一起去车间现场察看。再一次确认了窑炉出现的故障后，他满怀信心地对维修人员说："不要那么久，估计 4 个小时就搞定了。"维修人员听了，面面相觑，都有点不敢相信。萧华让他们把盘重威、苏保兴两位多年来一直跟他从事窑炉建设和维修的老员工叫到办公室里来，萧华当面向他们下达了窑炉维修任务，让他们两人带队，立即组织人员对故障窑炉进行维修。

因为当天上午公司在高明招待所召开主任、经理级以上高层管理人员会议，因此，萧华叮嘱盘重威、苏保兴等几位维修人员处理完毕后到高明招待所一起用餐。当天中午，等管理人员开完会议准备用餐时，没想到盘重威、苏保兴和其他维修人员已处理完故障并按时赶到了用餐地点。萧华看了看表，还不到 12 点半，比约定的时间提前了 10 分钟。

饭桌上，萧华开心地端起酒杯，向盘重威、苏保兴和其他参与维修的人员每人敬了一杯酒，感谢他们娴熟的技术和辛苦的付出，他说："窑炉烧烂砖，对于不懂行的外人来说可能就是一起重大设备事故，但对我而言，对我们参与窑炉建设的老技术人员而言，却是一个小问题。你们不到 4 个小时就处理完了一次重大事故，为企业减少了几百万元的停产损失。因此，每一位管理人员、技术人员都应该从这次事故中吸取教训，遇到问题，要多想想办法，说不定就能找到另外一条便捷的解决之道。"

"人家说行的，我们要想想到底行不行？人家说不行的，我们要想想为什么不行？自己认为行，就一定要坚持，自己认为不行的东西，就要坚决地放弃。"萧华朴素的话语中，充满了智慧和哲理。

以人为本

有什么样的老板，就有什么样的企业和企业文化。

蒙娜丽莎是一家管理非常人性化的企业，一方面，尽最大可能调动每一位员工的积极性，让他们在各自的岗位上充分发挥聪明才智；另一方面，对于触犯各项管理制度和不能胜任工作的员工，总是本着批评教育和帮扶提升的目的，使其通过自身的转变，继续在蒙娜丽莎发挥作用。

"工作环境比较宽松，没有太大的压力，甚至领导也很少过问自己的工作。"一位管理人员发出这样的感叹，不像其他一些民营企业，早请示，晚汇报，晚上还要加班开会总结一天的工作。但这种不过问并不代表放任自流，而是希望员工能够在宽松的工作环境中充分发挥自己的主观能动性，自我约束，自我规划，做好自己的每一项工作。"一项工作交给你，一个星期我可以不问你，一个月我也可以不问你。但时间到了，你自己要拿出自己的工作成果来给大家一个交代。"萧华对自己的管理风格有着清醒的认识。他说，对于管理人员，尤其是那些创新型的管理人员和技术人员，只有给他们提供相对宽松的工作环境，让他们在没有压力的状态下工作，才更容易做出成绩来。而早请示，晚汇报，只讲成绩，不讲问题，反而不利于企业的管理。

这样的管理方式，使蒙娜丽莎颇有点国有企业的味道。甚至行业内许多人都说，在蒙娜丽莎工作，最适合养老。但萧华明白，每一位蒙娜丽莎的管理人员也明白，没有人能够永远享受到这样的"福利"，公司给了你机会，如果不珍惜，将面临被淘汰的危机。而那些把公司的"宽松"当作福利的管理人员，几年下来大都碌碌无为，耽误了自己的前程，最后不得不离开公司。

作为一名土生土长的佛山人，在大半生的工作与生活中，萧华与周边的同事交流都是用"白话"。改革开放之前，在佛山这个相对封闭的岭南水乡，讲普通话的外地人非常少，更别说本地人讲普通话了。随着蒙娜丽莎集团的发展，来自五湖四海的员工不断增多，这些员工，有些听不懂"白话"，交流常常出现障碍。这个时候，萧华不得不切换到普通话与他们交流，让他们没有压力，感受到公司老板与员工之间的平等。每当公司召开管理人员大会时，萧华都尽可能使用普通话与大家交流。

萧华的普通话讲得并不好，有时用普通话交流显得很吃力，但他宁肯自己吃力，也要让员工听得明白。他知道，放弃自己熟悉而又顺畅的"白话"，用普通话与员工交流，不仅仅是为了让对方听得明白、听得清楚，更是对员工的一种尊重，是一种平等的交流。事实上，不仅是萧华，公司内部其他几位董事和本地管理人员，在日常的工作和会议当中，基本上都用普通话交流，从而将外地员工从语言上拉近了距离，使他们感受到自己是一名真正的蒙娜丽莎人，而不是把他们排斥在外。

蒙娜丽莎虽然有着严格的管理制度，但很少辞退或者开除员工，更鲜有大规模的裁员现象。与行业内诸多同行动辄大规模辞退、淘汰员工的做法不同，蒙娜丽莎总是把员工作为公司的重要资产来对待，对于那些不小心触犯了各项管理制度的员工，当然会进行批评教育，甚至处罚，但更愿意给员工一个改正错误的机会，让他们知耻而后勇，不会轻易将他们辞退。对于一些不能胜任工作的管理人员，公司也是以人为本，将他们进行换岗，调整到能够胜任的工作岗位上去，而不是简单地、冷冰冰地辞退了事。

随着公司的发展壮大，近年来，一批早期的老员工开始面临着退休的问题。萧华安排公司人力资源中心，在每年春节放假前的迎春酒会上保留一个重要环节，那就是为当年退休的员工颁发荣誉证书。他将每一位退休员工请到舞台中央，与他们一一握手，并颁给他们鲜花和荣誉证书，感谢他们在蒙娜丽莎集团多年来的付出。那一刻，温馨的场面感动着在场的每一个人。

从品管部退休的老员工伍锦初说："来蒙娜丽莎工作已经14年了，今天到了退休的年龄。在这14年当中，得到了公司领导、车间同事和伙伴们的大力支持，工作一直都做得比较顺利。蒙娜丽莎是一家很有生命力、很有活力的企业，在这个企业工作，确确实实感到很光荣、很自豪，感觉依依不舍。假如能够再年轻 20 岁的话，我还是很希望在蒙娜丽莎工作。"

从安全环保部退休的黄志余是一位从建厂之初就加入蒙娜丽莎的老员工，他动情地说："1992 年 6 月来到蒙娜丽莎，到现在已经 20 多年了，一直都在公司工作，开始的时候公司还没有转制，我只负责生产，后来从事安全环保工作。我现在退休了，对公司安全环保的工作很放心，我对蒙娜丽莎特别有信心，也舍不得离开大家，但是年龄的关系舍不得也要离开，希望大家今后对蒙娜丽莎更有信心，跟着蒙娜丽莎一直走下去，不会错的。"

很多员工以能够在蒙娜丽莎工作而感到自豪和骄傲。看到每年迎春酒会上退休人员的深情告别，不免让人在感动之余又有一丝伤怀。此情此景，几乎每个人都在心底默默地祝福，希望自己也能够在蒙娜丽莎一直开开心心地工作下去，直到有一天，从蒙娜丽莎集团光荣退休。

这样的管理方式与风格，使蒙娜丽莎集团更像是一个充满人情味的大家庭。而作为"家长"的萧华，事实上早已过了退休的年龄，但他却为了集团的顺利交接班，不得不在董事长的位子上站好最后一班岗。

第十七章 产品升级

对于传统制造业来说，产品才是企业竞争的根本。从进工厂做工的第一天起，萧华就认识到了产品在市场竞争、消费升级、科技创新方面的重要性。

随着蒙娜丽莎的发展，一方面，公司每年都会推出一系列创新性的新产品，通过产品的迭代，增强企业的竞争力；另一方面，通过淘汰低值落后的产品，增加企业的经济效益，使蒙娜丽莎走出了一条质量效益性发展之路，成为行业价值创新和转型升级的杰出典范。

抛光砖领域的扛鼎之作

在蒙娜丽莎的发展历程中，无论是早期的彩釉砖还是后来的水晶砖，乃至"雪花白"、陶瓷薄板、陶瓷大板等，都创下过引领行业发展的热销高潮。热销的背后，是对产品设计、产品品质的孜孜追求与不断超越。

21 世纪之初的中国建陶业，抛光砖异军突起，成为行业继彩釉砖、水晶砖之后最高端的瓷砖品类之一。2002 年 10 月，蒙娜丽莎的技术人员成功开发出超耐磨"天骄石"系列渗花砖和"珠玑石"系列渗花砖。由于这两款渗花砖采用国外最新的设计网版和工艺技术，由西班牙工程师现场监制，因此，线条更细腻、色调更柔和、纹理更清晰，瓷砖表面的图案立体感很强，达到了仿天然石材的效果，一改市场上普通渗花砖线条与片状结合的设计风格，成为渗花砖领域的标志性产品，引来众多跟随者模仿。

为了进一步保持"天骄石""珠玑石"两款新产品的领先优势，提高花釉的表现力，使瓷砖表面的线条、纹理、图案、层次等更具天然效果，公司与色釉料行业极具研发创新能力的美国福禄公司进行深度合作，引进该公司特有的一种渗透釉，同时，还向西班牙色釉料公司购进专用的熔块和材料，使蒙娜丽莎所开发的"天骄石"和"珠玑石"渗花砖，在深色砖领域独树一帜，成为这一时期抛光砖领域的领先产品。

回顾这一时期的产品研发与创新，集团副总裁刘一军颇为自豪："前两年，一位早前购买过'天骄石'和'珠玑石'的朋友在购房装修时，还专程来蒙娜丽莎寻找这两款产品，这就是实实在在、货真价实的回头客。"由此可见，这两款渗花砖的花色、品质在消费者心目中的地位和影响。

抛光砖在蒙娜丽莎的发展历程中占有重要的位置，自"天骄石""珠玑石"问世之后，抛光砖已经过了多次的升级换代，从最初的渗花、微粉，到后来的聚晶、洞石，相继诞生了"云影石""雪花白""依云石""云影斯都"等一系列明星产品。

每一款新产品的出现，背后都凝聚着研发人员难以言及的心血和汗水，与此同时，工艺技术的不断改进，也使研发人员积累了更加丰富的宝贵经验。"天骄石"和"珠玑石"渗花砖的成功上市，为蒙娜丽莎公司后来进入仿古砖、抛釉砖领域打下了坚实的基础，也为日后更多新品类的诞生积累了工艺、技术、市场、人才等方面的经验和储备。在蒙娜丽莎的创新史上，这几款产品的成功研制，是蒙娜丽莎集团产品结构发生重大变化的一个重要节点，它们的出现对整个公司产品结构的走向与调整都产生了举足轻重的影响。

2003 年 10 月，董事长萧华兼任公司总裁之后，对刘一军、潘利敏等核心技术骨干给予了更大的舞台和空间，鼓励他们放开手脚，加大科研创新力度，加快新产品开发，以新产品替代过去的老产品。从那时起，公司每年都会推出一系列更新换代的新产品——

2003 年 12 月，公司推出"幻影石"系列和"晶窟石"系列抛光砖。

2004 年 10 月，公司推出"金星玉石"系列和"蓝田玉石"系列抛光砖。

2005 年 11 月，公司推出"大花绿"系列、"环保美感白 78"系列、"云影斯都"系列、"黑金沙"系列抛光砖。

2006 年 10 月，公司推出"帝诺岩"系列和"玲珑白玉"系列抛光砖。

2007 年 12 月，公司推出"卢浮印象石"系列抛光砖和"商周青瓷质仿古砖"系列。

2009 年，公司推出"依云石"系列、"罗马洞石"系列、"芙洛拉"系列抛光砖，同时推出"云影斯都"升级版。

2011 年，公司推出"梵高金"系列，与此同时，进一步完善抛光砖产品系列，形成了自己独特的产品风格。这些产品，绝大部分通过了省级新产品鉴定和科技成果鉴定，其中"蓝田玉石"系列被列入国家火炬计划项目。

2010 年以前，蒙娜丽莎集团的产品结构以抛光砖为主，包括渗花砖、微粉砖、聚晶微粉、"雪花白"等。从"云影石"开始，蒙娜丽莎的抛光砖开发与创新经历了多次的升级换代，是整个建陶行业抛光砖产品演变的一个缩影。时至今日，蒙娜丽莎很多产品是在微粉砖的基础上进行升级换代的。因此，"云影石"的问世，对于蒙娜丽莎集团的产品研发与产品结构调整有着特殊的意义。

产品结构大调整

2005 年前，集团公司西樵生产基地的大部分生产线是老生产线，窑炉短而窄，产能非常低。以当时热销的 500mm × 500mm 渗花砖为例，一条窑炉一天的产量在 4000 平方米左右，每片出厂价 8 ~ 9 元，1 平方米出厂价只有 30 多元，生产效率和产值都不高。

渗花砖几乎是 21 世纪之初出口产品的主力军，尤其是 500mm × 500mm，几乎成了当时公司旗下佛蒙公司出口的主导产品。但是，红火的表象下却暗藏着危机，尽管出口订单很多，但在行业恶性竞争的低价冲击下，企业效益却不高。特别是面对行业内新建成的一批拥有超大型宽体节能窑炉的企业，"蒙娜丽莎"的产能劣势、成本劣势开始一步步显现。别人一条生产线一天的产量达 1 万 ~ 2 万平方米，而蒙娜丽莎的生产线却只有几千平方米，同样的投入，不同的产出。企业一年忙到头，看似货如轮转、产销两旺，但年底一算账，却没赚多少钱。

渗花砖虽然热销，却俨然成为公司的"鸡肋"。

是延续原有的模式，追求规模的快速增长，还是改弦易辙，调整结构，靠高附值产品赚取利润？面对严峻的挑战，公司内部也存在不同的声音，如果放弃现有的热销产品，那些多年来卖惯了抛光砖等热销产品的经销商能否适应高档产品的销售，从追求销售规模转换到追求利润率的销售模式上来？更为重要的是，那些以低价为采购标准，辛辛苦苦开发的海外客户将会大批量流失，公司的出口业绩将出现大幅下滑，而这些客户一旦与其他企业建立了业务合作关系，再将他们拉回到蒙娜丽莎的难度可想而知。而如果继续选择出口市场最受欢迎的渗花砖，将会拉低企业的产品档次，使企业的赢利能力持续下滑且无扭转的可能。更为可怕的是，企业将在产销两旺甚至供不应求的热销中安于现状，不思进取，在不知不觉中一步步丧失创新的动力，最终将企业引向亏损、破产的边缘。

何去何从，对于佛蒙公司，对于集团公司来说，都是一个十分艰难的选择，因为它关系着企业未来的生存和发展。

经过一段时间的慎重考虑，萧华最终下定决心，以壮士断腕的决心和勇气，向低值、低价的老产品开刀，从 2006 年起，公司首先停止了第一代渗花砖的生产，开始将产品重点放在仿古砖和釉面砖的开发上面。与此同时，他让生产管理人员根据季节变化合理安排生产，在生产旺季满负荷排产利润回报相对丰厚的新产品，以满足国内市场的需求，而在春节放假前的生产淡季，抓住机会延迟停窑，生产一批满足出口需求的产品，以维持适当的出口份额。

萧华的这一举措，使公司内部不少管理人员一时难以理解，甚至有管理人员说，放着市场热销的产品不生产，非要生产"卖不动"的新产品，这不是自讨苦吃吗？但是，但萧华自有他的道理，他坚定地认为，不管销售多少产品，如果这个产品不赚钱、不创造经济效益，对企业而言就毫无意义。

虽然这一时期抛光砖占据市场绝对的主流地位，但萧华却不为所动。他知道，今天热销的产品，明天不一定热销，热销的背后，恰恰蕴藏着巨大的危机。他督促生产管理人员，一方面不断削减、压缩低档抛光砖的生产比例；另一方面投入巨资对原有的生产线连年进行技术改造和升级，并组织相关人员加快釉面砖的开发力度，从而使产品出厂价格一步步走高。不要小看这每平方米5元、10元的增幅，对于一家年产量达数千万平方米的企业而言，每平方米出厂价提高5元，一年就可增加过亿元的收入。

产品结构调整的背后，是生产工艺技术的不断升级和完善。从红坯彩釉砖到白坯彩釉砖，从红坯水晶砖到白坯水晶砖，从渗花、微粉、超白到大颗粒、聚晶洞石，从抛光到仿古再到抛釉，从丝网印花到辊筒印花再到喷墨打印，一路彰显出蒙娜丽莎集团领先市场的技术优势。

副总裁刘一军是集团公司产品研发的总负责人，谈起萧华对企业研发、创新工作的大力支持，深有感触。他说："佛山这么多陶瓷企业，真正投入真金白银持续不断地进行研发、创新的企业并不多，萧老板在这方面很是舍得投入，为我们技术人员提供了一个良好的平台和宽松的环境。正是萧老板的大力支持，才使蒙娜丽莎在技术创新和产品研发领域取得了巨大的进步，也使我们一大批科技工作者拥有了高规格的创新平台。"

2010年前后，正值中国建陶业第三次大规模扩张之际，佛山产区稍有规模的企业纷纷借产业转型升级之际外出圈地建厂。作为行业内的一线品牌，内地许多政府部门的领导频频找上门来，以种种优惠政策动员蒙娜丽莎到当地投资建厂。但萧华却不为所动。在此之前，蒙娜丽莎也曾计划在江西丰城投资建设一个新生产基地，但最终还是取消了这个计划，而把精力投入到陶瓷薄板的研发和新产品推广上来。他知道，新一轮的扩张潮，一定会带来市场供求的严重失衡，在品牌建设和市场渠道还没有筑牢之前，盲目扩张会让企业面临巨大的经营风险。

通过与意大利、西班牙、德国等先进国家的发展模式相比较，萧华发现，企业要想持续增长、提升市场竞争力，根本的出路不在于扩大规模、提高产量，而在于通过科技创新，提高产品的附加值，以高质量、高档次的产品增强企业的市场竞争力，从而增加企业的经济效益。因此，当身边诸多企业纷纷外出跑马圈地、建厂扩线之际，蒙娜丽莎却选择了另一条发展路径，一是持续加大对陶瓷薄板的市场化进程，二是对传统的瓷砖不断进行升级换代，通过技术创新、技术升级，加大高值新品在市场上的销售比例，并逐步淘汰落后低端的产品。

到 2015 年，经过几年的大力调整，蒙娜丽莎瓷砖的产品结构已大幅优化，仿石、仿木、仿古、抛釉类高端产品占了绝大部分的市场份额，并相继形成了"罗马春天""罗马天韵石""罗马玉晶石""罗马御石""罗马森林"等为代表的产品体系，而低附加值的抛光砖、瓷片、小地砖等市场需求仍然巨大但利润率偏低的成熟产品，则被压缩到了最低生产限度，蒙娜丽莎集团也由此成为国内高端瓷砖、陶瓷薄板研发与生产的杰出代表。

2005～2019 年，十多年来，蒙娜丽莎的产品结构发生了天翻地覆的变化，截止到 2019 年，除清远生产基地保留小部分高端抛光砖产品外，西樵生产基地早已放弃了抛光砖而全部改为高端釉面砖，包括陶瓷薄板和陶瓷大板。公司在生产规模没有扩大，甚至通过拆旧改造减少两条生产线的情况下，实现了销售、利润、税金、员工收入逐年稳步增长的良好局面，这是科技创新和产品升级的最好体现。

匠心打造"罗马"新品系列

从主产抛光砖向主产釉面砖的转变，是萧华结合蒙娜丽莎集团自身的生产特点和市场需求做出的一项重大决策。随着釉面砖生产工艺技术的不断改进，蒙娜丽莎适时推出了附加值更高的抛釉砖，并引进国际领先的喷墨打印机，成功开发出一系列"罗马"系列新品，在高端、高值、高技术产品的研发与创新领域，揭开了全新的篇章。

全抛釉是继抛光砖、仿古砖之后市场热销的又一全新品类。这种独特的釉面砖，由于采用了可以进行抛光工艺的特殊配方釉，釉面经过抛光之后，光洁平整，明亮如镜。同时它又采用了釉中彩工艺，其花色图案丰富，色彩绚丽，既可以仿石、仿木，又可以超越仿古砖的色彩、纹理和质感。业内人士普遍认为，全抛釉产品图案细腻，色彩丰富，层次感强，不是石材胜似石材，既具有瓷质抛光砖光亮的特性，又具有釉面砖丰富的色彩图案。

2010 年，"蒙娜丽莎"全抛釉新品"罗马春天"横空出世。由于采用国际先进的辊筒印花技术，色彩丰富艳丽，图案细腻逼真，很快就成为集团公司的热销产品。随着"罗马春天"进入万科地产等大型房地产企业，"罗马春天"的销量一飞冲天，引来众多的模仿者。但由于"罗马春天"在表面装饰工艺拥有多项核心技术，因此，能够做到与"蒙娜丽莎"一样品质和效果的企业寥寥无几。

"罗马春天"的成功，更进一步坚定了集团公司研发人员在釉面砖领域创新的信心和决心。2009 年 9 月，杭州诺贝尔引进西班牙 Kerajet 陶瓷装饰喷墨打印机，成为国内第一家推出喷墨瓷砖的企业，自此拉开了中国建陶业喷墨印刷的序幕。随后，佛山产区另一家企业也引进了喷墨打印机，隆重推出 3D 喷墨打印瓷片。喷墨打印机的引进，使瓷砖装饰技术发生了革命性的变化，其图案在设计、色调、逼真度、细腻度等方面，远超传统的丝网印刷和辊筒印刷。这一时期，行业内新产品开发最大的热点就是高价引进喷墨打印设备。

然而，蒙娜丽莎的研发人员却没有盲目跟进。此前，虽然有数家企业引进喷墨打印设备，但其应用却全部局限于瓷片花色的更新。喷墨打印的瓷片花色立体感增强了许多，但瓷片的附加值毕竟有限。能不能将喷墨打印应用于当前市场上热销的全抛釉产品呢？萧华和刘一军、潘利敏等研发人员做出了一个大胆的设想，在经过多方论证后，2010 年 11 月，蒙娜丽莎从泰威公司购进第一台喷墨打印机，开始了在 600mm×600mm 全抛釉产品生产当中的应用。经过一段时间的尝试，终于达到了理想的效果，2011 年 8 月，第二台喷墨打印机成功应用于 800mm×800mm 抛釉砖的生产。

在佛山陶瓷行业，无论是 600mm×600mm 的全抛釉还是 800mm×800mm 的全抛釉，都是蒙娜丽莎集团率先应用喷墨打印技术，这样的举措，再次证明了蒙娜丽莎的研发人员在创新领域独特的眼光和超人的魄力。时至今日，喷墨打印应用于全抛釉生产早已成为行业的普遍现象，但对于第一个吃螃蟹的人而言，在当时的难度可想而知。

　　"罗马"系列产品的形成，绝非偶然，也并非一蹴而就，它是蒙娜丽莎在20多年的发展历程中研发创新力量的积累与沉淀，是一次次产品升级换代的爆发。这些创新成果的取得，一方面得益于集团公司经过多年的努力建立起了强大的研发创新体系，另一方面，源于不断加强与世界一流陶瓷装备、材料设计公司的深度合作。早在2000年，西班牙一家公司就用喷墨打印技术打印了200mm×300mm的"蒙娜丽莎"头像，让公司的研发人员大开眼界。此外，公司研发人员不断"走出去"，到世界陶瓷强国意大利、西班牙学习最新的生产工艺技术，在消化吸收后，最终形成了自己强大的创新能力。

　　说起喷墨打印机的引进，不得不提几个"第一"。做陶瓷产品开发的人员都知道，每一次新产品的升级换代，都离不开装备技术的更新和新材料的应用。全球著名的喷墨打印机生产企业——西班牙快达平公司，其第一台800毫米宽幅面喷墨打印机就卖给了蒙娜丽莎集团；国内最先进的喷墨打印机生产企业——上海泰威公司，其第一台600毫米的喷墨打印机也是卖给了蒙娜丽莎集团；而佛山最大的喷墨打印机生产企业——美嘉公司，其第一台喷墨打印机（喷幅达1000毫米）也是卖给了蒙娜丽莎集团。要知道，对于这些装备制造商而言，早期的市场开拓总是存在着巨大的困难，而高价引进其设备，企业面临的风险同样不小，但蒙娜丽莎人总是敢于冒险、敢于尝试，敢于在旁人没有做过的领域开辟出一条全新的道路。

　　一年一度的意大利博洛尼亚国际陶瓷展无疑是这个行业最高端的一次盛会，它不仅展出当今世界最先进的陶瓷产品，而且引领着建陶产品未来的发展趋势。为了进一步与国际最新工艺技术接轨，第一时间掌握行业最新动态，除不定期的技术合作外，每年9月，公司都会派出由研发、技术、设计、营销、管理、经销商等组成的庞大观展团，除了看展会、看产品、看设计，还深入其装备和色釉料公司，全面了解意大利瓷砖最新的生产工艺技术。回国后，研发人员结合公司生产技术和市场需求，开发出一系列独具特色的产品，如"罗马御石""罗马森林""罗马宝石"、陶瓷大板等。其中

"罗马御石"采用喷墨打印、干粒等工艺技术,"罗马宝石"采用渗透墨水工艺技术,这些新品上市之际,均是全行业最具科技含量的领先之作。

"罗马宝石"引领行业技术革命

2015年3月,蒙娜丽莎以革命者的姿态,成功研发出行业最新喷墨渗花仿石通体瓷质砖"罗马宝石",从而再次确立了蒙娜丽莎瓷砖高端市场领导者的地位,掀起新一轮行业大变局的强劲风暴。

"罗马宝石"系列属于通体瓷质砖,拥有瓷砖品类当中较为坚硬、耐磨的物理性能。通过采用全进口陶瓷喷墨渗透技术和质感纹理通体制造工艺,实现了抛光砖最好的坯体品质与抛釉砖绚丽的表面装饰技术相结合,真正做到了以科技传承顶级天然石材之美。与传统抛釉砖相比,喷墨渗花通体瓷质砖图案更加丰富,色彩更加鲜艳,变化更加自然,由内而外立体还原天然大理石纹理与质感,是瓷砖行业石材回归与技术革新的完美结合。

产品采用多种创新工艺叠加,从而打破了行业同质化的困局,突破了传统抛釉砖生硬的光泽肌理,是瓷砖行业模仿天然名贵石材的大成之作。

2016年1月,蒙娜丽莎瓷砖营销峰会新产品订货会上,集团公司一口气推出了玫瑰米黄、帕斯高灰、千叶米黄、白洞石、爵士白、典雅玉、翡翠玉、海浪灰、冰岛白玉、卡拉拉白等十余款"罗马宝石",其独特的花色图案和质感,一亮相就赢得经销商的一片叫好声。

2017~2018年,随着渗透墨水工艺技术的不断完善,蒙娜丽莎的研发人员在第一代"罗马宝石"的基础上,不断更新技术、更新花色,迭代产品,推出了更多采用渗透墨水工艺的通体全瓷类大规格创新产品,如罗马大石代、罗马超石代、七星珍石等,规格有1500mm×1500mm、1200mm×2400mm等,使蒙娜丽莎在产品创新和高质产品的开发上,始终走在行业前列。

开启陶瓷大板新时代

市场,总是在悄然之间发生着微妙的变化。谁能够及时捕捉到这种变化,谁能够及时采取措施适应并引领这种变化，无疑考验着企业领导的眼光、胆识和魄力。

意大利博洛尼亚展，这个全球建陶业的风向标，始终影响着国内陶瓷产业的发展趋势和方向。从 2012 年以来，陶瓷薄板几乎是该展会的主角之一，也是国内企业关注的焦点所在。然而，2015 年的展会上，却有企业展出了厚度完全背离传统陶瓷薄板的陶瓷大板。

近年来，由于年事已高，萧华已经好多年没有参加过该展会了，更多时候是由萧礼标、邓啟棠、张旗康、刘一军、潘利敏、黄辉等带队前往。但他每年都会在第一时间与公司观展团成员进行展会信息的交流和沟通，以便准确把握公司的产品研发战略与方向。当他了解到意大利企业开始瞄准陶瓷大板时，立刻意识到，这种超越陶瓷薄板厚度的陶瓷大板，一定会成为未来高端天然石材真正的替代品。

一个新的计划在越来越多的信息当中悄然成型并日渐清晰起来。2016 年初，经过和生产、研发、营销系统人员的沟通，萧华指示集团研发部门，加快对陶瓷大板的技术攻关及生产线的改造建设。2016 年 6 月，集团与国产压机的领跑者恒力泰达成合作，订购首台 YP16800 国内最大吨位压机，同时对窑炉、釉线、干燥窑、磨边机、喷墨打印机等设备进行改造升级，经过生产、研发团队半年多的不懈努力，终于赶在 2017 年营销峰会前推出了 1200mm × 2400mm × 5.5mm 陶瓷大板。

2017 年 3 月 2 日，一台身高将近 9 米、体重超过 500 吨的 YP16800 "巨无霸"压机在蒙娜丽莎集团陶瓷大板生产线正式上线运行。当天上午，萧华和董事会成员、生产技术团队、恒力泰机械有限公司技术人员一并出席了开机仪式，一起见证亚洲首台 YP16800 大吨位压砖机成功压制出 1200mm × 2400mm × 12mm 大规格陶瓷大板。

这种陶瓷大板，与传统瓷砖和天然石材相比，拼缝少、整体感强，可以更加完美地表现出天然石材的纹理、质感和效果，从而复活名贵珍稀天然石材，如 "卡拉拉白"大理石等。因此，在高端酒店、大型商业空间、写字楼等，陶瓷大板可以完美替代天然石材，甚至可以弥补大规格天然石材资源匮乏的局面。

2019年7月，蒙娜丽莎集团再次发力，引进恒力泰公司首台国产大吨位HT36000压机，投产1600mm×3600mm×15.5mm超大规格陶瓷大板，将陶瓷大板的规格推向一个全新的高度。这块大板一经投产，就在业界引起强烈反响，被称为是陶瓷行业的"航母"级产品，由此进一步夯实了蒙娜丽莎人"做陶瓷大板的国际领跑者"的梦想。

当一片片陶瓷大板缓缓地行进在长长的流水线上时，蒙娜丽莎人以自己强大的研发优势，再一次走在了行业创新者的前列。

第十八章 品质为本

"人家为什么买我们蒙娜丽莎的产品，不是我们的品牌有多好，而是我们的产品质量够好。"萧华常常这样不厌其烦地告诫身边的员工。

蒙娜丽莎从诞生之日起，就把产品质量作为企业的立足之本，从原材料采购、生产过程、质量控制、营销服务等环节建立了一整套严格的内控标准，使蒙娜丽莎产品质量高于行业平均水平。因为每一位蒙娜丽莎人都坚信，只有经得起消费者挑剔的产品品质，才能最终成就蒙娜丽莎品牌。

关于质量的故事

萧华的个人修养极好，即便是对待犯了错误的员工，他也像一个慈祥的长者，和风细雨地谆谆教导，极少看到他动怒，这使他的管理风格看上去显得非常温和。"上善若水"这四个字，用来形容萧华的做事方式和管理风格，似乎再恰当不过了。

但是，全蒙娜丽莎集团上下谁都知道，有一项"差错"是萧华所绝对不允许任何人触犯的"天条"——产品的质量和品质。

对品质的严格管控，让蒙娜丽莎拥有良好的市场口碑——产品质量稳定，花色新颖时尚，经得起时间的考验……已经成为消费者在谈及蒙娜丽莎瓷砖时一致的评价。

佛山市企业家协会的一位领导在一次商务聚会中特意走过来，很高兴地对萧华说："萧总，我在七八年前买了蒙娜丽莎的'雪花白'产品，当时觉得它跟其他品牌也没什么区别，但价格却高了许多，心里有点不舒服，不是买不起，而是觉得蒙娜丽莎的瓷砖凭什么比别人贵那么多？但是现在我很开心，觉得买蒙娜丽莎的瓷砖非常值得，同一时期买的其他品牌的瓷砖早就面目全非了，而蒙娜丽莎的瓷砖还是跟新铺上去的一样，非常漂亮！"那一刻，萧华露出开心而又自豪的笑容，说："谢谢您选择了蒙娜丽莎。"

还有一次，一位深圳的朋友，亲自跑到厂里来找萧华买瓷砖。萧华告诉他："蒙娜丽莎在深圳有经销商，你在深圳买更方便一些，价格其实也差不多。"但这位朋友还是坚持要在厂里买，他说："我在深圳买的房子是高端社区，挑来挑去觉得只有蒙娜丽莎的瓷砖漂亮，够气派，而且质量也让人放心。但在深圳买又怕买到的不是蒙娜丽莎企业生产的产品，所以还是来厂里买放心一些。"萧华告诉他，蒙娜丽莎只有广东佛山、清远两个生产基地，完全可以放心购买，但这个朋友还是坚持要在厂里购买，他觉得只有在蒙娜丽莎公司购买的产品，才是真正的蒙娜丽莎品牌。最终在萧华的劝说下，这位朋友到深圳经销商处购买了产品，享受了经销商良好的服务。后来，那位客户专门致电萧华董事长，说他非常满意。

一位常年在终端销售蒙娜丽莎瓷砖的优秀店长在一次营销峰会上说："消费者购买瓷砖，往往要货比三家，比质量、比花色、比价格，可以说是反反复复地对比。我们听得最多的一句话就是'某某品牌的砖比你们蒙娜丽莎的价格便宜'，但是，这么多年来，却从来没有听哪位消费者讲过'某某品牌的砖比蒙娜丽莎的还要好，还要漂亮'。"

这是一个真实的故事——

2003年，燃油价格一路疯涨，甚至出现了油荒，当时，陶瓷厂的窑炉普遍以燃油为主，油价不断上涨对陶瓷企业来说无疑面临着巨大的压力。由于燃油价格高企，优质燃油重金难求，大量低品质的燃油以次充好流入市场，给以燃油为主要燃料的陶瓷企业带来了严峻的考验。谁都知道，燃油一旦短缺，对陶瓷企业意味着什么。这种情况下，大多数企业只能退而求其次，用一些品质不好的低价燃油来替代优质燃油。但是，劣质燃油往往带来生产的波动，继而影响到产品质量。为了保证蒙娜丽莎的生产稳定，确保产品品质，萧华在大会、小会上再三强调，蒙娜丽莎即使因买不到燃油停产，也绝不能用不符合质量要求的油品。

为了杜绝不合格燃油对产品质量的影响，那段时间，萧华一有机会就到车间、仓库去检查工作，一天，他意外发现有一批新采购的油品质量似乎不太好。

萧华没有声张，只是让工作人员去取了一些小样给他。第二天，他拎着两瓶油走进公司油品质量检测室，对负责油品的检测员说："有一个朋友送过来他们公司的小样，你帮他们检测一下，看看这种油质量合格不？能否在我们公司使用？"检测的结果，验证了萧华的猜测。当天正好召开经理级以上管理人员会议，会议前，萧华拿出两张化验单问在座的各位管理人员："这样的油品能不能用？"

"不行！肯定不行！这种油怎么能拿来在蒙娜丽莎使用！"看着检验单上的各项指标，很多人争着发表自己的意见。

"你们知道这油是从哪里来的吗？这油就来自我们的生产线！"萧华有点激动："我们天天谈质量管理，居然让这样的不合格油品流进了我们的工厂！"

这件事给蒙娜丽莎的管理人员上了生动的一课，从此之后，严格的质量控制和自检自查就成为蒙娜丽莎每个管理部门一项常抓不懈的必修课。公司对于采购进厂的各类泥砂和化工原材料，经常取小样绕过采购部门，直接找质检部门检测和技术部门试验，对各类进厂原材料产品质量各项指标进行交叉验证。多年以后，在萧礼标接任总裁后，他依然不定期抽检各类泥砂、燃煤、化工料等材料的品质，对于不合格的原材料，坚决予以退货处理，从而从源头上保证了产品品质。

2007年，仿古砖市场如日中天，蒙娜丽莎也推出了一系列高端瓷质仿古砖产品。然而，令人意想不到的事情发生了，一箱箱经过严格检测的产品，在仓库放置一段时间后，却出现了不同程度的拱背、变形等质量缺陷，一时间，客户投诉率直线上升。与此同时，行业内其他企业也不断曝出这样的质量缺陷，而大多数企业则对此束手无策。

2007～2009年，蒙娜丽莎积累的仿古砖库存超过16万平方米，为了确保客户利益，一方面，萧华指示品管部门对该批产品全部进行复检，将不合格产品降级处理，仅此一项，公司就损失数百万元；另一方面，他让生产、技术部门人员加快解决此隐形质量问题，经过对配方、烧成等关键工艺的调整，蒙娜丽莎在行业内率先解决了这一顽疾。从此以后，这类产品再也没有发生过存放后变形等类似的质量缺陷。

完善的质量体系

"质量是企业的生命"是蒙娜丽莎人的座右铭，也是蒙娜丽莎无论面对怎样的市场考验都能够坦然应对的秘密所在。为了保证"蒙娜丽莎"品牌的含金量，公司大力营造"把每一片瓷砖打造成艺术精品，让蒙娜丽莎的微笑进入千家万户"的质量文化，不断提高生产工艺技术，完善管理流程，加强质量监管，各项技术指标远超国际标准。

萧华认为，一家企业的质量管理，不仅是提供给消费者高品质的产品，更包括组织生产全过程的质量管理，即全产业链的质量管理。基于这样的认知，蒙娜丽莎集团制定了质量战略规划：以艺术、绿色、智能为主线，全面提升产品质量的内涵。

1999 年 10 月，蒙娜丽莎通过了 ISO9002 质量管理体系认证；2000 年成为中国质量万里行促进会理事单位。此后，公司先后通过 ISO14001、ISO50001、OHSAS18001、3C 产品等体系认证。这些质量管理体系的落实，无疑对蒙娜丽莎产品质量的提升、质量管理水平的提高起到了强大的保障作用，而"广东省用户满意产品""建材放心产品""佛山市政府质量奖""广东省政府质量奖"和"中国质量奖提名奖"等一系列荣誉的获得又充分证明了社会各界对蒙娜丽莎产品质量的肯定。

当然，任何一家优秀的企业，总会有一些管理上的漏洞，正如一个品质再高的人，总免不了存在一些自身的缺点。关键是，品质高洁的人往往能勇于面对"短板"，日省其身，闻过则喜而改之，而平庸者却往往对此讳莫如深，不愿意正视现实、面对错误。

为了建立起科学、先进而又系统的质量管理体系，公司首先从组织架构上予以保障，任命集团副总裁刘一军为首席质量官，对公司产品质量负全面责任。与此同时，将品管中心从过去的生产系统中剥离出来，归总裁直管，并实行质量一票否决制。一片瓷砖质量合格与否，完全由品管中心的质量检验员说了算，并将此结果与生产系统的绩效挂钩。

在公司各级管理人员和职能部门的努力下，"蒙娜丽莎"在行业内率先实施 GB/T 19001 质量管理体系、GB/T 24001 环境管理体系、GB/T 28001 职业健康安全管理体系、GB/T 23331 能源管理体系、GB/T 29490 知识产权管理体系认证及 3C 认证、陶瓷优质产品认证、环境标志产品认证等。2017年，公司在申报中国质量奖时，把这八个体系进一步梳理、优化、融合，形成了"八标一体"的质量管理体系，受到评审专家的高度肯定，后来又扩充至"十二标一体"。与此同时，公司积极探索并实践卓越绩效管理与各项体系相融合的一体化质量管理，持续提升企业质量管理水平。

QC 管理小组，是车间、班组质量管理当中最常见的工具，许多企业都在应用。在蒙娜丽莎，包括"6S"管理在内的这些管理工具能够长年累月实实在在地落在实处，落实在每一位员工的工作当中，而不仅仅是一句口号。

2018 年 7 月 29 日，由中国轻工业联合会质量分会举办的全国轻工业优秀质量管理小组、质量信得过班组成果发布会在山西运城举行。会上，蒙娜丽莎集团股份公司原料一班、烧成二车间 I 窑双双获得 2018 年全国轻工业质量信得过班组；生产技术 QC 小组获得 2018 年全国轻工业优秀质量管理小组。

严格的内控标准

如今的蒙娜丽莎，早已建立起了系统、科学而又完整的质量管理体系，其质量安全、质量水平、质量发展、质量创新、质量文化等均居行业领先水平，全岗位的质量责任体系、全过程的质量担保体系、全产业链的质量诚信体系、及时高效的风险管理体系……使蒙娜丽莎集团出厂的每一款产品在放射性水平、摩擦系数、破坏强度、断裂模数、吸水率、耐污染性等各项指标方面均远远高于行业平均水平。

在蒙娜丽莎集团参观、考察，许多客户、嘉宾都会向萧华董事长提出这样的疑问：陶瓷薄板这么薄、这么大，是不是很容易碎？这个时候，萧华就让工作人员拿出一片样板，让其90度竖立，然后松开手，"啪"的一声直接摔在地上，薄板表面完好无损。事实上，这样一片样板，有时候一天就要摔好多次，一年下来不知要摔多少次，但从未被摔烂。通过现场实验，每一位嘉宾感受到了陶瓷薄板超乎想象的过硬品质。

蒙娜丽莎的质量水平，得益于标准化管理体系的不断完善，以标准为例，公司生产的每一片瓷砖都要经历1134项内控标准的考验，这些标准包括产品实现标准386项、基础保障标准332项、岗位标准416项，而且这1134项标准，每年都要不断地进行修订、完善和持续优化。

从我为意大利贴牌到意大利为我贴牌

曾经很长一段时间内，中国瓷砖市场连续多年保持着两位数的出口增速。在扩大国际市场份额的同时，也被贴上了"低质低价"的标签，更有甚者，认为陶瓷行业的低价出口，无异于"贱卖国土"。

蒙娜丽莎是国内陶瓷行业较早重视国际业务的企业。早在2000年，蒙娜丽莎就成立了国际贸易部，开启国际化进程。事实上，以意大利为代表的瓷砖生产商、流通商，许多是蒙娜丽莎率先引入国内市场的。他们发现高速发展的中国建陶业，瓷砖产品惊人的便宜，便纷纷到中国市场来贴牌，然后通过其强大的国际网络，把产品卖到世界各地。

在那个开疆拓土、扩大市场份额的年代，大家比拼的是数量、价格和订单规模，很少有企业关注到产品质量。

蒙娜丽莎通过参加广交会、印度尼西亚雅加达国际建材展、美国Covereings国际石材及瓷砖博览会等展会，高频率亮相国际舞台。短短几年时间，就把产品卖到了全球80多个国家和地区。

然而，高速增长的背后，萧华却看到了巨大的隐忧。虽然货如轮转，订单满天飞，但无论是蒙娜丽莎还是行业内出口业务占比较高的企业，都没有从出口业务中赚到多少钱。更有一些规模型的企业，为了消化产能，往往以更低的质量、更低的价格抢占市场份额。而那些蒙娜丽莎早期引入的意大利陶企和流通商，发现在国内其他企业贴牌比蒙娜丽莎更便宜，也开始纷纷掉头而去，寻找新的合作伙伴。

如此下去，中国陶瓷行业的国际化将会迈上一条不归之路。

痛定思痛，经过与董事会、生产部门和国际业务部门的协商，从2012年开始，蒙娜丽莎果断停止为意大利企业的低价产品贴牌，出口业务逐步转向以自主品牌和高质高价的新产品为主。

这样的调整，使蒙娜丽莎的国际业务遭遇了巨大的阵痛。有订单的，公司不愿意做；公司想做的，一下子又得不到很多订单。但萧华和董事会还是坚持这个战略不动摇。

从2012年起，公司先后在印度尼西亚、印度、斯里兰卡、柬埔寨、马来西亚、沙特阿拉伯、伊朗等国家建立了"蒙娜丽莎"品牌展厅和专卖店，逐步打出了自己的品牌，并以自主品牌参与海外项目的竞争，如马来西亚碧桂园森林城市项目等。

2016～2017年，蒙娜丽莎相继在意大利建立生产基地和研发中心，与意大利ROMANI陶瓷集团进行合作，让ROMANI陶瓷集团为蒙娜丽莎贴牌生产，然后在国内市场销售。要知道，当今世界，品质、工艺、技术最先进的建陶企业仍然在意大利，能够让意大利企业为蒙娜丽莎贴牌，不仅仅是通过他们高品质的产品来扩大市场份额，更重要的是，通过这种合作，公司可以在产品设计、品控、工艺、技术等方面与国际最先进水平保持同步，师夷长技，使蒙娜丽莎的产品品质始终处于国际领先水平。

荣获中国质量奖

2015年4月的一天，萧华和公司同事在聚英堂会议室接待时任佛山市南海区质检局局长伍华南一行到蒙娜丽莎集团调研。作为质检局的领导，伍华南局长很清楚蒙娜丽莎集团的产品质量，当得知蒙娜丽莎集团在多年前就导入了卓越绩效管理模式之后，他就向萧华和公司几位领导建议蒙娜丽莎申报广东省政府质量奖。萧华听后很感兴趣，当场对他说："其他的奖我们可以不要，但这个质量奖，蒙娜丽莎一定要拿到。"

根据伍华南局长的提议，萧华立即组织相关部门召开专题会议，安排部署质量奖的申报工作。经过几个月的企业申报、初选推荐、材料审核、现场评审、专家评审、社会公示、政府审定等诸多环节，2016年1月，蒙娜丽莎集团顺利摘得广东省政府质量奖。同年，蒙娜丽莎集团还获得佛山市政府质量奖，成为中国建筑卫生陶瓷行业唯一获得省市两级政府质量奖的企业。

"这是公司至高无上的一项荣誉，省委书记、市委书记等领导亲自为企业颁奖，我一定要自己去领这个奖，来传递蒙娜丽莎集团在追求产品质量零缺陷、提升质量管理方面不懈的努力和追求。"面对获得质量奖后众多媒体的祝贺与采访，萧华这样表达了自己的态度。

2016年7月，中共禅城区委员会、禅城区人民政府隆重召开"禅城大工匠"评选命名会，授予蒙娜丽莎董事长萧华首届"禅城·大城工匠"称号。禅城区委书记刘东豪向萧华颁发了荣誉证书。刘东豪说，这些评选出来的工匠身上，体现了一丝不苟，心无旁骛；锲而不舍，百折不挠；精益求精，追求卓越；敢为人先，勇于创新的工匠精神。萧华说，蒙娜丽莎集团先后获得省、市两级政府质量奖，就是对这种工匠精神最好的阐释。

伍华南局长是萧华的老朋友，他对蒙娜丽莎的质量管理非常熟悉。有一次，他在会议上说："到其他企业去谈质量奖的申报，老板都是安排下面的管理人员跟我对接，唯有蒙娜丽莎集团，董事长萧华亲自出面参与质量奖的申报，由此可以看出蒙娜丽莎集团对产品质量的重视程度。"

2017年3月，蒙娜丽莎集团再次出发，开始向着"中国质量奖"这一质量领域的最高目标冲刺。要知道，中国质量奖每届包括组织和个人只有10个名额，90个提名奖，难度可想而知。但是，蒙娜丽莎人相信，凭借多年来优异的质量管理体系、质量水平和独创的质量管理模式，应该去试一下。在此之前，广东作为制造业大省，只有华为荣获了中国质量奖。

刚开始，大家都有些担心。毕竟这是一个国家级的奖项，含金量高，评选要求严，名额又少，蒙娜丽莎能行吗？萧华对负责申报的工作人员说："要么不申报，要申报就一定要拿到奖。你们要相信蒙娜丽莎的质量水平和企业实力，更相信团队的专业水平。"为此，公司专门成立了中国质量奖申报小组，由总裁萧礼标亲自担任组长，每次召开质量奖申报会议，萧华都会参加。经过半年多的努力，几易其稿，蒙娜丽莎一路过关斩将，终于得到中国质量奖评审委员会的认可。

2017年12月22日，第三届中国质量奖评选表彰委员会秘书处公示了第三届中国质量奖及提名奖建议名单，其中9个组织及1名个人获得第三届中国质量奖，80个组织及9名个人获得第三届中国质量奖提名奖，其中蒙娜丽莎集团榜上有名，位列80个组织第33名，与扬子江药业、中铁工程、中车长春、青岛啤酒等企业共同荣获第三届中国质量奖提名奖。

2018年7月23日，国家市场监督管理总局第四次发布《关于公示第三届中国质量奖及提名奖获奖名单的公告》（2018年第18号），公告于7月30日结束。在公告的10名中国质量奖和80名中国质量奖提名奖获奖名单中，蒙娜丽莎赫然在列，依然位列中国质量奖提名奖第33名。

2018年11月2日下午，第三届中国质量奖颁奖大会在首都北京隆重举行，蒙娜丽莎集团凭借"陶瓷与艺术、绿色、智能融合的微笑管理模式"获得由国家市场监管总局颁发的中国质量奖提名奖。集团董事长萧华、董事张旗康应邀出席会议，并现场领取了鲜红的荣誉证书和奖杯。捧着硕大的荣誉证书和金灿灿的奖杯，那一刻，大家为蒙娜丽莎多年来在质量管理领域取得的一系列成果感到既骄傲又自豪。

从2013年第一届中国质量奖评选开始至2017年第三届中国质量奖评选，蒙娜丽莎是三届评选中全国建筑卫生陶瓷行业唯一获此奖项的企业，蒙娜丽莎也是全国数千家建筑卫生陶瓷企业当中唯一同时获得国家、省、市级质量奖的企业，由此可以看出蒙娜丽莎集团先进的质量管理模式和领先行业的质量水平。

"三美"质量管理模式

对于蒙娜丽莎人来说，质量，不仅仅是企业提供的产品品质一流，更涉及产业上下游，即上游的供应商和下游的产品经销、应用，乃至产品的全生命周期。为此，蒙娜丽莎制定了覆盖全产链的质量战略，并由此创建了"基于'美第奇效应'，陶瓷与艺术、绿色、智能融合的蒙娜丽莎微笑模式"，为公司质量水平的持续提升提供了强大的系统保障。

2017年3月，借申报国家质量奖的契机，蒙娜丽莎集团在国内一家知名质量管理研究院的帮助下，结合企业质量管理实际，创造性地创建了"基于'美第奇效应'，陶瓷与艺术、绿色、智能融合的蒙娜丽莎微笑模式"，即陶瓷与空间艺术相结合，产生艺术美；陶瓷与"互联网＋"相结合，产生业态美；陶瓷与资源、能源相结合，产生生态美。蒙娜丽莎人将这个质量管理模式简称为"三美"模式。它从质量水平、创新能力、品牌影响、经营绩效等多个层面系统梳理了蒙娜丽莎的质量管理体系，并在总结蒙娜丽莎质量管理制度、方法、经验的基础上，提出了全新的质量创新理念。

"基于'美第奇效应'的蒙娜丽莎微笑模式"是从行业发展模式、发展路径、质量管理和跨界营销等经济和管理理论中汲取营养，结合蒙娜丽莎公司的具体实践创立的质量管理理论模式。蒙娜丽莎代表的艺术源于文艺复兴时期，是一个思想、文化和艺术交会融合迸发的时期。当思想立足于不同领域、不同学科、不同文化的交叉点上，各种跨界的融合就像剧烈的化学反应一样产生大量不同凡响的新想法，这就是"美第奇效应"。

"美第奇效应"的本质特征是跨界思维和融合思维，通过跨界融合，将不同领域、不同理论、不同方法之间拥有的共性联系起来，把一些原本毫不相干的元素进行融合，使其互相渗透，提炼成创新的思维范式和管理模式，促进企业发展的突飞猛进。蒙娜丽莎公司提出跨界融合质量供给，就是基于"美第奇效应"的理念和方法，将艺术、绿色、智能通过跨界方式，深化质量概念的内涵，拓展质量概念的外延，进而用跨界的方式实现建陶行业的有效质量供给。

2017 年，公司在 118A 陶瓷薄板绿色智能生产示范线开创性地设置了车间展览馆，将"三美"质量管理模式的核心观点、要件和模型制作成大幅标语悬挂在车间屋顶和过道的墙壁上，第一次全面、系统、完整地诠释了"三美"模式的质量内涵和要求，使蒙娜丽莎的质量管理模式更加清晰、直观。每当陪同客户参观该示范生产线和车间展览馆时，萧华都会一遍遍向客户解释"三美"质量管理模式的内涵，令广大参观者不由得为蒙娜丽莎人先进的质量管理理念和完善的质量管理体系发出由衷的赞叹。

质量好不好，市场说了算。来自客户的评价，自然更具权威性。多年来，蒙娜丽莎是众多大型房地产企业的优秀战略合作伙伴。截至 2019 年 3 月，公司已连续四年获得万科 A 级供应商称号，连续三年获得碧桂园优秀供应商奖；同时，多次获得雅居乐、保利发展、珠江地产、中粮置地、中国金茂等企业优秀供应商荣誉称号。

第十九章 陶瓷薄板

2005年之前，在萧华的人生当中，几乎从来没有"陶瓷薄板"这几个字眼。一次偶然的机会，一次对行业权威人士的信任、一次冒着巨大风险的决策，让"萧华""蒙娜丽莎"与"陶瓷薄板"紧紧地联系在了一起。

作为一款中国建陶行业30多年来最具革命性的创新产品，萧华为陶瓷薄板付出的心血和为之收获的荣誉，多年以后仍然是那样的丰硕而又令人钦佩。

敢饮头啖汤

陶瓷薄板最早出现在 20 世纪 90 年代初的欧洲陶瓷工业展上。据已故华南理工大学陈帆教授介绍，他在 1993 年德国慕尼黑举办的陶瓷展览会上看见过一种厚度只有 3 毫米的大尺寸天蓝色陶瓷薄板，拿到手里的感觉，一是薄，二是大，三是轻，四是有韧性。一辈子与陶瓷打交道的陈帆教授也不禁发出感慨——陶瓷砖竟然可以做到这么薄，而且还有韧性，国内建陶企业何时才能做出这样的产品？

直到 2001 年秋天，萧华才有机会第一次在意大利博罗尼亚陶瓷展上看到意大利企业展出的 1000mm×3000mm×3mm 的陶瓷薄板以及生产该产品的成套技术装备。

时间过得飞快。21 世纪初，我国现代建筑陶瓷产业的发展一日千里，陶瓷产品对资源、能源的巨大消耗开始引起一些业内外人士的担忧，每年数亿吨原料消耗，对自然环境造成巨大的破坏，而高速增长的产品出口量则被一些媒体称为"贱卖国土"。

在此背景下，山东德惠来装饰瓷板有限公司于 2003 年采用湿法工艺首次生产出超薄纤维陶瓷装饰板 1000mm×2000mm×（3~4）mm。2004 年 10 月，大规格超薄建筑陶瓷砖的技术开发得到国家"十五"科技攻关计划支持，国家科技部下文立项，项目名称为"大规格超薄建筑陶瓷砖产业化技术开发"（编号2004BA321B），希望借此项目降低瓷砖生产对资源、能源的消耗。

为此，科达机电（现科达洁能）筹建了国内首条薄型陶瓷砖中试生产线，希望通过对瓷砖减薄方面的研究，为行业积累陶瓷薄板在生产方面的经验和数据。这条生产线从全自动压砖机、干燥窑到烧成窑等一应俱全，是当时国内少有的建陶新产品中试线。然而，经过一段时间的研制后，技术攻关遇到了难题，一时难以解决，致使研发工作无法继续进行。

2006年6月的一天，萧华接到陈帆教授的一个电话，约他到科达机电旁边碧桂园的一个茶屋喝茶聊天。萧华去了才知道，除陈帆教授外，还有时任科达机电总经理边程和东鹏陶瓷原副总经理徐平。陈帆教授开门见山地对萧华说："科达公司有一条陶瓷板材的中试线，建成一年多了没有用起来，很可惜，边总有中试线、徐总有技术经验，蒙娜丽莎有工艺技术，你有没有兴趣进行陶瓷薄板的研发和生产？"

当时，对许多企业而言，陶瓷薄板还是一个全新的概念，许多人连陶瓷薄板是什么样子都没见过，只是有机会观摩过意大利、西班牙等欧洲陶瓷展的老板和高层管理技术人员才有幸在国外展会上一睹其真容。然而，国外陶瓷装备企业对此技术是完全封锁的，国内要搞陶瓷薄板，就必须完全依靠自己的力量从头做起，研发工作将会面临巨大的困难和风险，而且这种困难和风险不是一般企业所能承受的。

虽然前期已有企业对干法生产陶瓷薄板的研制进行过尝试，但都没有成功，并最终选择了退出，其中的风险不言而喻。几经考虑，萧华还是决定试一试。一则，通过与陈帆教授、边程、徐平三人的沟通，他在心里对陶瓷薄板的研发有了信心；二则，陶瓷薄板对资源、能源大幅度节约，属于低碳节能产品，必将是未来陶瓷产业发展的方向。天生敢于冒险、创新的萧华，没有过多的考虑，当场决定由蒙娜丽莎接过这副别人不愿意挑的担子，进军陶瓷薄板的研发生产领域。

为了加快陶瓷薄板的研发进程，在陈帆教授的帮助下，蒙娜丽莎想借助政府的力量来共同攻克这一世界性的技术难题。刚好，从 2005 年起，在国家科技部高新技术产业司的指导下，中国建筑材料集团公司开展"绿色制造技术与装备（建材）"国家"十一五"科技支撑计划项目的申报，大规格超薄建筑陶瓷砖的技术开发继续得到支持。在陈帆教授的努力下，蒙娜丽莎与咸阳陶瓷研究院等共同申报了"十一五"科技支撑计划重点课题"陶瓷砖绿色制造关键技术与装备"（编号 2006BAF02A28）。2007 年 6 月，课题组在蒙娜丽莎召开启动会，成立了课题管理委员会，聘任了以陈帆教授为组长的五人专家小组。课题管理办公室与各课题参加单位签订了总任务、年度任务合同，公司副总裁刘一军、总工程师潘利敏和财务部经理谭淑萍等参加了这个国家课题。

同时，蒙娜丽莎与华南理工大学、科达机电等高等院校和企业广泛开展陶瓷薄板的研发工作。除一些科学实验结果外，没有其他可借鉴的东西，一切都要摸索着前进。在历经多次失败之后，研发人员逐步达成了共识，陶瓷薄板的研发，首先必须利用科达机电的装备技术来确定陶瓷薄板的工艺条件。

2006 年 8 月，萧华要求公司停下正在生产中的一条瓷砖生产线，指派刘一军、潘利敏等带领全车间 40 多名生产技术骨干进驻科达机电中试线，从西樵生产基地直接获取特制的粉料，因此打响了陶瓷薄板最后的攻坚战。

一块块又大又薄的陶瓷薄板被 6800 吨的压机压制成型，然后被小心翼翼地安置在输送带上，可是一经过输送带素坯就开始碎裂，即便没有碎裂，也会形成好多暗纹。好不容易有几片像呵护刚出生的婴儿似的被送入烧成窑入口，没想到出来的成品却七扭八歪，变形严重，有些干脆卷成了"麻花"。

大家没有气馁，边摸索、边实践，相信国外企业能做出来，中国人也一定能够成功。经过 20 多天的连续试制，一步一步调整工艺技术，一项一项修正工艺参数，最终，陶瓷薄板的各项技术指标达到了预定的目标。公司研发人员克服重重困难，实现了核心技术的突破，掌握了陶瓷薄板生产的关键技术，取得了中试线生产的全面成功，为蒙娜丽莎进军陶瓷薄板大规模生产创造了良好的技术条件。

中试线上的成功，不代表陶瓷薄板可以大规模投入生产。在中试线上，一片陶瓷薄板压制成型后，一脱模就进入干燥窑，从干燥窑出来，直接进入烧成窑，前后几乎是无缝对接。而实际生产中，一片薄板从压机出来后，要经过一段输送带、进窑机才可以进入干燥窑，从干燥窑出来，同样要经过长长的釉线，甚至经受表面诸多装饰工艺的考验。为此，刘一军、潘利敏等率领技术团队，先后从调整原料配方、创新脱模方式、改变传输方式、降低传输破损、解决表面装饰、优化坯体烧成、后期加工包装等环节，一项一项解决其技术难题，经过几个月的验证，终于达到了可生产的条件。

为了实现陶瓷薄板的产业化，2007 年初，经过与董事会、研发人员的反复研讨，萧华决定投资兴建国内第一条干法成型陶瓷薄板生产线。2007 年 3 月，"瓷质板材"项目通过国家建设部科技发展促进中心组织的建设行业科技成果评估。2007 年 4 月 21 日，蒙娜丽莎在北京人民大会堂举行盛大的产品推介会，萧华代表蒙娜丽莎正式向社会各界宣布：中国建陶行业首块大规格"瓷质板材"试制成功。2007 年 6 月，陶瓷板首条生产线——国家"十一五"科技支撑计划重大项目蒙娜丽莎绿色环保节能瓷质板材示范基地在蒙娜丽莎集团举行盛大的启动仪式。

时间来到 2007 年 11 月，在全体研发人员的努力下，蒙娜丽莎建成了世界上第一条年产 100 万平方米大规格干压瓷质薄板生产线并顺利投产，生产出我国第一代纯色自然面瓷质薄板——月牙白、高原红、美感白等产品，规格为 900mm × 1800mm × 3.5/5.5mm，产品具有大、薄、轻、硬、韧等特点，开创了瓷质砖"薄型化"的先河。同年底，在第一代产品的基础上，解决了光点均匀性的难题，生产出第二代纯色半抛光系列产品。

2008 年，蒙娜丽莎研发人员在纯色板的基础上，开始试制抛光类陶瓷薄板。试制前期材料的破损非常大，但经过技术人员的努力，最终解决了大规格陶瓷薄板抛光易烂的难题，生产出第一代全抛光产品，被国家科技部、外贸部、税务总局、质检总局、环保总局五部委评为"国家重点新产品";被国家科技部评为"国家火炬计划重点高新技术企业"。

2009 年初，公司自主研发出陶瓷薄板专用微粉布料设备，研制成功具有突破性的微粉抛光产品夏松石、秋松石、冬松石等，产品获国家科技部、教育部、商务部、工信部、知识产权局、北京市政府颁发的循环经济与节能减排优秀成果奖；佛山市人民政府 2009 年粤港关键领域重点突破项目（佛山专项）；建设部科技发展促进中心全国建设行业科技成果推广项目；并入选"辉煌六十年——中华人民共和国成立六十周年"成就展。

2010 年，针对陶瓷薄板的釉面装饰效果，蒙娜丽莎的科技人员成功解决了坯釉匹配性难题，开发出纯色釉面系列、仿墙纸、仿木纹等装饰性更强的陶瓷薄板产品。

2011 年，公司开发出金线石、银线石、梵高金等全抛釉系列产品。同年，把艺术作品与创新材料产品完美融合，以陶瓷薄板为基材开发出可供室内外装饰使用的艺术薄瓷板，解决了大幅面拼图接缝及耐久性问题。

2012 年，公司引进全球最大的 3D 喷墨设备，研发生产出卡布奇诺、布雷夏石、斯卡布石等仿大理石薄板系列新品；开发出高耐候性艺术陶瓷板、砂岩面陶瓷板、防静电陶瓷板等新产品。

2013 年，公司利用喷墨技术，推出金钻麻、金彩麻、加里奥金等岗石系列与澳洲砂岩和非洲砂岩等系列新产品。

几年来，蒙娜丽莎生产的瓷质系列产品被广泛应用到上海意邦国际建材城、佛山海八路金融隧道、深圳地铁、南海绿电、成都中光电等标志性建筑工程。

陶瓷薄板是一个全新的产品，按照国家建设管理部门的要求，在走向市场的过程中，必须有产品标准、产品应用技术规程及施工图集等一系列技术文件。众多建筑师、设计师、经销商在看过蒙娜丽莎的陶瓷薄板后都说产品很好，但必须尽快研究和制定有关施工应用的技术文件。那段时期，陶瓷薄板在一片叫好声中迎来了新的挑战。因为市场对于新产品一时无法接受，投产之初，陶瓷薄板一下子积压了上百万平方米的产品。看着庞大的库存，萧华感受到了来自市场的巨大压力。

《陶瓷板》标准体系的建立

在此需要说明的是，该款产品的名称，从研发之初到产品标准编制之时，大家都把它称作"陶瓷薄板"。但在制定产品标准时，专家们给它的产品标准定名为"陶瓷板"，而在应用标准中则仍称为"陶瓷薄板"。

《陶瓷板》标准的编制工作起始于 2008 年初，主要起草单位为咸阳陶瓷研究设计院、蒙娜丽莎集团和山东德惠来瓷板装饰有限公司，蒙娜丽莎集团委派陈帆教授和张旗康董事参加标准的起草工作。2009 年 3 月 9 日，国标委发布公告，批准并发布了《陶瓷板》（GBT 23266—2009）标准，并于 2009 年 11 月 5 日开始实施。《陶瓷板》标准发布后，在行业内引起了极大的反响，同时也掀起陶瓷砖薄型化的热潮，应该说陶瓷板产品和标准开创了陶瓷产业节约资源、节能减排的先河，达到了蒙娜丽莎预期的目标。后来，这个标准获得了 2014 年度国家质量监督检验检疫总局、国家标准化管理委员会颁布的"中国标准创新贡献奖"三等奖，是建材行业仅有的两个获奖标准之一。

从 2008 年开始，依据住建部的要求，由北京新型材料建筑设计研究院有限公司和蒙娜丽莎集团共同起草《建筑陶瓷薄板应用技术规程》，由中国建筑科学研究院负责归口。萧华委派陈帆教授、张旗康、刘一军、潘利敏、蒙政强等参加，在各相关方的密切配合和努力下，住建部于 2009 年发布实施《建筑陶瓷薄板应用技术规程》（JGJ/T 172—2009）。在这个技术规程实施后的一年时间里，蒙娜丽莎的工程技术人员在应用过程中发现规程有许多不完善的地方。于是，由主编单位提出对规程的修订建议。经过近两年的工作，住建部并于 2012 年 3 月 15 日发布《建筑陶瓷薄板应用技术规程》（JGJ/T 172—2012），于 2012 年 8 月 1 日实施。这个《规程》的发布实施，为陶瓷薄板更快进入市场提供了强大的推动作用，助推陶瓷薄板快速稳健地向着产业化、规模化、市场化方向发展。

在这些标准、技术应用规程及参考图集的编制过程中，蒙娜丽莎自始至终是主要编制单位，提供了大量的技术文件、技术数据及人力、财力。当然，也从这个过程中学到了许多知识，丰富了自己。每每提到这些科技成果，萧华都非常感谢相关单位和一大批专家的大力支持与帮助。

这一时期，蒙娜丽莎的营销人员花了很大的精力来推广陶瓷薄板，由于是新产品，再加之标准体系不尽完善，销售并不理想，销售额更是少得可怜，"叫好不叫座"的现实成了行业同仁对蒙娜丽莎陶瓷薄板的普遍看法。尤其是 2010 年在佛山地铁的工程竞标中，公司花了几百万元来争取该项目，并且在总部展厅模拟地铁站点，1：1 建成了一个完全用陶瓷薄板装修施工的整体工程样板。但依然因标准体系不完善、竞标单位少等问题而没有得到甲方的认可。为此，陈帆教授不辞辛苦，先后到西安、北京等地，找专家写证明材料，但仍然无济于事，使蒙娜丽莎陶瓷薄板遭遇了一次严重的打击。

这段时间，可以说是陶瓷薄板发展最艰难、最低谷的时期，销售总经理换了好几任，但依旧没有起色。甚至集团董事会和部分高层管理人员中也有人开始对这个花费了蒙娜丽莎数年心血的产品产生了怀疑，认为陶瓷薄板这个项目会拖累蒙娜丽莎集团，让企业丧失许多发展的机会。毕竟当时陶瓷砖市场异常火爆，如果多建几条传统砖生产线，不知要比陶瓷薄板轻松多少倍，多赚多少钱！

但是，几经讨论，在萧华和董事会成员的坚持下，大家还是统一了思想，觉得有必要坚持下去，毕竟这是一个代表了未来中国乃至世界建陶产业发展方向的产品，而企业需要的是调整思路，进一步加大对陶瓷薄板市场的开发与推广力度。

为了避免回到原来的市场拓展老路上去，2011 年，公司决定由副总裁邓啟棠兼任板材事业部总经理，同时提拔蒙政强、魏振两位年轻的管理骨干为副总经理，全权负责陶瓷薄板的营销工作。邓啟棠在担任板材事业部总经理期间，结合多年的实践探索，提出了"技术营销"的创新战略，即把简单的卖产品改变为为客户提供完整的技术解决方案，从产品的运输、设计、加工、安装、验收等环节形成一系列完整的技术体系，指导客户对陶瓷薄板产品的最终应用。为此，板材事业部团队做了大量的工作，积累了很多经验，为后来的销售工作打下了很好的基础。

新的架构、新的团队，既为老管理人员安排了出路，又为年轻人腾出了成长的空间，再加上全新的市场营销策略，板材事业部的营销工作慢慢走出了困局。2012 年，邓啟棠将板材事业部的营销重任交到蒙政强的肩上，薄板销售开始走上了"快车道"。

在协助国家相关部门制定产品标准、技术规程和施工图集的同时，蒙娜丽莎参照天然石材、玻璃幕墙等建材产品的施工方法，针对陶瓷薄板，经过大量的施工实践，形成了有别于传统瓷砖的五大应用施工系统，它们分别是：建筑陶瓷薄板薄法施工系统、建筑陶瓷薄板建筑幕墙干挂系统、建筑陶瓷薄板铝蜂窝复合板系统、KF 幕墙式轻质防火保温装饰干挂板系统、建筑陶瓷薄板 XRY 外墙外保温一体化系统。连同《轻质陶瓷砖》标准，蒙娜丽莎集团把这个技术系统统称为"两本图集、三个标准、五大应用技术系统"。

2014 年 2 月，由中国建筑标准设计研究院、广东蒙娜丽莎新型材料集团有限公司和北京金易格新能源科技有限公司主编的国家建筑标准设计参考图集《建筑陶瓷薄板和轻质陶瓷板工程应用幕墙、装修》（统一编号：CJCT－071、图集号：13CJ43，ISBN 987－7－80242－947－5）一书由中国计划出版社出版。这本图集根据行业标准《建筑陶瓷薄板应用技术规程》（JGJ/T 172—2012）和广东蒙娜丽莎新型材料集团有限公司提供的技术资料及其检验报告等为基础编制，体现了新产品、新技术、新材料在建筑工程中的应用，从材料生产到建筑应用均符合节能环保的要求。这是中外首部建筑陶瓷薄板和轻质陶瓷板工程应用（幕墙、装修）参考图集，也是陶瓷板作为幕墙与装饰材料应用的一件新鲜事。公司委派陈帆教授、刘一军、潘利敏、蒙政强等参加了这本图集的具体编写工作，为此付出了极大的努力。

至此，蒙娜丽莎生产的陶瓷板、陶瓷薄板完成了在国家层面从产品标准到工程应用的所有技术性文件的编制、发布和实施，形成了完整的技术标准体系，真正意义上拿到了走向市场的"通行证"。这一切的一切，对于传统陶瓷砖企业而言，根本无须任何的投入和关注，而对于蒙娜丽莎集团而言，其中的艰辛与曲折又岂是外人所知？工信部、发改委、住建部、科技部、质检总局、建材联合会、建筑标准设计院……蒙娜丽莎集团几乎跑断了腿，从零起步，一步一步、一点一滴，建立起了一款新产品从研发、生产、销售到应用和工程案例的全部市场技术体系。

在中国现代建陶行业30多年的发展历程中，从来没有哪一款产品像陶瓷薄板一样拥有如此完整而又系统的技术应用体系，以萧华董事长为核心的蒙娜丽莎集团为这个体系的建设付出了巨大的代价，而这个体系的受益者，却是整个建陶行业！

行业唯一入选中华人民共和国成立60周年成就展

2009年9月20日，作为中华人民共和国成立60周年庆典系列活动的重要内容"辉煌六十年——中华人民共和国成立60周年成就展"在北京展览馆隆重开幕。这场展览凝聚了中华人民共和国成立60年来在政治、经济、文化、教育、国防、科技、民族等各个领域取得的一系列辉煌成就，印证了一个古老民族伟大复兴的全新历程。

在钢铁、石油、航空等众多早已名扬四海的工业展区科技成果群中间，静静地竖立着几片"薄如蝉翼"的陶瓷薄板，其中一片薄板上写着一行醒目的文字：广东蒙娜丽莎陶瓷公司——大规格超薄建筑陶瓷板。

这一刻，不仅仅是中华民族的骄傲，也是全体陶瓷人的骄傲。据悉，入选"中华人民共和国成立60周年成就展"的企业，全国建材系统仅有4家，即中国建筑材料集团公司、中国中材集团公司、山东鲁阳股份公司和蒙娜丽莎集团，而蒙娜丽莎集团作为中国建筑卫生陶瓷行业唯一入选"中华人民共和国成立60周年成就展"的企业，在这个举世瞩目的舞台上向全世界展现了代表当时中国建筑陶瓷行业最高水平、最具科技含量的创新产品。

这一刻，距离中国现代建陶业从陶瓷强国意大利引进第一条现代化全自动生产线已经过去了26年；这一刻，距离中国建陶产业荣登全球建陶产能第一的宝座已达13年。2009年的中国陶瓷业，无论其规模、产能、出口及从业人员，在世界各国中均遥遥领先，但中国建筑陶瓷业却因创新不足在国际市场屡屡沦为低质低价的代名词。此次蒙娜丽莎集团研制成功的陶瓷薄板，则令世界陶瓷强国对中国陶瓷业刮目相看。

那一天，与共和国同龄的萧华，携着老伴的手，久久地伫立在北京展览馆蒙娜丽莎陶瓷薄板的展位前。展馆内人流如织，熙熙攘攘，大家一次次为这块神奇的陶瓷薄板而发出啧啧的赞叹声，没有人知道站在旁边的这位普普通通的老人，就是中国陶瓷薄板的首推者、研发者和奠基者。那一刻，萧华的心中充满了自豪，他觉得无论过去付出多大的成本，耗费多少的精力，只要能为中国建筑陶瓷行业的发展贡献自己的绵薄之力，一切都值了。

参加辉煌60年成就展，是蒙娜丽莎代表中国现代建陶业向伟大祖国最好的献礼，也是中国人自己研发的革命性建陶产品第一次令世界陶瓷强国投来折服的目光。当与共和国同龄的集团总裁萧华和其他同事一行走进展览馆看到自己辛勤研发的陶瓷薄板与诸多高科技产品同台展出时，那一刻的自豪感油然而生。

开启行业低碳时代

20世纪90年代初期，中国已成为全球最大的瓷砖生产国和消费国，每年消耗的各类原材料、能耗非常惊人。以年产瓷砖100亿平方米计，每年消耗的各类矿产等资源达2.8亿吨，电耗约5000亿千瓦时，综合能耗约5000万吨标准煤。此外，瓷砖生产过程中还产生大量的废气、废水、废渣，对周边环境与自然生态造成巨大的伤害。

那么，陶瓷薄板与传统瓷砖相比，又有着怎样的效果呢？

公司节能减排办的管理人员经过专业测试，与同规格的陶瓷砖相比，陶瓷薄板可节材 64.62%、节电 20.83%、节水 63.20%、综合能耗降低 41.33%、CO_2 减排 64.31%、SO_2 减排 64.52%、NO_x 减排 65%、烟尘减排 63.67%、废渣减排 71.7%。

这是一组令蒙娜丽莎人无比自豪的数据。这样的效果，对于陶瓷行业而言，无疑是革命性的，把瓷砖生产的节能降耗、低碳发展推向了一个全新的高度。同时，陶瓷薄板降低了产品本身的厚度，在产品包装、运输、仓储、施工等环节，均节约了大量的资源，降低了建筑物的负荷，扩大了房屋使用面积。因此，它所带来的低碳效应是全范围的、全产业链的。

"前三十年做砖，后三十年做板"，这是已故行业泰斗陈帆教授对中国建陶业发展趋势的一个预测，而萧华董事长无疑是这个预测最早、最坚定的践行者。2007 年，陶瓷薄板研发成功进入市场的时候，萧华和公司生产、销售及管理人员都乐观地以为，随着陶瓷薄板这一低碳产品的推出，会有不少企业迅速模仿和跟进，从而推动我国建陶业步入真正的低碳时代。

然而，理想虽然美好，现实却很残酷。这一新产品被市场的认可、接受和应用，几乎延迟了近十年时间。直到 2016 年前后，行业内才真正兴起陶瓷薄板热。伴随着新中源、顺成等几家企业的加盟，涉足陶瓷薄板的生产企业才开始多了起来。2017 年，在陶瓷薄板的基础上，陶瓷大板风靡行业，成为行业一线品牌的标配产品，甚至出现了"无大板、不大牌"的说法。

"我们坚持发展超薄瓷质板材，目的就是想改变陶瓷行业以往高能耗、高污染、高成本的'三高'局面，开启绿色环保的陶瓷生产之路。"2007 年 6 月 24 日上午，在蒙娜丽莎绿色环保节能瓷质板材示范生产基地启动仪式上，蒙娜丽莎董事长兼总裁萧华面对一众媒体记者道出了企业进军陶瓷薄板领域最初的想法。而这个美好的梦想，一路走来，却是伴随着诸多的荆棘与坎坷。现在回过头来看，如果没有萧华的高瞻远瞩，没有萧华在困境中的坚持，没有蒙娜丽莎董事会的英明决策，陶瓷薄板项目极有可能在前些年夭折或者停步不前。

杭州会议

2012 年，陶瓷薄板终于迎来了一次历史性的发展机遇，坐落在钱塘江边的杭州生物医药创业大厦幕墙装饰工程顺利完工。时任蒙娜丽莎技术总顾问陈帆教授向萧华建议，借这个工程，在杭州召开一次现场论证会，邀请一批国内权威建筑专家、设计师去施工现场，亲眼见证陶瓷薄板在高层幕墙领域的应用情况，以加快陶瓷薄板在幕墙工程领域的推广步伐。萧华同意了陈帆教授的建议，并要求公司相关部门全力配合，一定要开好这次现场论证会。

2012 年 11 月 18 日上午，由中国建筑学会生态人居委员会主办的"健康、舒适、节能建筑与陶瓷薄板幕墙著名建筑师杭州座谈会"在美丽的西湖之畔隆重举行。数十位国内顶尖、权威建筑设计专家齐聚杭州，共同见证一座建筑、一种全新陶瓷材料对于现代节能建筑及城市生态文明建设的样板工程与示范意义。

由于时间冲突，萧华很遗憾不能参加此次会议，他委托霍荣铨副董事长参会，并借此机会向与会人员展示集团公司在陶瓷薄板生产、研发及技术应用体系方面的实力。

曾经一段时间，建筑物外墙非常流行用外墙砖装修，从南到北各类建筑满目皆是小规格外墙砖和马赛克。但随着时间的推移，不少 20 世纪八九十年代施工的建筑物都出现了外墙砖脱落的现象，"瓷砖脱落砸伤行人"事件屡屡发生，导致北京、上海、重庆、江苏等地纷纷出台政策，禁止高层建筑外墙使用传统瓷砖。同时，建筑节能与装修材料之间的矛盾日益突出。

2005 年 4 月，《公共建筑节能设计标准》正式发布，对建筑节能提出了新的要求，普通外墙砖、涂料等装饰材料再一次面临巨大的考验。在高层幕墙领域，基本上是天然石材、玻璃和金属铝单板的天下，尤其是玻璃幕墙，因其成本较低、现代感强而占据着城市高层幕墙领域的绝大部分市场。陶瓷薄板的营销团队，利用其更低碳、更环保、更节能、更安全的产品优势，向建筑外墙装修市场发起了挑战，终于成功跻身高层建筑幕墙装修市场，成为该领域的新宠。

杭州生物医药创业基地选用陶瓷薄板作为幕墙装饰材料，是陶瓷薄板在该领域的一次重大突破。说起该项目幕墙应用陶瓷薄板，就不得不提到北京凯乐田原建筑技术有限公司的田原博士。

2007 年，田原博士在一次偶然的机会接触到了由蒙娜丽莎公司生产的陶瓷薄板。这次邂逅，真可谓是一见倾心，整天与建筑材料打交道的田博士，对各种材料的性能、属性了如指掌，当陶瓷薄板这一全新材料出现在她面前时，她完全被薄板独有的质感、色彩与机理所倾倒，再加上亚光、通体的效果和特别的颜色，令田博士欣喜若狂，从那一刻起，她就暗暗决定，一定要把这种材料应用到自己的建筑作品当中去。

然而，好事多磨。原计划上海一座高层建筑选用陶瓷薄板作为幕墙装修，但终因技术文件不齐全而最终搁浅。

一次偶然的机会，田原博士接触到了她的家乡浙江亚克药业公司的杭州生物医药创业基地项目，该公司董事长楼金先生对建筑节能、环保有着痴迷般的追求。于是，田原博士向楼金先生推荐了蒙娜丽莎的陶瓷薄板。

带着将信将疑的心态，楼金先生莅临蒙娜丽莎集团参观考察，当他亲眼看到陶瓷薄板优良的品质和卓越的性能时，与田原博士一样，当场决定选用蒙娜丽莎的陶瓷薄板作为生物医药创业基地项目的幕墙装饰材料，为杭州这座美丽的城市树立一座绿色、节能建筑的样板工程。临别时，楼金先生握着萧华的手说："感谢蒙娜丽莎，你们研发的陶瓷薄板真的太好了，我一定要把它用到自己的工程当中去，为杭州、为中国树立一个现代化的绿色、节能建筑样板工程。"

当时，陶瓷薄板还没有产品标准、施工图集、技术规程等一系列文件，这对于一座高度达 129.9 米的高层建筑而言，面临的风险和挑战可想而知。但是，对陶瓷薄板这一低碳、节能材料的偏爱与执着，使他们满怀信心，一次次游说于建筑、规划、设计等相关部门，在大家的合力支持下，经过 6 年多的努力，终于把梦想变成了现实。两高一低圆柱形的塔楼，如"美满和谐的一家人"，高高矗立在钱塘江边，与对岸的六和塔给杭州这座美丽的城市增添了新的文化符号，受到诸多建筑大师的高度评价。

杭州会议，对我国建筑界而言，无疑是一次极具分量的会议。在陈帆教授和薛孔宽教授的邀约下，来自北京、天津、上海、成都、广州、西安、深圳、杭州等地众多建筑设计院、建筑设计公司以及建筑学院的高工、总工程师、教授及专家，齐聚一堂，成为多年来建筑设计界难得的一次会议。

众多建筑专家不辞辛劳，兴致勃勃地参观了由陶瓷薄板作为幕墙装饰材料的杭州生物医药创业基地，他们登上 35 楼，仔细观看施工过程及装修效果。同时，在施工现场品鉴了展出的多款陶瓷薄板、轻质板，对两种产品在薄型化、轻质化方面取得的丰硕成果给予很高的评价。

陶瓷薄板作为幕墙装饰材料在高层建筑的应用，最大的担忧就是安全。杭州会议召开之前，这座城市刚刚经历了"海葵"14 级台风的考验，装修一新的杭州生物医药大厦安然无恙，不能不令一众权威建筑大师刮目相看。

杭州生物医药创业基地总设计师田原博士在会上深有感触地说："这个工程从开始设计到今天完工，已整整走过了 6 年的时间，这期间，国家有关部门先后出台了《陶瓷板》国家标准、《建筑陶瓷薄板应用技术规程》等一系列文件，目前已建立了非常完善的施工应用技术体系，在经历了台风的考验后，其安全是有保障的。"

杭州会议，在陶瓷薄板的市场化进程中具有里程碑式的意义，不仅为陶瓷薄板树立了一个高层幕墙应用的成功案例，同时开启了陶瓷薄板进入该领域的大门。从此以后，陶瓷薄板频频进入酒店、写字楼、医院、住宅、城市商业体等大型建筑幕墙领域，为陶瓷薄板的市场化奠定了坚实的基础。截至2018 年底，已有超过 100 座高层建筑选用蒙娜丽莎陶瓷薄板作为幕墙装饰材料。

将建筑陶瓷薄型化进行到底

自 2007 年第一片大规格陶瓷薄板问世以来，蒙娜丽莎集团就被行业贴上了"薄型化"的标签。建筑陶瓷薄型化也被列入国家"十二五"产业规划重点工作之一。

近年来，在绿屋建科总经理蒙政强的直接管理下，蒙娜丽莎大力推广陶瓷薄板，相继在工程、零售市场取得了一系列成效。陶瓷薄板也先后走进高层幕墙、隧道、地铁、医院等大型建筑工程领域，树立了杭州生物医药创业基地、包头国际金融中心、武汉东湖隧道、温德姆酒店、西安地铁、成都地铁、佛山季华路隧道、佛山西站等一大批重点样板工程。

多年来，许多同行经常小心翼翼地询问萧华："萧老板，蒙娜丽莎的薄板做得怎么样啊？"每当这个时候，萧华总是笑着回答他们："还不错，正在按计划进行。"

事实上，萧华心里很清楚，陶瓷薄板的市场推进速度并不令人满意。这些年来，集团公司在陶瓷薄板领域投入了太多的精力，付出了很高的代价，但收获与付出却远不成正比。但是，萧华从未想过放弃，更不可能退缩。他知道，建筑陶瓷的薄型化一定是中国建陶业未来发展的方向。再者，任何一个新事物要让市场接受，总得有个过程。对于这个过程，蒙娜丽莎还等得起。

2015年下半年以来，萧华频繁组织技术、生产、销售等方面的人员开会，决定进一步调整产品结构，在原有陶瓷薄板的基础上，把瓷砖薄型化进行到底，加快600mm×1200mm薄砖和1200mm×2400mm更大规格陶瓷薄板的研发力度，把蒙娜丽莎的薄型化推向一个全新的高度。

2015年12月，在蒙娜丽莎瓷砖2016年营销峰会召开之际，公司企业技术中心一次性推出十多款600mm×1200mm的抛釉陶瓷薄砖，受到与会经销商的高度肯定。这类陶瓷薄砖，厚度只有5.5毫米，但花色、质感却完全可以与市场上热销的仿石、仿木类产品相媲美，更为可贵的是，这些薄砖传承了陶瓷薄板的韧性，赋予了产品独特的属性，成为传统陶瓷砖节能减排的首选产品。

与此同时，蒙娜丽莎更大规格的陶瓷薄板也在全力推进当中。2015年底，公司购进首台全亚洲最大吨位的压砖机——恒力泰公司 YP10000 吨压机，同时对窑炉、釉线等进行改造。2016 年 2 月，新春开工伊始，1200mm ×2400mm 陶瓷薄板就顺利面世。在 900mm ×1800mm 陶瓷薄板还鲜有竞争对手的情况下，蒙娜丽莎再一次另辟蹊径，开发出超大规格的陶瓷薄板，从而更进一步确定了在陶瓷薄板领域的领先地位。2016 年 5 月 28 日下午，借中国陶瓷工业协会陶瓷幕墙与装饰分会第一届第二次理事会召开之际，萧华与傅维杰副理事长等一起为中国最大的干压陶瓷薄板揭幕。

在陶瓷薄板不断取得突破的基础上，蒙娜丽莎于 2017 年 3 月建成国内首条干压成型大规格陶瓷大板生产线。该生产线同样引进当时亚洲最大吨位的恒力泰 YP16800 吨压机，生产出 2400mm × 1200mm 规格，厚度分别为5.5 毫米、10.5 毫米、13.5 毫米、20.5 毫米的产品，开启了中国建筑陶瓷行业大板新时代。

2017 年 4 月 18 日，第 29 届中国（佛山）国际陶瓷及卫浴博览交易会在佛山开幕。此前，许多业内人士估计，陶博会上会出现更多的大理石新品。然而这届陶博会完全被陶瓷薄板、陶瓷大板抢了风头，数十家品牌摆出了大规格陶瓷大板，蒙娜丽莎旗下的绿屋建科在华夏陶瓷博览中心亮出了国内首块 2400mm × 1200mm × 13.5mm 陶瓷大板，吸引了众多观众。

2019 年 6 月 19 日，又是一个值得铭记的日子，全球首台模腔成型HT36000 吨压机在蒙娜丽莎西樵生产基地安装调试成功，并压制出第一片1600mm × 3600mm 陶瓷大板。这是国产最大吨位陶瓷压机在国内陶瓷企业的第一次应用，再次彰显了蒙娜丽莎集团的研发与创新实力，并成功地将国内陶瓷大板的生产推向一个全新的高度。

萧华相信，无论是薄砖、薄板还是超大规格陶瓷大板，都一定能够迎来市场热销的那一天！

尝试防弹陶瓷的研究

2013 年 8 月，佛山市南海区政府为进一步落实"南商再出发"，决定抽调一批优秀民营企业家分批赴海外进行为期半个多月的培训学习，萧华和另外 18 名来自不同行业的南海民营企业家参加了第一期在英国牛津大学举办的"国际竞争力与战略创新"培训班。

能够在世界一流学府系统学习先进的企业管理，萧华很珍惜这次机会。一天，一位牛津大学的老师在课堂上讲到传统陶瓷材料的创新时，说欧美等发达经济体正在研制一种能够防弹的陶瓷材料，他问现场的学员："中国陶瓷企业有没有这方面的研究？"

因为那批去学习的南海企业家当中，只有萧华一个人来自陶瓷行业。虽然萧华几乎一生都从事陶瓷行业，但防弹陶瓷他还是第一次听说。大家面面相觑，纷纷把目光投向了他。萧华只好老老实实地说，据我了解，中国陶瓷企业还没有这方面的研究。

结束在牛津大学的学习后，萧华第一时间把在牛津大学的想法和感受与公司研发部门的人员进行了沟通，希望他们能够利用陶瓷薄板这种材料，跳出建筑陶瓷的圈子，对防弹陶瓷进行研究。后来，一位南海区的朋友介绍了一位搞蓝宝石技术的专家，这种技术应用在陶瓷薄板上，可以使其强度大增，做到"刀枪不入"，起到防弹的效果。萧华和公司研发人员一听，立马找其来进行合作研究，经过一段时间的试验，发现虽然技术指标能够达到，但其生产工艺极难控制，成品率太低。

研发人员只好另辟蹊径。萧华指示刘一军、潘利敏等人，利用公司国家企业技术中心这个平台，把防弹陶瓷的研发作为一个重点项目，与国内一流的陶瓷、材料专家合作，进行防弹陶瓷的开发和试验。2016 年 9 月，公司企业技术中心正式立项"高强度、高韧性、抗冲击陶瓷薄板制备可行性研究"，经过一年多的探索，终于取得了关键技术的突破，使陶瓷薄板的强度大幅度提高。

为了验证陶瓷薄板的防弹效果，研发人员将 5.5 毫米的防弹陶瓷复合板交由第三方——中国兵器装备集团兵器装备研究所测试试验中心进行枪械击穿测试。经过 64 式手枪及 AK47 自动步枪的轮流射击，成功达到了防弹效果，弹头被牢牢卡在陶瓷薄板当中，而未能穿透薄板基材和后面的复合材料。更为神奇的是，在一块一平方米大小的陶瓷薄板上连开三枪，薄板并没有发生碎裂。

防弹陶瓷复合板的研制成功，使萧华再一次认识到，传统无机材料的创新永无止境。虽然这种材料目前还没有市场化，也没有产生经济效益，但它为企业提供了一个全新的创新思路，开辟了一个未知的领域。未来，说不定哪一天，防弹陶瓷就有可能广泛应用于各类军事装备当中。

绿创园，陶瓷薄板场景新革命

2017 年 12 月 25 日上午，阳光灿烂。在一阵喜庆的音乐声中，萧华和中国陶瓷工业协会秘书长侯文全、中国建筑标准设计研究院装配式建筑设计院副院长魏曦等共同出席了在蒙娜丽莎集团绿创园举行的"中国陶瓷薄板应用技术中心""陶瓷薄板装配式建筑实践基地""新材料与应用设计研究中心"揭牌仪式，从而拉开了蒙娜丽莎陶瓷薄板全新的征程。

2011 年，为加强陶瓷薄板的市场推广力度，按照萧华和董事会的要求，板材事业部在总部二楼建成了陶瓷薄板展厅，由于受场地所限，不足一千平方米的展厅内只能摆放部分产品样品和施工应用系统。

2014 年，板材事业部对薄板展厅进行升级改造，增强了陶瓷薄板破坏强度试验，包括沙包撞击、直立摔地等试验，增强了现场的体验感。同时展出了干挂、湿贴、复合、保温等多种应用场景的施工方法和系统，尤其是轻质板，能够浮在水面上，一度成为陶瓷板科技体验的"网红"。

板材事业部把这个展馆起名为"陶瓷薄板科技体验馆"，简称"绿创园"，这个创意非常好，让国内外同行能够全范围体验陶瓷薄板的种种神奇效果。同时，为了加快陶瓷薄板的产业化进程，集团公司成立了子公司——广东绿屋建筑科技工程有限公司，专门负责陶瓷薄板、陶瓷大板的设计、应用和施工，提高集团公司在该领域的专业化水平和市场竞争力。

2017 年，随着业内越来越多的企业推出陶瓷薄板，集团总部陶瓷薄板科技体验馆面临着更新换代、改造升级的压力，以拉开与对手的距离。

在总部场地异常紧张的情况下，董事会经过商议，决定在离总部不到一公里的官太路旁重新规划绿创园，把集团旗下的绿屋建科和创意设计公司整体搬迁过去，进行一次大规模的升级换代。2017年12月24日，经过大半年的精心设计和施工，位于绿创园内的"中国陶瓷薄板设计应用中心"正式挂牌。同时，绿屋建科还与中国建筑标准设计研究院成立了陶瓷薄板装配式建筑实践基地，与中国交建（广州）铁道设计研究院成立了新材料与应用设计研究中心。

新的绿创园，以大空间、大场景，充分展示了陶瓷薄板的各类产品、系统、技术、案例、施工方法和应用场景，亮相以来就成为行业关注的焦点，参观的人员络绎不绝，几乎每一位莅临绿创园的嘉宾都会被陶瓷薄板精美绝伦而又创意无限的产品和空间所震撼。

2018年2月3日，北京大学国家发展研究院前院长、著名经济学家周其仁教授在参观中国陶瓷薄板应用技术中心后，连称"蒙娜丽莎为中国陶瓷产业的创新应用开辟了一条全新的道路"。2018年4月27日下午，被称为"华南战略第一人"的华南理工大学工商管理学院院长蓝海林在参观完绿创园瓷艺馆、中国陶瓷薄板应用技术中心后，对集团公司在陶瓷薄板领域取得的成就大加赞赏，他握着萧华的手说："完全没想到蒙娜丽莎的陶瓷薄板能够做得这么好，无论是花色、质感、纹理还是跨界应用与探索，都远超我的想象。"

绿创园，正成为蒙娜丽莎在陶瓷薄板、陶瓷大板领域一个全新的起点，它承载着蒙娜丽莎人在传统陶瓷砖之外另辟蹊径、开辟市场蓝海的一个伟大梦想。

第二十章 创新驱动

常常有人问萧华："蒙娜丽莎是一家什么样的企业？"萧华说："蒙娜丽莎首先是一家创新型的企业。"

创新需要投入，更需要坚持。萧华和董事会成员对此有着高度统一的认知，并坚持付诸行动，让创新成为推动企业发展的强大动力。

从管理创新到价值创新，从科技创新到技术升级，从绿色环保到智能制造，从人才培养到平台搭建，每一步，蒙娜丽莎都稳步前行。

创新战略

建陶行业是一个高度同质化的行业，许多企业奉行拿来主义，靠模仿、抄袭赚钱。毕竟，创新需要投入，有成本，也有风险，搞不好会将企业带入万劫不复的深渊。因此，行业内大家常讲：不创新是等死，创新有可能是找死。

但是，萧华领导下的蒙娜丽莎集团却坚定不移地选择了创新驱动发展战略。

萧华的家乡黎涌毗邻佛山石湾，是著名的"陶艺之乡"，因此，无论是年轻时外出打工还是筹办五金厂，大部分业务与陶瓷厂有关。多年的陶瓷行业工作经历使他深刻地认识到，陶瓷生产中装备、工艺、技术的升级对产品的升级换代有着至关重要的作用。尤其是有幸见证了1983年石湾利华陶瓷厂从意大利引进的第一条全自动彩釉墙地砖生产线给佛山陶瓷产业带来的巨大变化，萧华更是特别重视装备及工艺技术的改造升级。

萧华说，一项新工艺、新技术的出现，对企业生产效率的提高和创新产品的研发具有决定性的作用。企业只有拥有自己的核心产品和专利技术，才能在市场上建立领先优势。而且，一段时间内的创新对于企业的发展来说还远远不够，科技创新需要坚持不懈地持续投入，一定要把科技创新上升到企业发展的战略层面，才能使科技创新显示出强大的竞争优势。

在萧华的主导下，经过集思广益，蒙娜丽莎集团最终确定了自己的创新战略。这个创新战略包含的内容很多，萧华将这些战略对蒙娜丽莎发展的主要影响概括为四个方面。

一是培育优秀的创新文化。无论哪个岗位、哪一层管理人员，面对每天繁杂、琐碎的工作，都要有一颗追求极致的匠心，一种创新求变的态度，自觉对标行业乃至国际一流水平，多问几个为什么，把工作做得更完美、更出色，绝不能自甘平庸。优秀的创新文化，成为流淌在蒙娜丽莎躯体当中的血液，成为企业取之不尽、用之不竭的强大创新动力。

二是围绕"美化建筑与生活空间，为员工、客户和社会创造更大的价值"的企业使命，在建筑陶瓷产品的迭代更新、陶瓷薄型化、绿色制造、智能制造等领域，集中精力和资源进行深入研究，以增强企业的核心竞争力。尤其是近年来，随着市场需求的变化，蒙娜丽莎的研发人员将更多精力和资源集中在釉面砖产品的研发、创新上面，常年与意大利、西班牙等国全球顶尖的色釉料企业和设计公司展开深度合作，开发出一系列领先行业的新产品，牢牢占据着行业最具产品附加值领域的创新优势。

三是加强企业与外部的合作，整合创新资源，加大创新成果。多年来，蒙娜丽莎集团通过与国内外同行企业合作、与高等院校产学研合作等多种方式，取得了一系列创新成果。例如，陶瓷薄板、陶瓷大板的研发，就是蒙娜丽莎技术人员与科达洁能、恒力泰等上游装备企业合作开发的成果，"罗马御石""罗马宝石""罗马古道"等新产品，也引入了意大利、西班牙企业的技术和人才。这种合作创新，可以最大限度地提升企业的创新速度，降低创新的成本和风险。

四是不断优化创新流程。在创新上升为公司发展战略之后，还需建立起完善的创新体系，形成强大的创新流程，让每一位管理者和员工都成为这个流程当中的一分子，才会爆发出惊人的力量。因此，集团公司多年来始终致力于创新流程的不断优化和再造，搭建创新平台、引进创新人才、建立创新机制、激励创新成果，使创新走上了一条持续、健康、稳步发展的轨道。

成立行业首家院士工作站

萧华是一个不论做什么事都喜欢钻研与琢磨的人，总在想，有没有更好的方法和途径，能不能做得更加完美。这或许与他的性格有关。在担任蒙娜丽莎董事长伊始，萧华就开始考虑和推进公司的科技创新工作，他特意抽出刘一军、潘利敏等技术骨干，让他们全面负责。2004 年，企业研发中心被认定为"广东省建筑陶瓷工程技术研究开发中心"；2005 年又被认定为"广东省企业技术中心"，承担了广东省陶瓷产业的多项研发课题。

2009 年，广东省组织了一场院士与企业之间的对接活动，安排院士、专家到企业考察，时任西安建筑科技大学校长的徐德龙等院士、专家和领导来到蒙娜丽莎，徐院士对蒙娜丽莎自主研发的陶瓷薄板非常感兴趣，当面问了萧华不少问题，这是萧华第一次面对面给徐院士汇报情况。

几天后，政府部门通知萧华等人到省里参加"院士行"活动的总结大会。萧华和陈帆教授一起参加了这次会议。会上，徐院士作为院士代表做了报告，他在报告中专门讲到蒙娜丽莎生产的陶瓷薄板，认为这个产品节能效果显著，发展前途很好。徐院士的讲话使萧华深受感动，没想到公司的产品能够在省里的大会上得到院士的夸奖，他心里很是高兴。

会后，陈帆教授向萧华建议，可否考虑聘请徐德龙院士在企业设立院士工作站。尽管当时萧华还不太清楚院士工作站的具体事宜，但他知道，中国陶瓷行业虽然发展很快，但还是一个传统制造业，再加上进入门槛低，民营化程度高，行业对高端人才的吸引力非常不足，如果蒙娜丽莎能够率先借助高端人才的才智，肯定会对企业的技术研发、转型升级带来跨越式的发展，所以，他立刻答应了。

陈帆教授的学生同继锋与徐德龙院士很熟，他们很快联系好去西安建筑科技大学与徐院士见面的事宜。为此，萧华先后去了西安三次，第一次是2009 年 4 月，萧华和陈帆教授、同继锋、刘一军、潘利敏等一起到西安建筑科技大学，徐院士热情地接待了萧华一行，参观了材料学院、粉体所和校史馆，双方之间进行了友好交流。第二次是 2009 年 9 月下旬，在西安建筑科技大学召开了大规格建筑陶瓷板开发与应用技术研讨会，组织会议的有徐院士和西安建筑科技大学薛群虎院长、王成军处长等，萧华和陈帆教授、潘利敏总工以及同继锋教授、高力明教授等 30 多人参加了会议，会议开得非常成功。

2010 年冬季的一天，萧华和陈帆教授、同继锋教授第三次到西安建筑科技大学拜访徐院士，徐院士在学校餐厅与萧华一行共进晚餐。晚餐后，他们在徐院士的办公室里进行了交流，徐院士愉快地答应了萧华的请求，决定与蒙娜丽莎集团进行合作，在蒙娜丽莎成立徐德龙院士工作站，并欣然提笔在宣纸上写下了"蒙娜丽莎集团徐德龙院士工作站"。

回来后，萧华立即安排人员把"蒙娜丽莎集团徐德龙院士工作站"烧制在陶瓷薄板上，制作成一块特殊的牌匾，挂在筹建中的院士工作站门口。在此期间，徐院士还来到蒙娜丽莎，与蒙娜丽莎公司和南海区相关部门的领导协商、沟通建站事宜。2011 年 7 月，经南海区政府部门批准，"蒙娜丽莎集团徐德龙院士工作站"正式举行了挂牌仪式。

院士工作站成立后，徐德龙院士多次来公司指导科技创新和院士站建站工作，还经常派薛群虎教授、刘克成教授、白国良教授等到蒙娜丽莎交流工作。公司相关人员也经常去学校，邀请顾真安院士、叶耀先教授、同继锋教授、高力明教授、黄剑锋教授等开展交流，公司与高校之间的合作进一步加强，从而快速提升了蒙娜丽莎的科技创新能力。

2013 年 4 月 18 日上午，"广东省蒙娜丽莎新型无机材料院士工作站""佛山市蒙娜丽莎徐德龙院士工作室"揭牌仪式在蒙娜丽莎集团总部隆重举行。这是自 2011 年 7 月蒙娜丽莎院士工作站成立以来的一次全新升级。自此，蒙娜丽莎集团原南海区院士工作站先后完成了省级、市级院士工作站的升级工作，成为全国陶瓷行业唯一拥有省市区三级院士工作站（室）的企业，为企业实施科技创新战略和产业转型升级搭建了一个很好的平台。

徐德龙院士出席了这次会议，并在会上发表了热情洋溢的讲话，不但肯定了公司的科技创新工作，还明确提出公司科技创新工作的思路、计划及目标，大家很受鼓舞。

在这次大会上，萧华再次明确了蒙娜丽莎实施科技兴企战略的决心。他说："纵观我国陶瓷行业近30多年的发展历程，每一次重大的技术创新和突破，都将带来行业的巨大进步，如辊道窑的出现、自动化压砖机的研制成功、印花工艺的变革、喷墨打印机的引进，等等。而当前，节能减排与清洁生产，无疑是推动行业转型升级最强有力的推手。希望蒙娜丽莎院士工作站能够在基础研究、应用研究和产品开发领域承担起更多的行业使命和责任，通过技术创新，推动我国陶瓷行业的健康发展。"

蒙娜丽莎院士工作站的成立，加大了企业引入高层次人才的步伐，使企业形成了产学研密切结合的科技创新机制，加速了科技开发和成果转化，有力地推动了企业的转型升级，为使蒙娜丽莎成为行业科技创新的领先者与排头兵创造了良好的条件。

在萧华65岁生日那天，徐德龙院士恰好来企业院士站工作，他不但参加了萧华的生日活动，还为生日晚宴亲笔书写了"仁者寿"的贺词，使萧华深受感动。

问鼎国家认定企业技术中心

国家认定企业技术中心，是国家发改委、科技部、财政部、海关总署及国家税务总局等五部委共同开展的一项企业创新平台认定、评价体系，旨在建立以企业为主体、以市场为导向、产学研相结合的技术创新体系。

建立国家企业技术中心，具有非常严格的审定条件。诺贝尔公司于2010年12月率先获得建筑陶瓷行业首个国家认定企业技术中心，也是当时行业唯一的一个国家企业技术中心。

2012年，陶瓷薄板已从最初的产品研发、生产逐步向产业化运营转变，随着陶瓷薄板产品标准、应用技术规程、施工图集和工程案例的逐步完善，这一创新产品开始日渐被市场接受，成为我国建陶业瓷砖薄型化、轻质化的典范。2012 年 1 月，公司技术总顾问陈帆教授向萧华建议，启动蒙娜丽莎集团国家企业技术中心的申报工作，萧华立即同意，并布置了相关的申报工作。

砖头般厚的资料改了一遍又一遍，各类专家的咨询会开了一场又一场，带着满满的自信，蒙娜丽莎集团于 2012 年 4 月递交了申报材料。然而，由于申报材料重点不突出，蒙娜丽莎集团与佛山另一家大型企业的申报并未能通过广东省的审议，更别说推荐至国家层面了。

第一次申报无功而返，这多少让申报人员有点失落。多年来，蒙娜丽莎集团申报各类国家级项目及成果，几乎十拿九稳。这一次，竟然无功而返，这也从另一个侧面证明了成立国家企业技术中心条件之苛刻。萧华勉励申报人员不要气馁，门槛越高，说明平台越有价值，普通企业越难以进入。

2013 年，另一家企业知难而退，但蒙娜丽莎选择了再次出发。为了做好申报工作，萧华亲自担任申报组组长，同时成立由陈帆教授、刘一军、潘利敏、同继锋等公司内外众多技术骨干和专家组成员组成的申报小组，经过对申报材料的多次修改，如期上报广东省发改委。2013 年 5 月，材料通过省发改委审议并被推荐到国家发改委。7 月 11 日，根据发改委等评审部门的要求，萧华和陈帆教授、刘一军、潘利敏等相关人员在北京参加了由国家发改委组织的专家答辩会。

萧华一行 7 月 10 日到达北京，住在北京西苑饭店。当天下午和晚上，他们又进行了多次汇报演练，针对存在的问题不断进行修改、补充和完善，为答辩做了充分的准备。第二天一大早，他们没来得及吃早餐，直接奔向会场，因为蒙娜丽莎是上午第一个答辩单位。在答辩会上，萧华阐述了蒙娜丽莎的科技战略以及陶瓷薄板的研发历程，并庄严承诺：作为蒙娜丽莎集团的董事长，一定会全力支持企业技术中心的工作。接着，副总裁刘一军汇报了蒙娜丽莎的科研情况，专家们进行了详细的质询。答辩结束后，在回宾馆的路上，几个人都感觉到评审专家对大家的汇报和问题回答是满意的，通过的可能性很大。能否通过，只能回公司等待最终的消息。

2013年9月，国家发展改革委公布了2013年（第20批）国家认定企业技术中心名单，蒙娜丽莎集团有限公司赫然在列，经过公示、复审之后，蒙娜丽莎集团企业技术中心最终成功入围，成为"国家认定企业技术中心"。

2013年12月6日，陈帆教授和潘利敏参加国家发展改革委在深圳举行的（第20批）国家认定企业技术中心授牌仪式，捧回了由国家五部委认定的"广东蒙娜丽莎新型材料集团有限公司技术中心"的牌匾。在办公室里，萧华抚摸着金光闪闪的牌匾，百感交集，因为他比别人更明白这块牌匾背后的分量。为了申报国家企业技术中心，集团公司付出了很大的努力，仅申报整理的各类材料摞起来就有一米多厚，做过的PPT不知有多少个版本，加班的日子不知有多少个不眠之夜。这一刻，他们所有的努力、辛苦和汗水都化作了欣慰的笑容。

2014年1月11日，集团公司在总部隆重举行广东蒙娜丽莎新型材料集团有限公司国家认定企业技术中心揭牌仪式。萧华和几位嘉宾一道缓缓拉下红色的帷幕，为国家认定企业技术中心揭牌，包括国家、省（市区）、镇政府协会的领导、专家以及蒙娜丽莎全国经销商和媒体记者近千人共同见证了这一辉煌时刻。

国家企业技术中心的建立，对蒙娜丽莎来说，是荣誉，也是责任。萧华要求广大科技人员，要利用这个平台，进一步瞄准国际领先水平，加强企业的技术研发、产品创新、项目储备和人才培养，进一步提升企业的自主创新能力，推动企业转型升级。不管外部环境怎样变化，蒙娜丽莎人都始终坚持科技创新不动摇。对于陶瓷这样一个传统产业而言，更应该通过科技创新，实现工艺技术、产品研发和生产装备的升级换代。通过科技创新，实现节能减排、清洁生产、低碳环保的绿色制造。通过科技创新，建立资源共享、人才培养和人才引进的创新机制。只有这样，才能使古老的产业重新焕发出勃勃生机。

时任佛山市统战部副部长、市工商联党组书记朱卫华是萧华的老朋友，他对萧华说："能够获批国家企业技术中心真的不容易，希望公司珍惜和依托这个国家级的创新平台，把企业的科技创新推向一个新的高度，赋予企业创新的力量，让其成为打造百年企业的一块坚实基石。"

从 2002 年第一家推出"雪花白"创新产品引发建陶行业一片"白"，到 2006 年试制成功大规格陶瓷薄板；从获得国家建筑材料科技进步一等奖，到行业唯一荣获国家"资源节约型、环境友好型"试点创建企业；从院士工作站的成立，到国家认定企业技术中心的建立，敢于打破常规，永争第一的经营理念和管理智慧，已成为蒙娜丽莎的强大基因。每一次，蒙娜丽莎都走在行业前列，依靠领先的科技成果推动行业的跨越式发展。

建成博士后科研工作站

2012 年初，公司开始筹建"广东蒙娜丽莎新型材料集团有限公司博士后科研工作站"，在广东省人事厅、佛山市人力资源社会保障局、南海区人力资源社会保障局的指导和帮助下，于 2013 年 9 月经国家人事部批准成立。

2013 年 12 月 14 日上午，蒙娜丽莎集团博士后科研工作站在蒙娜丽莎文化艺术馆列奥纳多艺术沙龙举行揭牌仪式。萧华和徐德龙院士、陈帆教授、佛山市人社局黄曲君、佛山市博士后工作管理委员会张东航等众多专家、教授、政府领导和媒体记者一并出席了当天的活动。

博士后科研工作站的成立，是继院士工作站（区级）升级为省市区三级院士工作站挂牌仪式之后，建立的又一高科技创新与人才交流平台，意味着蒙娜丽莎集团在借助科技创新、加速产业转型升级的进程中再一次迈出了重要的一步。

徐德龙院士在成立仪式上，对博士后科研工作站未来的工作提出了四点建议，一是要凝练陶瓷科研方向，瞄准国家一流水平，保持行业可持续发展；二是要汇聚一流人才，依靠人力资源、科研队伍，发展知识经济，促进传统产业转型升级；三是要建设好创新工作平台，以企业为主体，建成研究、试验与示范平台；四是要组织好协同创新，打破条块分割，整合各方资源，占领研发高地。

萧华在揭牌仪式上说："我们建立博士后科研工作站，主要的目的是想引进和培养高素质、高层次专业人才，构建多层次的人才培养体系，营造科研开发和人才培养密切结合的良好环境，发挥专业人才的技术优势，推动企业创新能力建设，提升企业技术水平，以实现企业持续、快速、健康发展。"

博士后科研工作站建成后，先后与西安建筑科技大学、陕西科技大学、华南理工大学等高校博士后流动站建立了密切的合作关系，联合博士后流动人员进站从事相关课题研究，同时纳入国家级企业技术中心管理，依托高校流动站、院士工作站联合培养高层次人才。2016 年 7 月，首位进站博士费杰顺利出站。截至 2019 年 10 月，费杰、张电两位博士已顺利出站，另有李嘉胤、欧阳海波、苏华枝三位博士在站。

创新平台，引领企业发展

2013 年 4 月，蒙娜丽莎省市院士工作站（室）揭牌；2013 年 12 月，蒙娜丽莎博士后科研工作站揭牌；2014 年 1 月，蒙娜丽莎国家企业技术中心揭牌；2016 年 10 月，蒙娜丽莎获得中国轻工无机材料重点实验室称号；2017 年 12 月，建成中国陶瓷薄板应用技术中心；2019 年，获得中国轻工业工程技术研究中心称号……一系列高规格创新平台的建立，使蒙娜丽莎的科技创新工作不断迈上新的台阶。

在一次公司内部会议上，萧华董事长说："我们要充分依托院士工作站、国家认定企业技术中心和博士后科研工作站这些创新平台，形成产学研联动机制，针对陶瓷行业在能源消耗、环保治理、效率提升、工艺改进、生产自动化、薄板产业化等领域的一批重点技术，进行研究与开发。同时，借助这些平台，吸引各方面的技术人才，加强技术人才的培养和交流，让创新平台和高素质人才成为蒙娜丽莎集团实现可持续发展强有力的保障"。

"建立这些创新平台，仅仅是一个开始。接下来的创新工作怎么样开展，才是关键"。萧华不断地告诫身边的每一位管理人员。对此，集团分管生产技术的副总裁刘一军、总工师潘利敏等利用这些平台，不断加快公司的技术创新步伐。从 2016 年开始，公司邀请来自国内材料、建筑、幕墙、节能、环保等领域的十多位专家，组成了公司的高级专家团队，并在每年新春召开年度科技工作会议，对年度科技工作进行专题讨论，总结一年的科技成果，制定来年的创新目标。

为了充分利用好诸多创新平台，在萧华的指示下，公司组建了管理中心，把三级院士工作站、国家企业技术中心和博士后科研工作站等创新平台一并纳入管理中心，建立起了一套高标准、系统化的创新体系，使创新平台发挥出最大的价值。

依靠这些创新平台，在大家的共同努力下，蒙娜丽莎的创新工作如虎添翼，成果迭出。大规格陶瓷薄板从工艺、技术、生产规模等领域全面追赶意大利等陶瓷强国，获授国内发明专利 15 件、实用新型专利 13 件；国际发明专利 2 件（美国、日本授权专利各一件）。公司研发的 1000mm×2000mm×（8～20）mm 大规格轻质陶板被列入国家工信部清洁生产示范项目；轻质陶瓷板首创添加陶瓷废渣 40% 以上，实现了资源的循环利用和可持续发展。2016 年初，在此基础上推出 1200mm×2400mm×5.5mm 超大规格陶瓷薄板，2017 年初，首片 1200mm×2400mm×（8.0～20.5）mm 规格仿大理石陶瓷大板成功面世，在我国建陶市场刮起了一场强劲的大板风。

近年来，随着我国人口红利的逐渐消失，陶瓷行业出现了一定程度的招工难，尤其是生产一线的岗位经常处于缺员状态。为此，蒙娜丽莎面向全生产环节进行机器替人计划，逐步实现生产过程的自动化，节约劳动力达 60% 以上。数字化装饰工艺及装备技术改造升级，引进数码喷墨打印机及施釉线配套设施，能够及时、准确处理各种不同批次及品种的订单，真正实现个性化定制。建立原材料使用自动读数监控系统和平台，提高原材料利用率。通过能管中心（国家示范）项目建设，对全公司各生产线、各工序全部能源消耗情况进行实时监管、统计、分析和对标，对生产过程进行动态可视化监管，提升生产设备利用率，降低生产过程能源消耗。开发全自动烟气多种污染物协同控制技术，对各窑炉、喷雾塔产生的废气、粉尘等有害物质按照远严于国家排放标准的要求进行治理，整体技术达到国内领先水平。

2016 年，蒙娜丽莎荣获佛山市"中国制造 2025 示范企业"称号；2017 年，荣获佛山市"佛山质量制造标杆企业"称号；2018 年 9 月，蒙娜丽莎成为唯一登上 2018 年佛山企业大会主席台并发表主旨演讲的企业。

构筑强大的创新体系

一个企业采取什么样的经营模式和经营风格，很大程度上取决于老板的眼光、胆识和胸怀。作为一家创新型的企业，蒙娜丽莎最大的创新动力无疑来自于萧华的支持。无论是搭建平台、申报项目、引进人才、购置设备、改造生产线、出国考察等，只要是有利于企业创新的事，萧华都从人、财、物等方面全力支持。也正因为如此，蒙娜丽莎每年投入在研发领域的费用高达数千万元。

相比行业内那些科班出身的老板，萧华虽然读书不多，也很少在公众场合高谈阔论，指点江山，但却非常低调、务实而又乐于创新，这是一种与生俱来的性格，无论做什么事，他都不会按部就班，亦步亦趋，而是勤于钻研，另辟蹊径。从而使企业在新产品、新工艺、新技术的研发领域和新产品创新方面，一直走在行业的前列。

为了建立系统、高效的创新体系，多年来，在萧华的指导下，蒙娜丽莎先后制定了《技术开发管理制度》《课题项目管理制度》《科技奖励管理办法》《知识产权管理办法》《工程类专业技术职务评聘管理办法》等一系列规章制度，对技术创新、产品研发、项目申请、成果奖励、专利申报、人才培养及工作考核方法等作了明确规定。通过这些制度体系建设，理顺了各项工作之间的关系，确保其创新体系规范、科学、高效地运行。

与此同时，萧华还特别重视产学研合作。多年来，公司积极开展与国内外顶尖企业与科研院所的合作，先后与美国 FERRO、意大利 EASY SERV-ICE、西班牙 SALQUISA 等知名企业和国内华南理工大学、中国建筑材料科学研究总院、西安建筑科技大学、陕西科技大学、武汉理工大学、景德镇陶瓷大学、咸阳陶瓷研究设计院等众多高校与科研院所形成了紧密合作关系，并成立了武汉理工大学蒙娜丽莎陶瓷研究所、陕西科技大学蒙娜丽莎产学研合作基地、景德镇陶瓷大学蒙娜丽莎产学研合作基地、咸阳陶瓷研究设计院蒙娜丽莎陶瓷砖薄型化研发基地等机构，在行业产品发展趋势的变化中把握先机，在技术创新、新品开发、品质控制等领域始终走在同行前列，成为国内建陶行业目前创新能力最强、产品档次最高、综合品类最齐全的品牌企业之一。

萧华领导下的蒙娜丽莎，以其强大的创新能力和丰硕的创新成果，得到了社会各界的高度认可。历年来，公司每年均有产品和项目获得佛山市科技进步奖、南海区科技进步奖等奖项。蒙娜丽莎自主创新的大规格陶瓷板为行业首创，获得国家发明专利，为行业树立了全新技术标杆，处于国际先进水平，荣获国家建筑材料科技进步一等奖。截至 2018 年 12 月，公司取得各类授权专利共 545 件，其中发明专利 34 件，实用新型专利 24 件，外观专利 487 件。

为了加强标准化管理，从 2008 年开始，公司依据相关标准要求逐步建立了标准化良好行为体系，制定了一系列内控标准，包括产品实现标准、基础保障标准、岗位标准体系，确保产品质量各项关键指标优于国家、国际标准。在质量管理方面，蒙娜丽莎于 1999 年 10 月通过 ISO9002：1994 认证，是行业内最早推行质量管理体系的陶瓷企业之一，2002 年、2009 年、2015 年通过 ISO9001 换版认证，2004 年建立质量保证体系并于当年首批通过国家强制性 3C 认证，2010 年通过陶瓷优质产品认证。

蒙娜丽莎集团不但狠抓产品质量，而且注重环境保护，主动承担社会责任，投入巨资进行节能减排、清洁生产技术改造，于 2009 年通过环标产品认证和 ISO14001：2004 环境管理体系认证，2013 年通过 ISO50001：2011 能源管理体系认证，2015 年通过 ISO14001：2015 换版再认证。通过持续不断的改造升级优化，标良体系连续三次评定为"标准化良好行为 AAAA 企业"，连续多次获得二级计量保证体系规范单位。2016 年 9 月获得 OH-SAS18001∶2007 职业健康安全管理体系认证，10 月获得知识产权管理体系认证，12 月获得行业首批建筑卫生陶瓷三星级绿色建材评价标识认证；2017 年 7 月，获得低碳产品认证，9 月获得首批绿色工厂称号，12 月通过广东优质陶瓷砖认证；2018 年 4 月通过海关信用管理体系高级认证，8 月获得佛山市环保诚信企业称号。

蒙娜丽莎在追求经济效益的同时，坚持走"资源节约型、环境友好型"发展之路。2011 年 12 月，国家工业化和信息化部、科学技术部、财政部联合公布 9 大行业 120 家企业成为首批创建单位，蒙娜丽莎因成效显著成为建筑陶瓷行业唯一一家入选"两型"试点创建企业，为行业树立了一个低碳环保、清洁生产的全新标杆。多年来，蒙娜丽莎人严格按照"两型"企业创建的要求，在资源节约、环境友好领域做出了一系列杰出成就。

培养一批高科技的人才

实施科技战略，增强创新能力，人才是关键中的关键。

多年来，萧华大力推进公司研发创新队伍的建设，不断加大企业研发与创新人员的比重，制订人才引进和培养计划，采取多种方式培养技术人才，加大高级专家和博士等高层次人才的引进，逐步培养了一批技术过硬、乐于奉献、梯级成长、精诚合作的高科技专业人才队伍。

由萧华一手提拔、培养的集团副总裁刘一军博士是这支队伍的领头人。刘一军在蒙娜丽莎工作期间，先后完成了工商管理培训，获得陕西科技大学材料学院材料学专业工学博士学位，通过广东省人事厅陶瓷工艺教授级高级工程师的评审，2015 年获国务院特殊津贴，2016 年被佛山市人民政府授予"大城工匠"称号，等等；总工程师潘利敏通过陶瓷工艺高级工程师评审，被南海区政府授予"大城工匠"称号。

在他们的带领下，研发中心全体技术人员掀起了一股好学上进的热潮，仅 2012 年就考取博士研究生 1 人、硕士研究生 4 人，评定高级工程师 2 人、工程师 8 人，有力地促进了研发技术人员专业水平的提高。近年来，谢志军、汪庆刚、张松竹、赵勇等一批年轻的专业人才脱颖而出，成为公司的科技骨干。

从 2004 年起，集团与西安建筑科技大学、陕西科技大学、武汉理工大学、华南理工大学、景德镇陶瓷大学等高校开展广泛的产学研合作。在武汉理工大学、西安建筑科技大学、陕西科技大学设置了蒙娜丽莎奖学金，并成立了研究所，开展合作研究。现任集团研发中心副总经理汪庆刚就是当年武汉理工大学的硕士研究生，在校时获得蒙娜丽莎助学金完成学业后进入蒙娜丽莎工作，很快就从一名普通研发人员晋升为研发中心副总经理，并继续攻读博士学位。

为了鼓励更多生产一线的技术人员提高技术水平、增强研发能力，集团通过多种形式，经常性地开展专业技术培训和学习；集团与佛山市陶瓷行业学会联合举办陶瓷工程师班，为员工提供学习提升平台，使他们获得申报资格；2018 年，公司与华南理工大学继续教育学院合办在职学历教育班，来自生产一线和职能部门的 54 名管理、技术人员通过三年系统在职教育学习而顺利毕业。近年来，公司先后培养博士研究生 4 人、硕士研究生 19 人、本科生 52 人、大专生 120 人；高级工程师 9 人、工程师 35 人、高级技师 8 人、高级技工 290 人；享受国务院特殊津贴 2 人、佛山市领军人才 2 人、大城工匠 4 人。富有创新能力的技术研发队伍为公司的技术研发水平始终处于国内同行前列奠定了坚实的基础。

"千里马常有，伯乐不常有"。作为集团的最高领导者，萧华，以其包容、大度、谦逊、务实的性格和敢于创新、勇于挑战、永不满足的精神吸引并聚拢了一大批优秀专业人才。许多集团的优秀技术骨干常常面临着友商的高薪挖角，但大多不为所动。他们知道，寻找一份高薪很容易，但能够遇到一个好老板却不容易。无论是萧华还是蒙娜丽莎集团，都是真正重视人才、真正重视创新。而越是优秀的人才，越需要一流的创新平台。多年来，蒙娜丽莎集团先后搭建了院士工作站、博士后科研工作站、国家企业技术中心、中国轻工无机材料重点实验室等一系列高规格的研发创新平台，建立、培养了自己庞大的人才队伍，让他们在这个平台上实现自我价值。与此同时，通过一批科研项目，培养人、锻炼人、凝聚人，实现人才、平台、项目、成果的良性互动，最终汇聚成蒙娜丽莎集团强大的研发创新力量。

第二十一章 绿色制造

　　蒙娜丽莎人喜欢绿色，它不仅是一种生命的颜色，更是一种生机盎然、充满活力、满怀朝气、健康安全的颜色。

　　正是怀着对这种绿色理念的崇敬之心，"蒙娜丽莎"的 VI 设计中选取了那种纯粹而又宁静的色彩。无论何时何地，只要您与"蒙娜丽莎"相遇，"蒙娜丽莎"品牌 Logo 当中的那一抹绿色总能带给您舒适、恬静、健康而又难以忘怀的艺术之美！

　　蒙娜丽莎人用自己的实际行动，实现了陶瓷产业不再是高污染产业的承诺。

治污为表，减排为本，低碳先行

2009 年 12 月，被喻为"拯救人类的最后一次机会"的《联合国气候变化框架公约》会议在丹麦首都哥本哈根召开，处于经济快速增长期的中国，第一次进行了"低碳"概念的普及教育。

此时，蒙娜丽莎已在绿色、低碳发展之路上踽踽独行了三年。

2006 年底，蒙娜丽莎集团研发人员历经波折终于研制成功国内首块大规格陶瓷薄板。"当时更多的是想推出一款革命性的陶瓷产品。没想到，这款产品在创造行业全新市场蓝海的同时，对各种资源、能源的消耗大为降低。"萧华一开始并没有想到一款革命性的产品能为行业带来如此大的变革。

2006 年 9 月，国家环保总局首次发布建筑卫生陶瓷产品环境保护行业标准，决定从当年 9 月 1 日起，建筑卫生陶瓷依照《陶瓷砖》和《卫生陶瓷》两项标准进行中国环境标志认证。随后，蒙娜丽莎与东鹏、惠达、箭牌等 12 家建筑卫生陶瓷企业率先获得环境标志认证。2007 年 7 月 11 日，佛山市政府出台了《关于加快推进我市陶瓷产业调整提升工作的通知》，对污染重、能耗高、安全生产和环保不达标的陶瓷企业通过"腾笼换鸟"转移淘汰。

那是一场摧枯拉朽式的产业整治，许多企业因此而关门停产，而蒙娜丽莎集团因环境整治效果显著，成为首批获得保留资格的企业。2007 年 7 月，蒙娜丽莎集团正式导入清洁生产管理模式，并邀请广东省环境保护产业协会广东环协科技咨询开发中心协助开展全公司范围内第一轮清洁生产审核。

事实上，除陶瓷薄板产品本身低碳节能外，蒙娜丽莎集团低碳环保的理念几乎贯穿在企业发展的每一个阶段、每一个角落。在蒙娜丽莎，无论是哪一个工序、哪一个环节，节能减排、清洁生产、绿色制造等总是走在行业前列。蒙娜丽莎人认为，低碳环保，不仅是企业的责任，也是企业可持续发展的竞争力所在。也正是因为这样的理念和传统，当陈帆教授找到萧华，建议蒙娜丽莎做大规格陶瓷薄板时，他第一时间义无反顾地承担起了这副沉甸甸的担子。

中国现代建陶业30多年的发展历程，从来都是延续着"高投入、高消耗、高污染、低效益"的发展模式。陶瓷薄板的诞生，让行业有识之士找到了一条低消耗、低污染的生产途径，摘掉了戴在陶瓷行业头顶高污染的"帽子"。

以年产100亿平方米瓷砖计，中国建陶业每年消耗各类原材料达2.8亿吨，标准煤5000多万吨，这些资源消耗累加在一起，其容积相当于从北京到广州挖掘一条横断面10m×10m隧道的土方总量。如果能够扩大陶瓷薄板的市场份额，或者将瓷砖减薄，将大量减少资源的消耗，减少各类污染物的排放。

与传统陶瓷企业修修补补、小打小闹的环保治理相比，这种从源头上釜底抽薪式的减排方式得到了政府、行业和企业的高度认可。与其治理艰难，不如减少应用、减少排放。由此，蒙娜丽莎集团也伴随着陶瓷薄板的诞生，被贴上了绿色制造、低碳环保的标签，成为行业环保整治、清洁生产的杰出标杆。

率先行动，实时检测，接受监督

2007年之前，佛山的天空一年四季都是灰蒙蒙的，在南庄、石湾等陶瓷厂集中的区域，夜晚很难看到明亮的星星。

那个时候，正是佛山陶瓷产业大发展的阶段，与此相伴的是飞扬的尘土和刺鼻的气味，弥漫在整条街道的角角落落。

正是在这样的窘境下，2007 年，佛山市委、市政府针对陶瓷行业展开了"扶持壮大一批、改造提升一批、转移淘汰一批"的产业提升与环保整治行动，诸多扎根佛山多年的陶瓷企业面临着何去何从的生死抉择。一大批陶瓷企业因环保不过关在政府部门的重拳整治下纷纷向外扩张、迁移，甚至关停。

2008 年 12 月 15 日，时任佛山市委书记林元和在深入企业调研佛山陶瓷产业转型升级之际，突然到访蒙娜丽莎集团。没有任何的准备，没有任何的临时清扫，当林书记一行在蒙娜丽莎集团参观过干净、整洁、一尘不染的陶瓷薄板生产线后，他叮嘱萧华董事长："如果工作人员都能够穿西装、打领带上班，那就证明这个企业的环保工作做得非常出色。"

蒙娜丽莎的节能环保，给林元和书记一行留下了深刻的印象，由此导致佛山市政府对陶瓷企业几乎"一刀切"的产业整治方案做出微调。2011 年 1 月 29 日，佛山市政府举行记者招待会，时任市长李贻伟在谈到佛山市"十二五"期间政府重点工作及未来五年的发展规划时，寄语陶瓷企业家说："佛山需要赶走的是污染，而不是陶瓷企业。昨天还有人告诉我，今年蒙娜丽莎税收超过五千万了，这么好的企业你为什么不把它留下来啊？赶走了这样的企业，你不伤了他的心吗？"

"没有提前通知，也来不及做任何准备，林元和书记突然带领工作人员来到蒙娜丽莎检查环保治理情况"。多年以后，萧华提起时任佛山市委书记林元和的那次环保之行，仍然有点激动。

然而，事实证明，领导的眼光是正确的，更是超前的。正是由于早一步开展了环保治理，才使"佛山陶瓷"在后来的一波又一波环保整治浪潮中面临着较小的压力。

铁拳治污，一度让众多陶瓷企业的老板怨声载道。处于西樵山下 5A 景区的蒙娜丽莎却不敢有丝毫的松懈，萧华和集团董事会凭借对未来政策走势的精准把握，先行一步对污染相对较大的喷雾干燥塔进行了改造，对废气、废水、废渣等污染物进行全范围的综合整治。

同时，在政府部门的要求下，蒙娜丽莎西樵生产基地各烟气排放口率先安装上了在线实时检测系统，成为国内第一家安装此系统的陶瓷企业。环保监管部门的工作人员坐在办公室里，就可以检测到蒙娜丽莎的烟气排放是否超标。

"在线检测系统虽然对我们是一种监控，却也是一种鞭策，它促使我们不断地提高环保治理水平，以达到政府部门的排放标准"。萧华说，正是有了政府部门的严格要求，蒙娜丽莎的环保治理才由此拉开了真正意义上的序幕。

多年以后，佛山灰蒙蒙的雾霾天气越来越少，天空一天天变得湛蓝起来。西樵山下依山傍水的蒙娜丽莎集团，早已实现了清洁生产，与周边环境形成了绿色、生态、和谐的发展局面。

公开招标，投入巨资，持续改造

2014 年春夏之际，一场更大规模的环保整治风暴席卷全国各大陶瓷产区，福建、肇庆、佛山、淄博、夹江……许多陶瓷厂因废气排放达不到《陶瓷工业污染物排放标准》（GB 25464—2010）的要求而被政府部门强令关门停产，企业再一次面临着何去何从的生死危机。危急关头，作为全国建筑卫生陶瓷标准化委员会副主任单位和广东省清洁生产示范单位的蒙娜丽莎集团，充分发挥行业龙头企业的示范作用，借国家环保部官员到蒙娜丽莎集团进行环保治理专题调研之际，抓住机会，据理力争，以翔实的数据向环保部官员汇报了陶瓷厂的真实排放情况及环保治理情况。

随后，蒙娜丽莎作为主要发起单位，以佛山市陶瓷行业协会的名义，向国家环保部提交了倡议书，当年 12 月，环保部做出对《陶瓷工业污染物排放标准》（GB 25464—2010）部分条款进行修订的决定，对行业内争议较大的喷雾干燥塔、陶瓷窑炉烟气基准含氧量、颗粒物、二氧化硫、氮氧化物等重要排放指标限值进行调整。其中基准含氧量从原来的8.6%（基准过量空气系数为1.7）放宽至18%；颗粒物限值依然保持不变，为30mg/m³；二氧化硫限值为50mg/m³；氮氧化物限值调整为180mg/m³。

修订单的出台，使众多陶瓷企业在《陶瓷工业污染物排放标准》（GB 25464—2010）这一关乎企业生死存亡的强制性标准严格落地执行前争得了一线机会，受到行业同仁的高度肯定与赞扬。

同时，蒙娜丽莎的新一轮环保整治也拉开了序幕。萧华和董事会成员经过商量，大家一致决定，不要舍不得投入，一定要采取最高标准、最新技术，为行业树立一个环保整治的榜样工程。为了引进最先进的环保治理技术，2014年6月5日，公司举行了一次烟气综合治理技术方案专家综合评价论证会，公司邀请了来自政府、协会、高校等部门的环保专家、教授和专业技术人员，共同对华清环保等三家竞标企业提交的烟气综合治理技术方案进行现场评估。

脱硫、除尘、除氮、布袋结露、滤料选择、重金属处理、治理效率等烟气治理难点成为现场交流的重点。专家们希望通过对不同方案的优化选择，能够为蒙娜丽莎找到一个最为经济、合理、高效的治理方案，以彻底解决目前陶瓷企业烟气排放超标的难题。评审组组长、时任广东省建材协会会长吴一岳在评审会上说："陶瓷企业的烟气综合治理，既要考虑到治理效率，也要考虑到排放总量。只有这样，才符合清洁生产的要求。"

随后，蒙娜丽莎投入巨资，由中标企业佛山华清智业环保科技有限公司对集团西樵生产基地3号烟气排放口率先进行除尘、脱硫、脱硝等整治工作，治理后的烟气，各项指标24小时全天候稳定达到排放要求，为新一轮行业环保治理提供了可资借鉴的样板和途径。

最新技术，最高标准，行业标杆

萧华并没有满足达到国家排放要求的环保治理标准，他常常问周边的同事，有没有更先进的技术、更好的治理措施。在3号排放口治理的基础上，集团公司面向更大的范围，同样采取公开招标的形式，跨行业引进国内最先进的烟气治理技术，分别于 2015 年、2016 年对 1 号排放口、2 号排放口进行了综合治理。新的技术，新的标准，使蒙娜丽莎烟气治理迈上了新的台阶，各项污染物排放指标大为降低。

如果说以前的各项改造治理仅仅是为了达标，使其符合国家标准排放要求，那么随着 1 号排放口、2 号排放口工程的竣工，蒙娜丽莎的环保治理已远远实现了超低排放。

2015 年 11 月 21 日上午，由江苏科行环保科技有限公司、蒙娜丽莎集团股份有限公司和科达洁能股份有限公司共同完成的"陶瓷行业烟气多种污染物协同控制技术与装备"项目在蒙娜丽莎集团顺利通过新产品新技术鉴定。

会上，鉴定专家组一致认为，由科行环保公司承建，位于蒙娜丽莎集团西樵厂区的多种污染物超低排放工程目前已成功运行数月有余，该项目在已有环保治理设备的基础上，热风炉采用 SNCR 脱硝技术，降低 NO_x 后的热风炉烟气与窑炉烟气汇总进入湿式除污器进行深度脱除，进一步降低粉尘和重金属等多种污染物的排放。经过环保部指定检测单位北京中研环能环保设备检测中心检测，排放口粉尘排放 $< 10 mg/Nm_3$、NO_x 可控制在 $90 mg/Nm_3$ 以内，氨逃逸小于 1ppm，SO_2 再去除率 $> 30\%$，重金属及其化合物（主要指铅、镉、镍）脱除率 $> 40\%$，氟化物及氯化物脱除率 $> 50\%$，各项指标远低于《陶瓷工业大气污染物排放标准》2014 年修改单，成功打造了我国陶瓷行业首例超低排放示范工程项目。

在西樵生产基地环保治理取得成功经验的基础上，2016 年初，萧华启动了对清蒙生产基地的环保治理，同年 9 月，采用全新淋壁除尘技术的"一站式除尘技术"2.0 版工程正式落户清蒙生产基地，各项污染物同样达到超低排放。至此，蒙娜丽莎集团所有污染物排放治理不仅达到国家标准要求，而且实现了超低排放，成为行业名副其实的环保标杆。

国家项目，多管齐下，重金投入

陶瓷厂污染整治的重点是窑炉和喷雾干燥塔产生的废气，而关键则是减少导致各类废气排放的能源应用。中国是一个"富煤少气"的国家，在2017年之前，陶瓷企业绝大部分的燃料采用煤制气，每年产生大量的二氧化碳、二氧化硫和氮氧化物等废气。为了实现绿色制造的梦想，蒙娜丽莎从两个方面着手：一是对窑炉、喷雾塔燃烧产生的各类废气严格控制，实现超低排放；二是通过建筑陶瓷的薄型化和能源管理最大限度减少对能源的消耗。

能源消耗降低了，各类废气排放量自然也就降低了。这是陶瓷企业环境治理的根本所在。

2016年4月，萧华带领张旗康、刘一军等生产系统高管，在广东省建材协会领导的陪同下，前往华润水泥（封开）参观学习，以提升企业的能源管理水平，减少消耗，降低排放。

早在2012年12月，财政部、工业和信息化部共同批复了国家2012年工业企业能源管理中心建设示范项目名单，蒙娜丽莎榜上有名，与华润水泥（封开）成为广东省首批企业能源管理中心建设示范企业。随着该名单的出炉，陶瓷行业第一家国家能源管理中心示范项目在悄然间拉开了建设序幕。

2013年1月，广东省确定了首批能源管理体系建设及认证试点单位，决定将佛山市、江门市作为试点城市，建立以企业为主体的能源管理体系建设。与此同时，确定了皮革、塑料、水泥、钢铁、陶瓷共5个行业作为试点行业，蒙娜丽莎等206家企业作为试点企业，依据《能源管理体系要求》（GB/T 23331）标准建立、实施能源管理体系。

为加快落实国家能源管理中心建设示范项目和广东省能源管理体系建设在蒙娜丽莎集团的落地，切实建成一套科学、先进、合理、高效的能源管理体系，经过一年多的准备，在萧华的主导下，蒙娜丽莎仍然决定通过公开招投标，向社会征集最具实力的企业来建设蒙娜丽莎的能源管理中心。萧华很自豪地说："多年来，蒙娜丽莎的许多大型建设工程，是通过公开招投标来确定的，而不是看哪家企业跟我的关系好，或者哪个熟人推荐来就给哪家企业做"。这种公开、公平、透明的体制，是蒙娜丽莎健康发展的强大保障。

2013 年 8 月 18 日下午，蒙娜丽莎能源管理中心建设项目技术招标会在集团雅典学院举行，来自广州、佛山两地的三家企业参加了招标会的技术方案说明与答疑。为了使新建成的能源管理中心达到国内一流水平，本次招标会，蒙娜丽莎邀请了来自北京、广州、佛山三地的 8 位能源、信息技术、行业专家为项目担任评审，评审组组长由时任广东省建材协会会长吴一岳担任，萧华把最后的决定权完全交给了评审组的专家。

参加竞标的三家企业，是之前经过较长时间沟通后，从众多报名者中遴选出来的，均具有较强的技术实力及技术方案实施能力。招标会前，三家企业均与蒙娜丽莎就能源管理中心的建设要求、定位及实施等多方面进行过深入沟通，在多次实地现场调研后形成了正式的投标技术方案。

招标会上，三家竞标企业分别从能源管理中心验收的要求满足程度、能源管理中心建设内容满足程度、技术方案在企业运用中的节能促进作用及可靠性、政府监管和能效对标的满足程度等方面进行了展示和方案说明。特别是在技术方案的落地实施及对企业的能源管理诊断、促进作用及可靠性方面，专家评委更是给予了极大的关注。以保证项目建设投入后，对企业能源管理工作的长期正面影响和能源管理工作的进一步优化和可持续发展。

广州接点能源科技有限公司最终赢得了蒙娜丽莎国家能源管理中心项目的建设权。经过繁复的数据采集、数据处理、数据展示、硬件更新等，2014 年 1 月，蒙娜丽莎国家能源管理示范中心顺利建成并投入试运营。自此，蒙娜丽莎国家能源管理示范中心与国家企业技术中心一样，成为各级政府、行业同仁参观考察的重要内容之一。

通过能源管理示范中心项目建设，几年来，蒙娜丽莎集团逐步形成了一套集计划、管理、控制、数据、信息、ERP 于一体的能源管理系统。能源管理中心项目实施以来，共实现节能 12662.53 吨标准煤，节能率达 12.87%，节能效果显著，所有产品均达到《建筑卫生陶瓷单位产品能源消耗限额》（GB/T 21252—2013）标准的要求。

一个个翔实的数据，见证着蒙娜丽莎在能源管理之路上永无止境的追求与进步。而国家能源管理示范中心项目的验收通过，则为蒙娜丽莎人在能源管理之路上开启了一个全新的起点。

一手抓环保整治，一手抓能源消耗，效果是显而易见的，不仅让企业实现了各类污染物的超低排放，而且节约了能源消耗，增加了企业经济效益。2014年9月28日下午，时任佛山市委副书记、代市长鲁毅莅临蒙娜丽莎集团进行调研。萧华陪同鲁毅副书记一行先后参观了蒙娜丽莎文化艺术馆、陶瓷薄板科技体验馆和蒙娜丽莎能源管理示范中心、国家企业技术中心。临别时，鲁毅副书记握着萧华的手，盛赞蒙娜丽莎是"行业转型升级的杰出典范"。

2017年9月，工信部公布了首批国家级绿色制造示范名单，建陶行业仅有两家企业入围，其中之一便是蒙娜丽莎集团股份有限公司；2019年9月，工信部公布了第四批绿色制造名单，其中建陶行业共有6家企业入围，广东清远蒙娜丽莎建陶有限公司榜上有名。至此，蒙娜丽莎现有的两大生产基地全部获评国家级绿色工厂。与此同时，另有4款产品进入绿色设计名单。

绿色制造工程是《中国制造2025》五大工程之一。工信部于2016年启动了绿色制造体系建设示范单位、产品的创建工作。该项工作以促进全产业链和产品全生命周期绿色发展为目的，以企业为建设主体，以公开透明的第三方评价机制和标准体系为基础，以绿色工厂、绿色产品、绿色园区、绿色供应链为绿色制造体系的主要内容，旨在贯彻落实《中国制造2025》《绿色制造工程实施指南（2016—2020年）》，加快推进绿色制造。

环保治理，没有句号，只有逗号

2016年6月，佛山市环保局发布了2015年度企业环境信用评价结果，在纳入环保系统重点检测评价的企业当中，蒙娜丽莎集团和国药冯了性两家企业被评为绿牌（环保诚信企业）。

2017年6月，佛山市环保局发布了获得2016年度环保诚信企业名单，全佛山共有5家企业被授予环保诚信企业，蒙娜丽莎榜上有名，成为唯一蝉联环保绿牌的企业。

2018 年 7 月，佛山市环保局发布了 2017 年度佛山市企业环境信用评价结果，共有 4 家企业获得环保诚信企业称号，其中蒙娜丽莎集团名列第一。

2019 年 8 月，佛山市生态环境局发布了 2018 年度佛山市企业环境信用评价结果，全市共有 7 家企业上榜，蒙娜丽莎再次入围并排名第一。

这是"佛山制造"唯一一张四连冠的环保"绿牌"。

事实上，早在 2007 年，南海区环保部门就开始对所辖企业进行"环境信用"评价制度，将企业分为环保诚信、环保警示和环保严管 3 个等级，并依次以绿牌、黄牌和红牌标示。自该项评审制度实施以来，蒙娜丽莎集团年年取得区级环保"绿牌"。

"蒙娜丽莎自主研发的这种陶瓷薄板，可不光是好看而已，它轻、薄、节能的特性，为佛山迈向节能环保城市贡献了力量。" 2016 年 6 月，佛山市经信局副局长谢国高在接受《佛山日报》记者采访时高度评价蒙娜丽莎在环保治理方面取得的成就。

作为佛山制造乃至中国建陶业绿色制造的标杆企业，蒙娜丽莎集团在环保治理方面的标准之高、要求之严、管理之细、投入之大、效果之好，令业界同行非常惊讶。以烟气主要污染物排放指标为例，《陶瓷工业污染物排放标准》（GB 25464—2010）规定的指标为：颗粒物 $30mg/m^3$、二氧化硫 $50mg/m^3$、氮氧化物 $180mg/m^3$，而蒙娜丽莎集团则是步步收紧，自 2017 年起，企业内控标准为：颗粒物 $10mg/m^3$、二氧化硫 $20mg/m^3$、氮氧化物 $95mg/m^3$，各项内控标准远低于国家标准。2018 年起，各项排放指标更是进一步收严。

事实上，蒙娜丽莎的实际排放指标远远低于内控标准，所有检测数据在排放口中央控制室的大屏幕上都能实时显示，一目了然，并且与地方环保部门在线监测联网，每 30 秒就要更新一次数据。一旦蒙娜丽莎的烟气排放某一指标超标，中控室内就会响起巨大的警报声，政府环保部门也能第一时间掌握到企业排放口指标的波动情况。

只是，这样的警报装置，几乎从未响起。由于公司内部建立了完善的环保整治机构和监控治理体系，因此蒙娜丽莎的环保治理在任何时候、任何机构都可以不打招呼，随时检查，并能够确保各项指标处于企业内控标准之内。

2017年6月30日，中国建筑卫生陶瓷协会第七届理事会第三次会长会议在佛山高明举行，几乎所有参会企业家的议题都聚集在环保治理方面。作为行业绿色环保的标杆，会议主持者、中国建筑卫生陶瓷协会副会长缪斌特别邀请萧华参会并介绍经验，萧华说："环保治理，非常重要，它关系到企业的生死存亡。最主要的是，企业在环保治理上舍不舍得投入，能不能够持续改进？只要大家认真去整改，踏踏实实去做，企业还是能够达到国家环保标准和政府部门的排放要求。"

由于有协会的推荐，那次会议之后，许多企业，包括佛山本地和外产区的企业，纷纷来蒙娜丽莎参观学习，萧华都热情接待，陪他们看生产线、看环保治理设施。他觉得只有大家互相学习，取长补短，才能共同促进和提高，才能真正实现行业的绿色发展。

2017年10月，时任中国建筑卫生陶瓷协会常务副会长缪斌、副秘书长宫卫慕名而来，参观蒙娜丽莎118A绿色制造示范生产线及环保治理设施，当缪副会长了解到蒙娜丽莎的烟气真实排放情况时，禁不住赞叹："蒙娜丽莎是行业内环保治理做得最好的企业。"副秘书长宫卫被车间内干净、明亮的地板所震撼，他说："没想到陶瓷厂的生产车间可以做得这么干净，蒙娜丽莎为行业环保治理树立了一个杰出标杆。"

即便是这样领先行业的内控指标和治理结果，在蒙娜丽莎的领导看来，还有进一步降低的空间。萧华常常对大家说："我们必须把眼光放远一点，把目标定高一点，自己与自己较劲，自己向自己挑战，率先一步实现真正意义上的绿色制造。"

"绿水青山就是金山银山。"进入2018年，各级政府部门对环保整治提出了新的、更高的要求。严峻的形势，使企业更加加大了在环保治理方面的投入。蒙娜丽莎不但要实现达标排放、超低排放，而且要消除陶瓷厂原料生产当中的白烟，因为老百姓不知道你烟囱里冒出来的是水蒸气，而认为是有害物质。

2018年春季，蒙娜丽莎通过更先进的工艺技术，由中标企业华清环保在清蒙生产基地率先尝试消白烟技术，项目投入运营后，滚滚白烟大幅度减少，肉眼几乎看不见，初步实现了无烟工厂的目标，使蒙娜丽莎的环保治理再一次走在行业前列。

如今，在中国陶瓷行业，只要一提起低碳、绿色、环保这样的概念，大家首先就会想到蒙娜丽莎的陶瓷薄板和环保治理，这是蒙娜丽莎的骄傲，也是中国陶瓷业的骄傲。随着产业转型升级的持续推进和高质量发展步伐的加快，新时代的蒙娜丽莎在低碳、绿色、环保方面所展现出来的品牌魅力将会进一步彰显。

建设行业最先进的绿色工厂

近年来，蒙娜丽莎在绿色制造和环保治理方面取得了一些成绩，吸引着大量来自政府、企业、协会和社会各界人士前来参观考察。尤其是随着2017年春季118A陶瓷薄板绿色示范生产线的改造成功，每天来公司考察学习的同行络绎不绝，对蒙娜丽莎在绿色制造领域取得的成绩予以高度肯定和赞赏。

萧华清楚，虽然蒙娜丽莎比同行早走了一步，在绿色制造领域投巨资打造了一条样板生产线，但很快就会有新的技术、新的装备、新的示范生产线涌现出来，在这方面赶上甚至超越蒙娜丽莎。因此，企业必须持续加大投入，不断进行改进，使公司的绿色制造和环保治理迈上新的台阶。

2018年初，公司决定扩建一个全新的生产基地。事实上，这些年来，蒙娜丽莎集团佛山、清远两大生产基地一直处于产能不足的状况。

蒙娜丽莎扩建新生产基地的消息一经确定，马上就有许多地方政府找上门来，希望像蒙娜丽莎这样的行业一线品牌能够到当地投资建厂，以带动当地陶瓷产业的转型升级。这当中,意向最为强烈的有广西藤县和重庆荣昌。藤县是一个老生产基地,已经拥有十多家陶瓷企业,佛山企业前往藤县投资建厂的也不少;荣昌则是中国四大名陶之一的生产基地,同样拥有悠久的制陶历史,而且先期已有几家建陶企业挥师西进,在荣昌圈地建厂。

经过多方面的考察和论证,最终,董事会还是选择了广西藤县,决定在这里建设蒙娜丽莎集团的第三个生产基地。

之所以选择广西藤县,萧华认为,藤县有四个比较优势:一是藤县矿产资源丰富,目前佛山及肇庆许多陶瓷厂使用的部分原料就来自广西,而且品位优良,对产品品质有保障;二是藤县已形成了一个相对成熟的产区,工业园区内各项配套设施完善,便于企业投资建厂;三是藤县地处西江上游,无论是原材料还是产品运输,走水运都非常方便,而且运价便宜;四是藤县与佛山空间距离较近,便于集团总部在管理、技术、人员等方面的输出与掌控,而且两地在两广文化上同根同源,拥有许多共性,便于交流、融合。

2018年,是行业去产能的一年,许多陶瓷企业因市场、环保等因素不得不关门停产,行业内新建、扩建生产线的企业非常少。蒙娜丽莎集团逆势而动,决定在藤县建立第三个生产基地,并于2018年4月14日上午与藤县人民政府正式举行了投资签约仪式。

2019年3月27日上午8时,伴随着一阵清脆的鞭炮声,在梧州市、藤县、南海区等政府部门领导和经销商代表、合作伙伴、蒙娜丽莎中高层管理人员、新闻媒体的共同见证下,藤县蒙娜丽莎生产基地正式开工建设。当萧华在宽阔、平整、散发着泥土气息的新场地上铲起第一锹土的时候,他的心情无比激动。他相信,随着春天的脚步,蒙娜丽莎在藤县这片热土上种下的这颗二次创业的种子,一定能够生长出一家现代化的绿色工厂,成为蒙娜丽莎未来十年大发展的坚强基石。

对藤县进行投资,不仅是蒙娜丽莎向外扩张的一个战略决策、一个全新的生产基地,而且是藤县乃至中国建陶行业一个全新的生产基地。对于如何建造这个全新的基地,萧华多次向基地建设负责人提出了明确要求,从项目规划开始，就一定要本着高标准、严要求的原则，在厂区规划、厂房建设、设备选型、工艺布局、人员招聘等方面，要建成当前国内最高水平、绿色、智能、先进的示范生产线，不仅要在藤县产区建立一个自动化的绿色示范生产基地，提升该产区的生产水平，而且要建成全国建陶行业的绿色工厂标杆，为推动中国建陶行业的转型升级做出蒙娜丽莎人应有的贡献。

第二十二章　营销变革

作为公司的"一把手"，萧华虽然没有亲自主管过营销系统，但他却对公司营销工作给予了全力支持，尤其是在店面建设、渠道拓展、文化营销、体育营销、网络营销等方面更是不遗余力，使蒙娜丽莎的营销工作始终充满独特的个性并时刻走在行业前列。

多年来，萧华坚持深入市场一线进行调研，感受市场变化，了解客户需求，为蒙娜丽莎的营销战略制定了科学而又务实的变革路径。

仓储营销

提起公司的营销工作，萧华非常感谢他的合作伙伴，集团董事、副总裁邓啟棠，销售中心总经理黄辉，副总经理李建周、凌云和绿屋建科总经理蒙政强以及 QD 瓷砖和他们的营销团队。正是由于他们的辛苦努力和付出，才使蒙娜丽莎集团在市场上一路攻城略地，取得了令人满意的成绩。尤其是副总裁邓啟棠，十余年来，常年奔波在市场一线，使公司销售收入每年都保持着两位数的增长，为企业持续、稳步、健康发展奠定了坚实的基础。

2000 年是蒙娜丽莎集团从以往的产品营销、价格营销向品牌营销、渠道营销的一个重要转折点。

随着"蒙娜丽莎"品牌的成功推出，扩大蒙娜丽莎品牌在消费者当中的影响力，增强其终端市场的竞争力成为当时营销工作的当务之急。2000 年的营销峰会上，集团公司做出了一个重大战略决策，决定加快蒙娜丽莎品牌终端专卖店建设步伐。也是在这一年的营销峰会上，萧华请来时任佛山科技学院经济管理学院的杨望成教授，对公司品牌化运作进行深度解析与探讨。杨望成教授在经过一段时间的把脉后，建设性地提出了"品牌网络化，加强零售渠道专卖店建设"的营销思路。自此，蒙娜丽莎专卖店建设在全国市场如火如荼地全面铺开。

2001 年，蒙娜丽莎集团首先和北京经销商李洪伟合作，在北京姚家园路推出了第一间前仓后店的蒙娜丽莎专卖店——北京蒙娜丽莎陶瓷仓储物流中心。

蒙娜丽莎在北京市场率先尝试前仓后店的仓储式营销模式，一经推出就受到市场的欢迎。通常情况下，都是前店后仓。但是，那个时候，北京市场的瓷砖需求非常火爆，许多商家因为实力不强，店里有的样板，仓库里不一定有货，更有一些商家以炒货为主，常常面临着库存不足的困扰。面对蒙娜丽莎庞大的仓储物流中心和专卖店体验现场，蒙娜丽莎品牌一下子就俘获了消费者的芳心。

这种前仓后店的仓储式营销模式推出后，蒙娜丽莎在北京市场的销售一片火爆，立即成为诸多颇具实力的厂商和品牌效仿的对象。据不完全统计，当时全国市场超过90％的蒙娜丽莎品牌经销商和陶瓷企业老板曾到北京蒙娜丽莎专卖店参观学习，由此开创了蒙娜丽莎品牌专卖店模式的新潮流，也一举奠定了蒙娜丽莎在北京市场一线品牌的地位。

品牌策略

为了更多地争夺渠道资源，从 2002 年起，佛山陶瓷行业大部分稍具规模的企业开始实行多品牌策略，相继推出第二、第三甚至更多的品牌作为企业拓宽终端渠道的常规手段。在一个建陶市场，经常可以见到同一家企业推出的不同品牌，以区域独家经销的方式，最大限度地扩大市场覆盖面，其中部分企业品牌数量多达十几个。

21 世纪初，多品牌、低价格可以说是建陶行业最有效的营销策略和手段之一，并受到众多企业的追捧。然而，随着市场的日渐成熟和消费者品牌意识的增强，多品牌策略所带来的一系列问题也暴露无遗，最突出的症结就是企业各个品牌之间缺乏差异化的定位与策略，在终端市场形成一家企业多个品牌互相内斗的混乱局面，而且企业的品牌建设费用过度分散，各个品牌的销售业绩处于停滞不前甚至下滑状态。进入 2010 年以后，行业内一线品牌开始反省多品牌经营策略带来的负面效应，并着手对品牌策略进行调整，以寻求多品牌模式新的突破。

蒙娜丽莎集团于1999年在原"樵东"品牌的基础上推出"蒙娜丽莎"品牌，随后又于2003年推出"长城"品牌。2003～2010年，蒙娜丽莎企业拥有三大品牌。

事实上，多品牌营销策略更适合定位相对较低的厂家，这类厂商市场竞争的焦点集中在产品花色和价格方面，品牌建设投入较少，多推出一个品牌，只为多获得一些经销资源。但对定位相对高端的蒙娜丽莎企业而言，多品牌策略并不合适。一方面，品牌维护成本高；另一方面，容易使各个品牌陷入同质化竞争当中。因此，2010年，当"长城"品牌租赁到期之后，萧华与董事会成员统一想法，果断放弃了"长城"品牌，只留下定位不同、风格迥异的"蒙娜丽莎"和"QD"两大品牌。

"长城"品牌在蒙娜丽莎集团的发展史上可以说是一个小小的插曲。"长城"品牌原属沈阳陶瓷厂，后来，随着"国退民进"的改制，原沈阳陶瓷厂不复存在，"长城"品牌被蒙娜丽莎沈阳经销商吴老板收购。作为国内最早的一批国字号建陶品牌，"长城"曾经享誉长城内外，在北方市场享有很高的知名度。此外，它还拥有丰富的中华文化内涵，是一个与瓷砖产品属性极为贴切的国产自主品牌。基于这样的考虑，蒙娜丽莎在一段时间内租赁了"长城"品牌。它的推出，迎合了当时市场营销对多品牌策略的需求。

但是，随着市场竞争的日益成熟，龙头品牌的影响力越来越大，蒙娜丽莎集团在无法获得"长城"品牌所有权的情况下，及时终止了该品牌的运营，开始集中精力打造"蒙娜丽莎"和"QD"两大品牌。

正是由于蒙娜丽莎集团坚持差异化、少而精的品牌策略，才使企业能够集中更多的资源建设、维护好品牌形象和终端渠道。时至今日，蒙娜丽莎集团能够在国内诸多品牌中名列前茅，聚集起强大的品牌势能，与公司正确的品牌策略和营销思路不无关系。

战略合作

进入21世纪以来，受房地产政策的影响，精装房比例不断加大，如万科地产很早就实现了在全国主要城市 100% 的精装房；北京、上海、广州、深圳等一线城市绝大部分的新建住宅是精装房；国家主导的经济适用房，同样也是装修全部完工后才销售。随着精装房比例的迅速提高，房地产企业在瓷砖市场的采购份额不断扩大，集团消费逐渐成为瓷砖工程项目销售的重点，而房地产企业通常不会与某一品牌在某区域市场的经销商合作，而是直接找到厂家，与厂家形成战略合作关系。

精装房比例的提升，带来了营销渠道的变化，工程市场的销售比例不断攀升，同时，企业营销中心纷纷成立工程部、战略合作部、大客户业务部等，以应对采购份额迅速攀升的工程市场和房地产采购商。

得益于对未来市场走势的精确判断与准确把握，蒙娜丽莎集团可以说是行业内最早大规模实施战略工程业务的企业之一，也由此奠定了其在战略工程渠道的强势地位。蒙娜丽莎集团非常重视产业链上下游的拓展与整合，多年来不断尝试以项目开发为载体、以利益为纽带、以强强联合为主导的持续发展机制。早在 2003 年就在业内率先尝试与房地产企业的战略合作，通过多年的努力，使战略合作成为蒙娜丽莎品牌最为重要的渠道之一。

这种超前的战略布局，凝聚着集团领导班子的战略智慧和眼光，尤其是集团分管营销工作的副总裁邓啟棠、销售中心总经理黄辉和专门负责战略业务的销售中心副总经理李建周。正是由于他们超前的市场判断，提前大规模介入工程渠道，才使蒙娜丽莎集团在近年来零售市场持续下滑的低谷中依然保持着强劲的增长势头。这当中，副总经理李建周主管战略工程十余年，可以说是功不可没。

目前，蒙娜丽莎已与万科、碧桂园、保利、恒大、金地、金茂、绿地、中海、中粮置地等数十家全国知名房地产企业以及金螳螂、亚厦、龙发、业之峰、百安居、居然之家、红星美凯龙等装饰集团和家居卖场建立了紧密的战略合作关系，形成了上下游企业相互依存、共同发展的合作模式。

截至 2019 年，蒙娜丽莎已与国内 50 强房地产巨头当中的绝大多数建立了持续、稳定的战略合作业务。蒙娜丽莎的各类产品也伴随着房地产巨头的快速发展而进入千家万户。

同时，这些房地产巨头也为公司新产品开发带来了诸多市场空间，如"新加坡旁"碧桂园森林城市销售中心，就选用蒙娜丽莎的陶瓷薄板。而集团的 1200mm×2400mm×5.5mm 陶瓷薄板的开发，同样得益于碧桂园等房地产企业对家居空间装饰的市场需求。2018 年，蒙娜丽莎再次获得万科、碧桂园、保利、金茂等诸多房地产公司 A 类供应商和优秀供应商称号，入选中国房地产开发企业 500 强首选供应商。一系列房地产巨头的认可，再次证明蒙娜丽莎企业作为行业龙头品牌强大的市场地位和影响力。

微笑节

"微笑节"是蒙娜丽莎营销系统的精彩之笔，也是蒙娜丽莎人独有的一个节日。

随着市场竞争的日趋激烈，厂商之间的促销活动愈演愈烈。受国家节假日的影响，2009 年之前，厂商的促销活动大多集中在元旦、"3·15""五一""十一"期间，尤其是"五一""十一"两个假期成为厂商促销的狂欢节日。但是，"五一"与"十一"之间，却形成了漫长的淡季，又使市场陷入传统的低谷当中。

如何打造一个专属于蒙娜丽莎的营销节日，既能够跳出同质化的假日营销，又能够走品牌差异化营销之路，同时还能够打破市场淡季的魔咒？蒙娜丽莎选择在每年的建厂之日精心策划了一个"微笑节"，以品牌文化当中的"微笑文化"为核心诉求，通过独特的主题，进行厂商之间的"微笑"互动，以"微笑"文化和巨额让利回馈广大消费者。

2009 年 8 月，首届蒙娜丽莎"微笑节"正式启动。

"微笑节"刚一推出就成为终端市场的营销亮点，它与市场上此起彼伏的总裁签售、明星助阵、限时秒杀、现场砍价、品牌联盟、周年店庆、开业盛惠、订金增值、套餐优惠等诸多营销活动形成了巨大的反差。第一，"微笑节"有一个独特的主题，其"微笑"文化与品牌文化高度吻合，易于被消费者接受，同时强化了品牌的气质与调性；第二，"微笑节"充分整合形式多样的促销让利活动，在传播"微笑"文化的同时，达到提升业绩的目的，而不是简单粗暴地降价促销；第三，"微笑节"独出心裁地推出购砖免单、免费旅游等大奖，送给参加"微笑节"活动的消费诸多意外的惊喜。

每年8月，几乎是陶瓷企业的黑色季，销售业绩总是处在低谷。然而，"微笑节"的推出，却使每年8月成了蒙娜丽莎收获的节日，屡创单月最高销售纪录。

经过多年持续不断的市场推广，如今，"微笑节"已成为蒙娜丽莎厂商重大的节日，除常规的促销让利活动让消费者享受到实实在在的价格优惠外，蒙娜丽莎营销人员还不断丰富"微笑节"的内涵，使"微笑节"不仅是一次促销活动，更是一种"社会化微笑活动"、一次品牌文化的传播活动。通过厂家精心的策划、组织，厂商步调一致，使"微笑节"成为蒙娜丽莎品牌勇担责任、关爱社会、感恩消费者的一次综合性商业嘉年华活动，从而提升品牌美誉度，提升经销商在当地的社会知名度与影响力，为传播蒙娜丽莎品牌探索出了一条差异化传播之路。

2009～2019年，"微笑节"一晃已走过了11年的时光。11年来，建陶市场发生了天翻地覆的变化，在团购、总裁签售、新店开张、爆破营销、降价促销、新品上市、节点促销等活动一步步走向平淡，再也无法撩动消费者神经的同时，蒙娜丽莎"微笑节"却以不断创新的品牌文化、微笑魅力和营销手法而愈加散发出耀眼的光芒，成为每年8月建陶市场的一大营销盛事。蒙娜丽莎也因策划活动而屡屡斩获一系列策划、广告大奖。

网络营销

作为传统制造业，陶瓷行业触网的步伐相对较晚。21世纪初，虽然互联网以日新月异的速度影响着我们的工作、生活等各个领域，但在陶瓷行业，企业品牌宣传、市场推广还主要集中在传统媒体，如报纸、杂志、电视、电台、户外等渠道，尤其是几家行业媒体，一度是陶瓷企业品牌宣传的主要阵地。偶有企业在网络媒体上发几篇软文、投一些广告，但还未能成为主流渠道。

从 2005 年起，随着搜狐、新浪、网易、百度等几大门户网站逐步向陶瓷行业渗透，蒙娜丽莎的品牌策划人员敏锐地捕捉到互联网背后蕴藏着的巨大商机。在同行还对互联网宣传、互联网营销感到陌生之际，蒙娜丽莎集团率先与搜狐焦点家居达成战略合作协议，品牌广告的投放、宣传从传统媒体迅速转向网络媒体，成为搜狐焦点家居进入佛山陶瓷行业的首批重要客户。

强大的网络传播效应，为蒙娜丽莎品牌终端影响力的提升发挥了巨大的作用，尤其是焦点家居聚集的设计师资源，为蒙娜丽莎品牌拓展该领域起到了强大的推动作用，蒙娜丽莎品牌也通过网络传播迅速成为家喻户晓的一线品牌，由此更进一步夯实了品牌的市场地位。在诸多第三方针对家居、陶瓷类品牌的市场调研中，蒙娜丽莎品牌均名列前茅，这当中，网络营销与网络传播功不可没。

继互联网营销传播之后，随着新媒体、自媒体的蓬勃发展，蒙娜丽莎不断强化网络营销力度，公司官网、SEO 优化、微博、微信、公众号、QQ、视频、抖音等社交媒体齐头并进、全面开花，公司经营动态、新品介绍、获奖荣誉等信息总能够第一时间登上各大门户网站的重要位置。公司每年推出的新产品，通过图文并茂的方式把各项测试指标直观地展示在网民眼前，公司推出的重大营销活动，如营销峰会、上市仪式、庆祝酒会、签约国际米兰、藤县新基地开工建设等，总能一次次刷屏，占领行业舆论的制高点，并通过朋友圈、自媒体、各大门户网站最大限度地进行多次传播，由此加深广大网民对蒙娜丽莎品牌、产品的认知度。

作为一名共和国的同龄人，面对互联网的浪潮，萧华没有退缩，而是选择了积极拥抱。在刘翔、黄淑莲等年轻工作人员的帮助下，他不但学会了互联网应用，也学会了使用智能手机。萧华知道，随着智能时代的到来，上一代人的落伍是必然的，尤其是年龄较大的管理者，必须善于听取年轻人的意见，尊重他们的想法，给他们更多的机会和平台，才能使企业保持创新的活力。随着互联网技术的不断普及，近年来，在诸多的营销策略当中，网络营销、新媒体营销已成为蒙娜丽莎品牌推广、新品推介、终端引流、形象塑造的重要手段。

截至目前，集团公司除与新浪、搜狐、网易、腾讯、百度、凤凰网、今日头条等主流门户网站保持着紧密的战略合作关系外，蒙娜丽莎瓷砖、QD瓷砖、绿屋建科等均建立了各自的微博、微信、抖音等传播平台，更为可喜的是，终端客户各类关于蒙娜丽莎瓷砖、QD瓷砖、陶瓷薄板的自媒体传播平台也是数不胜数，成为区域营销传播的重要力量。据不完全统计，每年关于蒙娜丽莎品牌、产品、营销活动等方面的信息在各类网络媒体上的传播、曝光次数高达数十万次，为蒙娜丽莎的品牌推广起到了巨大的推动作用。

体育营销

建筑陶瓷行业是一个关注度相对较低的行业，一个普通消费者一生当中购买瓷砖的次数也是屈指可数，他们往往在需要购买瓷砖的时候才通过网络、媒体、亲朋好友等渠道了解瓷砖品牌和产品。

如何在消费者选购瓷砖之前，将蒙娜丽莎的品牌文化和品牌形象在潜移默化中植入消费者心智，让他们一想到瓷砖，就能够想到蒙娜丽莎品牌，萧华和公司营销人员选择了体育营销这一大众品牌营销模式，使以往仅限于行业内知名品牌的蒙娜丽莎迅速走向普罗大众。

1. 西樵蒙娜丽莎女子龙舟队

南海西樵女子龙舟队成立于1999年。多年来，虽然佛山本土有着浓厚的龙舟文化氛围，但成立之初，谁也没有奢望这支由清一色农家妇女组成的业余龙舟队能在什么赛事中取得好成绩。

2003年初，西樵女子龙舟队相关负责人找到萧华，希望蒙娜丽莎能够赞助这支本土体育劲旅，萧华当场同意了。当年6月，蒙娜丽莎正式签约西樵女子龙舟队，并将龙舟队更名为"西樵蒙娜丽莎女子龙舟队"。蒙娜丽莎的冠名赞助，为龙舟队注入了强大的活力，她们南征北战，戎机远赴，先后参加了首届全国女子龙舟赛、"屈原杯"龙舟赛、全国农民运动会、港澳国际龙舟赛……在一系列国际、国内比赛中，"西樵蒙娜丽莎女子龙舟队"力压群芳，尽显英姿，先后夺得34项国内、国际冠军，在所有参赛项目中，"西樵蒙娜丽莎女子龙舟队"几乎囊括了比赛的全部金牌。

"西樵蒙娜丽莎女子龙舟队"的骄人业绩，为蒙娜丽莎从一个行业品牌蜕变为大众品牌起到了强大的推动作用。在中国建筑卫生陶瓷行业，借助体育赛事进行品牌传播与营销的企业中，蒙娜丽莎可以说走在了前列。

2. 广东蒙娜丽莎武术散打队

"南国陶都"佛山，向来有着"武术之乡"的称号，孕育出了李小龙、叶问、黄飞鸿等一代武术宗师。所以，多年来，武术一直是佛山的一张亮丽名片。

2011年12月5日，"广东蒙娜丽莎武术散打队签约仪式"在佛山皇冠假日酒店正式举行。这是蒙娜丽莎继冠名西樵女子龙舟队之后的又一项体育营销活动。植根于佛山西樵的蒙娜丽莎，与黄飞鸿的出生地禄舟村咫尺之遥。

在谈到为什么会选择赞助广东省武术散打队时，董事长萧华说："蒙娜丽莎赞助武术散打运动，其实是准备已久的事情。第一，武术散打是中国功夫的重要组成部分，蒙娜丽莎是陶瓷行业的杰出代表，希望可以通过这样的合作实现品牌美誉度的提升；第二，蒙娜丽莎以前也有赞助女子龙舟队，而且坚持了十年，希望十年后的今天，能够通过更多渠道把体育营销做好，实现体育与品牌共同提升；第三，武术是中国经过几百年积累下来的传统文化精粹，蒙娜丽莎赞助这项运动也是想弘扬这种中国传统文化。"

随着一场场高潮迭起的武术散打赛事，蒙娜丽莎品牌为更多观众所熟知。

3. 奥运营销

奥运会作为人类历史上最大规模的体育盛会，每一届都会受到全世界人民的注目。尤其是现代奥运会早已不是单纯的体育盛事，而是国家营销的一项重大战略决策，成为展示人类经济、社会和文明的一场盛会。

2001 年 7 月，在莫斯科召开的国际奥委会第 112 次全会上，经过两轮投票，国际奥委会主席萨马兰奇宣布，北京以 56 票获得 2008 年第 29 届夏季奥运会的主办权。从那一刻起，13 亿中国人就进入了奥运营销的全民盛宴当中。

作为一种装饰材料，蒙娜丽莎品牌在建材市场拥有极高的知名度和影响力，在各大奥运场馆的建设中，蒙娜丽莎集团抓住机遇，以过硬的品质、丰富的产品和完美的服务，争得了诸多奥运场馆的供货权，最终，蒙娜丽莎瓷砖先后走进了奥运会羽毛球馆、数字北京、奥运媒体村、国家体育馆、举重馆、排球训练馆等诸多场馆的建设当中，为奥运会的成功举办贡献了自己的绵薄之力。

步入 2008 年，全中国人民的话题都围绕着北京奥运会。1 月 6 日，"蒙娜丽莎携手搜狐助威中国体操"奥运战略启动仪式在佛山南国桃园举行。萧华和公司领导、中国女子体操队总教练陆善真、体操奥运冠军邢傲伟、搜狐高级运营总监耿晓华、体育中心副总监张研等三方代表出席了启动仪式。

据悉，这是当年陶瓷行业首个企业品牌与权威媒体合作开展的奥运营销活动。

为了扩大奥运营销的传播力，2008 年，蒙娜丽莎全年以体育营销为主轴，以"中国星·陶瓷梦"为主题，以搜狐公司享有的奥运独家互联网赞助商身份和其拥有的所有中国体操项目独家资源为平台，通过中国体操队官方网站、搜狐奥运官方网站体操频道、国家体育总局官方网站三个平台，协助蒙娜丽莎品牌进行以新闻、博客、视频、论坛等形式为主的全范围立体式整合传播。

2008 年，蒙娜丽莎携手搜狐推出的奥运营销包括"2008 为体操队许愿""寻找体操界蒙娜丽莎的微笑""'我为你感动'主题博客征文大赛"等共计六项主题活动。奥运会期间，国内共有超过一亿人次登录相关网站收看奥运直播信息，全面覆盖了蒙娜丽莎品牌的客户群。

借助我国举办奥运会的契机，蒙娜丽莎集团再次以浓墨重彩的大手笔为体育营销书写下自己精彩的一页，萧华个人也非常荣幸地参加了北京奥运会开幕式，后来，又成为广东亚运会火炬传递手，共同见证伟大祖国的繁荣昌盛。

4. 世界杯

继奥运会之后的又一项世界性赛事——世界杯，同样留下了蒙娜丽莎人精彩的一页。

2010 年 6 月，南非世界杯在约翰内斯堡拉开帷幕，32 路豪强在一个月的时间里，为大力神杯展开争夺。南非世界杯是蒙娜丽莎第一次深度介入世界杯营销。2010 年 6 月 15 日，蒙娜丽莎集团与搜狐合作推出的"朋友，和蒙娜丽莎一起来看球"活动启动仪式——大型球迷网上活动发布会在搜狐广州分公司演播室隆重举行。与此同时，由蒙娜丽莎冠名特约的搜狐世界杯 2010《南非英雄谱》栏目正式启动。

启动仪式上，搜狐网向蒙娜丽莎集团副总裁邓启棠颁发了搜狐南非特派员聘书，邀请邓总亲临南非世界杯决赛现场，热切感受比赛场上扣人心弦、激动时刻的同时，还要担负起为网友报道盛事的艰巨任务。通过一系列的传播、互动与竞猜，蒙娜丽莎品牌成为南非世界杯期间的一大明星品牌。

2014 年 6 月，巴西世界杯如约而至。蒙娜丽莎集团再次携手搜狐焦点，推出"决战巴西，超级冠军争霸赛"传球游戏活动。6 月 13 日起，一款由蒙娜丽莎瓷砖和搜狐焦点专为世界杯球迷爱好者量身定制的互动游戏"决战巴西超级冠军争霸赛开战"正式上线，广大球迷只要手指一动，即可随时 EN-JOY 世界杯桑巴狂潮！

2018 年 6 月，距离俄罗斯世界杯开幕还有 3 天，蒙娜丽莎盛邀意大利传奇球星马特拉齐先生和 60 多家全国知名媒体参加在集团总部举行的与欧洲豪门国际米兰合作签约仪式。在世界杯揭幕之前，提前点燃战火，再次成为行业内利用世界杯营销的最大赢家。

5. 狮王争霸赛

2015 年 2 月 19 日（农历大年初一）下午，由蒙娜丽莎集团鼎力支持，中央电视台体育频道、国家体育总局、中国龙狮运动协会、央视体育娱乐有限公司主办，佛山市南海区西樵镇人民政府承办的 2015 年第三届 CCTV 贺岁杯狮王争霸赛在西樵山天湖公园隆重举行，央视体育频道对本次活动进行全程现场直播。随着精彩的狮王争霸表演，蒙娜丽莎在新春佳节这个特殊的日子向全国人民送上新年的祝福。

岭南醒狮，是一种地道的广东省民间舞蹈，历史上由唐代宫廷狮子舞脱胎而来。五代十国之后，随着中原移民的南迁，舞狮文化传入岭南地区。在广东及东南亚地区，醒狮被认为是驱邪避害的吉祥瑞物，每逢节庆或重大活动，必有醒狮助兴，长盛不衰，历代相传。

2015~2019 年，已连续 5 年，每年春节正月初一，蒙娜丽莎巨大的品牌广告都会随着 CCTV 贺岁杯狮王争霸赛的主播台而走进千家万户，为每一位消费者送上诚挚的新春祝福。

6. 签约国际米兰

2018 年 6 月 11 日上午，意大利传奇球星马特拉齐空降佛山，在《南方日报》《羊城晚报》、广东电视台、《体坛周报》等 60 多家媒体和众多球迷的见证下，蒙娜丽莎集团与欧洲豪门国际米兰正式签约，成为其官方合作伙伴。这是继蒙娜丽莎成为 2018 年雅加达亚运会官方合作伙伴后，又一次开启中国建陶业跨界营销的一个大动作。

国际米兰足球俱乐部创立于意大利，已有 110 年的历史，曾获得 3 次欧洲杯冠军和 18 座意甲冠军，也是唯一一支拿过五冠王（欧冠、意甲、意大利杯、意大利超级杯、世俱杯）的意大利联赛球队。

第一次来到佛山、来到蒙娜丽莎的马特拉齐，在谈到对"蒙娜丽莎"的感受时，用了三个词：Comfortable（舒适感）、History（历史感）、Design（设计感）。国际米兰中国办公室商业总监茅宇静则表示，蒙娜丽莎是国际米兰第一家瓷砖品类赞助商，这对于国际米兰俱乐部来说是非常重要的突破。秉承着意大利艺术基因，蒙娜丽莎瓷砖走进了千家万户。国际米兰是意大利百年豪门足球俱乐部，在中国拥有数千万的球迷，相信今后强强联手，定能让彼此在品牌路上闪耀荣光。

对于此次战略合作，有媒体记者问萧华如此大手笔的投入，是基于怎样的考虑。萧华说，"2017年12月公司上市后，面临着进一步提升品牌知名度、拉开与竞争对手差距的诉求。在行业诸多品牌纷纷进军央视、找明星代言的情况下，蒙娜丽莎秉承一贯的体育营销，找来国际级的足球巨星，签约豪门俱乐部官方合作伙伴，无疑是最佳的战略选择。"

提起意大利，大家谈得最多的就是陶瓷、足球与设计，这些都是意大利人响当当的名片，而源自意大利的"蒙娜丽莎"，一直以来都秉承意大利设计美学，将生活、艺术与美充分融合，并转化为一款款精美绝伦的产品，以极致的设计和精湛的工艺征服消费者，成为建筑装饰行业瓷砖艺术化的杰出代表。此次牵手意大利足球，无疑是蒙娜丽莎打造国际化品牌的又一战略性举措。

2018年10月起，蒙娜丽莎瓷砖携手居然之家开启全国百城星惠秀大型促销活动，传奇球星马特拉齐降临活动现场，让消费者在了解蒙娜丽莎品牌、选购蒙娜丽莎瓷砖的同时，一睹国际球星的风采。

文化营销

文化营销是指赋予品牌一定的文化内涵或利用某些文化活动来扩大品牌的影响力。

作为陶瓷行业文化营销的先行者之一，蒙娜丽莎集团自1999年推出蒙娜丽莎品牌后，在文化营销道路上的探索就一直没有停止过。

2009年，萧华亲自从天津请来一位"蒙娜丽莎"的收藏者，让其携藏品加盟蒙娜丽莎，建成全球最大、行业首创的蒙娜丽莎文化艺术馆，为蒙娜丽莎品牌注入了丰富的文化内涵，每年仅慕名而来的观众就达数万人；随后又在全国各地陆续建成2000多家"蒙娜丽莎文艺复兴馆"，将文艺复兴时期的杰出文化成就引入现代空间艺术，赋予蒙娜丽莎产品、空间独特的个性与价值内涵；携手知名画家、艺术家不定期举行慈善拍卖活动，推动文化艺术产业健康发展；利用 3.5 毫米厚陶瓷薄板的独特优势推出瓷艺画、挂画、背景墙等极具文化艺术个性的陶瓷产品，为企业价值创新开辟全新的市场蓝海；通过企业歌曲、报纸、杂志、网站、微信、微电影、图书等形式，丰富文化内涵，提升品牌张力。

在蒙娜丽莎集团的基因当中，文化一直是一个强烈的符号。这种文化，不仅体现在蒙娜丽莎是一个具有丰富而又高水准文化内涵的品牌，更在于蒙娜丽莎集团将陶瓷这一古老的传统产业与文化艺术相结合，形成了能够直接产生经济效益的文化产业。

中国陶瓷行业，大大小小的品牌繁若星辰。许多品牌的硬实力，如营销中心规模、产品系列、团队数量等可能都要比蒙娜丽莎大、强，但蒙娜丽莎是一个极具文化内涵的品牌，如同一个庞大的文化艺术王国。无论走进蒙娜丽莎总部还是散落在全国各地建材市场的蒙娜丽莎文艺复兴馆，抑或是一个个蒙娜丽莎专卖店，都能体验到独特的空间艺术和文化魅力，而且每一次的参观和体验，总有着不一样的收获。这种收获的背后，恰恰是蒙娜丽莎品牌文化营销的成功之处，是其他品牌学不到也难以复制的独特竞争优势所在。

对于蒙娜丽莎品牌的文化建设，萧华曾多次表达过这样的观点："蒙娜丽莎既是中国的一个品牌，也是世界性的一个品牌，我们所做的一切都是为了不断地丰富她、完善她，让她在中国落地生根。我们很幸运地注册到了'蒙娜丽莎'，所以一定要细心呵护，让她永远散发出迷人的微笑，如果我们做不好，将对不起'蒙娜丽莎'这个品牌"。

技术营销

技术营销是蒙娜丽莎人在陶瓷薄板多年的营销实践中总结出来的一套行之有效的营销方法。

2007 年，蒙娜丽莎集团率先推出全球领先的陶瓷薄板，赢得行业内外一片喝彩声，被誉为中国建筑陶瓷行业一款革命性的创新产品。

然而，陶瓷薄板在市场推广之初却遇到了很大的"瓶颈"。

没有人能明白萧华在那些年经受了怎样的压力和煎熬，无论是来自社会各界关心蒙娜丽莎发展的人的一句看似亲切的问候："老萧，你们的薄板卖得怎么样啊？"还是公司内部管理人员和广大员工期许的目光和一度的动摇与迷惘，都令他备感压力。销售老总换了好几任，但陶瓷薄板的销售始终未见起色。

历经几年的探索，萧华终于明白，仅有好的产品还远远不够，必须解决陶瓷薄板在生产、设计、应用、运输、仓储、搬运、施工等所有环节当中的问题，建立起一套完整的应用技术系统，才能使陶瓷薄板真正走向市场。

为此，蒙娜丽莎集团在成功开发产品的基础上，先后与国家相关部门合作，制定了陶瓷薄板产品国家标准、应用技术规程、施工图集等一系列技术文件，完善了施工方法，并与专业建筑、设计、施工等单位合作，在幕墙、地铁、隧道、医院等多个领域树立了一批样板工程，使陶瓷薄板这一革命性的创新产品最终得到了市场的认可。

为了加快陶瓷薄板的市场化进程，以集团副总裁邓啟棠为核心的陶瓷薄板营销团队于2011年提出了"技术营销"的概念，即通过专业、完整、系统的技术解决方案建立陶瓷薄板的销售体系。2012年2月，板材事业部营销峰会的主题是"技术营销、服务营销、项目授权"；2013年1月，板材事业部营销峰会的主题是"技术营销，驱动商业蓝海"；2014年1月，板材事业部营销峰会的主题是"技术营销实现越超式发展"；2015年1月，板材事业部营销峰会的主题是"技术营销，互联双核战略"；2016年1月，更名后的绿屋建科其年度营销峰会主题是"深化技术营销，驱动双核市场"；2017年1月，年度营销峰会主题是"标准技术营销，制胜双核市场"。

综观陶瓷薄板几年来的营销历程，技术营销始终贯穿其中。同时，集团还连续多年组织数十场专业技术交流会、新品推介会等，通过绿色建筑、幕墙技术、节能建筑等专业展会和专业论坛等，大力推广陶瓷薄板应用技术系统，最终取得了显著的成效。

随着应用技术系统的日渐成熟，陶瓷薄板在房地产领域，特别是在高层幕墙、地铁工程、绿色建筑与住宅产业化应用技术领域取得突破性进展，公司以此重点切入高层幕墙和房地产市场，完成了产品销售、设计、施工等一体化的应用系统。几年来，板材事业部先后拿下杭州生物医药大厦、包头国际金融中心、长沙温德姆酒店、武汉东湖隧道、西安地铁三号线等一系列重点工程。

2014 年 1 月，集团公司成立了广东绿屋建筑科技工程有限公司，更进一步加强陶瓷薄板在幕墙工程、装饰领域的专业配套能力，打造陶瓷薄板集研发、生产、销售、应用于一体的全产业链，提升系统竞争力，将技术营销推向一个全新的高度。

深入市场一线调研

在营销战略的制定过程中，萧华特别注重来自终端一线的市场调研。

一次，应中国磨料磨具工业有限公司（以下简称中磨公司）袁总经理的邀请，萧华和时任板材事业部总经理何锡恩、出口部总经理叶晓东前往郑州洽谈业务。这边刚刚约好，那边中国陶瓷工业协会又要在贵阳召开年会。萧华想，作为协会副会长单位，缺席这个会议似乎不妥，看来只好赶时间了。

当时，中磨公司是蒙娜丽莎陶瓷薄板在海外市场最大的出口代理商，公司对薄板出口非常重视，因此萧华决定亲自前往。第二天一早，他们一行四人开着车向北出发，中午时分到达湖南郴州，在察看了蒙娜丽莎瓷砖郴州销售店面、简单用过午餐后就向着长沙继续进发。夜幕降临，长沙经销商在高速路口等到了萧华的车辆。随后大家在一家酒店一边吃饭，一边交流长沙市场的销售情况及公司的营销政策，一直到深夜才休息。第二天一早，在长沙经销商的陪同下，萧华对长沙各蒙娜丽莎店面进行考察，了解市场销售情况，听取店员的销售意见，一边听，一边向他们传达着公司的营销理念及销售策略。

离开了长沙，萧华一行直奔岳阳。在车上，他让何锡恩联系好岳阳的经销商，车子在高速公路上飞驰，中午一点多终于到达岳阳。他们顾不上吃饭，第一时间就去建材市场察看店面，然后才去酒店边吃饭边听汇报。吃过午饭已是下午两点多，岳阳经销商希望萧华在岳阳住一晚，休息一下，顺便看看岳阳楼。但他没有心思游玩。他对岳阳经销商说:"时间很紧,今晚我们必须到达武汉,下次有机会再去吧。"

从岳阳到武汉很快,天还没黑,他们一行已站在了武汉蒙娜丽莎的展厅里。在武汉经销商老孙的陪同下,萧华认真察看了店面的布局、设计、展示等,与店员亲切交谈,向他们询问销售当中的困难和问题。有店员反映产品配套和新产品开发跟不上,萧华认真地记在心里,并向老孙提出了一系列改进措施:一是展厅装修要注重产品的摆放问题,尤其是一些细节;二是新产品摆放位置要抢眼,要放在醒目的位置,让顾客一进店就能够看到;三是新产品展示一定要从单片升级为样板间,一种款式,一种风格,一个样板间,让顾客最直观地看到想要的东西。

在武汉休整了一晚,第二天一早,萧华一行不顾武汉经销商老孙的挽留,一大早又向郑州出发。下午4点多,车子到达郑州,中磨公司的袁总等一班人早已等候多时。在袁总等人的陪同下,他们参观了中磨公司总部,然后在会议室里就陶瓷薄板的生产、销售等进行了具体的洽谈,双方在友好的气氛中取得了一致的意见。会后,中磨公司为萧华一行接风洗尘,那天晚上,大家破例喝了好多酒。第二天早上,虽然中磨公司袁总再三挽留,但萧华还是早早告别,然后视察了蒙娜丽莎瓷砖和樵东瓷砖在郑州的销售店面,最后向着贵阳方向进发。

由于那时从武汉到贵阳没有直通的高速公路,另一条公路又崎岖不平,路况复杂。因此,萧华决定还是原路先回长沙,然后再去贵阳。一天的奔波,直到晚上10点多,车子才进入长沙。回到酒店,长沙经销商准备好的酒菜早已凉了。多年以后回忆起那次赶路,萧华说,要不是经销商提前为大家备下饭菜,那天晚上恐怕连饭都没得吃。吃过晚饭,已近凌晨,他让经销商第二天早上不要来酒店了,他们一早从酒店吃点早餐就出发,但经销商坚持要来。第二天一早,经销商开着车将萧华一行送到长沙往桂林的高速路口,然后才握手告别。

一路急驰,不知不觉已到中午。车子拐进了路边的一座县城,大家找了个地方停车吃饭。萧华问随行的何锡恩："这个地方有没有蒙娜丽莎的经销商？"何锡恩说他也不知道，他打电话到厂里咨询，确认这里还没有蒙娜丽莎的经销商。后来，萧华在集团管理人员的大会上说："我们开车出去考察市场，每到一地都有经销商，都有蒙娜丽莎的销售店面。然而，从长沙到桂林的一个县城里，却没有经销商，也没有我们的销售店面。这样的县级市场，全国到底还有多少是空白？没有店面，怎么会有销售？"从这以后，公司开始进行渠道下沉，尤其把县级市场作为重点，扩大在终端市场的覆盖面。

在桂林市场，一个小伙子开着摩托车来接萧华。相比其他城市，小伙子的交通工具显得有点落伍。萧华问了他的名字，确认是蒙娜丽莎的经销商。考察过店面后，萧华鼓励那位年轻人好好做，要相信蒙娜丽莎品牌，在桂林这么好的市场，一定能够打拼出一个美好的未来。事实上，没过两年，当萧华再一次前往桂林市场考察时，当初的年轻人早已"鸟枪换炮"，开着新买的小汽车来接他了。这一方面说明这位年轻的经销商自身很努力，另一方面也说明代理蒙娜丽莎品牌确实能够赚到钱。

协会的会议虽然重要，会期却只有一天。见过了诸多行业内的同仁，履行完了会议议程，萧华一行又从贵阳前往柳州市场考察。兜兜转转，直到下午4点多才到达柳州。到了柳州蒙娜丽莎品牌店，才知道蒙娜丽莎在柳州的代理商原来是做洁具生意的，店里面大部分摆放的是洁具产品。萧华跟经销商说，还是把重点放在蒙娜丽莎瓷砖上来吧，因为卫生洁具的市场要远小于瓷砖产品。一套房子再大，顾客最多也就买两三套卫生洁具，但瓷砖就不一样了，一套房子装修下来，怎么也要几十上百平方米的瓷砖，销售额、利润都远超洁具。同时，他还鼓励经销商不仅要做好柳州市场，还要向柳州周边渗透和扩张，那些暂时没有经销商的空白市场都可以接下来做。

一晃十多年过去了，这个经销商每年都来佛山参加集团的营销峰会，许多时候看他上台领奖，萧华从心里为这位经销商高兴。他相信，这位经销商现在肯定做大做强了，也一定赚钱了。

离开了柳州，萧华一行又前往玉林市场考察，并绕道罗定、云浮，最终回到佛山，短短几天时间，一连走了十多个城市。

走终端、看店面，听建议、共发展

2016 年的陶瓷市场持续低迷，尤其是进入下半年以后，各大陶瓷产区增长势头明显放缓。为了掌握终端市场最真实的一手信息，10 月 8 日，萧华在蒙娜丽莎瓷砖总经理黄辉、集团文化总监王力的陪同下，借中国建筑卫生陶瓷协会在淄博召开协会创立 30 周年庆典之际，开启了 2016 年的终端市场考察之旅。

8 天、5 城、3 会、17 店，是此次考察的一组数据。

10 月 9 日一早，在北京蒙娜丽莎瓷砖销售人员的陪同下，萧华一行首先前往北京市顺义区沙坨村店。这是一家北京市场新开发的村镇级分销网店，店面不大，只有 200 多平方米，但是，刚刚过去的国庆黄金周，销售即达 8 万多元。2016 年以来，北京蒙娜丽莎明显加快了网络渠道扩张的步伐，将店面向着村镇一级市场渗透、延伸。沙坨店可以说是 2016 年新开网店中的标杆店，虽然产品结构、档次与旗舰店还存在一定的差距，但恰好与周边的消费需求相匹配，可以说是未来蒙娜丽莎在北京市场全新的增长点。

位于朝阳区北四环东路居然之家的蒙娜丽莎店是一家老店，虽然店面租金高，但经过多年的经营，销售业绩相对稳定，展示、配套、设计都具备一定的档次。在与店面人员沟通后，萧华对他们说，再好的店面都要以营利为目的，如果不赚钱、不赢利，厂家补多少钱都没有用。他鼓励经销商积极寻找机会，对店面规模进行扩充，以更大的店面体现蒙娜丽莎的品牌实力和全品类优势，只有这样，才能获得更大的市场份额。

位于朝阳区的楚记陶瓷城，原来是一处仓库基地，近年来，随着周边房地产业的发展，仓库转型升级为陶瓷卖场，先后有诸多行业一线品牌进场开店。在了解了基本情况后，萧华告诉陪同参观的销售人员，周边房价一路疯涨，众多大品牌争相进入，可以预料，这个市场以后一定会旺起来，前期拿店要有眼光、有魄力，瞄准那些好的位置，建设大店。在营销策略上，蒙娜丽莎要与友商比档次、比精品，而不是拼价格、拼促销。要形成蒙娜丽莎与众不同的竞争力，展示别人没有的东西。只有这样，才能促进蒙娜丽莎在北京市场的健康发展。

在蒙娜丽莎北京经销商李洪伟的陪同下，萧华一行还参观了闽龙陶瓷总部基地蒙娜丽莎品牌营销中心，详细了解了蒙娜丽莎品牌在北京区域的销售情况和渠道建设情况，并就渠道管理、店面建设、新品开发和厂商关系等进行了深入细致的交流。萧华告诉李洪伟："北京市场的需求很大，厂里对北京区域的支持也很大，一定要抓住机会，加快渠道下沉步伐，将店面向区、镇级市场延伸。只有这样，才能为蒙娜丽莎北京区域后续增长奠定坚实的基础。"

10 月 10 日上午，在华耐立家销售二部总经理吴延军等人的陪同下，萧华一行从北京出发，前往天津，先后参观、考察了天津武清集福家园蒙娜丽莎店、武清华北城蒙娜丽莎店和西青区杨柳青蒙娜丽莎店。

凭借华耐立家强大的营销网络和体系，天津蒙娜丽莎瓷砖店的装修、档次、销售业绩均处于当地一线品牌前三甲的行列。以杨柳青店为例，店面不大，只有 210 平方米左右，但产品展示品类齐全，装修风格温馨典雅，每月销售额都稳定在 50 万元以上，随着周边房价翻倍式的猛涨，"罗马御石""罗马宝石"等高端产品销售份额相对较高，成为华北区镇级蒙娜丽莎瓷砖的销售样板。

华耐立家的吴延军向萧华介绍了天津蒙娜丽莎的销售情况，2016 年天津计划新开 50 家新店，目前已新开 30 多家，其中武清、西青新开 6 家，单店面积都在 150 平方米以上。接下来，还会加大平价店的建设力度，哪里有市场，哪里就要有蒙娜丽莎的销售店，相信这些新开的网店将会是未来蒙娜丽莎在天津市场全新的业绩增长点。

考察过程中，萧华向吴延军及天津负责人高总、李总提出了许多改进意见和建议，尤其是陶瓷薄砖的展示。萧华对他们说："陶瓷薄板是我们的优势产品，一定要做好展示，希望能够在各个店面单独开辟出一个区域，不仅是产品的展示、单片的展示，更要有样板间或效果图，只有这样，消费者才会购买我们的薄砖产品。"

10月11日，萧华一行乘高铁一早就从天津西站前往淄博，参加中国建筑卫生陶瓷协会创立30周年庆典暨七届三次理事会议。为了赶时间，特意将入驻酒店选在了离车站不远的地方。到达淄博时，已过中午，来不及入住酒店休息，萧华直接走进了中陶投资发展有限公司的董事会会场，与各位业界大佬、中陶投资股东一起探讨中陶投资的发展情况。

10月13日一早，在淄博蒙娜丽莎负责人、金宇集团总经理柳晓的陪同下，萧华一行先后考察了淄博红星美凯龙蒙娜丽莎店和居然之家蒙娜丽莎店。在红星店，当看到陶瓷薄砖全新的展示后，萧华向店长详细了解了薄砖的销售情况，鼓励他们加大对陶瓷薄砖的展示和推广力度。

毗邻淄博的沂水蒙娜丽莎经销商刘总夫妇，听说萧华在淄博考察，一大早特意开车从200多公里外赶来看他，向萧华汇报沂水蒙娜丽莎的销售情况。刘天维自豪地告诉萧华："沂水蒙娜丽莎平均单值超过2万元，没有低于2万元的单，高端产品销售非常好。在沂水，高端家装市场份额，蒙娜丽莎品牌占了近70%。"萧华建议她可以适当增加中档产品，包括下乡产品，以扩大市场占有率。

随后，萧华一行参观考察了淄博居然之家蒙娜丽莎店，店长向萧华详细汇报了该店的热销产品及"罗马宝石""罗马御石"等新产品的卖点，她结合自身对产品理解的生动解说，获得在场人员的一致好评，萧华勉励他们，对待蒙娜丽莎品牌要像自己的孩子一样，充满感情。只有这样，才能使蒙娜丽莎品牌在淄博获得更好的发展。

10月13日下午，萧华一行乘高铁前往南京。一出站，南京蒙娜丽莎经销商郑家福、郑家坤兄弟俩已等候多时。

第二天一早，萧华早早来到位于南京市江东中路金盛国际家居的蒙娜丽莎店。这是一家老店，营业面积有400多平方米，月销售额稳定在100万元以上。虽然以前多次来过此店，但萧华还是认真地察看了该店的装修效果，从店面空间的分布、单片的陈列、样板间的展示、配饰、地面展示等逐一进行了细致的查看。

参观完后，萧华告诉郑家福，店面建设不仅仅是店面面积大、展示产品多就够了，或者说装修档次高、豪华就够了。店面装修要真正装出效果，展示出客户想要的东西，展示到客户的心里去，让消费者一见到装修效果就挪不开脚步，认定这就是自己想要的东西。同时，他建议南京经销商对薄砖展示区进行改造，加大对薄砖产品应用效果的展示。现在虽然陶瓷薄板、薄砖都有展示，展示面积也够大，但只是产品的简单陈列，应用效果方面还有很大的提升空间。

萧华还向蒙娜丽莎南京经销商郑家福及店面管理人员详细了解了该店的销售情况及各类产品的销售比例。郑家福告诉萧华："这个店很有特色，店面的设计、装修、档次均走在行业同仁的前面，销售业绩非常好。"萧华对郑家福说："金盛是南京很重要的一个陶瓷销售市场，里面大牌云集，各大品牌竞争激烈。如果蒙娜丽莎在店面装修方面做不出自己的特色，做不到精益求精、风格独特，就很容易被竞争对手所超越。"

在参观完金盛店后，萧华一行又驱车前往南京蒙娜丽莎仓库考察。南京蒙娜丽莎仓库是华东地区最大的陶瓷品牌仓库，面积近万平方米。可以辐射江苏、安徽等大部分区域。在仓库内，萧华踩着瓷砖，爬上高高的砖垛，检查了仓库的钢梁结构及建造情况，并就仓库管理、改造、建设提出了自己的建议，希望南京经销商能利用好这个仓库，使蒙娜丽莎品牌在华东区域取得更好的业绩。

10 月 13 日下午，萧华一行来到了本次终端考察的最后一站——上海。

据上海恒钻实业有限公司总经理、蒙娜丽莎品牌上海负责人王端军介绍，上海瓷砖市场多年来都是诺贝尔等华东品牌的天下，广东品牌进入上海并能够立足的并不多。许多品牌雄心勃勃地杀入，最后却因为高昂的运营成本而不得不铩羽而归。蒙娜丽莎品牌目前已在上海站稳脚跟，以前拓展渠道是自己求着人家，现在倒过来了，是人家找上门来，要求蒙娜丽莎品牌进驻或代理蒙娜丽莎品牌。

14 日上午，在蒙娜丽莎品牌上海负责人王端军的陪同下，萧华来到浦东新区金藏路红星美凯龙金桥店蒙娜丽莎瓷砖销售店。这是一个刚装修不久的店，展示的产品以浅色系为主，虽然店面不大，但每一个空间都进行了最科学、合理的应用展示，使整个店面显得高端大气、时尚尊贵。

萧华告诉金桥店的销售人员，这次出来看了这么多店，虽然很多店装修都很好，但金桥店是这次看到的最好的店，产品展示、设计都很到位，装修档次很高，看上去很舒服，值得其他区域学习、借鉴。随后，萧华一行还参观了宝山区建配龙店和闸北区汶水路红星美凯龙蒙娜丽莎店。他对王端军说："上海市场要多建店，多开渠道，扩大市场覆盖面。在上海这样的城市，做生意，店面不一定要很大，因为费用很高，但店面装修、建设一定要结合当地的市场需求，把握好高、中、低档的产品结构，走出一条具有自我特色的营销之路。"

8 天、5 座城市、17 家店面。一路走、一路看，萧华既看到了一线销售人员的艰苦拼搏，也留下了一路的营销思路和建议。通过走访一线市场，更进一步掌握了终端销售情况，感知了市场冷暖，增强了厂商关系，看到了蒙娜丽莎品牌在终端渠道的优势与不足，为明年营销战略的制定和新产品研发提供了清晰的思路和方向。

这样的市场考察，在萧华担任公司总裁期间乃至卸任总裁后的两三年内，每年都有一到两次，也只有这样的市场考察，才能让他真正了解市场的冷暖变化，从而对公司的经营战略做出正确的决策。

第二十三章　文化制胜

　　蒙娜丽莎是一家文化气息非常浓厚的企业，这种文化属性具体表现在三个方面：一是蒙娜丽莎具有丰富品牌文化，蒙娜丽莎与生俱来的丰富的品牌文化和内涵，使其成为一个国际化的、充满艺术气息的品牌；二是公司非常注重企业文化建设，在多年的生产经营活动中形成了以人为本、丰富多彩的企业文化体系；三是公司将文化创意产业和传统制造业紧密结合，实现了文化、创意、设计的产业化、市场化。

　　而这一切，均离不开集团董事长萧华"十年企业靠管理，百年企业靠文化"的经营战略布局。

蒙娜丽莎集团的经营理念

与中国许许多多优秀的企业一样，蒙娜丽莎的企业文化同样包括三个层次：一是精神层，包括企业使命、企业愿景、经营理念、经营目标、核心价值观、企业家精神等；二是行为层，包括经营行为、管理行为、制度行为、道德行为等；三是形象层，包括企业家形象、企业员工形象、企业外在形象、企业品牌形象、企业产品形象、企业环境风貌等。其中最核心的是蒙娜丽莎在精神层面所奉行、所坚持的价值观。

2013年4月1日，由萧华带队，董事会成员和公司38名中高层管理人员借深圳、江门外出参观学习之际，在江门召开了一次关于企业文化建设的专题会议，对集团公司酝酿已久的企业文化纲要进行了广泛深入的讨论，并最终确定了公司的经营理念、价值观、使命和愿景。

蒙娜丽莎的经营理念：追求员工物质和精神两方面幸福，为美化人类建筑与生活空间做出贡献。

蒙娜丽莎的价值观：诚信、务实、创新、高效。

蒙娜丽莎的诚信理念，主要包括以下几个方面：诚信经营，照章纳税；对员工诚信，不克扣、不拖欠员工工资，逐月按时发放，为员工按时缴纳"五险一金"；对供应商诚信，信守承诺，按期支付货款，不拖欠、不赖账；对经销商诚信，一诺千金，严格兑现；对上级、对同事、对客户，坦诚相待，不说大话，不说谎话；凡说出的话、凡承诺的事，负责到底，不轻易失信。

蒙娜丽莎的务实理念，主要包括以下几个方面：实际、实干、实在；拒绝空想和华而不实；一切问题从实际出发，不好高骛远，不夸夸其谈，慎于言而敏于行；奉行低调、内敛、务实、高效的工作作风，将一切目标、计划落实到具体的行动当中；对待工作——勤奋，对待公司——忠诚，对待自己——自信。

蒙娜丽莎的创新理念，主要包括以下几个方面：理念创新、经营创新、管理创新、技术创新、产品创新、营销创新、文化创新等。凡事不跟风模仿，不照搬抄袭，打破常规，另辟蹊径，突破现状，敢为人先，敢于挑战未来，谋求新境界的思维方式。

蒙娜丽莎的高效理念，主要包括以下几个方面：高的效率和好的效果，删繁就简，流程优化，消除和杜绝任何形式的拖沓、敷衍，崇尚简单高效，精准管理，做到质量、效益与成本同步达标。

蒙娜丽莎集团的使命：美化建筑与生活空间，为员工、客户和社会创造更大的价值。

蒙娜丽莎集团的愿景：在美化建筑和生活空间的应用领域，成为资源节约型、环境友好型的领军企业。

这些看上去有些枯燥甚至干巴巴的说教、条款，其实才是"蒙娜丽莎"企业得以健康、快速发展的真正秘诀，是企业的核心竞争力所在。蒙娜丽莎人是这样想的，也是这样做的，从来都没有把它当作一个装饰门面的、虚无的东西。

在董事长萧华和总裁萧礼标、董事旗康等人的亲自指导下，经过一段时间的梳理、总结和提炼，2016 年 8 月，蒙娜丽莎集团将企业经营理念和核心价值观汇编成册，在这本小小的、凝聚着蒙娜丽莎人梦想的《企业经营理念手册》寄语中，董事长萧华语重心长地勉励员工："任何一个立志要在蒙娜丽莎集团获得发展、愿意为蒙娜丽莎集团铸造辉煌尽一份力量的同仁，不仅要做蒙娜丽莎文化的理解者、实践者，更要做蒙娜丽莎文化的丰富者和传播者。"

培育优秀的企业文化

蒙娜丽莎的企业文化是立体的、丰满的、鲜活的。具体来讲，有团队文化、创新文化、共好文化、务实文化、诚信文化、微笑文化、服务文化、分享文化、成长文化、快乐文化、亲情文化、感恩文化、责任文化等，它们是蒙娜丽莎的文化基因，也是构成蒙娜丽莎企业文化的 DNA。

如果说企业文化的一半是"老板文化"的话，那么蒙娜丽莎的企业文化就是印证这句哲语的一个鲜活版本。

熟悉蒙娜丽莎董事长萧华的人都知道，任何时候他都保持着温良、谦和的微笑，就如同《蒙娜丽莎》的微笑一样，敦厚、典雅、友善而又内敛，二者的气质和神韵几乎完全吻合。更多的员工则直白地评价萧华为一个"好老板"，愿意跟着这样的老板在蒙娜丽莎工作一生。让我们通过几个维度和侧面，来一探萧华在企业文化建设方面的剪影和成就。

1. 团队文化

优秀的团队文化能够增强团队的凝聚力和向心力。蒙娜丽莎经过 20 多年的发展，形成了自己独具特色的团队文化，使蒙娜丽莎这个拥有 3000 多名员工的庞大组织能够和谐而又高效地运转，创造出丰富多彩的物质和精神财富。

班子带头

"火车跑得快，全靠车头带。"蒙娜丽莎集团与其他企业相比，有一个非常团结的领导班子，他们是引导蒙娜丽莎这艘大船在波涛汹涌的大海上航行的强有力的舵手。

由于特殊的原因，蒙娜丽莎集团由几位毫无血缘和亲情关系的股东共同组成董事会班子。他们有着各自的秉性和经历，但是，他们每一个人都深深地明白一个道理，那就是没有优秀的个人，只有优秀的团队。因此，董事会的几位成员都非常团结，非常信任，大家相互包容，寻求默契、互助共赢，为广大员工树立了一个团结、务实、高效、共好的榜样。作为董事长，萧华从来不搞

"一言堂"，重大问题决策总是召开董事会集体商量决定，同时在工作中以身作则，尊重各位董事。正因为如此，董事会其他几位董事也很尊重萧华，共同为公司的团队建设做出一个很好的表率。

统一着装

一个优秀的团队，总有着良好的精神面貌和外在形象。为了统一团队形象，公司多年来坚持为员工免费定制工服。管理人员西装、西裤（裤子）、白衬衣，基层员工印有蒙娜丽莎 Logo 的工作服，从周一到周五工作期间，上至董事会成员，下至员工，每人必须穿工服，并要求整洁美观，稳重大方。集团监察部不定期检查员工着装，发现员工未按标准穿工服和佩戴工卡，除处罚当事人外，还对其主管领导予以处罚。

统一的形象，彰显出蒙娜丽莎人良好的职业素养和精神面貌。一位刚穿上蒙娜丽莎工服的员工抑制不住心中的喜悦，在给《蒙娜丽莎报》的投稿中这样写道："每当穿着漂亮的工服走进公司，浑身就充满了使不完的劲！"看到他们有这样的心情，萧华很开心。作为董事长，他知道自己的一言一行都深刻地影响着周边的人，因此，萧华从来都不搞特殊，常年坚持以身作则，穿着公司统一的工服上班，为员工树立起一个榜样。

2. 学习文化

一流的品牌文化和创新能力，需要一流的专业人才。蒙娜丽莎集团是一个学习型的组织，多年来非常注重员工的培训、学习和成长。集团每年都会列入年度预算，拿出不菲的专项资金用于员工培训和学习，人力资源中心建立了完善的培训管理体系，制定出详细的《人力资源开发与培训管理制度》，配备专职的培训专员，定期组织新员工入职培训、特种作业培训、转岗培训、专题讲座、在职教育、学历教育、出国考察等一系列活动。对于这方面的支出，萧华总是很大方，始终给予最有力的支持，因为他相信，对员工的培养，是一种最好的投资。

浓厚的学习氛围，培养了一大批高素质的专业技术人才和管理队伍，为蒙娜丽莎健康、持续、稳步发展奠定了坚实的基础。

学历教育

萧华小时候因为家里穷，读书少，没有上过中学、大学，因此，多多少少有点遗憾。在蒙娜丽莎取得一些成绩，有能力帮助更多员工弥补这种遗憾的时候，萧华从来都是不遗余力。

2018年5月24日，54名参加继续教育学习的蒙娜丽莎员工，经过两年半的学习，顺利毕业，拿到了由华南理工大学继续教育学院材料工程技术专业的毕业证书。看着他们一批批上台领取鲜红的毕业证书，萧华很开心，好像自己圆了大学梦一样。

这只是蒙娜丽莎学历教育的一个缩影。学历教育是蒙娜丽莎学习文化的重要组成部分，一方面，一批没有机会进入正规高等院校学习的员工，希望能够在工作期间结合岗位实际，一边学习，一边实践，拿到国家正规院校的毕业证书和文凭；另一方面，一批优秀的大中专毕业生和技术骨干，希望能够在专业领域不断向上攀登，取得更高的文凭和专业技术职称，如本科生攻读研究生、硕士生攻读博士等。

蒙娜丽莎集团既注重岗位技能培训，也注重学历教育提升。为此，公司通过与行业相关联的高等院校合作，鼓励那些好学上进、欲取得文凭的员工积极报考，同时，鼓励中青年技术骨干取得更高一级的学历证书，相关费用全部由公司承担。几年来，公司已涌现出一大批在职硕士、博士毕业生，并带动更多的员工投入学历教育中去。

出国考察

放眼全球建陶市场，意大利、西班牙两大陶瓷强国的企业无疑是行业的执牛耳者，他们的装备、技术、工艺、设计等，无一不值得中国企业学习和借鉴。

他山之石，可以攻玉。蒙娜丽莎虽然拥有强大的创新能力，但与意大利等陶瓷强国的企业相比，还是存在不小的差距，因此，公司每年都会组织由生产、技术、研发、营销等部门人员组成的庞大考察团，借意大利博洛尼亚展之际到欧洲企业参观学习。前些年，每年的博洛尼亚展，萧华都会亲自带队出国考察，看展会、看工厂、看设备、看产品，从中学习别人先进的东西。近年来，随着年龄渐长，萧华出去的少了，但公司出去的人却多了，每年都是几十人的考察团，包括生产、技术、营销、管理等骨干，让他们走出国门，开阔视野，师夷长技。

与行业内诸多同行观展不同的是，蒙娜丽莎的参观考察团，总是利用一切机会深入世界一流企业的生产车间、研发基地和设计中心等，虚心学习，寻找差距，回来后不断消化吸收，从而提升企业的研发创新水平。

3. 微笑文化

由于独特的品牌属性，蒙娜丽莎集团始终倡导微笑文化。让每一位员工、每一位合作伙伴和消费者都能够面带微笑，快乐地工作、快乐地生活，是蒙娜丽莎企业文化建设的重要内容之一。为此，集团领导、管理人员和各部门及全国各地的经销商合作伙伴，时刻不忘营造快乐的气氛，倡导员工在蒙娜丽莎这个大家庭里开心工作、微笑服务。

那么，怎么样才能让员工面带微笑，快乐地工作呢？萧华认为，首先，每一位蒙娜丽莎人都应该发自内心地热爱自己的工作、热爱自己的岗位，把工作当作自己的责任和爱好，而不是义务，或敷衍了事，或消极应付。凭借对工作的热爱去发掘每个人内心蕴藏着的活力、热情和巨大的创造力，最终通过战胜困难和迎接挑战继而在工作中寻找到属于自己的快乐，从而让生活更加精彩。

其次，学会从工作中享受快乐。在工作中，一个人最重要的是要有责任心与敬业精神，而工作轻松不一定使人快乐。通常情况下，一个人空闲无聊的时候，往往显得烦躁、寂寞和空虚，而忙碌的人，却往往是快乐的、充实的。对一个职场人而言，每做完一件事情，心里就会感到一种极大的成就感，不但能够得到领导的认可，而且实现了自己的价值。

最后，营造快乐的团队氛围，在工作中享受与人相处的快乐，在团队中分享与人合作的快乐。通过营造融洽、团结、积极向上、充满正能量的工作氛围，在潜移默化中感染人、影响人，从而让每一位员工都能够心情舒畅而且高效率地工作，同时激发员工积极向上的进取心。

公司煤气站的一名员工，身处蒙娜丽莎的微笑文化之中，深情地写下了这样的诗篇：蒙娜丽莎/你那神秘的微笑/多少人为你倾倒/你曾照亮黑暗的世界/你曾吹响文艺复兴的号角/你穿越时空隧道/来到南海西樵/你携观音之手/创造着新型材料/你那神秘的微笑/外国人为你着迷/中国人为你骄傲/你踏着西江浪花/逐着珠江波涛/永远永远/唱着永恒的歌谣

《中国建材报》的一名资深记者，在一篇采访萧华的文章中这样写道："蒙娜丽莎集团董事长萧华，无论工作生活，还是待人接物，嘴角永远都洋溢着敦厚、真诚、热情的微笑，让每一位与他打交道的人如沐春风，毫无压力，时时刻刻感受到如同父兄般的温暖和关怀。"

能够留给别人这样的印象，萧华很开心。

除公司内部建立微笑文化外，萧华还面向社会各界和广大消费者倡导微笑服务。无论何时何地，只要您与蒙娜丽莎人打交道，迎接您的永远都是一张张如同《蒙娜丽莎》油画当中一样微笑的面孔。尤其是销售、客服等面向消费者的一线销售人员，更是将微笑服务提升到重要的程度。拜访和接待客户的过程当中，通过整齐的仪表、温和的语调、得体的举止、热情的微笑，给客户留下美好的印象，增强客户内心深处对蒙娜丽莎人的好感。

微笑，不但拉近了双方的距离，使客户产生信任感，甚至可以化解和稳定双方焦虑、急躁的情绪。通过微笑式服务，一方面赢得了客户的尊重与认可，增强了对蒙娜丽莎品牌的美誉度；另一方面，建立起人与人之间真诚、热情、主动的人际关系和情绪氛围，在提高工作效率的同时，使每一位消费者在购买蒙娜丽莎的产品过程中都能够保持愉悦的心情。每年8月举办的"微笑节"，公司都会面向一线门店的导购、销售人员展开"微笑天使"评选活动，一张张灿烂的面孔，成为蒙娜丽莎微笑文化生动而又鲜活的诠释。

4. 感恩文化

在中国传统文化当中，感恩文化备受社会各界的推崇，《诗经》有"投桃

报李"之说，文人有"谁言寸草心，报得三春晖"之句，百姓也有"滴水之恩，涌泉相报"之语。

萧华认为，感恩文化应该是建立在内心深处的一种文化自觉和行动自觉，无论企业还是个人，感恩意味着平等与尊重、服务与回报、付出与牺牲，是一种植根于平常工作与生活的精神，是透过行动和机制的情怀实践和价值实现。而企业所倡导的感恩文化，则是企业在生产经营活动中，通过长期实践所积累下来的组织与社会、组织与个人、组织内部人与人之间的感恩之情、感恩之行的总和。

小时候，由于家庭贫困，萧华早早就扛起了家庭的重担，以减轻父母的压力。特殊的成长经历和环境，使他成为一个心地善良的人。心地善良的人，总是对身边的亲人、朋友、同事满怀感恩之心。对他人心存感恩，是对他人友好的一种表现，既可以净化人的心灵，也可以开阔人的胸怀。无论是个人或企业，怀着感恩的心情对待他人、社会和自然，必然得到应有的回报。虽然感恩者不求回报，但事物总是相互的，"赠人玫瑰，手有余香"。感恩者不仅会使自己的心灵感到愉悦、踏实，而且终将会得到他人和社会对他的感激，使自己获得应有的回报。

蒙娜丽莎的感恩文化，主要体现在三个方面：一是企业股东、管理人员、员工之间的相互感恩；二是企业组织和员工个人之间的相互感恩；三是企业组织和员工个人对社会的感恩。具体来讲，包括以下几个方面。

感恩员工——是员工成就了蒙娜丽莎；感恩领导——是上级领导给了自己一个施展才华的平台；感恩社会——是时代和社会各界成就了蒙娜丽莎的今天。同时，蒙娜丽莎还倡导感恩广大客户、竞争对手甚至伤害过蒙娜丽莎的人。

感恩客户——客户是公司的衣食父母；感恩对手——是竞争对手让公司得以更快地成长；感恩伤害过你的人——因为他磨炼了你的心志；感恩欺骗过你的人——因为他增进了你的见识；感恩鞭打过你的人——因为他消除了你的业障；感恩遗弃过你的人——因为他教会了你自立；感恩绊倒过你的人——因为

他强化了你的能力；感恩斥责过你的人——因为他增长了你的智慧。

无论做人还是做事，时时刻刻都应心怀感恩，心存善念，与人为善。多感谢、多鼓励、多赞美；少指责、少埋怨、少批评。这既是蒙娜丽莎的文化特色，也是萧华个人的人生信条和性格本色。

5. 责任文化

在佛山数以百计的陶瓷企业当中，从生产线、员工数量、销售额等方面来看，蒙娜丽莎的规模并不大，但蒙娜丽莎无疑是一家非常具有社会责任感的企业，这一点，从蒙娜丽莎依法纳税、捐资扶贫、环保整治、对待员工和合作伙伴等一件件具体的事件当中体现得淋漓尽致。

对社会负责

2013 年 4 月 27 日，是蒙娜丽莎瓷砖四川西昌店开业庆典的日子。早在 3 月他们就已经确认了此次开业活动的方案，但不久前发生的雅安大地震让蒙娜丽莎团队沉浸在悲痛之中，大家果断调整方案，活动当日取消一切娱乐节目，并号召员工向灾区募捐，同时宣布开业一个星期内的每一笔签单，都以客户的名义再捐 100 元，帮助灾区人民重建家园。

其实，早在 2008 年汶川大地震期间，蒙娜丽莎就已投身抗震事业。在灾情发生后迅速举办抗震救灾募捐活动，萧华第一时间做出决定，向灾区捐款 100 万元。同时，号召广大党员干部和员工向灾区伸出援助之手。广大员工热烈响应，踊跃捐款，奉献爱心。大灾面前，蒙娜丽莎人积极参与抗震救灾，为灾区人民献爱心、送祝福的举措，赢得了广大顾客的赞许和喝彩。

多年来，无论是社会公益活动，如帮扶社会孤寡、救助贫困人群、捐资助学，还是在环保、援疆事业上，萧华都会鼓励公司上下积极参与，大力支持，引导大家从内心自发参与公益和慈善活动。通过鼓励员工、经销商、代理商从事各种各样的公益慈善事业，不但培养了他们的爱心，还让其养成了乐于奉献的美德。

据统计，蒙娜丽莎集团这些年先后投入 5000 多万元用于抗震救灾、扶贫济困等公益事业。集团党总支多年精准结对凉山州进行捐资助学，充分发挥党员的先锋模范作用，萧华个人也先后赞助了数十名凉山区的贫困学生。在他的带领下，公司几位董事会成员和高管也纷纷赞助贫困山区的学生，以自己的实际行动回报社会。

对员工负责

很多员工以在蒙娜丽莎工作而感到自豪与骄傲。

在这里，不仅仅是一份工作，一份薪水，更多感受到的是家庭般的温暖与关怀。"三八"节来了，公司工会、妇委会特意为每一位女员工送上一份节日的祝福；忙碌中忘了自己的生日，集团人力资源中心会带来生日的祝福并送上一份精美的礼品；中秋节的一份月饼、开工时的一份利是……喜欢热闹的，可以在员工KTV尽情高歌；喜欢安静的，可以在员工图书馆博览群书。在这里，处处洋溢着以人为本的浓厚氛围。

迎春酒会上，几位退休工人深情告白的一段视频湿润了诸多人的眼眶：当一名退休员工对着摄像机的镜头讲述自己对蒙娜丽莎感激之情的时候、当一名退休员工依依不舍地摘下胸牌端端正正地放回到工作台上的时候、当一名退休员工与相处十余载的同事紧紧拥抱在一起挥泪说再见的时刻、当一名操劳多年的部门负责人对年轻的接班人流露出欣慰的嘉许的时候、当一名退休员工依依不舍地转身挥别留下一群年轻的同事瞩目远送的时候……那一刻，泪水充满了每一个人的眼眶。

每当这样的时刻，萧华都会请那些即将离开蒙娜丽莎的员工站在舞台的中央，与他们一一握手、合影，为他们献上鲜花、颁发荣誉证书，感谢他们对蒙娜丽莎的付出。

蒙娜丽莎是一家拥有20多年发展历程的老企业，有许许多多的员工在蒙娜丽莎的工龄，跟蒙娜丽莎的建厂历史一样长。他们在蒙娜丽莎付出了自己的青春年华，用心血和汗水见证了蒙娜丽莎一步一步的成长壮大。在企业发展的过程中，不可避免地会出现一批跟不上企业发展步伐的老员工。是无情地辞退，以减轻企业的负担；还是帮助他们克服困难，共同成长，共享企业发展的果实？萧华和几位董事会领导毫不犹豫地选择了后者。

对待老员工的态度，如同一面镜子，既与那些在不同企业接近退休年龄的老员工形成鲜明的对比，也让年青一代的蒙娜丽莎新员工看到自己的未来。正如一位退休老员工所言："如果自己能够再年轻20岁，我依然会选择在蒙娜丽莎工作！"

对企业负责

蒙娜丽莎的社会责任，更多地体现在董事长萧华的一言一行中。年过花甲的他常常说："做企业这么多年，我现在已经不是在为我自己付出了。如果单纯是为了自己，我完全可以退休，甚至卖掉这家企业，然后陪老伴去西樵山喝茶、去周游世界，无忧无虑地享受生活，没有必要整天劳碌奔波。但我不能这样！因为我之所以能有今天的这一点点成绩，除了自己的努力和机遇之外，还有社会给我的厚爱、还有广大的客户、员工给我的支持和帮助！所以，我必须努力把公司做好，来回报他们。这是一种责任和义务，也是我现在最真实的心态。"

为员工负责、为企业负责、为社会负责。正是这种强烈的责任意识，促使年逾七旬的萧华和他领导的团队不敢有丝毫的松懈，不断地攀跃一个又一个高峰。

建成蒙娜丽莎文化艺术馆

蒙娜丽莎是以世界名画《蒙娜丽莎》作为公司名称和品牌名称的一家陶瓷企业。虽然企业成功注册到"蒙娜丽莎"这一独具特色的商标，但品牌文化还是不够丰富，更多意义上是拿来主义，没有形成自己的文化体系。

虽然拥有一个无与伦比的国际化品牌名称，但这个名字的后面应该是什么？蒙娜丽莎人也曾一度迷惘。

2007年夏季的一天，董事长萧华参加由佛山市禅城区商会组织企业家前往阳江的一次商务考察活动，在著名的阳江十八子刀具生产基地，萧华被十八子所呈现出来的刀具文化深深地震撼了，他感觉企业对中国传统刀具文化挖掘与整理得非常好，通过刀具文化的展示，让人不由地对阳江十八子的品牌、产品产生钦佩之情。

羡慕之余，萧华认为陶瓷产品比刀具更具产业文化内涵，而且历史也更久远，蒙娜丽莎这个品牌更有着十八子无法比拟的文化资源和积累，重要的是怎么样挖掘、提炼出属于自己的品牌文化，并能够鲜活地展现出来。

早在2000年品牌注册成功之初，蒙娜丽莎就开始点点滴滴地收集、整理一些关于《蒙娜丽莎》的相关资料。受此启发，考察回来的路上，一个建立蒙娜丽莎文化艺术馆的初步想法在萧华心中渐渐形成。回到公司，他立即在董事会上提出了自己的想法，没想到几位股东都非常赞同。大家一致认为，为了更好地实施文化战略，展示蒙娜丽莎的品牌文化，企业需要筹建一座"蒙娜丽莎文化艺术馆"。

蒙娜丽莎文化艺术馆应该收藏、记录、展示与《蒙娜丽莎》一切相关联的藏品。然而，作为一家民营企业，虽然成功注册了"蒙娜丽莎"商标，但要建起这样一座主题文化馆，却谈何容易？

一个偶然的机会，企划部通过一个有业务往来的广告公司，得知有人在澳门举办了一场小型的、以蒙娜丽莎为主题的展览会，展出了许多与《蒙娜丽莎》相关的珍贵藏品。得到这个消息，萧华如获至宝，经过多方打听，时任企划部总监万杏波终于在天津找到了藏品的主人——后来的蒙娜丽莎文化艺术馆馆长崔家捷。

万杏波等人马上登门拜访，希望双方能够合作，在蒙娜丽莎公司创办一个主题博物馆。但崔家捷有点犹豫，不愿意将他的藏品展示在一家民营企业，更不愿意为企业所利用。几经周折，萧华只好亲自上门说服。最终，崔家捷被萧华的想法和诚意所打动，同意携带1000多件珍贵的藏品南下加盟蒙娜丽莎企业。

经崔家捷牵线搭桥，萧华又结识了天津知名画家陈捷老师。当时，蒙娜丽莎文化艺术馆正处于紧张的筹建当中，为了增强艺术馆的专业性，突出其美学功能与效果，萧华邀请陈捷一并南下，对蒙娜丽莎文化艺术馆进行布局规划与设计，并在艺术馆内创作了全球最大的布面色粉画《最后的晚餐》，为蒙娜丽莎艺术馆增添了一道独特的风景。

2009年6月3日，蒙娜丽莎文化艺术馆建成开馆，首期展出面积达1200平方米，馆内搜集展出了来自全球近百个国家、历史跨度近500年的200余件珍贵藏品，全部藏品都与《蒙娜丽莎》及其作者达·芬奇有关。艺术馆由蒙娜丽莎走廊、蒙娜丽莎大厅、军事天地、现实主义、探索通道、梦想未来、美第奇咖啡馆、列奥纳多沙龙及雅典学院等几部分组成。在文化艺术馆的显著位置展示了8幅不同版本的蒙娜丽莎画像。此外，文化艺术馆创造性地运用560幅达·芬奇素描稿制作的32米长巨幅陶瓷艺术台面，堪称该艺术馆的"镇馆之宝"。

据官方媒体报道，这是我国目前唯一一家蒙娜丽莎主题文化艺术馆，同时也是全球最大的、蒙娜丽莎文化界首家全面引入陶瓷薄板艺术作品的艺术馆，代表国际陶瓷技术领先水平的建筑陶瓷薄板被广泛应用于其间，构造出一座华丽新颖的艺术殿堂。

2009年11月，经中国世界民族文化交流促进会实地考察、评估，正式授予该馆为"中国蒙娜丽莎文化艺术馆"。从此之后，蒙娜丽莎文化艺术馆成为每一位前来蒙娜丽莎参观考察嘉宾的首选地，他们徜徉在艺术的海洋里，感受着蒙娜丽莎迷人的文化魅力。

蒙娜丽莎文化艺术馆的建成，不仅为弘扬世界先进文化与艺术做出了巨大贡献，也极大地丰富了蒙娜丽莎公司及蒙娜丽莎品牌深厚的文化底蕴与内涵，而且成为集旅游、教育、科学、艺术、文化、购物于一体的文化产业基地。如今，每天络绎不绝的客人到访蒙娜丽莎集团，印象最深的总是蒙娜丽莎文化艺术馆，通过这个窗口与平台，蒙娜丽莎品牌在行业内外的地位迅速攀升，继而成为国际化的品牌，代表中国制造昂首挺胸地走向世界。

蒙娜丽莎文艺复兴馆

陶瓷是一个古老的产业，也是一个与文化联系最为紧密的产业。在中国数千家陶瓷企业当中，毫无疑问，蒙娜丽莎是一家文化氛围非常浓厚的企业。许多企业的展厅、营销中心、专卖店等都追求奢华、高端、大气，而蒙娜丽莎却追求文化、艺术、品位和内涵。

迄今为止，蒙娜丽莎集团总部营销中心——蒙娜丽莎文艺复兴馆的规模都不是很大，且地处西樵，距佛山陶瓷中心石湾、南庄有一段距离，但是，蒙娜丽莎文艺复兴馆却以其独特的魅力每天吸引着众多的国内外客商、游人前来参观考察。

"在其他地方，虽然展厅密布，且规模宏大，但看十家跟看一家没多大区别，而在蒙娜丽莎文艺复兴馆，却能看到不一样的东西。"一位慕名而来的客户在参观完蒙娜丽莎文艺复兴馆之后握着萧华的手一语道出了其迷人的秘密。

"山不在高，有仙则名；水不在深，有龙则灵。"蒙娜丽莎文艺复兴馆之所以像磁石一样吸引着众多客户，就是因为其有着独特的文化艺术魅力。

仅仅是营销中心的命名，就彰显出蒙娜丽莎深厚的历史文化底蕴。多年来，行业内品牌总部展厅大多数统称为"某某营销中心"，或"某某馆"，但蒙娜丽莎结合其独特的品牌文化命名为"蒙娜丽莎文艺复兴馆"。希望如同500年前发源于欧洲的那场思想解放运动一样，以蒙娜丽莎为品牌，整合建筑陶瓷、空间美学、设计应用、文化艺术、人文科学等元素，开启现代建筑装饰之美。

漫步在蒙娜丽莎文艺复兴馆，除传统企业大展厅常见的琳琅满目的领先产品和空间展示外，更多感受到的是浓浓的艺术气息和久远的欧洲文化。一进大门，一幅巨大的"蒙娜丽莎"画像，立刻让你有进入世界级历史博物馆的感觉，陶瓷薄板的材质、油画般逼真的效果、合理的空间搭配，宛若来到了一座艺术的殿堂。转过身来，是一道长长的欧式大教堂般的艺术长廊，圆形的穹顶、高大的罗马柱、洁白的大理石雕像、间或挂着一幅幅世界名画……此时此刻，仿佛置身于中世纪的欧洲，在艺术的海洋里漫步徜徉，而空气中的每一个分子似乎都充满了别样的气息。所谓艺术熏陶，莫过于此。

由于是由年代悠远的旧楼改造，因此，蒙娜丽莎文艺复兴馆在结构、布局上并不宏大，但处处匠心独具，精心布置。一幅文艺复兴时期"三巨头"的简介、一幅佛罗伦萨城市全貌的临摹、一幅列奥纳多·达·芬奇的自画像、一幅色彩鲜艳的陶瓷拼画背景墙……细腻逼真的画像、大气厚重的画框、精雕细琢的品质，令每一位嘉宾连声称赞，而当发现这一件件作品都是利用蒙娜丽莎的陶瓷薄板制作的时候，他们禁不住发出惊叫："没想到陶瓷可以做到这么美！"

是的，蒙娜丽莎文艺复兴馆就是这么美！这里除了产品、除了空间，还有美学、艺术、人文和历史。而当以此为蓝本的一个个蒙娜丽莎文艺复兴馆在全国大大小小的终端市场落成时，立刻便以其独特的品牌文化和品牌形象俘获了消费者的心智，蒙娜丽莎的每一片瓷砖不但匠心独具，而且蕴含着高雅的文化艺术气息，因此，在蒙娜丽莎文艺复兴馆销售的每一片瓷砖，其品牌溢价当中，很大一部分是文化、艺术带来的，由此实现了传统产业与文化产业的完美融合。

2019 年 2 月，全新升级的蒙娜丽莎文艺复兴馆再次开馆，它以更年轻、更时尚、更国际化的流行色彩与大规格原石大板系列为主，引领中国建陶业现代、简约与轻奢之风，受到国内外同行的高度关注。

蒙娜丽莎瓷艺馆

如果说蒙娜丽莎文艺复兴馆和蒙娜丽莎文化艺术馆是蒙娜丽莎品牌文化具体体现的话，那么蒙娜丽莎瓷艺馆则是蒙娜丽莎集团将传统产业与文化产业相结合的一个最佳案例，是产业价值创新、转型升级、文化领航的生动表现。

蒙娜丽莎瓷艺馆是蒙娜丽莎集团旗下子公司广东蒙娜丽莎创意设计有限公司单独运作的一个事业部，它将公司独有的陶瓷薄板与绘画、书法、摄影、诗词等艺术作品结合起来，利用现代喷墨、彩雕、微雕、切割、拼图、高温烧制等工艺，制作出精美绝伦的个性化高端艺术装修产品，为集团文化产业拓展出一片全新的市场。

走进位于蒙娜丽莎绿创园内的瓷艺馆，就如同来到了一个艺术的海洋：为成都地铁定制的一幅幅大型瓷艺画精美绝伦，创意独特，成为成都地铁一道道流动的风景线，增加了城市的文化底蕴；达·芬奇、梵高、米开朗基罗、拉斐尔等一个个世界级巨匠的作品近在咫尺，触手可及，与大师零距离交流；一幅幅中世纪的油画，穿越时空，栩栩如生地展现在眼前，让你不由得对文艺复兴时期灿烂的文化发出由衷的赞叹。

瓷艺馆内的瓷艺画，根据不同的空间装修和用途大体上可以分为三类：挂画、背景墙和户外壁画。挂画主要以油画、书法和摄影作品为主，选择一幅自己喜爱的作品，利用喷墨打印等高科技的装饰手段，以逼真的效果、细腻的质感、艳丽的色彩将其栩栩如生地复制在陶瓷薄板上，再配以精美、大气的画框，无论是悬挂在宴会厅、会议室、办公室还是家居空间，都会成为空间的焦点，为空间增添浓厚的艺术气息。

背景墙是蒙娜丽莎创意设计公司利用高科技陶瓷薄板，顺应现代装饰潮流而开发的一类新产品，主要有沙发背景墙、电视背景墙、餐厅背景墙、卧室背景墙等。陶瓷薄板背景墙通常采用喷墨打印、水刀切割、拼花、微雕、彩雕等现代装饰工艺，既可展现平面图案，也可制作3D拼花，是家居装修当中最具艺术品位和文化内涵的主题墙。

蒙娜丽莎创意设计公司既可以为消费者私人定制个性化的产品，也可以由消费者提供自己喜爱的作品，参与到设计创作中来，实现消费者与厂家的互动融合。目前，创意设计公司的背景墙已通过"蒙娜丽莎"瓷砖和QD瓷砖销售渠道面向终端消费者，受到市场的广泛好评。

户外瓷艺画可以说是创意设计公司独有的大型装饰画产品，它结合陶瓷薄板"薄、大、轻、韧"的特点，利用原创设计和高温烧制技术，赋予大型户外建筑独特的文化艺术魅力。几年来，由集团艺术总监陈捷等亲手绘制的大型瓷艺画，已先后完成内蒙古鄂尔多斯乌兰木伦河《昭君出塞》《草原英雄小姐妹》、安源工人纪念馆《毛主席去安源》、景德镇机场外立面、万科、亚运会、深圳地铁、武汉地铁、成都地铁、西安地铁、江门新会区隧道等诸多大型工程。陶瓷薄板与文化艺术相结合，以其独特的产品优势进入诸多户外大型建筑的装修领域。

　　事实上，无论挂画、背景墙还是户外瓷艺画，佛山陶瓷行业涉足该领域者众多。但蒙娜丽莎瓷艺产品有着显著的特点与个性，一是集团公司拥有深厚的品牌内涵和文化底蕴，拥有一批专业的创作、设计团队，因此，使蒙娜丽莎的瓷艺画更具艺术品位；二是蒙娜丽莎陶瓷薄板规格大、质量轻、拼缝少，大型瓷艺画拼装出来，整体效果非常好，不细细看，根本察觉不到板与板之间的拼缝，没有传统瓷砖的溜边，也没有传统瓷砖拼在一起形成的"九宫格"缝隙；三是陶瓷薄板厚度只有3.5毫米、5.5毫米，不到传统瓷砖的1/3，制作挂画轻盈、便捷；四是公司非常注重原创设计，集团专门邀请国内知名画家陈捷担任艺术总监，领衔创作团队，进行原始创作，因此，每一件由蒙娜丽莎创作的瓷艺画，都是真正的艺术品，而非工业化大生产的工业品。此外，公司非常重视知识产权，先后签约国内大批知名艺术家，实现了艺术创作、材料创新、空间装修的完美结合。

　　同时，蒙娜丽莎瓷艺馆还积极与相关高等院校开展产学研合作，先后成立了景德镇陶瓷学院蒙娜丽莎创意工作站、岭南书画院文化产业研发基地、佛山科学技术学院产学研研发基地等，利用社会力量，提升蒙娜丽莎瓷艺画的艺术价值和市场影响力。

　　如果说一批批尊贵的客人在蒙娜丽莎文艺复兴馆和蒙娜丽莎文化艺术馆留下最多的是一片啧啧的赞叹声，那么在蒙娜丽莎瓷艺馆，客人最希望的却是能够拥有一幅自己喜爱的瓷艺画，那种一见倾心、爱不释手、如醉如痴的迷恋，只有到过蒙娜丽莎瓷艺馆的客人，才会有切身的体验。

第二十四章　匠心传承

　　萧华的人生经历，有着鲜明的时代特征。作为改革开放后珠三角第一代本土化的创业者，他放过牛、打过铁、做过学徒、揽过工程，经历了艰苦而又贫穷的童年。步入社会后，从一家小小的村办企业开始，一步一步成长为一家上市企业的董事长。

　　萧华常常感恩他们这一代人遇上了改革开放的好时代，但是，潮起潮落，为什么蒙娜丽莎能够脱颖而出，这与他品质为本、不断精进的制造理念和敢为人先的创新意识密不可分。正是一颗大匠之心，让他在中国建陶业熠熠生辉。

十年一剑，成功上市

2017 年 10 月的最后一个下午，北京。

深秋的天空碧蓝如洗，令人陶醉，金黄的落叶一片片从枝头飘落，映衬得街头的鲜花更加鲜艳无比。

就在当天下午，证监会第十届发行审核委员会发布 2017 年第 22 次发审委审核公告：蒙娜丽莎集团股份有限公司 IPO 申请获得通过，即将成为广东陶瓷行业第一家在深交所（A 股）上市的企业。

走出答辩会场的那一刻，萧华和霍荣铨、邓啟棠、张旗康、陈峰几位董事紧紧地拥抱在一起，激动的心情难以言表。证监会的公告在其官网刚一公布，消息就在行业内疯传，到处是祝贺之声。但是，鲜有人知道蒙娜丽莎的上市团队，为了这一刻的到来付出了怎样的努力和汗水。

在数以千计的中国建陶企业中，怀揣上市梦的企业有数十家。许多企业的规模比蒙娜丽莎大、启动上市的步伐比蒙娜丽莎早，但是，最终成功登陆（A 股）市场的蒙娜丽莎，却是广东陶瓷行业第一家。

与斩获无数极具含金量的荣誉一样，蒙娜丽莎集团能够在广东陶瓷企业中率先叩开资本市场的大门，这其中，自然有多方面的因素。但是，萧华和董事会班子"咬定青山不放松"的坚持，无疑起到了关键性的作用。正如集团董事张旗康的微信签名"心不唤物，物不至"表述的那样，没有这份坚持，蒙娜丽莎不可能拥有这一刻的辉煌成就。

回顾蒙娜丽莎集团的上市之路，同样是一波三折。

2006 年底，蒙娜丽莎集团率先研制成功大规格陶瓷薄板，从而掀开了中国建陶业的薄型化发展之路。从 2007 年第一条陶瓷薄板生产线建成之日起，萧华和几位股东就萌生了上市的念头。当时，甚至有媒体曝出了蒙娜丽莎拟定好的股票名称——"薄板科技"。然而，由于陶瓷薄板市场推广进程缓慢，蒙娜丽莎的上市之路也不得不一再推迟。

2009 年，公司正式引进券商机构、会计师事务所、律师事务所，对内部各项管理进行规范，并取得了地方政府、税务部门的支持。第一批中介机构入驻后，经过一年多的辅导，未能取得实质性进展，黯然退出。其间，中介机构换了两批，但最终公司还是坚持上市的目标不动摇，并稳步推进。

2016 年初，公司首次披露上市招股书，但由于这一时期 IPO 审批缓慢，蒙娜丽莎只能慢慢排队；2017 年 6 月，公司再次披露上市招股书，披露了三年来的经营业绩，尤其是上市前连续两年拿到佛山市环保绿牌，为蒙娜丽莎加分不少；2017 年 10 月 31 日，蒙娜丽莎终于通过了证监会发审委 IPO 申请。消息传来的那一刻，全行业都为之兴奋，很多朋友第一时间给萧华打来电话、发来短信，送上满满的祝福。

2017 年 12 月 19 日，一个永远值得纪念的日子，蒙娜丽莎集团在深圳证券交易中心正式挂牌上市（股票代码：002918）。来自中国建筑卫生陶瓷协会、中国陶瓷工业协会、广东陶瓷协会、广东省建材协会、佛山市工商联和南海区人民政府、蒙娜丽莎集团董监高、重点客户、战略合作伙伴、供应商代表、新闻媒体等 300 余人齐聚一堂，围着火红的围巾，共同见证这一庄严而又激动人心的时刻。

在上市仪式的致辞中，面对 300 多名参会嘉宾和合作伙伴，萧华说："很多年前，我就有一个梦想，希望能把蒙娜丽莎打造成一个一线品牌，一个国际化的品牌；否则，我们就对不起蒙娜丽莎这个称号。今天，蒙娜丽莎在深圳证券交易所正式挂牌上市了，但成功上市绝不是蒙娜丽莎发展的终点，而是一个全新的起点!"

十年一剑,终成大器。当深圳证券交易所金色大厅的大钟被萧华和他的同事们一起敲响的那一刻,一个属于蒙娜丽莎的新时代终于拉开了序幕。

与人为善,心怀大爱

萧华出身贫穷,15岁就不得不辍学,边务农边打工以补贴家用。由于过早担负起家庭的重担,经历了生活的艰辛和磨难,萧华形成了与人为善、任劳任怨、坚韧不拔、心怀大爱的性格和品德。在村办企业工作的时候,别人不愿意干的苦活、累活,他总是毫无怨言地抢在前面,别人嫌跑供销风里来雨里去辛苦忙碌,又是他挑战自己的性格接过手来大胆尝试。在接手樵东陶瓷厂后,由于特殊的原因,几位毫无亲缘关系的合作伙伴组成了新的董事会,作为董事长的萧华,很注意自己的言行,总是处处率先垂范,做好表率作用,本着一颗宽容之心、仁爱之心,包容、接纳不同性格的合作伙伴,与他们友好相处,并最终赢得了同事们的尊重和认可。

对于管理人员、普通员工乃至经销商、供应商等合作伙伴,萧华始终从内心深处尊重并认可他们,团结他们并与他们友好相处。对于公司引进和培养的各类人才,萧华同样非常尊重,敢于打破常规,破格提拔和重用,给他们充分发挥才干的舞台;对于同事、下属提出的意见、建议,他能够静下心来,认真听取,尤其是批评的意见,总是虚心接受;对于公司重大的战略决策,他发扬民主,绝不搞"一言堂",避免独断专行。

人品是一个人真正的最高学历,这句话在萧华身上得到了最好的印证。在中国建陶行业乃至珠三角众多企业家当中,萧华的"高小"学历显得有些不协调,但他领导下的蒙娜丽莎集团却是一家行业标杆型企业,得到同行的频频瞩目。除担任集团董事长外,他还担任中国建筑卫生陶瓷协会副会长、中国陶瓷工业协会副理事长、佛山市工商联副主席等一系列社会职务。正是由于他心地善良,心怀大爱,品德高尚,热爱行业,因此,无论是集团内部,还是行业内外,萧华都赢得了极高的声誉,得到同行的尊敬和社会各界的广泛好评。

乐于分享，大公无私

萧华是一个有什么好东西都愿意与身边的同事分享的人。早在农村务工时，虽然生活清贫，常常吃不饱饭，但如果摸到几条鱼、摘得几个野果，他都愿意分给小伙伴们一些。在五金厂当厂长时，许多业务是他跑回来的，他本可以拿更多的提成，但他坚持与其他同事拿一样的工资和奖金。村里的年轻人看到在五金厂做工能够赚钱，便找到萧华，萧华找机会招他们进厂，为他们安排工作，让他们学一项技术，有一份稳定的收入。

1998 年，萧华得到一个机会，经过公开拍卖，入主樵东陶瓷厂。当时的股东张旗康一下子拿不出入股的全部资金，萧华便借钱给他，让他慢慢从股本分红中还。作为股份比例最高的出资人，萧华从不与其他股东、员工和合作伙伴争利，时时刻刻想着他们的利益。2013 年，集团举行企业经营理念研讨会，大家提出将"追求员工物质和精神两方面幸福，为美化人类建筑与生活空间做出贡献"作为企业的经营理念时，萧华当场就同意了。

后来，许多人看到蒙娜丽莎的经营理念时不止一次地问他："为什么没有写入股东利益啊？"萧华笑着说："蒙娜丽莎做到今天，早已不是我们几个股东的企业了，而是全体蒙娜丽莎人，包括经销商、供应商、合作伙伴的企业。只有把员工和合作伙伴的利益放在首位，让他们得到实惠、逐步提高他们的收益，才能让他们安心、踏实地在蒙娜丽莎工作，也只有不断提高员工的收入，才能够吸引并留住人才，促进企业更好地发展。"

多年来，萧华始终坚持员工与股东共享成果的分享机制，每年都会根据上一年度的赢利情况，按一定比例以年终奖的形式分发给员工。

匠心独具，敢于挑战

作为一名成功的企业家，萧华身上有着一种果敢坚毅、敢冒风险的企业家精神，而这种可贵的精神，恰恰是促成萧华事业成功的强大基因。

萧华常常告诉身边的同事，做任何事情，不怕慢，就怕没有目标，不能坚持。人一旦有了目标，并朝着这个目标不断地前进，终有一天，会取得丰硕的成果。

早在生产队务工时，萧华和伙伴们有一次在澜石水运公司揽得了运沙的副业，但苦于没有货船，眼看生意没法做了。天生胆大，敢冒风险的萧华提出了"用沙钱抵扣船钱"的想法，并得到了领导的同意，就这样，他们拥有了自己的第一艘运输船；1970年，萧华加入了澜石黎涌五金厂，从打铁、锻造到机件加工，每一件产品都追求卓越品质，凭着精益求精、匠心独具的精神赢得市场的认可，使五金厂迅速发展壮大。

2006年，萧华决定进军陶瓷薄板的研发和生产领域，这无疑是他人生事业当中最大的一次挑战。因为在此之前，已有几家一线品牌企业和研究机构尝试陶瓷薄板的研发，但最终都没有成功，巨大的市场风险，使他们望而却步。

做，还是不做？萧华只是经过短暂的思考便有了答案。凭着对国内外陶瓷行业未来发展趋势的把握和对时任集团技术总顾问陈帆教授的信任，萧华当即拍板投入陶瓷薄板的研发中来。事实证明，这是一条充满坎坷和艰辛的探索之路，一不小心就会成为行业的"先烈"。

为此，蒙娜丽莎付出了巨大的代价，萧华个人也承受着很大的压力，但经过蒙娜丽莎人的不懈努力，最终实现了陶瓷薄板的产业化。蒙娜丽莎也因此获得了诸多荣誉，成为一家低碳、绿色、环保的陶瓷生产企业。

果敢坚毅、敢冒风险是一个企业家必备的优秀素质，这些素质，在萧华的身上可以说是体现得淋漓尽致，无论是企业战略的规划与实施，还是企业规模的扩张与把控，无论是新产品的开发与推广，还是产品结构的调整与更新，每一步关键时刻，萧华都能够表现出超乎常人魄力和勇气，从而领导蒙娜丽莎企业不断地阔步向前。

善于学习，拥抱变化

虽然小时候没有机会读更多的书，但萧华却是一个爱思考、喜钻研，永不满足的人，尤其是在实践中的动手能力特别强，这些特质，在萧华年轻时务农、打工的过程中就表现得特别明显。无论做什么工作，他都喜欢动脑筋，想办法，并很快成为这个岗位的熟练工。

1983 年，石湾利华陶瓷厂从意大利引进国内第一条全自动化辊道窑生产线。随后，佛陶集团的耐酸陶瓷厂开始仿制这条当时国内最先进的窑炉，萧华很荣幸接触并参与耐酸厂这条窑炉的项目建设、施工，并从中学到了很多东西。

萧华有一个特点，一件事情，要么不做，要做就会专心致志，认真钻研，尽自己能力将其做到最好，而且不肯轻易退缩和放弃。正是由于这种刻苦钻研的精神和执着，没过多久，他就熟练掌握了辊道窑的关键技术和一系列参数。在他做窑炉设备的过程过程中，黎涌五金机械厂生产的窑炉及生产线迅速以质量过硬、运行稳定、成本低廉而受到市场的追捧。后来，每当蒙娜丽莎集团的生产窑炉出现问题，生产管理人员束手无策找到萧华时，他都能够轻松解决。这与他在多年的实践工作中积累的丰富经验有着密切的关系。

进入 21 世纪，随着互联网信息的普及，公司引入了 OA 系统，诸多专业的管理软件对萧华来说是一种极大的挑战。那双抢过铁锤、握过焊枪、砌过窑墙的双手，如今要操作一只轻轻的鼠标是那么的不适应，但他硬是强迫自己学会了使用电脑，跟上了时代的步伐。每天上班时间，没有业务需要处理的时候，他都会打开电脑，通过公司内部网站查看公司的各种报表和相关动态。

由于自己学历不高，萧华特别重视和尊重高学历的人才，对他们的学习、深造都给予大力支持。几年来，公司先后培养了一大批高学历的人才，集团副总裁刘一军就是公司培养的第一位工科博士。萧华自己也克服重重困难，于 1999 年 7 月，完成了在广东商学院陶瓷专业的学习，并顺利拿到了大学毕业证书。一大批年轻的技术骨干在公司的支持下，纷纷攻读在职硕士、博士等继续教育，蒙娜丽莎集团由此成为行业内拥有高学历、高职称人才最多的企业之一。

蒙娜丽莎在行业内拥有诸多"第一"，这种"第一"，自然离不开萧华董事长和公司董事会成员的正确眼光和英明决策，而这种眼光与决策的背后，正是凝聚着大家超强的学习能力和永不满足的事业追求。

含蓄内敛，低调务实

在中国的企业家群体当中，顺德企业家以低调、务实而被外界誉为"可怕的顺德人"。萧华出生于与顺德一江之隔的禅城区澜石黎涌，多多少少浸染了顺德人那种含蓄内敛、低调务实的做事风格和创新精神。

作为蒙娜丽莎的董事长，无论做什么事情，萧华都喜欢通过实实在在的成绩和效益来证明自己的价值，而不是靠职务和权力来显示自我。无论是企业内部开会还是公司外部讲话，萧华都只讲具体的问题、成绩、措施和办法，没有什么夸夸其谈，更不会像那些口才很好的企业家一样高谈阔论。许多事情，他都是坚持做了再说，或者做了也不说，对于没影子的事、不靠谱的事，他从来不讲，而讲出去的话，就一定要承诺到底。

近年来，蒙娜丽莎集团声名鹊起，经常有中央及省市级媒体提出采访萧华的要求，对于上报纸、上电视等这样的采访，他都是推给集团董事张旗康代劳。实在推不掉的媒体采访，他也总是以相对平实、简单的语言回复对方，不喜欢在媒体上高调宣传自己，而对于同行取得的点滴成绩，他都会报以真诚的祝福和肯定。

在萧华的坚持和带领下，蒙娜丽莎集团从上到下也形成了低调务实的管理风格，这种风格既是他个人的一个标签，也是蒙娜丽莎的一个标签，最终成为公司的一种形象、一种性格、一种精神财富。

不忘初心，永葆本色

萧华出身贫穷，虽然萧氏一族在澜石黎冲属于大姓，但他并没有显赫的身世，更没有什么贵人相助。能够从一个早早辍学的农村青年一步步奋斗至一家国内知名建陶企业的董事长，除了时代赋予这一代民营企业家良好的成长环境和机遇外，萧华身上锐意进取、敢于拼搏、大胆创新的企业家精神和艰苦奋斗、勤俭节约、不忘本色的可贵品质，都是其成功的关键所在。

对于员工的工资、福利，对于公司管理骨干和技术人员的薪酬、激励，萧华都显得很大方，尽可能提高他们的待遇，因为他们才是蒙娜丽莎最宝贵的财富。但是对于自己，却从不敢贪图享受、追求气派的奢华与安逸。什么名牌服装、钱包、手表、公文包、高尔夫球场、高档会所等，都与他无缘。一辆老奔驰，一开就是十多年。一年365天，上班期间，他也跟员工一样穿着定制的工服，而周六穿的一件T恤，一穿就是好多年。出差调研市场，或自己开车，或坐高铁，平均一天两三个城市，一路奔波，十分辛劳，但他每天早上起得比年轻人还早。有时候，当地经销商安排他到附近的旅游景点去走走，他基本上都拒绝了，只是简单地吃个便餐，便匆匆赶往下一个城市。

作为公司的董事长，每天免不了众多的应酬，但除正式的接待安排在酒店外，萧华最喜爱的还是西江边上和西樵山上的农家乐。越是熟悉的朋友，越是多年的故交，萧华越愿意陪他们一起到江边去吃饭。一条鱼、几两虾、一盘青菜，这就是萧华的最爱。可能有客人第一次来这里吃饭会在心里嘀咕，怎么选这样一个不上档次的地方呢？江边一个临时的简易棚，几张大圆桌，吵吵闹闹的，连个雅座也没有，就跟大排档一样。但熟悉萧华的人都知道，越是熟悉的朋友，萧华才越愿意陪他们在这里吃饭。一边品尝着美味的河鲜，一边吹着江边的和风，看着江面上来来往往的船只，那一刻的悠然自得，是在星级酒店里享受不到的。

一次，萧华陪一位客人在江边吃饭，服务员将做好的鱼端上来时，萧华品尝了一下，然后对服务员说，这个鱼有点不太对劲，不够新鲜。对从小吃惯了鱼的萧华来说，鱼肉的丝毫变化都逃不过他的味蕾，服务员一听萧老板这样讲，立马汇报给了老板，老板觉得不好意思，通知收银处免了萧华的单。然而，吃完饭结账时，萧华执意要付款，几次三番谦让，萧华坚持一定要付款。他说："烹制过程出了问题，我指出来是希望你们能够改进，而不是要你们免单。如果你们免单，我以后再也不来这里吃饭了。"萧华的诚意感动了店家，最终怀着深深的歉意收下了饭钱。

萧华就是这样的一个人，无论做什么，他从不喜欢占别人的便宜，更不喜欢给别人带来麻烦。外出开会、出差，一起的同事他都尽可能安排好出行，或者让他们搭自己的车，像一个父辈、兄长一样，从不在同事、员工面前摆老板的架子。

佛山市作协理事、岭南文化苑总经理林兆帆与萧华是多年的老朋友，他在其报告文学《永恒的微笑》一文中这样描写他印象中的萧华："站在我们面前的萧华，犹如一位和蔼的邻家大叔，在这位朴实、沉稳、刚毅的花甲老人身上，丝毫都感觉不到点滴的'洋气'，似乎只能从那双笑意直率而亲切的眼神中读懂一些什么。然而，正是这样一位并不'洋气'的民营企业家，却用超人的智慧和辛勤的汗水书写了自己非同寻常的传奇人生……"

生活中的萧华，不抽烟，也很少喝酒，始终保持着良好的生活习惯。早晚有空的时候，他都会在家中的花园和附近的公园走上几圈，或者游泳，或者打上一会太极拳，让自己保持着良好的状态。他常说："等我退休闲了下来，就去西樵山上喝茶"，可是，70 岁的萧华，虽然从 2015 年起就卸任了总裁一职，却仍然没有多少闲工夫到西樵山上去喝茶。

他的心里，永远都只装着工作，只装着事业，只装着美丽的蒙娜丽莎。

首获行业"终身成就奖"

2014 年 12 月 8 日，中国建筑卫生陶瓷协会第七次会员代表大会在美丽的厦门国际会议中心酒店举行。该届年会上，中国建筑卫生陶瓷行业协会以"中建陶协字（2014）045"文件发出《关于授予丁卫东等三位同志"中国建筑陶瓷、卫生洁具行业终身成就奖"的决定》，蒙娜丽莎集团董事长兼总裁萧华喜获"中国建筑卫生陶瓷行业终身成就奖"。

这是中华人民共和国成立以来建陶行业唯一获此荣誉的优秀企业家。

在 12 月 9 日上午举行的颁奖仪式上，主办方为萧华董事长获得终身成就奖的入选理由是"自主创新新型窑炉，开创中国建陶行业关键设备自主生产的先河"；"领导企业推出第一块陶瓷薄板，荣获'国家建筑材料科技进步一等奖'，建立企业院士工作站"；"关注企业文化建设，在行业内首批成为'广东省工业旅游示范单位'"；"推动企业转型升级，是国家首批'资源节约型、环境友好型'试点创建企业"；"积极参与社会公益慈善事业，热心支持行业工作，为建筑陶瓷行业的转型升级和可持续发展做出重要贡献"。

中国建材联合会会长乔龙德亲自为萧华颁发了奖牌。

据了解，此前，中国陶瓷行业获得"终身成就奖"的唯有已故行业泰斗、华南理工大学教授陈帆一人，萧华董事长是中国数千家建陶企业中唯一获此奖项的企业家。此次获奖，也是中国建筑卫生陶瓷协会对萧华董事长数十年行业贡献的充分肯定。

2017 年 6 月 2 日，广东陶瓷协会 2017 年会暨广东陶瓷协会会员大会在广州鸣泉居举行，会上，一批广东陶瓷行业重量级的杰出专家、企业家获得第二届"粤陶之子"荣誉勋章，蒙娜丽莎集团董事长萧华因其在陶瓷行业的杰出贡献而喜获殊荣。据悉，"粤陶之子"的评选 10 年一次，面向行业"老行尊"，是对为行业做出杰出贡献者的最高荣誉勋章，至今只评选过两届，获得人数寥寥无几，萧华董事长能够在卸任集团总裁之后获得这一荣誉，充分证明了行业对萧华董事长的高度认可。

同年 6 月，佛山市委市政府在机关大礼堂举行最高规格的命名大会，为 20 家"佛山·脊梁企业"和 20 位"佛山·大城企业家"隆重颁发荣誉牌匾和证书，萧华董事长获得"佛山·大城企业家"荣誉称号。命名大会献给蒙娜丽莎集团股份有限公司董事长萧华的致词是：

浩瀚岁月，需要勇于担当的坚守者。自 1998 年入主蒙娜丽莎以来，萧华从"窑炉大王"变身瓷砖厂老板，带领企业一步步走向辉煌。2000 年，一款"雪花白"产品风靡市场，奠定蒙娜丽莎高端品牌形象；2007 年，企业自主研发的超薄瓷质板材推动行业创新，引领行业走出低价竞争的怪圈。他带领企业不断创新，为薄板产品参与起草国家标准，并造就意大利企业为佛企贴牌的传奇，成为行业佳话。

会上，佛山市委书记鲁毅指出，优秀的企业是支撑佛山制造的大城脊梁，而每一家优秀企业背后都站立着优秀的企业家，他们身上的企业家精神正是佛山制造扬名海内外的精神支撑。此次高规格命名"佛山·脊梁企业""佛山·大城企业家"，意在致敬大城企业家，弘扬企业家精神，用荣誉和掌声向优秀企业和企业家代表致敬。获得"佛山·大城企业家"代表，他们敢为人先、勇于创新；他们精益求精、追求卓越；他们开放包容、富有担当；他们是佛山企业家的杰出代表，30多年栉风沐雨，正是一批又一批像他们一样的佛山企业家，用汗水和智慧，创造了佛山制造业的光荣与梦想。

2018年3月，原佛陶集团董事长周棣华率领一帮老"佛陶人"视察蒙娜丽莎。这是一群萧华年轻时在佛陶集团做工时的老领导、老同事、老朋友，萧华陪着他们仔细地参观、考察，从蒙娜丽莎文化艺术馆到蒙娜丽莎文艺复兴馆，从中国陶瓷薄板应用技术中心到瓷艺馆，萧华向他们细心地介绍着蒙娜丽莎取得的点滴成就。这批中国建陶业的奠基者，尤其是原佛陶集团董事长周棣华，被蒙娜丽莎取得的成就所深深震撼，他握着萧华的手说："现在的瓷砖概念与我们那时候完全不一样了，真的没想到，蒙娜丽莎能够做得这么好！"

曾几何时，萧华也是佛陶集团的一名"临时工""包工头"，对佛陶集团这家中国最大规模陶瓷企业的工艺、技术、产品、装备等充满了崇拜之情。萧华对陶瓷这个产业的理解和接触，最早就是从佛陶集团开始的。时移势易，今日的蒙娜丽莎，已成为行业内一家知名陶瓷企业，而曾经无比辉煌的佛陶集团，却早已不见了踪影。萧华和周棣华一行人在西江边把酒畅谈，无不为中国建陶业30多年来取得的巨大成就感慨万千。

青出于蓝胜于蓝

2015年9月，66岁的萧华正式卸任蒙娜丽莎集团总裁一职，将总裁职位授予了年轻的萧礼标。蒙娜丽莎集团由此进入了一个全新的发展阶段。

中国经济经过30多年的快速发展，第一代企业家正面临着交接班的高峰。

不难发现，在当代中国最具影响力的商业领袖当中，绝大多数属于第一代创业者，他们抓住改革开放的机遇，在时代浪潮和个人奋斗和双重作用下，建立起了自己庞大的商业王国。经过 30 多年的商海沉浮，他们沉淀了宝贵的商业智慧，聚集起了丰沛的社会资源和市场网络，与此同时，他们的年龄也与日俱增。

对于发轫于改革开放之初、民营化程度极高的建陶行业而言，第一代创业者已到了对个人、对企业、对时代做出退步抽身的时刻，而企业所有者或大股东将企业经营权逐步移交给自己的子女，就显得顺理成章。事实上，包括蒙娜丽莎在内，新明珠、欧神诺、嘉俊、协进、太阳等陶瓷企业早已开始了接班人的培养和更替。

30 多年的发展，对于传统制造领域的第一代企业家而言，他们大多数时间追求的是企业销售业绩的增长，即怎么样让企业取得更大的规模、更低的成本、更高的市场占有率。30 年后的今天，几乎所有的行业都面临着产能过剩的危机，"去产能"成了新常态下摆在企业新老交替之际的一道难题。年轻的接班人如何从父辈的手中顺利接班并实现企业的可持续发展，既考验着新一代接班人的谋略，也考验着老一代交班人的智慧。

而更大的压力则来自外部市场环境的变化。互联网浪潮的崛起，仿佛一夜之间让传统制造业面临着巨大的生存压力，市场环境的变化带来了消费模式的变化和生产方式的变革，一切都跟以往不一样了。老一辈创业者几十年积累下来的成功经验明显已不能适应市场变化的需求，因此，让更年轻的人来掌舵、让更年轻的人来经营就显得刻不容缓。

正是在这样的背景下，萧华和董事会成员经过慎重考虑，决定从 2015 年 7 月起卸任总裁一职，将企业经营的权杖交到年轻的萧礼标手中。

评价一位企业的掌舵者成功与否，不仅要看其在职时创造的经营业绩，更要看其培养的接班人，能否延续企业的辉煌。在中国这样一个快速发展、跌宕起伏、变幻莫测的市场环境中，第一代创业者能够顺利交班，实现企业的平稳过渡，显得至关重要。

为了让萧礼标顺利接班，萧华可谓用心良苦。为了打下坚实的专业基础，1998 年，萧礼标从华南理工大学机电工程专业毕业后，开始出国留学，先后在加拿大、美国高校进行国际贸易专业学习。不断地学习、深造和修炼，极大地提升了萧礼标个人的专业素质和管理水平，为后来的接班奠定了坚实的基础。

学成回国后，一开始，萧华并没让萧礼标直接进入蒙娜丽莎集团上班，而是安排其在另外的企业积累工作经验。毕竟特殊的身份使其容易受到不实信息的包围。2002～2010年，萧礼标在多家企业任职，以积累工作经验；直到2011年6月才进入蒙娜丽莎集团，先后任总裁助理、副总裁，其间一个部门一个部门地熟悉情况，逐步扩大其管理职责和权限，使其能够全面掌握公司管理流程，并积累管理经验。

一切都显得顺理成章。

这种跨学科的深造经历和跨领域的管理历练，使萧礼标拥有了常人所不具备的眼界、胸怀与胆识。无论是管理理念、管理手段和管理方法，都开始与国际一流企业看齐。在企业转型升级和供给侧结构性改革的关键阶段，蒙娜丽莎集团实现最高领导人的新老交替，已是水到渠成，理所当然。

除公司内部管理的积累外，萧华还将萧礼标适时推向社会公众，积极参与各类社会活动，积累广泛的人脉和社会资源。几年来，萧礼标先后当选为佛山市禅城区政协常委、佛山市工商联常委、广东省青英会副会长、佛山市建材协会会长、禅城区工商联合会副秘书长、南海区工商联副主席、西樵总商会会长等职务。这些社会性活动的广泛参与，为萧礼标走向更广阔的市场打下了良好的基础。

毫无疑问，一家企业在其成长的过程中，其掌舵者扮演着至关重要的角色。

与父辈一代创业时大多属于"泥腿子"洗脚上田不同，新生代的接班人，他们的身上明显少了草根气息，他们拥有现代知识结构，有着更高的文化水平和更开放的视野，以及更快接受新鲜事物和适应市场变化的能力。

从专业的角度来讲，毕业于名牌大学、有海外留学经历，拥有全面、系统的企业管理知识和技能，这些会使他们在企业管理的战略决策、制度建设、流程改造和市场拓展方面拥有强大的能力。

管理界有句名言"管理是一门科学，领导是一门艺术"，年青一代的"创二代"们除了传承父辈手中的职权外，还要传承其精神。在企业发展漫长的过程中，企业家精神在某种程度上甚至远远重要于管理本身。

这种精神，首先是一种创新精神。过去 20 多年，蒙娜丽莎集团就是靠着这种精神取得了快速发展，如陶瓷薄板的研制、新产品的开发、环保整治的投入、转型升级的调整等，如果没有一种敢为天下先的胆识，蒙娜丽莎不会有那么多的行业第一；其次，企业家要有一种为事业而奉献的激情和斗志，没有激情是搞不好企业的，一家企业的领导人必须让企业时时处于市场的风口浪尖，把握市场的动态，敢于冒险，敢于迎着波涛汹涌的大海直面出击，才能最终带领企业走向胜利的彼岸。

正是基于这样的考虑，蒙娜丽莎集团董事长萧华和董事会成员一致选择了年轻的萧礼标。他的身上，不仅传承了父辈的血脉，也传承了父辈的性格，在其专业、务实、低调、高效的行事风格下，隐藏着强大的创新意识和奉献精神。在担任总裁助理、副总裁的 4 年多时间内，萧礼标多次处理公司经营当中的一系列难题，以出色的成绩赢得了董事会成员和广大管理人员的高度认可。

1998 年 6 月，一场洪水差点把新生的蒙娜丽莎淹没，在萧华和同事们的努力下，企业很快恢复了生产；2003 年 12 月，经营变动再一次将年轻的蒙娜丽莎推向了生死存亡的边缘，关键时刻，萧华力挽狂澜，让企业顺利渡过了一次最大的危机。

未来的蒙娜丽莎，同样面临着巨大的挑战和危机，新一代的接班人，必须以更加敏锐的眼光、果敢的策略和开放的胸怀积极应对。

年轻的萧礼标，正从一家企业的管理者、经营者向着企业家的角色迅速蜕变。这当中，从萧华及老一代蒙娜丽莎人身上传承下来的精神成为其战胜困难、开疆拓土的强大基因和精神钙质。

后　记

　　企业家出书，多年来似乎是一种时髦，许多知名或不知名的企业家，到一定年龄和阶段后，都纷纷推出自己厚厚的传记，正所谓著书立说，以此来体现其在另一层面的人生价值。

　　随着蒙娜丽莎品牌的声名远播，许多专业作家、文化机构和出版社纷纷找上门来，要为蒙娜丽莎董事长萧华出版传记，甚至有专业作家私下里花费很多工夫，收集、整理了许多资料，以此劝说萧华出一本自己的传记。他们非常希望通过萧华的创业历程，为蒙娜丽莎的品牌文化书写下浓墨重彩的精彩篇章。

　　然而，面对这样那样的劝说和建议，萧华都一一婉拒了。

　　萧华是一个非常低调、内敛、务实而又谦逊的人。他始终觉得，无论对他自己还是蒙娜丽莎企业而言，都还谈不上成功，企业只是取得了一点点成绩，在市场上有些知名度罢了，还远未到著书立说的阶段。再则，他认为一本企业家传记的出版不应该是这样的流程，那些局外人根据公开资料拼凑的内容，看起来高深华丽，其实非常空洞，不是他所想要的东西，他甚至想自己拿起笔来，把自己内心深处的真实想法和亲身经历的点点滴滴记录下来，作为对过往人生、事业的一个总结，作为一笔奉献给亲朋、同事和读者的精神财富，而非简单地歌功颂德和空洞说教。

　　2015 年，从蒙娜丽莎总裁位子上退下来之后，萧华日渐解脱了繁琐的日常管理事务，开始考虑这本书的撰写。一天，他找到我，说起这本传记的撰写，希望由我来执笔。我当时有点忐忑，心想，那么多专业作家、知名学者您都拒绝了，我能承担得起这份责任吗？

萧华的一番鼓励，打消了我的顾虑。他说："这本书你来写最为合适，你在蒙娜丽莎工作几年了，非常熟悉我的做事风格和蒙娜丽莎的经营情况，这样写出来更加真实，更加鲜活，也更有存在的价值。"就这样，这本书的写作计划开始启动了。

这本书的脉络以萧华入主蒙娜丽莎为节点，分为上下两个部分。

上半部分从萧华出生的黎涌村四大姓氏的由来开始写起，一直到1998年进入蒙娜丽莎为止，其间，既有萧华幼时、儿童、年轻时学习、工作与生活的经历，也有他创业、奋斗、拼搏的过程。为了保持内容的真实性，许多事件我建议先由萧华自己根据记忆写出初稿，然后我再进行润色、加工和章节的梳理。就这样，在工作之余，萧华拿起笔来，一个字一个字地写下他年轻时的生活经历和奋斗历程。他一边写，我一边改。不知不觉，已有了几万字的内容。这当中，许多事情和经历的叙述过程略显冗长、繁琐，语言也很平实，甚至有些口语化，但我还是保留了这种叙事风格，希望以最原汁原味、最贴近萧华真实状态的笔调来呈现他的记忆，因为那是构成他生命历程最原始的底色。希望通过那些繁琐的、碎片式情景的真实再现，把他们那一代人的成长经历和其奋斗过程中的困苦、艰辛、快乐与收获，原原本本地告诉现在的年轻人、创业者，希望能够从父辈一代的奋斗历程中汲取到些许有用的营养，在自己的人生道路上有所帮助。

下半部分是以1998年6月萧华正式担任蒙娜丽莎集团董事长开始，从管理、创新、产品、品牌、营销、企业文化等多个维度，全面展现了萧华在蒙娜丽莎20多年的发展历程中所发挥的重要作用。我们常说，企业家是这个社会最宝贵的财富，在萧华的身上，恰恰具有企业家的这种精神特质。他力挽狂澜，救蒙娜丽莎于股权变更危难之际；他大胆创新，敢于做第一个吃螃蟹的人，在行业内首推陶瓷薄板；他高瞻远瞩，很早就开启了蒙娜丽莎的品牌化、国际化战略之路；他责任感强，在企业环保治理方面持续重金投入，开辟了陶瓷行业的绿色发展之路；他胸怀宽广，能够感召几位董事，目标一致，精诚团结；他心存高远，搭建起一系列高规格的创新研发平台，整合诸多社会资源；他知人善任，聚拢一大批优秀专家人才为蒙娜丽莎所用；他持之以恒，以十年之力，终于使蒙娜丽莎成为广东省首家登陆 A 股市场的建陶企业……

成稿的过程是艰辛的，因为是在本职工作之余抽空写作，因此进度比较缓慢。另外，许多关心此书写作的领导、专家不时提出自己的意见和建议，使这本书被不断地反复修改、调整，许多章节拉倒重新写过。每当这个时候，萧华就会勉励我："不着急，慢慢写，慢慢改"。就这样断断续续地边写边改，直到 2017 年底，这部总字数超过 26 万字的书稿才算完成。为了确保书中记录的事件、人物尽可能准确，书稿完成后，曾多次征求相关事件的经历者和蒙娜丽莎集团其他几位领导与老员工的意见，这样的修改又是一年多的时间。这当中，我特别感谢为此书成稿付出努力和帮助的人，首先是西樵岭南文化苑总经理林兆帆先生，第一章"水乡古村"就是在他书写的基础上改编而成，在此表示感谢。佛山市禅城区原政协常委孙国华、原黎涌小学退休教师陈宜喜、原蒙娜丽莎企划部总监万杏波等，都对此书的写作给予了许多关心和帮助，尤其是孙国华记，获悉我撰写萧华先生的个人传记后，非常重视，多次询问书稿的进度，还对具体的写作方法提出了许多宝贵意见。同时，感谢蒙娜丽莎集团销售中心总经理黄辉先生为本书题写书名。

令人感动的是，无论是中国建筑卫生陶瓷协会会长缪斌先生还是佛山知名文化学者龙建刚教授，当我邀请他们为本书撰写序言时，都非常愉快地答应，而且一定要认真读完书稿才肯下笔，并且反复修改、征求意见，这种精益求精的专业精神和态度，同样令我感动，在此一并深深地感谢。

2019 年 10 月，伟大的中华人民共和国迎来了 70 周年华诞。《大匠初心》的初稿，也刚好赶上这样一个时间节点画上了句号。与共和国同龄的萧华，以他那不平凡的人生，为共和国波澜壮阔的伟大事业、为改革开放第一代珠三角民营企业家的成长树立了一个鲜活的范本，虽然他们的身上充满了"洗脚上田"的草根气息，但今天回头来看，他们那一代创业者在艰苦的环境中不畏艰难、力争上游的拼搏精神，显得更加弥足珍贵，令人赞叹。希望此书的出版，既能够成为萧华先生70周岁生日的一份贺礼，也能够成为伟大祖国复兴之路上中国故事的精彩一页。

习近平总书记多次强调，每一位共产党员都应该不忘初心，牢记使命，把人民对美好生活的向往作为奋斗目标。而蒙娜丽莎集团的经营理念恰恰是"追求员工物质、精神两方面的幸福，为美化人类建筑与生活空间作出贡献"，与总书记提出的要求高度吻合。

常常有人问我，萧华是一个怎样的人？我说："萧老板是一个做事非常认真的人，也是一个极具创新精神的人。"无论做什么事，萧华都不急不躁，而一旦认准了目标，他就会持之以恒、坚持不懈地做下去，直至把这件事情做到完美，做到极致。正是基于此，我把这本书的书名确定为《大匠初心》，希望能够体现贯穿萧华先生一生的那颗匠心与初心，也希望在那颗匠心与初心光芒的照耀下，由萧华先生掌舵的蒙娜丽莎集团，能够为消费者提供更多高质量的产品，为共和国的建设事业添砖加瓦。

需要说明的是，这本书的下半部分虽然以讲述蒙娜丽莎的发展历程和经营管理活动为主，但并非以公司的经营视角来展开，而是从萧华个人的角度理解、阐述蒙娜丽莎生产经营活动中的某一侧面和某个节点，因此，在相关素材的选取和把握上，难免出现以偏概全的现象。

还需要说明的是，由于年岁久远，在一些事件的叙述中，可能会遗漏了某些重要情节和部分参与者，或者一些人的名字不太准确，如有不妥，敬请谅解。

王力

2019 年 12 月于佛山西樵